T. H. S. ESCOTT

L'ANGLETERRE

LE PAYS — LES INSTITUTIONS
LES MŒURS

OUVRAGE TRADUIT DE L'ANGLAIS
Par RENÉ DE LUBERSAC
AVEC UN INDEX ALPHABÉTIQUE ET ANALYTIQUE

PREMIÈRE PARTIE
LA VIE PRIVÉE

PARIS
MAURICE DREYFOUS, ÉDITEUR
13, RUE DU FAUBOURG-MONTMARTRE, 13

Tous droits réservés

L'ANGLETERRE

LE PAYS — LES INSTITUTIONS — LES MŒURS

EN VENTE A LA MÊME LIBRAIRIE

D. MACKENZIE WALLACE

LA RUSSIE

Le pays, — les institutions, — les mœurs.

OUVRAGE COURONNÉ PAR L'ACADÉMIE FRANÇAISE

2 vol. in-18 jésus. — Prix : 7 fr.

Il reste quelques exemplaires de l'édition de bibliothèque.
2 vol. in-8°. — Prix : 15 fr.

T. H. S. ESCOTT

L'ANGLETERRE

SECONDE PARTIE : LA VIE PUBLIQUE

F. Aureau. — Imprimerie de Lagny.

T. H. S. ESCOTT

L'ANGLETERRE

LE PAYS — LES INSTITUTIONS
LES MŒURS

OUVRAGE TRADUIT DE L'ANGLAIS

PAR RENÉ DE LUBERSAC

Avec un Index alphabétique et analytique

PREMIÈRE PARTIE

LA VIE PRIVÉE

PARIS

MAURICE DREYFOUS, ÉDITEUR

13, RUE DU FAUBOURG-MONTMARTRE, 13

Tous droits réservés

AVERTISSEMENT

L'auteur du présent livre aurait pu mettre en tête son ouvrage : « Je jure de parler sans haine et sans crainte, de dire la vérité, toute la vérité, rien que la vérité. »

En effet, il a dit ce qui est ; il n'a fait que constater ce qui existe, et, excepté dans les cas où cela était absolument nécessaire, il a toujours évité de manifester son opinion personnelle et ses préférences. En un mot, il a voulu montrer et non pas démontrer. Quel a été son but ? Quel plan a-t-il suivi ?

La préface qu'il a placée en tête de l'édition anglaise va nous répondre :

« Mon but, en publiant ce livre, a été de présenter une peinture aussi complète et aussi fidèle que possible de l'Angleterre contemporaine, des influences qui y sont en jeu et des problèmes qui y sont à l'ordre du jour. Pour ce faire, je ne me suis pas contenté d'étudier dans les livres spéciaux, j'ai vécu et j'ai causé avec des gens de toutes les conditions et de toutes les classes, et c'est le résultat de ces observations et de mes études que je présente au public. Je crois inutile d'ajouter que j'ai apporté à ce travail tout le soin que j'ai pu et que j'ai été aussi fidèle que possible dans la relation de ce que j'ai vu ».

Toute l'économie du livre est dans ces paroles.

M. Escott est un Anglais qui a (comme Mackenzie Wallace avait fait un voyage en Russie, et avec les mêmes procédés), fait un voyage en Angleterre, après s'y être préparé par des études spéciales. Il a appris par les livres d'abord, par les hommes ensuite.

Il est resté absolument moderne, et il a, de parti pris, évité avec soin toute digression historique rétrospective, hormis celles qui étaient partie intégrante de son sujet moderne.

Au lieu de s'égarer dans des explications théoriques il prend le lecteur par la main et lui dit : « Regardez comment les Anglais vivent, quelle est leur existence et par quelles institutions ils se trouvent régis : Je vais tout vous montrer, et lorsque vous ne comprendrez pas, je vous donnerai les éclaircissements nécessaires. »

Son système est de montrer d'abord les faits, ensuite indiquer les causes qui les ont produits.

Dans le plan général de son œuvre il a adopté deux grandes divisions.

Dans la première partie, il étudie la vie intime de toutes les classes de la société anglaise, s'occupant avec le même soin des plus heureux et des plus déshérités, donnant à chaque catégorie d'individus la place qui lui appartient en réalité et la place qu'elle tient dans l'ensemble de la société anglaise, stipulant les rapports qui existent entre tous les individus de diverses conditions. Dans cette première partie, on trouve en somme, un portrait complet du peuple anglais.

Nous ayant ainsi montré quelles sont dans la vie privée l'influence et l'action des institutions sur les caractères, l'auteur, dans la deuxième partie, nous introduit dans la machine gouvernementale, il en fait jouer devant nous tous les ressorts et mouvoir tous les rouages. Là encore, il trouve tout naturellement moyen d'être pittoresque, et, pourquoi ne pas dire le mot, amusant, en nous faisant assister à toutes les cérémonies curieuses qui sont restées en usage dans la vie publique de la Grande-Bretagne, en nous introduisant dans la société des hommes d'Etat et dans la vie des fonctionnaires de tous ordres et de tous rangs.

Rien d'équivalent à ce livre n'avait existé jusqu'alors ni en Français, ni en Anglais. Nous avons vainement cherché dans les deux langues un ouvrage quelconque qui pût donner une idée générale de l'Angleterre. En Angleterre surtout et en France même, nous avons rencontré beaucoup de traités spéciaux se renfermant dans les limites étroites de leur sujet et les isolant de toutes les questions qui leur étaient étrangères. En outre, nombre de ces traités sont d'ancienne date et ne peuvent plus fournir que des renseignements devenus aujourd'hui sans valeur.

Pour connaître l'Angleterre par ces ouvrages (même en supposant qu'ils fussent tous au courant des derniers événements), il faudrait posséder une bibliothèque complète; dégager de ce qu'on aurait lu ce qui s'y trouve empreint d'un esprit de discussion, donner à chaque partie les proportions qu'elle a en réalité dans la vie, faire une synthèse du tout et de plus y joindre la connaissance approfondie de la vie réelle dont les spécialistes ne tiennent que très accessoirement compte.

C'est assez dire que dans l'état actuel de ce qui a été publié, il est très difficile matériellement, — et moralement à peu près impossible, — de connaître l'Angleterre.

Les deux seuls ouvrages qu'il nous ait été donné de rencontrer, sont : 1° les *Lettres sur l'Angleterre* de Louis Blanc, qui contiennent surtout des chroniques politiques et des études sociales; 2° les *Notes sur l'Angleterre* de Taine, dont le titre dit de lui-même qu'elles sont seulement les impressions d'un philosophe, homme d'esprit, racontant en touriste instruit les faits qui l'ont frappé. Ces deux livres, d'ailleurs traduits en anglais, sont les deux seuls ouvrages d'ensemble sur l'Angleterre que nous ayons pu trouver en Angleterre.

On peut être étonné qu'une telle lacune n'ait pas été comblée jusqu'ici, mais ceux qui voudraient faire les recherches que nous avons faites, seraient bien obligés de s'incliner devant la vérité.

Il est inutile de se lamenter sur le temps perdu. Il serait enfantin de rechercher combien de bonnes choses on n'a pas faites en France, faute de savoir comment ces choses ont pu se faire en Angleterre. Aucun peuple n'a une puissance d'expansion comparable à celle du peuple anglais, et cette puissance résulte en grande partie de l'organisation sociale et politique de l'Angleterre. Cette force étend son action dans tous les sens et de toute façon. Nous pouvons donc, à profusion, trouver des exemples et des leçons de l'autre côté de la Manche.

M. Th. Escott, qui d'ailleurs ne s'en cache pas, n'est pas seul l'auteur du livre. Il nous cite lui-même ses collaborateurs, la liste en est longue, et parmi les noms les plus connus, nous rencontrons ceux de lord Carnavon ; M. Joseph Chamberlain ; M. G. H. Croad, secrétaire de l'inspection des écoles de Londres; sir Charles Dilke, M. P.; M. Harrisson, secrétaire-adjoint du Privy Council ; M. R. G. W. Herbert du ministère des colonies; sir John Lubbock, M. P. ; sir Louis Mallet, secrétaire d'Etat pour l'Inde ; M. W. E. Forster, M. P., maintenant ministre ; etc.

D'aucuns parmi eux se sont contentés de donner des conseils et de communiquer des documents, mais, ainsi que M. Escott nous l'apprend, d'autres ont écrit intégralement plusieurs chapitres, pour la partie spéciale desquels M. Escott avait fait appel à leur savoir et à leur compétence.

Ainsi le chapitre sur l'Angleterre financière et commerciale est de M. J. Scot Henderson ; celui sur la justice criminelle est l'œuvre du major Arthur Griffiths, inspecteur des prisons de Sa Majesté ; M. W. D. I. Foulkes, avocat, est l'auteur du chapitre sur les cours de justice ; la Revue de la pensée philosophique moderne est de la plume de M. W. L. Courtney, agrégé et professeur à New-Collège, Oxford ; et enfin pour le chapitre sur l'armée et la marine, l'auteur est redevable de renseignements précieux pour la partie navale au capitaine de la marine royale Cyprien A. G. Bridge.

Ceci indique la valeur et l'utilité pratique, sérieuse et absolument urgente au point de vue des intérêts français du livre de M. Escott.

Dire en détail quelle est l'importance de l'ouvrage, ne serait que répéter ce que disent la table des chapitres et les sommaires qui l'accompagnent. Aussi y renverrons-nous simplement le lecteur. Il y verra par cette table et mieux encore par l'*Index* analytique quelle est la diversité des sujets traités et comment ces sujets réunis forment un tout qui satisfait la curiosité de toutes les fractions du public, depuis les hommes d'État et les philosophes soucieux des plus graves problèmes, jusqu'aux gens du monde curieux des menus faits de la vie bourgeoise ou du high-life.

Cette simple lecture suffira plus sûrement que toutes nos affirmations, pour le convaincre, que ce livre est le plus complet et le plus intéressant qui ait été fait sur l'Angleterre.

Si par hasard, il se trouve encore dans le public français un seul lecteur frivole, c'est à lui que nous ferons appel et nous lui demanderons s'il regrette l'instruction qu'il a acquise en croyant ne faire qu'une lecture de distraction ; et aux nombreux lecteurs sérieux, nous demanderons s'ils regrettent de n'avoir pas eu besoin de s'appliquer comme on s'applique à une besogne, pour apprendre ce qu'ils ont intérêt à savoir.

Ce que les romanciers anglais délaient, l'auteur l'a condensé.

C'est du Dickens civil et politique d'intérêt général, débarrassé de ces excès de tasses de thé et de rôties au beurre qui encombrent les meilleurs romans du Maître et qui nous impatientent tant soit peu.

L'ANGLETERRE

LE PAYS, LES INSTITUTIONS, LES MŒURS

CHAPITRE PREMIER

INTRODUCTION

Plan et but du présent ouvrage. — Forces nouvelles introduites dans la vie nationale pendant le siècle actuel. — Problèmes sociaux, moraux et politiques du jour. — Quels sont les devoirs de l'Etat ? — Quelle est la mission de l'Angleterre ? — L'âge que nous traversons, est non-seulement un âge de transition, mais aussi d'organisation. — Economie de forces de toutes espèces. — Contenu général de cet ouvrage, et plan adopté.

Point n'est besoin d'insister longuement sur l'opportunité d'un ouvrage, ayant pour but de faire connaître aussi complétement et aussi fidèlement que possible l'état social et politique de l'Angleterre moderne. Le dix-neuvième siècle, dans ce pays aussi bien qu'ailleurs, a été marqué non-seulement par de vastes changements et de grandes améliorations, mais aussi par l'introduction de forces inconnues jusqu'à ce jour. Des méthodes et des institutions qui existaient depuis longtemps chez nous ont été perfectionnées ; des forces antérieurement inconnues ou délaissées ont été introduites. D'un côté, on peut voir les résultats complets des siècles passés ; de l'autre, les produits non encore achevés d'agents encore en élaboration. Au commencement de ce siècle, quoique nous eussions perfectionné le coche primitif, aucun principe nouveau n'avait été appliqué à la locomotion depuis que les Romains conquirent cette île, ou, pour remonter à une date plus éloignée, depuis que Cyrus introduisit un système de poste dans l'empire qu'il fonda il y a plus de trois mille ans. La vapeur, en même temps qu'elle changea les conditions de voyage, effectua une révolution sociale dans le monde. De concert avec le télégraphe électrique, elle égalisa les relations de temps et d'espace, comme la poudre à canon égalisa les divers degrés de force physique; elle amena la campagne aux portes de la ville, et mit, pour ainsi dire, un pont sur le détroit entre l'Angleterre et les contrées du continent. De concert avec le libre échange, elle nous a élevés à un degré périlleux de prospérité commerciale, et à la force de la richesse elle-même a ajouté la dignité et l'influence.

Des changements analogues se sont produits dans le monde politique et intellectuel. Un système de gouvernement essentiellement populaire a été établi, et les *bills* de réforme politique de 1832 et 1867 ont inauguré un état de choses complétement différent de tout ce que les parlements antérieurs avaient fait. Pour la première fois dans notre histoire, une tentative sérieuse et heureuse a été faite d'introduire un système effectif d'éducation populaire; et pour la première fois on a vu la création et la diffusion d'une littérature populaire, affranchie des contraintes religieuses et politiques. En même temps que nous avons vu l'instruction se répandre, nous avons vu aussi les classes s'élargir et se fusionner. Les vieilles lignes de démarcation ont été effacées, les anciennes bornes de la croyance et de la pensée ont disparu, de nouveaux droits, de nouvelles règles de propriété et de droit ont été créés. La même influence s'est fait sentir d'une manière continue dans le domaine de la politique, de la philosophie, de la littérature et de l'art. Peut-être, pour certaines choses, n'est-ce qu'une rénovation plutôt qu'une révolution, un retour au passé plutôt qu'un mouvement vers l'avenir ; mais, dans beaucoup de cas, les idoles que nous vénérions il y a peu de temps ont été détruites. Nous nous sommes fait nous-mêmes d'étranges divinités, et nous vivons dans un temps de transition vers un ordre de choses encore inconnu. Nous avons une idée très large de notre place dans l'échelle des peuples de la terre, mais nous n'avons pas encore complétement décidé quelle est la vraie mission de l'Angleterre. Nous sommes en train d'examiner quel respect on doit à la volonté populaire pour fixer la destinée d'une grande nation, quelle obéissance on doit au souverain, quelle confiance on peut placer dans ses conseillers. La question de savoir ce que nous devons prendre des principes démocratiques ou monarchiques et lesquels, des gouvernants ou des gouvernés, doivent être juges du plan de gouvernement adopté, se trouve posée. Doit-on accepter des mesures à cause de l'homme, ou baser son estimation de l'homme d'après ces mesures? Les droits respectifs du patron et de l'employé, du capital et du travail, sont encore un problème à résoudre. Une définition claire et généralement acceptée des droits de l'État, est encore attendue. Les politiciens et les sociologistes discutent sur les plates-formes et dans les revues (il y a vingt-cinq ans c'eût été dans des pamphlets) la législation qui doit intervenir pour protéger les intérêts d'une classe et le bien-être de l'industrie. Si le gouvernement a le devoir de pourvoir à ce qui concerne l'instruction et l'hygiène publiques, jusqu'à quel point doit-il intervenir pour faire exécuter ces lois? Jusqu'à quel point les hommes doivent-ils être protégés contre leurs vices ou les conséquences de ces vices? La sobriété doit-elle être enseignée aux masses par acte du Parlement? L'ivrogne doit-il être condamné — ou doit-on souffrir qu'il se condamne lui-même — à une réclusion étroite à cause de son vice? L'incontinence de toute sorte doit-elle porter avec elle sa punition probable?

A chaque instant une loi nouvelle se présente à nous, dont l'utilité est plus ou moins démontrée. Il y a plus de cinquante ans, le « Municipal Corporation Act » (Loi sur la corporation municipale), qui conférait aux contribuables de la paroisse (Ratepayers) le droit d'élire leurs autorités municipales, les Conseillers de la ville (Town Councillors) et établissait ainsi le principe de self-gouvernement local et représentatif, fut acclamée avec enthousiasme comme la Charte des libertés provinciales de l'Angleterre. La nécessité d'une autorité centrale dans la capitale était admise; mais on croyait que son contrôle ne devait que rarement ou jamais se faire sentir. Si dans l'intervalle qui s'est écoulé depuis 1835, libre carrière a été donnée sous beaucoup de rapports au principe de l'indépendance locale, on ne peut s'empêcher de reconnaître qu'une certaine tendance à l'amoindrir s'est manifestée un peu plus tard. Les grandes villes provinciales et les cités de l'Angleterre ont acquis de nouveaux pouvoirs et une nouvelle importance. Le self-gouvernement des villages a presque entièrement disparu. Même pour ce qui regarde les grandes villes et les grands districts ruraux, le gouvernement central prétend exercer une autorité qui n'a pas toujours été admise sans contestation. Manchester, Liverpool et Birminghan se sont accrus, comme grandeur et comme influence; mais Londres est devenue incontestablement la métropole de l'empire, et un système minutieux et puissamment organisé d'autorité bureauratique étend son autorité depuis Whitehall jusqu'aux dernières extrémités du Royaume-Uni.

La législation moderne a créé de nouveaux départements d'État. Nous avons des armées entières d'inspecteurs officiels de toutes sortes. Nous accumulons annuellement des bibliothèques entières de rapports locaux. Les recours à l'exécutif à Londres ou au Parlement de Westminster deviennent de plus en plus impératifs sur une multitude de questions. Le gouvernement de nos prisons a été attribué à un corps de commissaires nommés par la Couronne. D'un autre côté, il est une question qui rend perplexe le gouvernement et dont aucune solution satisfaisante n'a encore été proposée : c'est de savoir si l'administration des comtés doit être transférée des mains des gentilshommes campagnards (*squires*) aux mandataires et aux représentants des contribuables. D'autres questions encore sont pendantes, qui engagent étroitement la responsabilité de l'État et demandent sa suprématie. L'État doit-il, comme maximum de ses devoirs de protecteur des sociétés qui vivent sous sa direction, remplir les fonctions d'un prêteur accommodant, à un taux raisonnable, pour la réalisation des améliorations locales? Où est le point exact à partir duquel l'État est dans l'obligation de subvenir aux taxes locales avec les impôts de l'empire et quand et pourquoi cette obligation cesse-t-elle ?

Ce ne sont pas seulement la situation et les attributs du gouvernement intérieur qui sont un sujet de controverse et d'incertitude. Les devoirs du gouvernement anglais à l'extérieur, le rang que l'Angleterre doit tenir parmi les nations souveraines du monde; jusqu'où et par quels moyens son autorité et son influence doivent se faire sentir, sont des points très discutés, et qui soulèvent un grand enthousiasme, mais sur lesquels on ne s'est pas encore accordé d'une façon définitive. Quelques-uns pensent que nous avons déjà assisté à une protestation solennelle et décisive contre les doctrines politiques généralement associées au nom de Cobden. Il est certain que la nation anglaise a hautement témoigné de son désir que l'Angleterre fût autre chose que l'entrepôt de l'Europe, un centre de négoce et de commerce pour le monde entier. Le veto populaire, nous dit-on, a déjà condamné la doctrine de non-intervention. Si cette appréciation est exacte, il n'est pas moins certain que nous avons soif de la responsabilité qu'entraîne notre immense empire, et que nous aspirons après l'atmosphère fraîche et fortifiante que l'agrandissement périodique des bornes de notre domaine élargit avec lui.

De graves avertissements contre cette tendance et ces ambitions nous ont été donnés. Certains esprits ont insinué que nous devions nous préparer plutôt pour une réduction que pour un accroissement de notre territoire, et que nous devions regarder avec satisfaction, depuis qu'il approche avec la certitude du destin, un resserrement des domaines étrangers de l'Angleterre dans des limites plus étroites. Si, disent ces conseillers, nous nous précipitons dans les aventures que nous sommes imprudemment encouragés à entreprendre, nous n'en récolterons plus tard comme récompense que mortification amère, mécontentement et peut-être révolution domestique.

Entre ces deux classes de conseillers, l'Angleterre semble hésiter. Il n'est pas nécessaire de prévoir ici à l'avance le choix que nous ferons finalement, ou les conséquences qu'emportera ce choix. Il me semble utile, pour l'étude des matières contenues dans ce livre, de dire quelques mots sur deux ou trois faits historiques, et quelques-unes de nos conditions sociales qui s'imposent le plus à notre attention. Si l'Anglais éprouve le besoin d'une garantie plus définie et plus tangible de son empire colonial qu'une vague assurance que le soleil ne se couche jamais sur le drapeau anglais ; si au lieu d'un dévouement personnel à la patrie, de cette vieille croyance que l'Angleterre, et l'Angleterre seule, suffirait à tous ses besoins, il n'avait que le désir d'étreindre le monde comme un colosse, il faut se rappeler que l'esprit faussé de notre temps est pour beaucoup dans l'explication d'un tel sentiment. L'époque présente n'est-elle pas celle des transactions immenses et des spéculations colossales ? N'avons-nous pas importé l'idée d'immensité de l'autre côté de l'Atlantique, et ne sommes nous pas en train d'en tenter ici la réalisation ? Partout les grands établissements ont absorbé les petits. La maison de commerce est remplacée par la compagnie à responsabilité limitée ; la banque privée, par la banque à capital par actions. Le commerçant ne commence pas plutôt à bien faire qu'il est saisi du désir d'étendre ses affaires ; et s'il prospère, il ne tardera pas à acheter une section de rue. Par-dessus tout, c'est l'ère du triomphe de la matière. Les merveilleux travaux de nos ingénieurs, le développement immense de la machine, la domination que partout l'homme semble acquérir sur la nature, ont donné aux Anglais l'idée d'un pouvoir sans limites et la conviction qu'ils ont le commandement de toutes les ressources et la fertilité d'invention qui les désignent comme les héritiers de la création. Au milieu du battement incessant des marteaux et du rugissement perpétuel de l'industrie humaine, l'Anglais perçoit inconsciemment quelque écho de l'infini lointain. Carlyle est regardé comme un grand maître, parce qu'il fait appel à ce sentiment indéfini, et, sans que ses lecteurs y prennent garde, le présente avec une rude et éloquente ampleur. Est-ce une vraie fantaisie de voir dans le vague désir populaire de l'extension indéfinie de notre domination et de nos responsabilités autre chose qu'une réflection agrandie de la passion insatiable engendrée par les conditions sociales sous lesquelles nous vivons ?

Mais ce nouveau désir d'empire sans limite signifie plus que cela. Si c'est une réaction contre une négligence réelle ou imaginaire des intérêts de l'empire anglais dans les dernières années, par son gouvernement, c'est aussi, dans une grande proportion, le produit particulier de deux forces distinctes, l'une pratique, l'autre sentimentale. L'Angleterre est une contrée dont la population déborde continuellement ses étroites limites géographiques. Elle a besoin de carrières pour ses fils ; elle a besoin de placements sûrs pour ses capitaux. Avec une classe moyenne aussi énormément développée que celle que nous avons, nous sentons que nous n'aurions plus assez de moyens d'emploi si nos possessions étrangères étaient réduites. L'Inde et les colonies procurent de l'occupation à des milliers de jeunes gens de bonne naissance. Et même avec cela, nous manquons de carrières dignes de gentlemen.

L'influence exercée par la force sentimentale n'est pas à négliger non plus. De l'accroissement immense de la richesse dans les classes moyennes, est résultée une demande plus grande des professions qui se recommandent d'elles-mêmes à la société. Une telle profession est la profession des armes. Le soldat a toujours été un favori de la société. L'abolition de l'achat des grades dans l'armée a eu pour résultat l'établissement d'une armée professionnelle, et, en leur donnant une sorte d'intérêt de famille dans la carrière des armes, a créé parmi les classes moyennes un esprit militaire plus large et plus intense qu'il ne semblait autrefois possible de le faire. Le mouvement des volontaires a suivi la même direction. Une politique vraiment anglaise comprend non seulement l'accroissement des carrières civiles, mais aussi des carrières militaires. En même temps qu'elle se recommande à l'esprit anglais, comme une politique digne d'une race qui a fait sa grandeur par le sabre, elle est regardée comme portant la marque de l'approbation des hautes classes de la société.

Le caractère de transition n'est pas la seule caractéristique de notre âge. Il peut être, de plus, décrit comme une époque distinguée par l'économie et l'organisation des forces de toutes espèces. Pendant que la science nous apprend à prévenir le manque de force motrice, la philanthropie nous apprend à prévenir les besoins de toutes sortes de l'humanité. C'est ainsi que nous cherchons constamment à améliorer notre système d'éducation, à trouver un mécanisme de plus en plus efficace pour l'extinction du paupérisme, pour la distribution de la charité, et pour la diffusion de toutes les autres vertus sociales et politiques. Le suffrage domestique non-seulement existe, mais encore il est visible que les efforts faits pour assurer son exercice actif produiront des résultats de plus en plus sérieux. Les classes ouvrières acquièrent un pouvoir politique de plus en plus étendu; en même temps on leur apprend à faire sentir ce pouvoir d'une façon plus directe et plus efficace. Quelles que soient les vertus, les capacités, l'énergie qui résident dans une partie de la population, on est, à l'heure présente, en train de les mettre en mouvement et de les faire servir pratiquement.

Notre devoir sera, dans les pages suivantes, d'analyser et d'expliquer la constitution de la civilisation artificielle et des institutions si minutieusement élaborées de notre temps. Une telle tentative aura au moins le mérite de la nouveauté. Les lois et les institutions politiques sous le régime desquelles nous vivons, ont été déjà souvent savamment commentées ; leur histoire et leurs principes sont écrits dans les encyclopédies et dans les livres spéciaux. Mais, la plupart du temps, elles ont été traitées, pour ainsi dire, par des anatomistes ; elles ont été examinées, moins dans leur fonctionnement pratique et dans leurs relations mutuelles pendant qu'elles fonctionnent, que dans la théorie de leur mécanisme au repos. Elles ont été étudiées plutôt comme des abstractions que comme des réalités concrètes. De là vient généralement que les Anglais et les femmes anglaises manquent d'une idée complète des institutions sous le régime desquelles ils vivent, et n'ont aucune notion claire et nette des forces particulières en travail dans l'atmosphère qui les entoure. Tous savent qu'en Angleterre nous avons le « self-gouvernement local » ; peu de personnes savent comment il est administré dans la pratique. Dans le même ordre d'idées, il est universellement reconnu que nous jouissons d'une immense prospérité commerciale ; mais il n'y a que ceux que cela concerne personnellement qui aient une connaissance approfondie des détails de l'organisation dont cette prospérité dépend. Les mêmes remarques sont applicables à tous les départements de notre vie nationale. Les noms sont familiers à chacun d'entre nous ; la réalité n'est connue que de ceux qu'elle affecte spécialement.

Ce qui sera fait dans cet ouvrage pour les institutions le sera de la même façon pour les classes et pour les affaires ; pour les professions et les différentes carrières ; pour l'influence civilisatrice de l'instruction et pour l'organisation du commerce ; pour notre système social aussi bien que pour notre système politique et municipal ; pour les amusements et les plaisirs aussi bien que pour la littérature, la philosophie, l'art, la religion et la législation de notre époque. Nécessairement, l'espace que je pourrai consacrer à chacun de ces sujets est petit; mais dans cet espace les matériaux, j'espère, se trouveront rassemblés de façon à présenter au lecteur une vue générale des influences, des tendances et de l'économie générale de la vie anglaise. Nous passons des plus simples éléments de notre gouvernement et de notre civilisation, tels que nous pouvons les voir dans l'Angleterre rurale, aux habitudes et à l'administration plus compliquées et plus affairées de nos grands centres commerciaux et industriels. Nous ferons connaissance des principaux types de notre société ouvrière dans la ville et dans la campagne, et des changements dans leur manière de vivre accomplis ou en train de s'accomplir. Après avoir vu ainsi, sous une forme concrète, le *personnel* (1) de la nation anglaise en général, leur tempérament, leurs goûts, leurs passe-temps, il nous restera à examiner l'organisation sociale du monde élégant, et les institutions et les principes sur lesquels est établie l'administration de l'empire. A chaque pas nous aurons ainsi fait un progrès en avant. Nous avancerons ainsi constamment, et nous passerons constamment du particulier au général. Si cette méthode semble entraîner l'inversion de l'ordre naturel d'importance, il n'en résultera pas moins de grands avantages, et le tout sera, peut-être, mieux compris lorsqu'on aura vu quelles sont les parties et les influences dont il se compose.

(1) En français dans le texte.

CHAPITRE II

LE VILLAGE ANGLAIS

Le village anglais est une réduction de la constitution anglaise. — Relations du squire, du clergyman et de la masse des paroissiens entre eux. — Esquisse du clergyman de campagne : sa journée; ses divers devoirs religieux et séculiers. — Esquisses de clergymen de campagne différant du type précédent. — Description d'une paroisse désorganisée. — Appréciations hostiles au clergyman de campagne de l'Eglise anglaise. — Ses relations avec les fermiers et les dissidents de sa paroisse.

Le village anglais peut être regardé comme la réduction non-seulement de la nation, mais aussi de la constitution anglaise. En effet, on y retrouve les trois états du royaume : le seigneur spirituel, le seigneur temporel, la commune; le seigneur spirituel est représenté par le ministre. Le seigneur temporel par le *squire*, la commune par le fermier et le paysan. Dans cet ensemble, le *squire* et le ministre se partagent entre eux, comme les deux Chambres du royaume, l'exercice de plusieurs des prérogatives qui, par leur essence, n'appartiennent qu'au souverain. L'idéal de la paroisse rurale serait celle où une unanimité absolue existerait dans l'action et la volonté des représentants des pouvoirs spirituel et temporel, c'est-à-dire entre le *squire* et le pasteur, et où les habitants verraient dans les décisions de ces deux pouvoirs autant de manifestations d'une sagesse bienfaisante. Evidemment, l'analogie indiquée plus haut entre l'État et la paroisse ne se trouve pas détruite parce qu'il se produit dans la pratique des exceptions à cet idéal. La plupart du temps, les divers éléments auxquels la vie d'un village peut être réduite se combinent ensemble avec une harmonie suffisante, et lorsqu'il arrive des froissements, ce n'est pas le système qu'il en faut accuser, mais bien la mauvaise application qui en est faite.

Certaines lois récemment votées, comme nous le verrons bientôt, ont à quelques égards matériellement affecté les rapports entre ceux qui sont investis de la juridiction séculière et religieuse dans les districts ruraux. Mais les principes essentiels du système sont demeurés ce qu'ils étaient, et vouloir les détruire amènerait une révolution sociale. De même que le squire, et ici nous nous servons de ce mot dans l'acception la plus générale, qu'il désigne un pair, baronnet, petit gentilhomme de campagne; de même, disons-nous, que le squire a une influence morale inhérente à sa condition séculière, de même le pasteur a des attributs séculiers qui s'ajoutent à ses prérogatives ecclésiastiques. L'Église d'Angleterre est le fondement même du système qui régit la paroisse anglaise. Les subdivisions du village sont ecclésiastiques. Le dispensaire local, la taxe des pauvres, la taxe des routes, le vestry (1) (fabrique de l'église), sont des institutions paroissiales dans l'administration desquelles le pasteur exerce une autorité légale en vertu de sa situation elle-même. Non-seulement le pasteur, mais le marguillier, le clerc de la paroisse, le sacristain ont des devoirs et des prérogatives parfaitement définis par la loi. L'intimité étroite

(1) Vestry, assemblée des notables paroissiens, correspond assez bien à ce que nous appelons la « fabrique », et c'est ainsi que nous le traduisons.

entre l'Église et l'État se retrouve à chaque instant dans l'administration de la paroisse. Le squire est un magistrat; de même le recteur. Le pasteur et la congrégation ont chacun leur marguillier. Le clerc de la paroisse, le bedeau et le sacristain ont tous une existence légale et, dans un grand nombre de cas, partagent avec le pasteur dont ils sont jusqu'à un certain point les délégués la responsabilité de l'administration de la paroisse.

La situation et la responsabilité du représentant de l'Église varient suivant les circonstances. Le squire a en général une tendance prononcée à être partout, sauf dans sa résidence de la campagne, pendant la plus grande partie de l'année. Ses devoirs parlementaires le retiennent à Londres; ses obligations sociales le contraignent à faire des visites plus ou moins éloignées; le soin de sa santé et de celle de sa famille lui rend nécessaire un voyage de quelques semaines chaque année. En fait, le propriétaire territorial est absent neuf mois sur douze; mais il a la satisfaction de savoir que pendant son absence tout est administré admirablement. Il a un agent dans lequel repose toute sa confiance, et qui a carte blanche pour faire tout ce qui doit tourner au mieux des intérêts des fermiers. Il a un pasteur dont il est le premier à proclamer les mérites. Bref, il arrive que toute l'autorité, aussi bien séculière qu'ecclésiastique, se trouve concentrée forcément entre les mains du ministre; ou bien qu'un conflit éclate entre lui et le représentant du squire. Du caractère du ministre et du squire dépend, dans chaque cas, laquelle de ces alternatives se produira. La plupart du temps, les deux autorités s'accordent bien ensemble. Mais un exemple permettra de se faire plus facilement une idée du fonctionnement de ce système dans la vie anglaise.

Supposons que nous sommes en train de visiter avec

le lecteur un village agricole dont la population se monte à environ 5 à 600 âmes, et situé à une douzaine de milles de la station de chemin de fer la plus proche. Nous sommes dans le mois de juin : chaque trait du paysage se révèle dans toute sa beauté ; les arbres n'ont pas encore perdu cette teinte verte particulière à l'Angleterre ; l'odeur du foin nouveau embaume l'air ; le bruit du faucheur qui repasse son outil retentit de tous côtés et les chants de l'alouette résonnent dans l'espace. Le village entier est occupé à faire le foin et les fermiers se hâtent de le rentrer avant le changement de temps prédit par le baromètre. Nous sommes dans un village purement agricole : on y trouve un épicier qui vend un peu de tout, un cordonnier, un petit tailleur, une petite auberge et deux ou trois cabarets. Le lord du manoir est le représentant du comté au parlement, et en bon législateur qu'il est, il est en ce moment occupé à remplir à Westminster ses devoirs parlementaires. Excellent squire, d'ailleurs : le clergyman lui-même n'hésite pas à le proclamer. Il est vrai de dire qu'ils sont tous deux de vieux amis d'enfance. Ils ont fait leurs études au même collège, y ont joué ensemble, et sont entrés en même temps à l'Université. Le squire n'est pas un très gros propriétaire, car ses propriétés dans ce pays ne produisent guère plus de 3,000 livres sterling (75,000 francs) par an ; mais il en a d'autres ailleurs, et il excelle en outre à faire de bons placements. Il est généreux, veille au bon entretien des demeures de ses laboureurs, et tout dernièrement encore vient de faire bâtir de très belles écoles. Il a eu la chance de prendre comme bailli et comme agent un homme respectable qui n'a aucune ambition d'un caractère subversif et ne cherche pas à mettre son autorité en opposition avec celle du recteur.

Et maintenant le recteur? Cette maison à 200 à

300 mètres, de ce côté-ci de l'église, est le presbytère : construction massive, au milieu d'un jardin délicieux, entourée de massifs de fuchsias, de lauriers et de myrtes. La glèbe qui dépend du bénéfice est étendue et le recteur en tire la plus grande partie de son revenu. Il s'est réservé quelques champs pour les cultiver lui-même et, de même que ses fermiers, n'a pas manqué d'occupation pour faucher et rentrer ses foins dans ce beau mois de juin. Nous sommes en pleine après-midi, et chaque jour, le recteur consacre les deux ou trois heures qui séparent son déjeuner de son dîner, soit à une promenade en voiture ou à cheval, soit, plus communément, à des tournées d'inspection dans sa paroisse et à des visites chez ses paroissiens. En ce moment, il est en train de parcourir les champs du fermier ; et comme il passe pour une autorité dans cette matière, il vient de ramasser et sent d'un air de connaisseur achevé le foin à peine tombé sous la faux du moissonneur. Sa physionomie est régulière et pleine de droiture ; son aspect respire la sincérité ; il a dépassé la cinquantaine ; son vêtement de drap noir se distingue plutôt par la couleur que par la coupe de celui que le squire porte ordinairement lorsqu'il est chez lui au lieu d'être à Westminster. De temps en temps, il cause avec les hommes en train de remplir les voitures de foin, mais on peut facilement remarquer qu'il évite d'imposer sa présence à aucun d'eux.

Voyons maintenant quelles sont ses occupations aux autres heures de la journée. Les prières de la famille sont généralement dites à huit heures et demie, car le recteur aime avoir fini son déjeuner et être à son travail à neuf heures. Ce jour-là, sa matinée est particulièrement chargée de besogne ; il a beaucoup de lettres à écrire, un sermon à préparer, des instructions épiscopales à lire et à signer, et plusieurs livres nouveaux qu'il serait désireux de parcourir. A peine s'est-il assis à son thé et a-t-il commencé à déployer le *Times* de la veille, qu'un coup de marteau retentit à la porte. C'est tantôt Martha Hodge qui vient s'informer quand son bébé pourra être baptisé; tantôt John Giles qui voudrait bien savoir quel jour et à quelle heure Sa Révérence pourra l'unir à Sarah Stokes; ou bien la femme d'un fermier qui désire s'entretenir avec la femme du recteur au sujet des psaumes et des hymnes qu'on a chantés le dimanche dernier ou qu'on chantera le dimanche suivant. Quelquefois aussi c'est la femme d'un laboureur qui vient lui faire part de sa misère et de ses besoins, et qui sollicite de sa bonté quelques secours. Le voici débarrassé enfin d'une demi-douzaine de ces interrupteurs, assis dans sa bibliothèque, et enfoncé dans ses livres et dans ses réflexions. Mais son recueillement ne tardera pas à être troublé. L'inévitable coup de marteau se fait entendre, et on lui annonce qu'un fonctionnaire de la paroisse a besoin de le voir; c'est son marguillier qui croit de son devoir de l'informer qu'un membre de la congrégation, — un fermier porté à la controverse, ou sa femme ou bien sa fille, — plein d'un respect rigide pour le rituel, assure avoir vu le dimanche précédent le pasteur faire une génuflexion suspecte; qu'un autre prétend que tel ou tel psaume sent trop le papisme ; qu'un troisième a trouvé une ressemblance étrange entre l'air joué par l'organiste, — généralement la fille aînée du recteur, — et certain refrain de café chantant importé récemment dans la localité par un jeune Italien qui jouait de l'orgue de Barbarie.

Parfois l'entretien ne roule pas sur des sujets aussi frivoles. Il peut s'agir d'un crime commis dans la paroisse, d'un scandale quelconque, d'une épidémie qui semble menacer la population. Dans ce cas, le marguillier, ou le clerc de la paroisse ou le bedeau agite avec le ministre la question de savoir si on ne fera pas appel au chef de la police locale, ou à l'inspecteur sanitaire ou enfin à tout autre fonctionnaire compétent pour écarter le danger ou punir le crime. Mais ici ne finissent pas les responsabilités du ministre dans l'administration séculière. Lorsqu'au bureau de poste du village se trouve adjointe une caisse d'épargne, ceux de ses paroissiens qui ont des habitudes d'économie peuvent très bien se passer de son intervention pour faire leurs petites opérations financières. Dans le cas contraire, le recteur se trouve souvent obligé de remplir les fonction de banquier de village. A l'occasion, il remplace le médecin de la paroisse dans le traitement des indispositions légères. Souvent l'Esculape local ou l'Hippocrate employé par les « *Guardians* (1) » demeure à une certaine distance et, en général, tient peu à soigner les malades qui ne lui rapportent rien. Dans ces cas le recteur prescrit à sa place certains médicaments comme des boissons rafraîchissantes, et procure aux malades un régime fortifiant. Aucun squire, quelle que soit sa charité, et quelque précises que soient les instructions qu'il a laissées à ses agents pendant les onze mois, sur douze, qu'il est absent de chez lui, ne peut entièrement débarrasser le pasteur de cet ordre de soins et de préoccupations.

De même que le recteur tient à la fois du banquier et du médecin, de même il est souvent appelé à remplacer l'avocat et l'homme d'affaires. On l'invoque comme arbitre dans les différends de famille; on se repose sur lui du soin de trouver des occupations aux jeunes gens et aux jeunes filles qui sont près d'entrer dans la vie. Bref, le ministre est regardé comme un ora-

(1) Gardiens des pauvres.

cle infaillible et comme une source de charité intarissable. Sur les dix ou quinze mille clergymen pourvus de bénéfices dans l'Église d'Angleterre, on en trouverait difficilement un seul qui ne cherchât pas à s'acquitter de son mieux, et dans la mesure de ses moyens, non-seulement des devoirs énumérés ci-dessus, mais de bien d'autres encore. Nous avons dit quelques mots tout à l'heure du courrier que le ministre reçoit par la poste du matin. Dans ce courrier se trouvent des documents émanant du département de l'instruction publique, et relatifs à son école. Il lui faut remplir des questionnaires longs et compliqués, qui nécessiteront une conférence avec le maître ou la maîtresse d'école. A peine a-t-il achevé de les remplir et vient-il de se remettre à son sermon, qu'il reçoit la visite de l'instituteur. Celui-ci vient l'informer que l'inspecteur des écoles du district, un tout jeune homme fraîchement échappé des bancs de l'Université, vient d'arriver soudainement. Il est de règle dans ce cas de se porter au-devant de ce dignitaire, de l'inviter à déjeuner, et de l'entretenir longuement des particularités du district. Et encore ceci n'est que la plus légère partie du fardeau que le département de l'instruction publique et les actes qui règlementent cette matière imposent au pasteur. Il y a des comités des écoles qui se réunissent périodiquement. Fréquemment le ministre est obligé, dans ces occasions, d'aller de maison en maison s'enquérir personnellement, auprès des parents, des causes pour lesquelles leurs enfants manquent aux classes : tâche ingrate, s'il y en a une, et dont on pourrait bien charger quelque autre fonctionnaire.

Autre obligation. Plus d'un pasteur de village a autant d'expérience qu'un solicitor pour dresser un testament ; et, au fur à et mesure que les idées d'épargne se développent dans les classes ouvrières, cette catégorie d'occupations devient plus lourde pour lui.

Le campagnard anglais a, en général, une grande méfiance et un grand éloignement pour toute espèce de banque de dépôt. A l'égard des caisses d'épargne attachées aux bureaux de poste, ce préjugé est en train de disparaître ; mais, règle générale, il préfère être son propre banquier et garder dans quelque endroit caché l'argent qu'il a mis de côté. S'il est d'un caractère exceptionnellement confiant, il déposera son argent soit chez le clergyman, soit chez son propriétaire. Les banques peuvent sauter, les établissements de crédit faire faillite, et le laboureur a toujours la crainte d'en être la victime, tandis qu'au contraire le squire ou le ministre est une partie intégrale et visible du système sous lequel le paysan anglais vit tous les jours ; et c'est ainsi que le ministre, qui est toujours présent, est constamment chargé d'acheter un cottage ou de faire tout autre placement d'argent. Le coffre-fort qui recèle le précieux trésor consiste presque toujours en un vieux bas ou une théière cachés dans quelque coin mystérieux. On a vu de ces capitalistes rustiques avoir chez eux dans cette banque primitive plus de 100 livres (2,500 francs). Malheureusement, il arrive presque toujours que le possesseur de ces richesses n'est pas aussi sage qu'il est économe, et ne prend pas la précaution d'en disposer dans la forme légale. Aucun testament n'a été fait ; aussi quelque parent ou quelque ami se doutant bien qu'il existe quelque part un magot qui n'a fait que grossir d'année en année, explore toutes les fentes et recoins de la maison, finit par mettre la main sur le bas ou la théière, et, confiant dans la discrétion des morts, s'en approprie le contenu.

Mais il y a bien d'autres fonctions encore que notre ministre est appelé à remplir. A des intervalles réguliers, certains devoirs administratifs et certaines réunions réclament sa présence à la ville voisine. Peut-être fait-il partie du « Board of Guardians (1) » ; plus fréquemment il est membre de la direction des hôpitaux et des maisons de correction du comté. On a vu plus haut que l'hygiène de son village rentrait également dans ses attributions.

Les charités qu'il fait pour son propre compte sont considérables, et en outre il est le dispensateur et le dépositaire de fonds dont les propriétaires de l'endroit lui laissent le soin de disposer. Tâche peu pénible, sans doute, mais certainement très ingrate. Il a à lutter contre ce préjugé vulgaire que l'argent finit toujours par s'attacher de façon ou d'autre aux doigts de celui qui l'administre. Ceux mêmes qui ont reçu des preuves de sa bonté, insinuent tout bas ou quelquefois ouvertement que la somme destinée aux aumônes n'est pas ce qu'elle devrait être.

Rarement le ministre est sans avoir quelques rapports avec ces deux institutions capitales dans chaque village anglais : le « Clothing Club (2) » et le « Benefit society (3) » (société de secours mutuels). Il remplit les fonctions de caissier et de banquier de la première, inscrit sur un livre spécial les fonds reçus des différents membres de la société et, lorsque la saison des achats est arrivée, délivre et signe les bons sur les marchands de la ville voisine.

Dans « le Benefit society », il a un rôle moins officiel. Cette institution peut être considérée comme l'application du système coopératif, du moins dans ses principes les plus élémentaires, aux simples conditions de la vie rustique. Sa composition et son mécanisme sont

(1) Conseil des gardiens des pauvres.
(2) Clothing Club. Mot à mot, *club du vêtement*. Club formé de personnes charitables, ayant pour objet de donner des vêtements aux enfants des pauvres.
(3) Société de secours mutuels. Le mécanisme en est expliqué un peu plus loin.

toujours les mêmes. Elle offre une prime à l'épargne ; mais les rentes viagères et les assurances sur la vie n'entrent pas ordinairement dans ses opérations. La cotisation payée par la plus grande partie des membres s'élève à 15 shillings par an. Lorsque la maladie rend l'un d'eux impotent, il reçoit du fonds social 9 shillings par semaine. En cas de mort, sa famille reçoit de 3 à 6 livres sterling (75 à 150 francs) pour son enterrement, et il reçoit lui-même de 2 à 4 livres (50 à 100 francs) pour l'inhumation de sa femme. La société a aussi son médecin particulier qui, moyennant des honoraires peu élevés, environ 30 livres par an, soigne gratuitement les sociétaires. Si l'incapacité de travail devient continue, soit par l'effet de l'âge ou de la maladie, la société cesse ses secours, de même que si l'accident ou la maladie provient de certaines circonstances, telles que l'ivrognerie ou la débauche, l'allocation peut être supprimée.

On peut se faire une idée de la prospérité de ces associations par ce fait que, dans un petit village du centre de l'Angleterre, dont la population n'excède pas 500 âmes, un « benefit society » possède, après quarante ans d'existence, plus de 600 livres placées en rente 3 0/0. Généralement c'est un fermier qui est le trésorier de ces associations. Le pasteur remplit l'office de chapelain, et, en cette qualité, est souvent consulté sur l'administration du fonds social, pris comme arbitre lorsque le secours à accorder donne lieu à discussion et, à l'occasion, appelé à donner son avis sur les placements de fonds. Un « benefit society » ne serait rien sans une fête annuelle ; et il va de soi que le pasteur préside le banquet à 2 shillings et 6 pence par tête (3 francs) donné à cette occasion.

D'après cette énumération, nullement exagérée, des services que le clergyman est appelé à rendre à ses paroissiens, au point de vûe laïque, on peut apprécier l'étendue du bien ou du mal qu'il peut faire. Dans la plupart des villages anglais, il est, ou du moins peut être s'il le veut, l'âme et le centre de la vie sociale de ce qui l'entoure, le garant de l'accord entre ses paroissiens, le tribunal devant lequel sont portés et réglés, à l'amiable, les différends locaux. Et les ennemis du clergé et de l'Église d'Angleterre sont forcés d'admettre l'importance du rôle du clergyman lorsqu'ils avouent que le plus grand obstacle à la séparation de l'Église et de l'État réside dans l'impossibilité de trouver à le remplacer efficacement dans les districts ruraux. La force de l'Église vient de son organisation paroissiale, et son union étroite avec l'État confère une grande dignité à ses ministres, et leur assure une confiance que les Anglais accordent difficilement à tout ce qui n'est pas revêtu d'un caractère officiel.

La condition des paroisses dans lesquelles le ministre résident ne se sert pas, pour le bien, des influences multiples dont il dispose, où il néglige et conçoit mal les devoirs de sa position, est la meilleure preuve de l'étendue des services que peut rendre le prêtre. Le ministre de campagne que nous avons eu en vue plus haut, est un consciencieux et bon *gentleman* anglais, soucieux de remplir son devoir envers Dieu et son prochain. Ses idées ne sont pas très étendues et il est peu porté à approfondir les subtilités théologiques. Il passe dix mois dans sa cure, et, après un voyage de huit à neuf semaines, il se retrouve plus frais et plus apte au travail.

Mais de même que le type du *squire* toujours absent existe, de même il y a le type du ministre toujours hors de chez lui, et on en compte deux ou trois variétés. L'un a un dégoût inné de la vie de campagne ; l'autre, deux ou trois filles à marier, deux ou trois fils à élever, ou bien c'est un valétudinaire qui aime suivre la mode. Le digne couple en arrive à conclure qu'il ne peut supporter cette vie-là plus longtemps. Les filles ont besoin d'aller dans le monde : elles sont jolies, bien élevées, mais quelle chance ont-elles de trouver des maris à Sweet-Auburn ? Les garçons ont besoin d'aller au collège et cela coûte si cher ! La femme est de plus en plus convaincue que le climat lui est défavorable ; et quant à son mari, certaine nuit qu'elle ne dormait pas, elle a très bien entendu une vilaine toux sèche sortir de la poitrine du révérend. On adresse une demande à l'évêque ; ou bien on sollicite une entrevue personnelle de Sa Seigneurie, et le recteur et sa famille obtiennent un congé d'un an. A l'expiration de ce terme, on présente une demande de prolongation appuyée des mêmes arguments irrésistibles, et le congé est renouvelé.

Pendant ce temps, le vicaire, installé à la place du titulaire de Sweet-Auburn, est un de ces mercenaires communs en Angleterre, qui, pour un salaire des plus modestes, le produit d'un excellent jardin, et parce qu'ils trouvent là un air pur et la vie à bon marché, se chargent de remplir les devoirs du ministre absent. Les services se font de la manière la plus négligée et la plus relâchée. Tous les jours, la congrégation s'éclaircit. Celui qui a la charge des âmes dans la paroisse, voit peu ou point ses paroissiens, et, de jour en jour, la tendance à retomber dans le paganisme originel se manifeste plus fortement. Cela va ainsi de pire en pire pendant des années. Un beau jour on apprend que le recteur est mort à Bath ou à Cheltenham. Au bout d'un certain temps, on nomme son successeur, qui arrive plein d'enthousiasme, de dévouement et de zèle. Peut-être fait-il là son premier début. Il croyait trouver à Sweet-Auburn, tout ce que Goldsmith y avait décrit. Il s'attendait à une réception cordiale et à voir des villageois propres et souriants et des fermiers heureux et craignant Dieu. Au lieu de cela, il se trouve transporté dans un milieu de misère et de péché. Les villageois sont mal vêtus, mal nourris et regardent le ministre comme leur ennemi naturel. Au lieu de ces fermiers qu'il s'était peints sous des couleurs si aimables, il trouve des hommes mécontents et aigris. Les membres de la communauté sont d'une grossière et inintelligente incrédulité, n'entrent presque jamais à l'église, et se soucient peu de suivre le droit chemin et de vivre bien. Le village est dans des conditions sanitaires déplorables et le nouveau ministre est terrifié de ce spectacle. Au lieu du paradis qu'il avait rêvé, c'est le vice, la saleté et la corruption de l'enfer. Ce tableau est un peu chargé, j'en conviens; mais il est loin d'être le seul exemple qu'on pourrait donner des effets de la négligence du pasteur.

Sloughton-sur-le-Masth est un bénéfice dans lequel se trouve un collège. Il ne subsistera pas vraisemblablement longtemps, car la société qui en a la direction cherche à se débarrasser de ce collège, ainsi que de plusieurs autres bénéfices, afin d'augmenter les fonds dont elle peut disposer pour d'autres projets, et pour établir de nouveaux centres universitaires par toute l'Angleterre. Depuis, les intérêts spirituels de Sloughton sont administrés par les professeurs du collège, qui sont ou bien usés par la vie de collège, ou ont reçu le bénéfice comme récompense de leurs travaux professionnels ailleurs. Pour le moment, le recteur de Sloughton peut être un représentant de l'un des divers ordres de prêtres; soit un dignitaire important de l'Église ou un prédicateur éminent de Whitehall. Il est célibataire, fait partie de l'Athénœum club, a un pied à terre à Londres, garde peut-être un appartement à Oxford, et considère son séjour à Sloughton comme une occasion de se livrer à des loisirs scientifiques. Pendant son absence, il est remplacé par deux vicaires, qui ne méritent certainement aucun blâme, mais qui, n'ayant pas l'autorité de leur supérieur, ne peuvent exercer la même influence. Lorsque ce recteur accompli est à sa cure, il prêche toujours une fois, un dimanche quelconque, un sermon qui est aussi intelligible pour son troupeau qu'un extrait de l' « Analogie de Buther » ou des « Lectures de Bampton », de feu le doyen Mansel ; et comme il est généreux et qu'il a bon cœur, il visite ses paroissiens et leur fait des libéralités.

Supposons, au contraire, qu'on ne puisse pas reprocher au recteur de Sloughton d'être toujours absent. Il vit dans sa cure neuf mois sur douze, et, pendant ce temps, est continuellement occupé. Seulement, ses occupations n'ont rien qui concerne ses paroissiens. Il prend en effet des élèves et édite des classiques. Il mène une vie irréprochable, il est d'une grande bonté naturelle, son esprit est large et libéral. Mais il est né directeur d'école ou professeur. Il consacrerait avec bonheur sa vie à des recherches sur le génitif à Heidelberg, et on pourrait le choisir pour faire tout ce que la science et le travail offriraient de ressources pour relever le niveau des compositions latines dans une école. A Sloughton, il remplit son devoir de la façon la plus élevée envers ses élèves et leurs parents et il serait profondément peiné d'entendre dire qu'il a une seule fois manqué de le faire envers ses paroissiens. Il est vrai de dire qu'il déteste un lit de mort. Entouré de jeunes gens, il ne se croit pas bien autorisé à entrer dans une chambre de malade, où peuvent exister des maladies contagieuses. Cependant, dans le cours de ces deux dernières années, il a veillé plusieurs fois à des lits de mort, et lorsqu'un de ses paroissiens est cloué sur son lit par la maladie, il a toujours soin de s'y rendre lorsqu'il est appelé ou d'y envoyer un vicaire. Pour ce qui concerne plus spécialement ses devoirs ecclésiastiques, les offices sont célébrés avec un soin tout particulier. Ses sermons sont brefs et clairs, semblables à des petits traités classiques, à la portée des intelligences les plus rebelles, sur la religion et la morale. On ne peut l'accuser d'aucun manquement particulier à ses devoirs, et cependant l'organisation de la paroisse n'est pas complète. Jusqu'ici, la machine a toujours bien marché; aucun heurt ne s'est jamais produit. Peut-être là où on voudrait une direction énergique et rude, ne pourrait-on trouver que de l'apathie et de l'indifférence; mais, en somme, il n'y a pas de dissentiment déclaré entre les fidèles et le pasteur, comme cela se produit certainement si le ministre se croit obligé par sa conscience à aller contre la volonté populaire. C'est une satisfaction de constater que la race de ces prêtres austères, de ces rigides orthodoxes, disparaît de la face de la terre. Le ministre qui va à la chasse trois fois par semaine devient un anachronisme. Mais il est probable que pas un de ces hommes ne fait autant de mal à la religion que ces prêtres qui se croient obligés de rompre violemment avec les traditions religieuses de leur paroisse, d'introduire le rituel de la Haute Eglise anglicane là où jusqu'ici les traditions évangéliques ou protestantes ont été en honneur; ou bien d'arracher avec la farouche ferveur d'un inconoclaste les derniers vestiges de l'anglicanisme, là où leur prédécesseur a été de l'école de Keble ou de Pusey. Le sens commun et la tolérance sont aussi nécessaires au pasteur que de bien accomplir ses devoirs, et ces vertus étaient plus communes aux pasteurs de la vieille école qu'aux apôtres de la nouvelle, plus dévoués peut-être, mais d'un zèle indiscret et agressif.

Mais beaucoup de personnes contesteront la vérité du portrait du ministre de campagne que je viens de tracer et m'accuseront d'être aveuglé par la partialité. Elles diront aussi que les exemples des pasteurs négligents que j'ai présentés sont loin d'approcher de la réalité. Certains ministres ruraux, nous dira-t-on, sont ivrognes ; d'autres sont perpétuellement couverts de dettes ; beaucoup sont ignorants, illettrés, et non-seulement dépourvus de toutes connaissances, mais aussi de tout désir d'apprendre. Beaucoup d'autres sont indifférents, insouciants, mondains. Ils dépouillent leur piété avec leur surplis, et laissent leur conscience avec leur soutanelle. Quelques champions de la séparation de l'Église et de l'État avouent que le principal obstacle à cette mesure est l'impossibilité de trouver à le remplacer efficacement dans l'organisation paroissiale de l'Église d'Angleterre dans les districts ruraux. D'autres déclarent hautement que le ministre représente absolument le contraire d'une institution bienfaisante. Ainsi, d'après eux, il n'est pas le lien commun entre les extrêmes sociaux ; il ne sert nullement à apaiser les querelles de classes, et il n'agit pas et ne peut agir, par son influence auprès du patron, comme le gardien avancé des intérêts de l'employé. En se plaçant à ce point de vue, dans les matières spirituelles, le ministre représente le principe de superstition, et dans les matières temporelles le principe de tyrannie et d'exploitation. Loin d'être un dispensateur prodigue de ses propres charités et d'être un juste distributeur des aumônes des autres, le ministre de campagne détourne de leur objet et met dans sa poche les legs faits par les morts aux vivants. De même que le pasteur a toujours été pour eux un empêchement à leur bien-être terrestre, de même il a toujours été et est toujours un obstacle sérieux, sinon invincible, au progrès des lumières chez le pauvre. En fait, il fait partie d'un odieux trio, dont le fermier et le propriétaire foncier représentent les autres membres, et qui, ligué contre les classes ouvrières, s'est toujours opposé à tout ce qui pouvait les conduire au bien. Il serait inutile, en discutant avec des personnes qui pensent de cette façon, de leur prouver par des exemples à votre connaissance que ce qu'elles allèguent contre le clergé est absolument faux. Si vous mentionnez des noms, ils vous diront simplement que ce sont des exceptions. Si vous leur citez des cas où le ministre a lutté avec le propriétaire pour le pauvre, non-seulement pour ce qui regarde l'instruction, mais aussi pour des intérêts purement matériels, comme la corvée, le droit de couper du gazon, ils vous écraseront de suite en vous citant des exemples multiples du contraire. Le ministre, tel qu'il est décrit pour les besoins de la cause par les champions du travailleur agricole, est un composé d'un fourbe mal intentionné et d'un bandit au langage mielleux. Il a conclu avec le propriétaire et le locataire du sol un pacte secret pour, à eux trois, réduire le paysan à l'impuissance, et faire tout pour l'empêcher de s'élever par l'instruction à la dignité d'un homme et au libre exercice de tous les droits politiques.

Pour venir à bout de ce sinistre projet, il s'est revêtu d'attributs superstitieux et il a invoqué une sanction surnaturelle. Si, dans le temps où la loi sur l'instruction n'existait pas, il a semblé favoriser l'instruction, c'était afin de créer le monopole de l'éducation à son profit, et d'empêcher le paysan dégradé dans ses élans vers l'affranchissement par l'instruction. Il a perverti l'histoire de l'Angleterre pour les besoins de sa propre cause.

Le but principal de sa vie est de maintenir les laboureurs et leurs familles dans un état d'ignorance complète et de sujétion. La science est le pouvoir ; comment alors pourrait-il se montrer le protecteur désintéressé de l'instruction ? De la jouissance des privilèges et de l'exercice de droits incontestés, naît le désir d'étendre ces privilèges et ces droits ; comment pourrait-on alors douter que le ministre, ligué avec le propriétaire, résisterait à la tentation de sauter le fossé et d'empiéter un peu sur le terrain commun ?

L'une des questions périodiquement adressées par l'Union des ouvriers agricoles à leurs correspondants est celle-ci : Fait-on beaucoup d'aumônes dans votre village, et les répartit-on également entre ceux qui vont à l'office et ceux qui n'y vont pas ? Ou bien encore : Ne pensez-vous pas que les ministres appuient des lois iniques faites par les propriétaires fonciers, et qui sont tout simplement un vol non déguisé (1) ? Ces questions sont faites évidemment moins pour réunir des éléments d'information sérieux que pour servir de texte à des déclamations incendiaires contre le ministre. Le refrain est toujours le même. La conclusion ne varie jamais : le laboureur pauvre ne pourra jamais posséder tant que la terreur noire subsistera. Le ministre, dit-on aux paroissiens, ne cherche qu'à garder sa position et à s'enrichir. Il s'allie avec l'homme de loi, pour priver le pauvre de la plus grande partie de ces legs qui ont été faits pour que le pauvre en jouisse. Il s'efforce avec le médecin de la paroisse, instrument servile du despotisme territorial comme lui, de plonger le laboureur dans le paupérisme par toutes sortes de bas moyens. Il

(1) Ces questions sont extraites textuellement d'une longue lettre que M. G. Mitchell, l'un des membres importants de l'Union, adressait aux laboureurs à la veille d'une démonstration agricole près de Yeovil, le lundi de la Pentecôte.

comprend, quoique souvent ses innocentes victimes ne s'en rendent pas compte, que l'exemption des contributions produit l'incapacité politique. C'est pourquoi il s'efforce toujours de faire soigner la femme ou l'enfant du paysan par le médecin de la paroisse, et il fournit toujours les médicaments nécessaire au dispensaire paroissial. Rien n'est épargné de ce qu'on peut dire pour persuader que soit à la ville, soit dans la campagne, le ministre est le pire ennemi du pauvre. Le résultat des idées ainsi répandues par de grosses brochures où par des émissaires ambulants, est encore à se faire sentir. Les chefs de l'agitation qui arguent de certains excès causés par le fanatisme religieux dans certaines périodes de l'histoire ecclésiastique et y puisent leurs seuls arguments sérieux, avouent que l'Église établie ne pourra être détruite tant que les classes ouvrières n'auront pas été instruites. Lorsque les lois sur l'éducation de 1870 et 1876, augmentées des fruits de l'expérience, non moins efficaces que les lois elles-mêmes, auront fait leur effet, alors le peuple commencera à se délivrer des entraves que lui ont mises les supercheries des prêtres. Il est admis dès maintenant que l'Église d'Angleterre a et aura toujours beaucoup plus d'influence dans les campagnes que dans les villes. Et cela par la raison bien simple que l'instruction, qui est le plus grand ennemi de l'Église établie, se trouve plus facilement dans les villes que dans les campagnes. Depuis trois siècles, l'Église d'Angleterre est à l'essai. Cette période d'épreuve n'est pas encore finie, et peut-être ne finira-t-elle jamais. L'Église établie sera jugée par ses fruits, et aussitôt que la qualité de ses moissons sera suspecte, aussitôt que son organisation pourra être remplacée avec avantage par une autre, aussitôt que ce remplaçant prendra une forme tangible et admettra une définition claire et nette, alors l'attaque dirigée contre elle entrera dans une nouvelle phase. Ce sont seulement les premiers préparatifs de l'assaut que l'on voit maintenant; c'est la menace, et non l'accomplissement du changement projeté qui s'est fait entendre. De la tactique du parti de l'agression bien moins que de la conduite des fonctionnaires employés à sa défense, dépend le succès de l'attaque et la déclaration que la grande expérience d'une Église d'État est une erreur. L'avenir de l'Église d'Angleterre, aussi bien dans les villes que dans la campagne, repose dans les mains, non de ses ennemis, mais de son clergé. De ce que le temps des supercheries est passé, il ne s'ensuit pas que le peuple anglais cherche à se passer de l'assistance d'un clergé national tel que ce clergé a été décrit ici.

Souvent le pasteur se trouve aux prises avec deux difficultés capitales. L'une provient des fermiers, l'autre des dissidents de sa paroisse. Chacune de ces deux classes forme sans contredit deux puissances distinctes dans les villages anglais. Leur attitude à l'égard du ministre peut être soit une opposition active, ou une neutralité passive, ou de la bonne volonté et une assistance énergique. Elle dépend quelquefois de causes indépendantes de la volonté du ministre, mais le plus souvent de la manière dont il se conduit à leur égard, et de la somme de discrétion qu'il montre. Il y a dans les fermiers anglais autant de variétés que parmi les autres classes de la population. Dans deux villages voisins l'un de l'autre, ils diffèrent grandement, et souvent dans une distance d'un mille nous voyons deux états sociaux complétement dissemblables, l'un bon et l'autre mauvais. Mais, à les prendre en masse, le fermier anglais s'est beaucoup élevé et perfectionné durant les vingt-cinq dernières années. Le type de l'ancien petit fermier anglais, sale, ignorant, avare, inintelligent, alourdi par la bière ou abruti par les spiritueux, dont la seule supériorité sur ses laboureurs consistait à avoir plus d'argent qu'eux pour se passer ses fantaisies, est en train de disparaître. Le fermier tel qu'il existe actuellement vaut en général beaucoup mieux. Il lit, et pense par lui-même, et ne croit pas que l'éducation soit nécessairement une mauvaise chose. Il comprend qu'il est pernicieux et inintelligent de remplacer les gages par l'accroissement sans raison de la taxe des pauvres, et ne refuse pas aveuglément de contribuer pour sa part aux frais de l'école du village. De cette façon, au lieu d'être l'ennemi du ministre, de le contrecarrer en tout, il est son ami et l'aide dans sa mission, et dans les villages où il existe encore quelques types de l'ancien fermier, celui-ci est généralement loin de posséder la sympathie publique.

De même que ses fils s'efforcent de surpasser encore les qualités de leurs pères, de même les filles du fermier se mettent rapidement au niveau des idées du siècle. Elles ont reçu une éducation soignée, et leur instruction s'est achevée dans une pension soigneusement choisie. Le seul point qui prête chez elles à la critique, est qu'elles auraient pu être un peu mieux instruites des devoirs d'une maîtresse de maison. Mais ceci viendra avec l'expérience ; et avec leur goût pour la musique, les fleurs, les livres, elles exercent généralement dans la maison paternelle une influence bienfaisante. Elles ont les qualités ordinaires, et les manières des femmes du monde, et ne se trouveraient déplacées dans aucun salon. En somme elles représentent, dans l'économie de l'Angleterre rurale, une force qui est probablement destinée à faire autant de bien dans sa sphère que les pensions et les comités d'instruction dans la leur.

Quant aux dissidents, il importe de distinguer les non-conformistes, tels qu'ils existent dans les districts ruraux, de ceux qui existent dans les villes. Dans ces dernières, ils revêtent généralement plus ou moins une couleur politique, et se montrent souvent ennemis acharnés de l'Église d'Angleterre en tant qu'institution, et de ses ministres qui sont ses fonctionnaires. Dans les campagnes, au contraire, il est rare qu'ils se mêlent de politique, quoique, dans certaines parties de l'Angleterre, leur pouvoir soit considérable sur les populations rurales. L'influence de Wesley et de Whitfield se fait encore sentir jusqu'à nos jours. Dans tous les comtés où John Wesley a prêché, principalement en Cornouailles, sa tradition, s'emparant du caractère celtique si impressionnable, continue à former le fond d'une croyance populaire profondément ancrée. De même dans le nord de l'Angleterre, parmi les populations manufacturières, les dissidents sont encore très nombreux et puissants. Mais, à part ces exceptions, il arrive généralement que, dans les districts ruraux, les familles qui ont quitté l'église pour la chapelle, l'ont fait par suite d'un manque de secours spirituels, plus ou moins réel ou imaginaire, de la part du pasteur, ou d'un manque déplorable de tact de sa part, ou enfin pour quelque raison personnelle. Les fermiers et les laboureurs sont généralement portés à préférer l'église à la chapelle.

Pour les naissances, les mariages, les morts, en un mot, pour tous les actes solennels de la vie, c'est tout naturellement qu'ils recherchent les cérémonies de l'église. Quoiqu'ils se regardent eux-mêmes comme orthodoxes, ils se considèrent comme absolument libres d'aller à la chapelle, si l'enseignement de l'église leur semble faux ou sans profit, et souvent leurs relations sociales les confirment dans cette idée. Alliés par le sang ou le mariage à des familles dissidentes, ils finissent par partager plus ou moins les préjugés et les sentiments religieux de leur affinité. Le ministre, non seulement n'a aucun embarras avec ces dissidents, à moins que ceux-ci n'aient à leur tête que des gens mal-intentionnés, mais souvent il n'a pas de fidèles plus assidus à son église. Cela dépend entièrement de sa bonté, de sa courtoisie, de la façon plus ou moins discrète dont il cherchera à leur inculquer sa croyance. Surtout qu'il s'abstienne de montrer jamais aucune espèce de frayeur ou de peur des dissidents, et, lorsqu'il s'adressera à sa congrégation, qu'il n'accentue pas trop les différences qui existent entre eux.

Il y a une chose qu'il faut bien se garder d'oublier, c'est que, dans les temps passés, la religion anglicane fut grandement redevable, surtout dans les districts ruraux, aux sociétés de bienfaisance non-conformistes. Quand, dans les trente premières années de ce siècle, l'activité et l'influence de l'Église d'Angleterre étaient tombées au dernier degré de décadence, l'Église dissidente fut, dans beaucoup d'endroits, la seule force qui préserva l'étincelle vitale du christianisme. L'esprit qui maintenant anime le corps entier des ministres anglicans, rend superflus les services de l'Église dissidente. Nous pourrions trouver de nombreuses preuves de ce que nous avançons, dans l'expérience personnelle d'un grand nombre de pasteurs. Le recteur d'une paroisse, dans l'un des districts de l'ouest de l'Angleterre où les dissidents sont les plus nombreux, disait à une dame, à laquelle il rendait visite, qu'il craignait qu'elle ne négligeât ses devoirs religieux, car depuis longtemps il ne la voyait plus à l'église. Elle lui répondit immédiatement qu'elle allait à la chapelle. « Je suis charmé de cela, lui répliqua-t-il immédiatement avec beaucoup de sagacité : « Il faut aller quelque part pour prier Dieu, et si j'ai une prière à vous adresser, c'est de continuer à aller à votre chapelle régulièrement. » Quelque temps après, la voyant de nouveau après un intervalle d'environ trois mois: « J'espère, lui dit-il, que vous avez été régulièrement à la chapelle depuis la dernière fois que je suis venu vous voir. — Je n'y suis jamais entrée depuis, répondit la dame. — Je suis fâché, dit le ministre, de vous entendre dire cela; pourquoi n'avez-vous pas continué? — Ne m'avez-vous pas vue? demanda la dame évidemment surprise. J'ai été à l'église tous les dimanches, depuis que vous m'avez rendu visite. J'ai pensé que comme vous n'aviez pas fait une charge à fond de train contre ceux qui vont à la chapelle, j'éprouverais du plaisir à vous entendre. » Ceci est vrai, et la morale en est facile à tirer. Les dissidents n'ont jamais été assez forts pour faire d'un village deux camps et rendre l'église déserte. Dans la plupart des cas, lorsque cela arrive, c'est la tactique adoptée par les représentants et les champions de l'Église qui a rendu les dissidents si puissants comme pouvoir offensif, et en a fait des adversaires implacables.

CHAPITRE III

DES GRANDS PROPRIÉTAIRES ET DE L'ADMINISTRATION DES ESTATES (1)

Conceptions erronées que se fait le peuple de la vie de l'aristocratie territoriale. — Devoirs d'un grand propriétaire. — Leur caractère absorbant. — Vie d'un noble anglais. — Principes généraux de l'administration des grandes propriétés. — Les Estates des ducs de Westminster et Northumberland. — La propriété d'Alnwick. — Aspect de la campagne de Newcastle à Tynemouth. — Fermiers de la propriété d'Alnwick. — Leur gérance. — Contrôle exercé sur eux. — Administration de la propriété du duc de Devonshire. — Administration de celle du duc de Cleveland. — Résumé des caractères généraux de l'administration d'un « Estate » anglais. — Intendants des « Estates » ecclésiastiques. — Administration de propriétés moins considérables.

Maintenant que nous avons essayé d'esquisser à grands traits le pouvoir ecclésiastique, tel qu'il s'exerce dans le village anglais, passons à un autre ordre d'idées, au domaine purement civil et à l'autorité séculière. Nous avons vu le pasteur combiner avec son ministère sacré des attributions temporelles ; considérons à présent le côté purement matériel du mécanisme de la vie anglaise et examinons les hommes qui, aux divers degrés de l'échelle, ont reçu le soin de veiller à son fonctionnement.

(1) Grands domaines patrimoniaux.

Quelque riches que soient les membres de la grande aristocratie héréditaire de l'Angleterre, quelque étendue et absolue que soit leur autorité, ils ont à remplir des devoirs nombreux et impérieux; leur rôle de protecteurs les soumet à des charges et à des responsabilités auxquelles ils ne peuvent se soustraire. Mais le peuple se forge, sur leur manière de vivre et de comprendre leurs devoirs, des idées aussi puériles et aussi erronées que sur la vie du souverain : il croit que leur existence s'écoule heureuse à l'ombre de tout souci, que les plaisirs et les fêtes seuls sollicitent leur activité et que leurs pas ne foulent que des sentiers bien unis et exempts d'épines.

Selon les préjugés populaires, l'année, pour la noblesse titrée du royaume, peut être divisée en deux parties : l'été à Londres ; l'hiver dans les manoirs. A Londres, se faire traîner dans des équipages somptueux, paraître dans les grandes réceptions, assister aux banquets publics, donner des dîners intimes, aller au club, à Hyde-Park, aux séances de la Chambre des lords deux ou trois fois par semaine; telle est pour la masse l'existence de l'aristocratie titrée, depuis le mois de février jusqu'au mois d'août. Ce n'est pas tout. Ces plaisirs sont entrecoupés d'intermèdes : les courses, les parties à la campagne, les voyages aux lacs du continent, les visites aux capitales de l'Europe. Voilà ce qu'on appelle la saison de Londres. L'hiver se passe ailleurs que dans les quartiers aristocratiques de la métropole. Lorsque la nature commence à se dépouiller de sa robe de verdure, c'est le signal du départ pour les chasses et les terres marécageuses du nord : les volets des habitations princières sont fermés; les hôtes fashionables de ces demeures sont partis jeter l'or sur le tapis vert de Hombourg ou sont allés prendre les eaux à Vichy. Peut-être font-ils le tour du monde, sur ces palais flottants qu'on appelle yachts. Que sais-je encore! L'imagination populaire n'a pas de bornes; à cette esquisse elle ajoutera encore des tons plus accentués; cette vie de luxe, de plaisirs, exempte du souci du lendemain, elle la peindra sous des couleurs encore plus vives et plus éclatantes.

Mais un observateur raisonnable et impartial ne s'arrêtera pas à la surface; il examinera de plus près et scrutera plus profondément; et bientôt à ses yeux, les détails de cette peinture paraîtront trop chargés, les contours trop accusés; il atténuera les uns et corrigera les autres. Si alors nous invoquons son témoignage, nous ne serions pas étonnés de lui entendre dire que ces seigneurs placés au plus haut degré de l'échelle sociale ont conscience de leur mission et sont pénétrés de leurs devoirs; que, loin de fuir le travail, ils le recherchent avec ardeur, et que l'héritier de cent comtes et ducs ne considère pas l'oisiveté comme la plus précieuse de ses prérogatives. Voyez ce jeune patricien; il compte d'illustres ancêtres, il est riche et honoré, et cependant, même en dehors de toute ambition politique, d'autres causes de soucis et d'inquiétudes troublent et agitent son cerveau. Voyez ce grand landlord; il possède d'immenses domaines, il jouit de revenus princiers; voyez avec quelle âpre volonté il se livre aux affaires, avec quelle sollicitude il les dirige; on dirait que son existence future dépend uniquement de leur heureuse réussite. Voyez enfin cet héritier d'une fortune colossale; malgré les mauvais effets de son éducation première, en dépit de l'atmosphère énervante, des influences pernicieuses, des adulations et des flatteries des courtisans, voyez ce jeune homme forgeant lui-même courageusement ses armes et brûlant d'entrer en lice pour livrer bataille à ce monstre sans pitié qu'on appelle la vie. Et quand on pense qu'il n'existe pas sur terre un sort plus enviable que celui de ce jeune homme revêtu de la dignité de pair ou destiné à l'être un jour, on doit moins s'étonner de voir une certaine quantité de nobles pairs faire de la faveur le but et l'idéal de leur vie que de voir la grande majorité d'entre eux donner à la noblesse des autres contrées de l'Europe l'exemple de l'attachement le plus profond à l'accomplissement des devoirs publics et privés.

Pour le moment nous laisserons de côté le terrain politique. Abordons une scène plus modeste; cherchons à saisir les représentants de notre aristocratie dans l'exercice de leurs fonctions comme lords territoriaux. Figurons-nous un grand propriétaire terrien; il se donne entièrement à l'administration de ses affaires; il ne néglige pas ses devoirs sociaux. Ne trouverons-nous pas que son temps est complétement absorbé, que sa journée est laborieusement occupée? Interrogeons maintenant ce gentilhomme campagnard; il gère lui-même ses propriétés; il cherche à les améliorer, à augmenter leur rendement et leurs revenus; entre temps, il va à la chasse à courre ou à tir. Ne nous dira-t-il pas qu'il a aussi peu de loisirs qu'un clerc de la cité? Plus un personnage est élevé dans l'échelle sociale, plus laborieuse et plus agitée est sa vie. Ne savons-nous pas que la reine elle-même consacre plusieurs heures de la journée à l'expédition des affaires de l'État et à l'examen des propositions de ses ministres? Et les sujets les plus illustres de la reine peuvent-ils prétendre à être plus oisifs que Sa Majesté elle-même? D'ailleurs, les grands propriétaires de l'Angleterre sont de véritables gouverneurs de principautés. Ils sont à la tête non pas d'un seul département, mais de trois ou quatre différents départements de l'État. On peut même dire qu'ils sont chargés de l'administration d'un petit empire, renfermant souvent un certain nombre de provinces, dont la nature, les ressources et les besoins sont aussi divers que si elles étaient des royaumes distincts. Quelle est donc la vie journalière de ces seigneurs territoriaux? Comment leur temps est-il partagé à Londres comme au fond de leurs manoirs? C'est ce que nous allons examiner. A dix heures invariablement, Sa Grâce passe dans son cabinet; sur sa table de travail, elle trouve le courrier du jour. Elle dépouille elle-même tout le paquet. Les lettres sont écrites par des personnes de toutes conditions, elles portent sur des sujets les plus divers. Les unes proviennent des tenanciers de ses domaines : ce sont des demandes de réparations, de changements à faire à la ferme. Les autres sont des agents ; ce sont les rapports des régisseurs et inspecteurs. Enfin dans la troisième catégorie, la plus volumineuse sans contredit, rangeons les sollicitations pressantes des nécessiteux, les appels à la charité des sociétés de bienfaisance. Toutes ces lettres reçoivent de celui à qui elles sont adressées une bienveillante attention. Chacune d'elles porte ensuite en marge ou sur le verso une petite note destinée à guider le secrétaire de Sa Grâce dans sa réponse.

Le plus souvent, les demandes des tenanciers grands et petits sont fondées. Alors le maître ne fait aucune difficulté pour les accueillir. Parfois, elles requièrent un examen plus approfondi, une plus longue réflexion; il en réfère alors à un agent, qui réside sur les lieux, et ordonne une enquête minutieuse. Quant aux nombreuses requêtes qui lui sont adressées, tantôt au sujet d'une école à construire, tantôt au sujet d'une église à réparer, Sa Grâce accueille immédiatement les unes et remet les autres à une décision ultérieure, car souvent elles dépassent les bornes de sa munificence. Mais pour les demandes de secours, elle agit différemment.

Toutes les suppliques sont renvoyées à la société de bienfaisance locale; celle-ci informe et fait un rapport. Si les conclusions de l'enquête sont favorables au sollicteur, sa demande est prise en considération, et une certaine somme est alors mise à la disposition de la société pour être distribuée soit en totalité à la fois, soit par portions dans un délai fixé.

Allons plus loin. Supposons que Sa Grâce est non seulement grand propriétaire terrien, mais encore possesseur d'immenses terrains d'une valeur considérable sur lesquels des villes entières ont été élevées. Dans ce cas, les affaires sont concentrées dans un bureau central; une nuée d'agents et de secrétaires y sont employés. Une fois par semaine le conseil se réunit sous la présidence du « *landlord* » pour entendre la lecture du compte rendu de tout ce qui a été exécuté dans la huitaine, examiner et discuter les propositions nouvelles, les demandes de concessions, l'opportunité des expropriations, l'utilité des réformes. L'intendant, l'architecte, les experts tour à tour émettent une opinion favorable ou défavorable sur chacune de ces questions. Assister à ces meetings, c'est se faire en quelque sorte une espèce d'éducation professionnelle. Aussi le landlord ne néglige-t-il pas d'y amener son fils, destiné à prendre sa place un jour, afin qu'il puisse se familiariser de bonne heure avec les questions techniques et les affaires sérieuses.

L'administration des propriétés du landlord, dans chacune de ses branches, repose sur des principes précis et invariables. Elle fonctionne avec autant de régularité, d'ordre et de ponctualité que dans les bureaux du gouvernement ou dans les offices de la compagnie industrielle la mieux organisée. Ouvrez, par exemple, le grand-livre des comptes; feuilletez les chapitres : « Frais généraux de maison », « personnel » et

« dépenses d'administration »; les chiffres qui s'alignent les uns sous les autres expriment plusieurs milliers de sterling; et cependant vous n'y trouverez pas une erreur d'un demi-penny lorsque l'on fait la balance la veille de « *Christmas* ». Les agents préposés à la gérance des « *Estates* » dans les comtés du nord et du sud de l'Angleterre, ou à la perception des loyers dans Londres et les autres villes sont aussi tenus d'envoyer leurs comptes à époques déterminées au « *Central office* ». Là l'intendant général les revise et les contrôle; il en fait un résumé et le présente à l'approbation du landlord régulièrement tous les mois. Dans cet exposé mensuel, il y mentionne encore les émoluments du personnel. Grâce à ce système, on arrive à fixer une moyenne mensuelle de dépenses, qui servira de base aux calculs futurs, afin que le total des dépenses ne dépasse pas le quantum des revenus.

Aujourd'hui les grands « Estates » de l'Angleterre s'administrent à peu près de la même manière; il n'y a pas des différences, mais simplement des nuances. Dans les deux derniers siècles, la tendance a toujours été de réduire les vues individuelles à un système unique, qui se recommandât par son excellence et ses commodités pratiques. De nos jours, des traditions légendaires, des coutumes des anciens conquérants et des mœurs de la féodalité, il ne reste plus que quelques traces. Si l'on en trouve encore par hasard quelques vestiges dans certains domaines, c'est que dès le principe ces domaines avaient été fiefs séculiers et avaient traversé sans encombre les orages de la Réforme, en conservant leur physionomie du moyen âge. Mais sur les terres qui, à la Réforme, tombèrent en partage aux lords séculiers, tout disparut. On aurait dit que la noblesse de cette époque, qui s'était enrichie des dépouilles de l'Eglise et des monastères, voulait effacer pour toujours l'ancien régime jusque dans dans ses moindres souvenirs, impatiente qu'elle était de créer une ère nouvelle et puritaine.

Nous en trouvons un exemple dans l'antique maison de Bedford. Son domaine présentait autrefois, au point de vue de son administration, certaines particularités dignes de remarque. Entre autres, il y avait un village industriel appelé Woburn situé au milieu des domaines du noble duc. On en voit encore les ruines ; les tours de la manufacture encore debout se dessinent à travers les arbres. Là régnaient, il y a deux ou trois siècles, l'activité et le travail ; la place entière résonnait du bruit des scies et des marteaux. L'« Estate » du duc de Bedford était alors « *self-sufficient* », c'est-à-dire tirait de son propre sein tout ce dont il pouvait avoir besoin. Ainsi y avait-il une maison à bâtir, des murs à élever, des grilles à mettre aux portes, des réparations à faire, travaux d'irrigations et de drainage à exécuter, les ouvriers étaient là prêts à marcher au premier ordre dans toute l'étendue du domaine jusque dans les districts les plus reculés relevant de la maison de Bedford. N'était-ce pas une idée éminemment féodale? Nous pourrions en citer d'autres, qui, à cette époque, avaient sans doute de grands avantages pratiques. Mais dans la suite, les représentants de la maison ducale s'aperçurent avec raison que le village industriel avait fait son temps, que les dépenses qu'il occasionnait étaient de beaucoup supérieures aux services qu'il rendait et qu'enfin il y avait profit, avantage et facilité à s'adresser aux entreprises publiques. Aussi les corporations de Woburn furent-elles dissoutes et désormais le système de contrat avec les entrepreneurs remplaça l'ancienne organisation.

Cependant, nous voyons à Eaton, propriété du duc

de Westminster, un mécanisme à peu près semblable à celui qui fonctionnait jadis à Woburn. Là, à deux milles de la résidence de Sa Grâce, existe un assemblage de maisons appelé le « Yard ». C'est en réalité un petit village industriel, avec ateliers de construction et habitations ouvrières; il est habité par une compagnie d'artisans, qui se regardent comme de véritables privilégiés ; car être membre de la bienheureuse compagnie est une faveur à laquelle il y a beaucoup d'aspirants, mais peu d'élus. Ce n'est pas que la journée soit élevée ; au contraire, elle ne dépasse guère la moyenne ordinaire, et même elle est peut-être plus faible. Mais quelles compensations avantageuses ! Les habitations sont biens aérées, bien éclairées ; elles offrent tout le confort désirable ; leur loyer est modique. De plus, une fois membre du yard, l'avenir paraît assuré ; c'est l'inamovibilité ouvrière, si je puis m'exprimer ainsi. Aussi l'artisan, encouragé par une perspective aussi consolante, est-il plus porté à travailler avec ardeur pendant les années de jeunesse et de virilité, à faire des économies et à jouir dans la vieillesse des fruits de l'épargne. Mais la petite compagnie d'ouvriers établie à Eaton est insuffisante pour satisfaire à tous les besoins de la propriété pendant les quatre saisons de l'année. Aussi, la plupart du temps le duc est-il obligé de renforcer leur nombre ; il fait alors appel aux ouvriers du dehors, et les engage à son service par contrats spéciaux. C'est aujourd'hui le système des contrats qui est généralement adopté dans toutes les grandes propriétés.

Voulons-nous avoir une idée de l'administration d'une grande propriété anglaise, transportons-nous dans un comté, par exemple, au nord de l'Angleterre. Là nous verrons combien est lourde et difficile la tâche d'un grand propriétaire terrien, combien vastes sont ses connaissances, et combien incessants ses efforts ; nous le saisirons au milieu de sa principauté, dans sa sphère d'action, dans l'exercice de son pouvoir et dans l'accomplissement de ses devoirs. Elisons donc domicile dans ce comté qui a pour chef-lieu Alnwick Castle : c'est le domaine du duc de Northumberland. Jetons un rapide coup d'œil sur la demeure héréditaire des Percy. Sa situation semble symboliser en quelque sorte le caractère de leur influence : c'est un manoir féodal dominant à la fois et la ville et la campagne. D'un côté, l'entrée principale du château s'ouvre sur la grande rue d'Alnwick, un bourg florissant de 6,000 âmes ; de l'autre, s'étend le parc, avec ses hautes futaies, ses marécages, ses sites pittoresques, limité au loin par une ceinture de montagnes aux pentes abruptes. Sous l'ombrage de ses chênes séculaires serpente une rivière ; tantôt c'est un ruisseau limpide, dont la transparence laisse apercevoir les sables du fond, tantôt c'est un torrent impétueux, qui roule des eaux jaunâtres où frétille la truite saumonée. Le parc est paré d'avenues aussi bien entretenues et aussi unies que celle qui va de Hyde-Park à Marble Arch à Londres ; plus loin, les sentiers commencent à devenir raboteux ; c'est l'entrée de la forêt, abritant sous son épais manteau de verdure un multitude de cerfs, de daims et de sangliers ; plus loin encore s'élèvent des hauteurs aux cimes couvertes de neiges éternelles, repaires des hôtes de ces bois.

Telle est la demeure seigneuriale des ducs de Northumberland. Comme on le voit, elle étend un bras sur la ville et l'autre sur la campagne ; aussi fait-elle dériver ses revenus de ces deux sources. Le noble duc est propriétaire de plusieurs milliers d'acres de terre ; es uns sont des terres de labour données en bail aux fermiers et tenanciers ; les autres renferment dans leurs entrailles du charbon et du minerai; enfin une grande partie a été concédée à des particuliers pour y construire la ville importante de Newcastle-on-Tyne. De plus il possède des terrains sur lesquels on a élevé des cités populeuses et établi des docks immenses. Dans toute l'étendue de la propriété on défriche le sol, on exécute des travaux d'irrigation, on détourne le cours des ruisseaux et on élève contre les crues de la Tyne des digues de maçonnerie capables de résister aux flots envahissants; en général, c'est la société fluviale de la Tyne qui entreprend ces travaux moyennant une rente annuelle au propriétaire du sol; d'ailleurs toutes les sociétés qui désirent exploiter ou établir des docks ou des ateliers soumettent leurs projets au duc.

A l'embouchure de la Tyne s'élève l'élégante cité de Tynemouth; c'est à la fois le Ramsgate, le Brighton et le Margate des habitants de Newcastle. Sa belle plage et sa station de bains n'ont rien à envier aux autres ports de mer de l'Angleterre et du continent. C'est une ville toute moderne. A chaque pas, dans les rues, les squares et les places, des inscriptions rappellent l'antique maison des Percy, maîtresse de ces lieux. Voici, par exemple, Woburn Place et Tavistock Place, près de la gare de Saint-Pancrace, en quittant le train à Bedford, c'est encore à chaque rangée de maisons les noms de Tavistock et de Woburn, qui frappent ses yeux. Aussi voyons-nous l'influence des grandes familles de l'Angleterre se faire partout sentir, dans la cité aussi bien que dans les campagnes; partout leur domination se manifeste à la population sous mille et une formes; elle l'enveloppe pour ainsi dire d'un réseau à mailles inextricables.

Dans les environs de la ville, s'élève une construction d'une architecture originale, mais pleine de goût, entourée de corbeilles et de parterres de fleurs. C'est un jardin d'hiver et un aquarium, libéralité du bienveillant despote du district, le duc de Northumberland, moyennant une très faible rente. Tout récemment encore, une voie nouvelle vient d'y être ouverte ; c'est aux frais de Sa Grâce qu'elle a été construite. Le duc de Devonshire agit de même avec Eastbourne. Ces cités sont en réalité en puissance d'un seul seigneur ; mais ne tirent-elles pas de cette tutelle même des avantages considérables ? Ainsi à Eastbourne et à Tynemouth, des règlements, aussi inflexibles que ceux qui existaient jadis chez les Perses et les Mèdes, prohibent l'érection de constructions qui n'atteindraient pas un certain degré de beauté et de solidité. Grâce à ces sages mesures, ces villes conserveront leur cachet primitif, leur propreté et leur élégance.

Parcourons maintenant les environs de Tynemouth à 20 milles à la ronde ; nous sommes toujours sur les propriétés du duc. Ici la campagne n'a rien de pittoresque ; mais en revanche elle est sillonnée de hameaux et de fermes, dans lesquels règnent la propreté la plus exquise et la plus élégante simplicité.

Eu égard à son étendue et à ses ressources variées, la propriété du duc de Northumberland est peut-être unique dans la Grande-Bretagne. Transportons-nous à Acklington, autre ville relevant de Sa Grâce, et parcourons les 13 milles qui séparent cette dernière d'Alnwick. Tout change ; le pays est entièrement différent de celui que nous avons vu aux environs de Tynemouth. Ici ce ne sont que des fermes. Chacune d'elles peut avoir une contenance de quatre à cinq cents acres ; il y en a de plus considérables, mais alors le sol est en grande partie stérile, marécageux et souvent montagneux ; leur valeur est en raison inverse de leur étendue, pour me servir d'une formule mathématique. Quant aux fermes en elles-mêmes, à leur disposition et aménagement, à leurs constructions et à leurs dépendances, on ne peut guère trouver de meilleurs spécimens dans toute l'Angleterre ; tout a été scientifiquement combiné et arrangé ; l'habitation du tenancier est spacieuse et commode ; celle même destinée aux valets de ferme ne laisse rien à désirer. Les tenanciers du duc sont des hommes expérimentés dans la science agronomique ; leur voix est écoutée ; grande liberté leur est laissée pour formuler leurs vœux et leurs doléances. Proposent-ils quelque amélioration à la culture du sol, ou veulent-ils essayer d'une invention nouvelle, pour en augmenter le rendement, leurs conclusions sont promptement adoptées. Et si, pour prévenir les malheurs d'une saison rigoureuse et inclémente, ou pour en atténuer les conséquences ruineuses, leur expérience indiquait quelques précautions à prendre, rien n'est épargné pour en assurer l'exécution.

Dans le domaine du duc de Northumberland, il est à remarquer que les ouvriers agricoles vivent à peu de distance de la maison du fermier qui les emploie. On peut considérer la ferme comme une véritable colonie agricole, se groupant autour d'une maison commune et ayant une personnalité propre. Elle se compose tout d'abord de l'habitation du fermier, élégante construction, qui renferme au complet tout le confortable des temps modernes ; on dirait la résidence d'un gentleman bien élevé du siècle ; puis des bâtiments de la ferme, bien aérés et éclairés, des granges, greniers, etc., pourvus de tous les appareils les plus perfectionnés pour prévenir tous les accidents ; enfin tout autour se groupent avec ordre les demeures des laboureurs flanquées d'un élégant portique à l'entrée et entourées d'un petit jardin ; le four de campagne, la fontaine, le hangar pour le charbon, rien n'y manque.

Tel est exprimé en caractères généraux, l'aspect extérieur que nous présente une propriété anglaise de premier ordre. Quel est maintenant le système général qui préside à son administration intérieure ? Quels en sont les rouages principaux.

En première ligne, nous voyons le « *chief-agent* » ou « *commissionner* ». C'est l'intendant général. On conçoit sans peine que l'administration d'un domaine si considérable, qui présente, dans les limites de son étendue, des ressources multiples, des industries variées, aussi différentes les unes des autres que la nature de ces mêmes contrées, exige un homme d'une expérience consommée, d'un grand savoir, doué d'une mémoire prodigieuse, initié à la pratique des affaires, habile enfin dans toutes les transactions. De plus, aux qualités éminentes d'un bon régisseur, il doit joindre les connaissances techniques d'un grand fermier. Nombreuses et variées sont ses attributions. Fondé de pouvoirs du duc, il négocie avec les commissions fluviales et les corporations urbaines et veille à l'exécution des contrats ; il écoute les doléances des tenanciers et en tient compte, examine leurs demandes et leurs propositions, les admet ou les rejette ; il décide s'il y a lieu de faire des réparations dans telle ferme, en fixe la date précise ou en renvoie l'exécution à une époque ultérieure ; il s'informe exactement des travaux à exécuter dans chaque district particulier, en dresse les devis estimatifs et juge si l'état du trésor ducal permet de les accomplir. Sur toutes ces questions, il communique périodiquement avec le duc. Il est responsable vis-à-vis de lui de tout ce qui touche de près ou de loin aux intérêts du domaine ducal, à son amélioration et à sa prospérité. Mais il ne supporte pas seul le poids de cette lourde tâche, de nombreux collaborateurs lui sont attachés. Afin de faciliter l'administration du duché de Northumberland, ses seigneurs l'ont divisé en districts appelés « *Bailiwicks* ». A la tête de chaque bailiwick, se trouve un régisseur nommé « *bailiff* » (bailli), désigné par l'intendant général, vis-à-vis duquel il est responsable. Cette dernière fonction est très recherchée, les postulants sont nombreux ; aujourd'hui la gérance des « Estates » est devenue une profession et c'est surtout parmi les cadets de grande famille que se recrutent les bailiffs. Ces derniers sont seulement une fraction du personnel du « *commissionner* ». Il y en a d'autres, dont nous allons examiner les fonctions. L'administration du duché de Northumberland est centralisée dans Alnwick Castle même ; une aile du vieux manoir est affectée aux bureaux ; c'est là que l'intendant général reçoit tous ceux qui ont à l'entretenir de quelque affaire ; c'est là aussi qu'il voit ses subordonnés ; c'est enfin de son office que partent les ordres et les instructions. Un entrepreneur a-t-il à faire des offres de services, c'est encore là qu'il adresse sa demande. Pour les travaux à exécuter sur le domaine il y a un secrétaire spécialement chargé de cette branche : c'est le « *clerck of the works* ». Réunir les rapports quotidiens des bailiffs, examiner leurs conclusions, leur degré d'opportunité, résumer les diverses propositions et les faire parvenir à l'intendant général, telles sont ses fonctions. De son côté le « *commissionner* » se livre à un examen technique de tout ce qui lui est soumis, dresse un état estimatif des dépenses et ajoute ses observations personnelles. Puis il en saisit le conseil. Ce dernier délibère de nouveau sur l'opportunité des mesures proposées, et, si elles paraissent justifiées et suffisamment étudiées, il en fait le résumé et l'adresse au duc. Sa Grâce les approuve ou désapprouve en inscrivant en marge ces simples mots : oui ou non ; « j'approuve » ou « je désapprouve. »

Souvent sur des questions de convenances et d'appréciation, il s'élève une divergence d'opinion entre les bailiffs et le clerck of the works ; ils ne sont pas d'accord tantôt sur le terrain précis où telle ferme doit être élevée, tantôt sur la nécessité de telles ou telles réparations. Alors l'intendant est appelé comme arbitre ; sa décision est sans appel ; toutefois le duc se réserve à lui-même le droit de sanctionner ou de rejeter toutes résolutions de son représentant. Mais c'est toujours par l'entremise de ce dernier que Sa Grâce fait connaître sa volonté ; c'est par son canal que passent toutes ses instructions.

Après le duc de Northumberland, mentionnons comme un des principaux propriétaires de l'Angleterre, le duc de Cleveland. Son domaine, le Durham Estate, est un des plus considérables du monde entier. Il renferme la ville de Darlington : celle-ci diffère singulièrement d'Alnwick sous tous ses aspects. On ne voit plus aucun vestige de l'ancienne féodalité comme dans les alentours de la demeure des Percy. C'est un centre manufacturier : les cheminées des usines, semblables à une forêt de mâts, remplacent les anciennes tourelles ; les rues fourmillent d'un noir peuple aux mains calleuses ; l'atmosphère est lourde de fumée. Rien ne rappelle une de ces vieilles cités de comté, dominée par une famille aristocratique et soumise à ses influences sociales. Raby Castle est le séjour du noble duc, éloigné de 12 milles de Darlington. Grâce à son originalité, cette demeure est unique dans le Royaume-Uni : c'est un immense édifice de granit et de brique, marqué au coin de la plus haute antiquité ; il est entouré d'un fossé rempli d'eau ; à l'intérieur des cours géométriquement carrées le séparent en plusieurs ailes ; mais une des grandes curiosités du château c'est le « *hall* » ; il est disposé de telle sorte que les carrosses venant de la cour d'honneur peuvent y pénétrer.

Dans les environs de Raby, le duc possède 25,000 acres de terre. Ils sont divisés en lots de 100 à 150 acres chacun et donnés en fermage aux tenanciers. Depuis quelques années, la plus grande partie de ces terres a été convertie en prairies pour l'élevage du bétail; c'est d'ailleurs une tendance générale du noble duc de substituer les pâturages aux cultures, et, à cet effet, il prodigue des encouragements à ses tenanciers, soit en leur donnant gratuitement les semences, soit en les exonérant de certaines charges.

Le duc de Cleveland, grand philanthrope, s'est beaucoup intéressé à la condition de ses tenanciers et cultivateurs, et en peu d'années la face de la propriété a été entièrement transformée : ce qui était autrefois une solitude stérile est devenu fertile et prospère; des voies nouvelles ont été ouvertes ; les marais desséchés; des plantations en plein rapport ont remplacé les taillis rabougris; des habitations modernes, les chaumières des ancêtres; les troupeaux ont augmenté dans une proportion notable, grâce aux magnifiques pâturages des prairies artificielles. Ces heureux résultats sont dus aux libéralités du duc de Cleveland; car c'est lui qui en supporte toutes les charges. D'ailleurs, ces travaux sont exécutés par des ouvriers entièrement à son service. C'est une organisation particulière à Raby-Estate; nous allons en dire quelques mots. Les artisans ici sont divisés en deux catégories bien distinctes : les uns travaillent exclusivement pour le manoir et ses dépendances immédiates; les autres, et c'est le plus grand nombre, sont occupés sur le reste du territoire domanial. Les ateliers des premiers sont situés dans un yard près du château; ceux des derniers, plus vastes, se trouvent dans un yard plus éloigné. Ils renferment tout l'outillage et l'attirail nécessaires : étaux, bancs, forges, machines de toutes sortes; et les artisans, charpentiers, menuisiers, forgerons, mécaniciens, charrons, chacun dans leur profession respective, se livrent à la fabrication ou à la réparation de tous objets et ustensiles, selon les besoins de la propriété. Ce n'est encore là qu'une portion du personnel employé par le duc. Le voyageur qui visite Raby ou ses environs ne peut s'empêcher d'admirer la symétrie avec laquelle les clôtures sont plantées et les haies taillées, le soin avec lequel les routes sont entretenues, les fossés curés, etc. C'est grâce au système préconisé par le duc. En effet, plusieurs compagnies d'ouvriers, accoutumés aux travaux de terrassement, de construction, de jardinage, sont exclusivement au service de la propriété ; tout tenancier peut les requérir et les employer dans les limites de sa concession, moyennant rémunération. Aussi le duc a la satisfaction de voir que tout dans son domaine est exécuté d'une façon convenable et utile pour tous. Ainsi, par exemple, pour dessécher un marais, le duc supporte seul tous les frais de l'opération, se contentant seulement de charger l'occupant du sol d'un intérêt de 5 0/0 sur le capital dépensé. Raby-Estate présente encore d'autres particularités. Le château a une ferme de 900 acres, qui lui est spécialement affectée ; et à une petite distance se trouve une seconde ferme de 500 acres, tenue par les agents du duc et destinée à servir de ferme modèle aux tenanciers des districts environnants. Les contrats, ici comme ailleurs, sont renouvelés annuellement ; mais aussi longtemps que le tenancier exécute les clauses du cahier des charges, il est certain de jouir des avantages de sa tenure. Mentionnons enfin une condition généralement imposée aux fermiers : le landlord se réserve à lui seul le droit de chasse dans toute l'étendue de son domaine.

L'administration de l'Estate du duc de Cleveland se divise en plusieurs branches ; le contrôle sur chacune d'elles est centralisé dans l'office de l'intendant général, dont la résidence est à Raby-Castle même. Le système en vigueur est plus bureaucratique dans le sens strict du mot que dans les domaines du duc de Northumberland ou du duc de Devonshire. Chez ce dernier, les Estates sont administrés par plusieurs intendants ayant un pouvoir égal ; chez le premier tout est centralisé entre les mains d'un intendant général, lequel a sous ses ordres d'autres agents supérieurs, placés eux-mêmes à la tête de petits départements ; le duc de Cleveland est représenté par un seul régisseur ; il ne commande pas à une foule de sous-chefs ; ses fonctions sont toutes de contrôle. Du Shropshire, Staffordshire, Northamptonshire arrivent des comptes ; il les examine et en fait le règlement ; et les préposés à l'administration de ces domaines ne s'engagent jamais dans quelque entreprise importante sans le consulter, à défaut du duc. Tous les mois et même toutes les semaines des rapports lui sont adressés par les gardes forestiers, les contremaîtres des diverses compagnies d'artisans, l'intendant de la ferme du château, les jardiniers chefs, etc. Le régisseur réunit ainsi la comptabilité particulière de chacun des préposés et la porte soigneusement sur le grand-livre sur lequel sont inscrits également les revenus. A la fin de chaque exercice, il en fait un résumé succinct et l'envoie à Sa Grâce. Les rentes sont payées deux fois par an ; le régisseur en donne quittance aux tenanciers et en fait ensuite le versement dans les caisses des banquiers du duc. Remarquons toutefois que ce versement n'est accompli que défalcation faite des dépenses et autres frais prévus, selon l'état dressé et soumis au landlord au commencement de chaque année. Le budget des dépenses de la propriété se trouve ainsi voté et liquidé avant qu'un penny n'entre dans le trésor ducal, et le contenu du coffre-fort représente un profit net et clair.

Raby Castle est aussi le quartier général de l'administration des mines et carrières. Comme nous l'avons vu précédemment, le duc a concédé à une compagnie le droit de les exploiter; le régisseur général est aussi chargé de ses intérêts dans cette branche; sa responsabilité y est engagée, et, de même que pour gérer les propriétés territoriales du duc il s'est adjoint un « *estate bailiff* », de même, pour sauvegarder plus efficacement les intérêts de son maître dans les mines, il se fait aider d'un « *mineral bailiff* ». Les fonctions de ce dernier consistent à se tenir constamment sur les lieux de production, à se rendre compte du rendement des puits, à assister au pesage du minerai, à surveiller les travaux et les dépenses de la compagnie, à visiter les livres, etc... Il en dresse un rapport et l'envoie à Raby Castle.

A côté des ducs de Northumberland et de Cleveland figure le duc de Devonshire. Ses propriétés, quoique disséminées dans divers comtés, ne sont pas moins considérables. A l'instar de ses deux collègues, il possède des ateliers de construction où des ouvriers appartenant à toutes les professions travaillent exclusivement pour les besoins de ses Estates; ils sont installés à Chatsworth. Grâce à cette organisation, le duc peut entreprendre lui-même les réparations et divers travaux nécessités dans les fermes; ce qui a le grand avantage de supprimer les réclamations perpétuelles de la part des tenanciers, jamais satisfaits des améliorations faites. Ces derniers sont logés dans de belles habitations, entourées de tout le confort désirable; de plus, dans les Estates du Derbyshire, du Yorkshire et du Lancashire chaque cottage jouit d'une concession de deux acres de terre. Cette libéralité, non-seulement permet aux laboureurs de mettre à profit leurs loisirs, soit en exploitant la terre, soit en élevant des troupeaux, mais encore leur inspire un certain attachement à leur chaumière, à ce pays où ils possèdent quelques intérêts matériels.

Les contrats passés avec les tenanciers sont sujets à un renouvellement annuel ; mais ce n'est qu'à l'expiration d'une période de deux années que la tenure est soumise à une évaluation nouvelle ; ce qui équivaut en réalité à un bail de vingt et un ans. Les tenanciers, en effet, aussi longtemps qu'ils remplissent leurs engagements, sont toujours sûrs de conserver leur jouissance, et il n'est pas rare de voir dans plusieurs Estates une ferme exploitée de père en fils depuis plusieurs générations et même depuis deux ou trois siècles.

A l'époque du renouvellement des contrats, les agents du duc font un rapport sur la condition présente des tenures et des fermes de l'Estate. Bonne note est également prise des améliorations introduites dans la culture par chaque tenancier, des qualités qu'il a déployées pendant sa possession et des travaux utiles dont il a suggéré l'idée. C'est alors aux commettants du duc d'examiner si le bail doit être continué à ceux qui en avaient la jouissance auparavant et de proposer les changements qu'ils jugent nécessaires. Dans le cas où des réparations doivent être faites dans une ferme, le duc en supporte les frais, moyennant une légère augmentation dans le taux de la rente annuelle, ce qui représente les intérêts du capital dépensé.

Le duc de Devonshire possède des Estates dans différents comtés à la fois ; il est difficile de les grouper en un seul faisceau. Aussi ne peut-on appliquer à leur administration le principe de centralisation, qui fonctionne si bien dans les domaines du duc de Northumberland et du duc de Cleveland. Autre temps, autres mœurs ; autre pays, autre gouvernement. Et de même que le genre des rapports entre le landlord et ses agents dépend surtout du degré de confiance et d'intelligence de part et d'autre, ainsi les principes sur lesquels repose l'administration d'un Estate varient selon les particularités géographiques de ce dernier. En matière d'administration territoriale, un système absolu est aussi impossible qu'une forme absolue de gouvernement. Le duc de Northumberland est un seigneur terrien ; il a un premier ministre : son intendant général; il en est de même des ducs de Cleveland et de Westminster. Mais, quant au duc de Devonshire, son conseil se compose de plus de douze ministres, contrôleurs généraux; chacun à la tête d'un département respectif; chacun communique directement avec Sa Grâce, lui soumet ses rapports tous les ans verbalement et par écrit à l'expiration de son exercice. Tous ont un pouvoir égal.

Comme le duc de Northumberland, le duc de Devonshire possède, outres des fermes, mines et moulins, des cités riches et florissantes. Mentionnons Buxton à l'intérieur et Eastbourne sur la côte méridionale. Ce que nous avons dit précédemment relativement à Newcastle-on-Tyne et Tynemouth s'applique également à ces deux villes : ce sont mêmes règlements, mêmes libéralités, même influence de la maison ducale. Nous n'avons rien à ajouter de plus.

Tels sont les caractères généraux de l'administration de trois ou quatre grandes propriétés anglaises : les Westminster, Cleveland, Northumberland, Devonshire Estates. Il y en a d'autres dont l'étude pourrait être profitable aux grands propriétaires du continent. Les archives, par exemple, sont conservées avec autant de soin que dans les départements ministériels ; elles renferment les documents de la plus grande importance, classés par ordre, dans des boîtes d'étain : ce sont des contrats entre le landlord et ses tenanciers, le budget général de la propriété, l'évaluation des revenus et des dépenses de chaque mois et de chaque année, tous les comptes généraux et particuliers, la correspondance administrative du landlord avec ses agents. De plus nous trouvons ailleurs des comptes rendus sur les constructions nouvellement élevées, l'évaluation des dégradations, le coût des réparations faites et à faire, l'époque précise de leur exécution. Les autres rayons renferment les livres de comptabilité clos depuis un grand nombre d'années et désignés selon leur objet sous des rubriques générales comme celles-ci : Estimation des dépenses, améliorations et réparations, jardins et parterres du château, etc.

Les plus importants de ces documents sans contredit sont ceux qui ont trait aux rapports des tenanciers avec le propriétaire. Les contrats assurément sont de diverses natures; mais, en thèse générale, le landlord se renferme dans les termes de « *l'Agricultural Holdings Act* (1) ». Souvent les tenanciers ont l'option entre un bail ou un contrat annuel, et quelquefois il leur est permis de tuer le gibier dans les limites de leur concession. Cependant, dans la majorité des cas, c'est le contrat renouvelable annuellement qui leur est imposé; ils n'ont pas d'autre alternative. Les clauses et obligations sont ensuite débattues : le landlord stipule expressément que la découverte des mines et carrières lui profitera exclusivement et que le tenancier habitera régulièrement la ferme et ne devra faire aucune dégradation. Ce dernier a toujours soin de régler de prime-abord la question des réparations, grosse de difficultés dans l'avenir. Le plus souvent il est convenu que le landlord supportera tous les frais moyennant une indemnité, sous forme d'une rente annuelle.

Les propriétaires des grands Estates peuvent aussi être

(1) Loi sur les baux agricoles.

des personnes morales. Ainsi la Couronne et l'Eglise possèdent aujourd'hui d'immenses domaines, qui donnent un revenu annuel supérieur à quatre cent mille livres sterling (400,000). Ils sont situés dans toutes les parties de l'Angleterre ; les principes sur lesquels repose leur administration sont les mêmes que ceux suivis dans les grandes propriétés. A leur tête se trouvent deux intendants généraux, désignés officiellement; l'un a juridiction sur le nord, l'autre sur le sud de l'Angleterre. La Tweed sépare leurs gouvernements respectifs. Leur office central se trouve à Londres avec un nombreux personnel de secrétaires, d'architectes et de bailiffs. Presque toujours en tournée d'inspection, ils se rendent compte par eux-mêmes de l'état de toutes les propriétés et reçoivent les rapports de leurs agents locaux. Ils rendent ensuite un compte exact à la commission auprès de laquelle ils jouent le rôle de rapporteur. Depuis la création des commissions ecclésiastiques la valeur des propriétés de l'Église anglicane a presque doublé dans l'espace de trente années. C'est grâce aussi aux efforts des intendants généraux que ces résultats ont été obtenus; car en hommes de progrès, ils sont toujours prêts à les adopter toutes améliorations dans toutes les branches de l'industrie rurale, et, dans ce but, ils sont constamment en rapport avec les régisseurs des grands Estates. Les principes que les grandes *City Guilds* (1) ont appliqués à l'administration des propriétés sont également excellents et produisent d'aussi bons résultats.

Il ne faut pas croire qu'en Angleterre les grandes propriétés seules donnent l'exemple d'une bonne administration. Un grand nombre d'estates appartenant à des gentilshommes campagnards ont un agencement et un contrôle qui n'ont rien à envier aux grands do-

(1) Grandes corporations de la ville de Londres.

maines. Mais, en général, comme les revenus sont infiniment moins considérables, les travaux sont conduits sur une échelle moins vaste et moins grandiose. On ne saurait exiger dans ces petits estates que les cottages des laboureurs soient aussi bien bâtis et aussi élégants que dans les grands, les routes aussi magnifiques et aussi bien entretenues, les haies aussi symétriquement coupées, etc... Dans quelques estates, ayant un revenu de £ 10,000 il y a un régisseur qui s'occupe exclusivement des affaires de la propriété. Dans d'autres ayant un revenu beaucoup plus considérable, il y a un régisseur qui s'occupe en même temps d'autres propriétés. Mais presque toujours il est aidé par un bailiff intelligent et expérimenté, résidant sur l'estate même. Il fait ses rapports soit au régisseur, soit au landlord. Enfin dans les domaines beaucoup plus petits, c'est à dire dont les revenus varient de £ 300 à £ 7,000, la gérance est confiée à un intendant de profession, qui donne ses soins à la fois à plusieurs domaines peu éloignés les uns des autres. L'expérience a confirmé la sagesse de cette mesure d'employer ainsi un homme capable aux affaires de l'estate; l'expérience a également prouvé que l'essai fait pour déléguer toute l'autorité que comporte une telle charge au bailiff, qui à tous égards est dans une position sociale inférieure aux tenanciers, n'a pas été heureux. Autrefois, il était d'usage de faire gérer les estates par les solicitors des comtés. Aujourd'hui cette coutume est tombée en désuétude; elle était loin cependant d'être désavantageuse.

CHAPITRE IV

ADMINISTRATION RURALE

Gouvernement d'un village anglais. — Elections des Guardians of the Poor (gardiens des pauvres). — Intérêt qui s'y attache. — Jusqu'à quel point les Boards of Guardians (bureau des gardiens) se sont emparés de l'autorité dont le vestry (fabrique) était précédemment investi. — Candidats à l'élection et principes en présence. — Notion défectueuse de la responsabilité personnelle et des devoirs des citoyens dans toutes les classes d'Anglais. — Influence des grands nobles sur la Squirearchie et par suite sur les Boards of Guardians. — Réunion du Board : sortes d'affaires qui y sont discutées, et différentes fonctions dont on s'y acquitte. — Les magistrats aux « quarter sessions (1) » Leurs fonctions, et moyens dont ils disposent pour faire exécuter leurs décisions. — Utilité de l'institution. — Et quelles sont les réformes à y apporter.

Le gouvernement quotidien du village anglais est exercé par les petits squires et les fermiers qui représentent les chefs et les soldats de l'administration locale. Comment fonctionnent ces rouages administratifs une fois mis en mouvement?

La paroisse ou le village que nous sommes en train de visiter est dans un état d'effervescence assez prononcée. Durant la dernière quinzaine, de vives discussions, d'un caractère personnel principalement, se sont élevées entre les *ratepayers* (2) qui composent le

(1) Tribunal de simple police ou justice de paix.
(2) Ratepayer, contribuable de la paroisse. On appelle ainsi dans chaque paroisse les personnes soumises aux taxes commu-

Vestry (1) de la paroisse. Elles ont même été plus vives qu'on n'aurait dû s'y attendre en égard au peu de prérogatives dont jouit le ratepayer de la paroisse, qui a été amené à céder aux tendances centralisatrices de l'époque, et à déléguer à un petit nombre de personnes de confiance le pouvoir dont autrefois il était seul investi. « Il n'y a pas un fonctionnaire paroissial, excepté le pasteur, disait dernièrement M. C. S. Read à la Chambre des communes, qui n'ait été dépossédé de son autorité dans ces cinquante dernières années. » Les Churchwardens (marguilliers) continuent d'exister, mais leur pouvoir est purement ecclésiastique ; le constable (officier ou agent de police) de la paroisse est devenu un anachronisme depuis l'acte de 1872, quoiqu'on puisse faire remonter la diminution graduelle de son autorité à l'institution d'un corps de police dans chaque comté par la loi de 1850 ; les overseers (2) sont des fonctionnaires uniquement chargés d'établir la taxe, pour le recouvrement de laquelle les Guardians (3), en leur qualité de juges du comté, émettent seulement un commandement. Les overseers cependant ont une autre fonction très importante à exercer : ils établissent en première instance le cadastre ou rôle des propriétés imposables, qui, revisé par la commission de la taxe, détermine

nales, soit pour les pauvres, soit pour l'entretien des routes de la commune. Les ratepayers composent le Vestry.
(1) Fabrique, assemblée des notables de la paroisse, qui nomment dans chaque paroisse les gardiens des pauvres (Guardians of the Poor) dont nous nous occuperons plus loin et qui sont investis de différentes fonctions et prérogatives dont il est parlé ci-après.
(2) Overseers, sortes d'inspecteurs chargés d'établir la taxe communale pour les pauvres, pour l'entretien des routes de la paroisse, etc.
(3) Guardians of the Poor, gardiens des pauvres. Dans chaque district vingt à vingt-cinq villages se réunissent et forment une union. Chaque union possède un workhouse. Chaque village de l'union nomme deux gardiens des pauvres qui forment le Board of Guardians.

la quote-part du village. Il a été proposé dans différentes lois de finance de leur adjoindre le concours du Surveyor of taxes (1), mais cette idée a toujours été repoussée, et elle sera, selon toute probabilité, très longtemps à être mise à exécution, tandis que d'autres proposent de leur enlever entièrement leurs fonctions touchant l'assiette des impôts.

Le village anglais représente une réduction fidèle de notre système représentatif. En ce moment, c'est précisément une question de représentation qui divise la petite communauté. La paroisse fait partie des vingt villages environ qui ont à envoyer un délégué à ce que l'on peut appeler le parlement local plus proprement que le Vestry (fabrique), au Board of Guardians (2). Le vote qui va avoir lieu a une réelle importance, et un intérêt considérable s'attache aux noms des candidats proposés à l'élection. Chaque votant, ou, en d'autres termes, chaque ratepayer (contribuable) a le droit de proposition, et, usant de ce droit, un simple ouvrier agricole a eu l'audace de proposer le nom d'un gentleman dont les idées, au point de vue de l'administration locale, ne sont pas trop populaires dans le voisinage.

Les deux partis sont divisés sur la question de savoir si on élira un administrateur favorable ou opposé au système de secours à domicile, en un mot si on adoptera ou non un système qui, comme c'est abondamment prouvé par les faits, favorise le développement du paupérisme chronique dans les classes ouvrières, tend plus que tout autre à abaisser le caractère des basses classes et à décharger les classes supérieures de toute responsabilité individuelle à l'égard de leurs inférieurs.

(1) Surveyor of taxes, Percepteur chargé de percevoir les contributions pour l'État.
(2) Board of Guardians, bureau ou conseil des gardiens.

Il y a cinquante ans, ces contestations étaient inconnues dans la vie du village anglais. L'autonomie de la paroisse subsistait alors tout entière, la juridiction du Vestry ou fabrique, ou tout au moins des overseers, qui dans cette matière avaient toute l'autorité en ce qui regardait la paroisse, était alors absolue, quoique cependant, sous l'empire de l'ancienne loi des pauvres, les magistrats y opposassent quelquefois leur pouvoir régulateur. Pendant la plus grande partie de ce siècle, non-seulement chaque paroisse était le propre administrateur de ses pauvres, mais encore » pour tout ce qui avait rapport à sa condition sanitaire, fixait elle-même la taxe. J'omets intentionnellement de cette liste les routes, car la moitié environ des paroisses anglaises (un peu plus de 6,000) en ont elles-mêmes l'administration par leurs surveyors (surveillants) électifs, et les districts n'ont que le droit d'autorisation. Peu à peu toutes ces prérogatives ont disparu, et le Vestry n'a plus guère en fait de devoirs d'administration active, que la perception de taxes qu'il n'a même pas le droit de fixer.

Le Board of Guardians (conseil des gardiens), ayant concentré dans ses mains les principales fonctions administratives des ratepayers, tout en conservant celles que le vestry et les overseers n'eurent jamais, il est tout naturel de penser que les plus grands efforts sont faits pour influencer sa composition. C'est sous l'empire de cette idée que le vestry du village se rassembla, il y a un couple de semaines, pour examiner différentes affaires locales ; une allusion fut faite à cette nomination prochaine, et en discutant les titres des différents candidats on en arriva à une vive discussion qui tourna bientôt à l'aigre. Depuis, la discussion a continué au cabaret du village, dans les cottages, au coin du feu, dans les cours de fermes, dans les marchés, en un mot partout où les électeurs ou leurs délégués se rencontrent. La lutte, en général, est circonscrite entre deux compétiteurs qui se disputent avec acharnement cette distinction si convoitée : un fermier de quelque importance, qui, s'élevant au-dessus des préjugés de sa classe, pense que les secours donnés aux pauvres à domicile leur causent à eux-mêmes un préjudice considérable, et un rusé cabaretier local qui regarde tous ceux qui reçoivent des secours à domicile comme autant de clients pour lui. Quelquefois aussi, quelque philanthrope tente la fortune ; mais son intervention ne fera que diviser l'un ou l'autre des deux partis, et l'élection se réduit à une lutte entre les deux principes que nous avons indiqués.

Quoique le nom du pasteur n'ait pas été prononcé, il n'en résulte pas qu'il se désintéresse ou qu'il soit en dehors de l'élection. Il peut être lui-même candidat ; ou bien, en sa qualité de président du vestry, qui constitue le corps électoral, il use de son influence, comme il peut légitimement le faire, en faveur de l'un ou de l'autre candidat. Il a acquis la conviction, après une expérience même légère, que le bien-être moral, social et intellectuel des villages du district est mis en péril par l'indifférence des fermiers qui composent la majorité du bureau à l'égard de questions qui les touchent de si près. Car ce sont les fermiers qui sont en réalité les législateurs dans l'Angleterre rurale ; et on rencontre plus rarement qu'on ne le croit des fermiers ayant une idée large, libérale et claire des devoirs de leur position. Autrement dit, le fermier n'a pas une idée plus élevée de sa responsabilité que sa classe ne l'a ordinairement, et en disant cela je ne crois pas lui faire d'autre reproche que de regarder l'existence et ses devoirs du même point de vue que les meilleurs de ses égaux. La conception des devoirs du citoyen a encore besoin d'être activée dans toutes les classes de la communauté !

Le grand magnat local, le représentant de la monarchie dans sa province, la sommité et la tête du gouvernement local anglais, le lord-lieutenant lui-même, donne l'exemple que la squirearchie imite, et auquel le paysan se conforme inconsciemment. Le lord-lieutenant est un noble d'une grande naissance et d'une immense richesse, d'une réputation sans tache, rempli d'intentions bienfaisantes. Il est le protecteur des sociétés locales, des écoles, des institutions charitables quel qu'en soit le nombre. Il appuie fortement tous les mouvements locaux, s'ils sont dans ce qu'il considère comme la droite ligne ; s'il en est ainsi, il s'emploie à les faire aboutir, et en prend lui-même la direction. Si un village où il a une propriété a besoin de s'adresser à la bourse du noble seigneur pour bâtir une école, il prendra la dépense entière à son compte, et dotera les parents et les contribuables du district d'une école complète jusque dans les moindres détails. Mais il en agira ainsi à la condition expresse que les habitants adopteront un « School Board (1) » immédiatement, ou s'engageront à n'en pas avoir, selon la couleur de ses opinions politiques. Et soixante-quinze fois sur cent, le grand homme en vient à ses fins. Les démagogues des cabarets de village, les laboureurs et les fermiers révolutionnaires ont beau crier ; le « Château » n'a qu'à exprimer un souhait, ce souhait acquiert force de loi, et cette loi est exécutée par les plus furieux Thersites du district. Le fils de notre potentat n'est peut-être pas un jeune homme d'une aptitude naturelle pour les affaires, et il professe certainement une croyance politique antipopulaire et exclusive. Mais son père estime que le temps est arrivé où il doit représenter une circonscription du comté au parlement ; et dans un

(1) Conseil des Écoles.

meeting tenu à cet effet, le noble lord est déclaré à l'unanimité le seul candidat éligible. La résolution est proposée par un Boanerge quelconque, qui, récemment, déblaterait dans son propre cercle contre l'influence de l'aristocratie territoriale ; et il est secondé par un autre connu dans le village pour avoir des visées et une mission d'un caractère non moins subersif.

Tout cela, on doit le dire, se passe comme cela doit se passer ; et si tout ce qu'on peut avancer contre le duc ou le marquis pouvait se réduire à dire qu'il est un aimable tyran, il n'y aurait pas grand mal. Mais malheureusement, lui aussi est absent la plupart du temps, et lorsqu'il est chez lui, il est trop occupé avec ses hôtes, ses chiens et ses chasses, pour s'occuper attentivement des responsabilités ennuyeuses qui lui incombent par suite de ses vastes propriétés. Certaines fondations charitables, qui viennent de ses ancêtres, doivent être maintenues, et son agent a, en effet, des instructions pour les conserver. Dans quelques villages, existent certaines institutions connues sous le nom de maisons de charité, qui ont été de génération en génération rentées sur les biens du grand homme, et il ignore que ces établissements sont la plupart du temps les berceaux du paupérisme et de la misère sans espoir. Cela n'entre pas dans ses goûts de prendre part au gouvernement du comté et les gentilshommes qui vivent autour de lui, les squires de divers degrés, s'empressent de se conformer à son exemple. Si Sa Grâce ou Sa Seigneurie va à un meeting du comté, les petits potentats territoriaux, les squires non titrés y vont aussi, parce que « il est bien de le faire », disent-ils. Mais les gentilshommes de campagne étant, dans la plupart des cas, des magistrats, sont aussi membres-nés du Board of Guardians (bureau des gardiens) local. Ils sont donc, en vertu de leur position, responsables de la misère et de l'état financier, sanitaire et intellectuel des villages qu'ils administrent. On peut dire qu'ils ont un pouvoir illimité pour le bien et pour le mal ; s'ils font le bien, ils doivent l'exercer activement, c'est-à-dire ils ne doivent manquer à aucune des séances du Board et ne pas se contenter d'apparaître de temps en temps, pour remplir leur devoir de patronage ou leurs fonctions actives, à leur banc de magistrat. Si nos parlements locaux font quelquefois leur devoir imparfaitement, c'est beaucoup à cause de certaines habitudes et de certains préjugés profondément enracinés. Ce qui fait défaut, c'est une conception plus vive et plus large du devoir; et il est heureux et rend un grand service aux villages voisins, le pasteur qui contribue à faire éclore ce sentiment et en fera sentir l'influence soit au moment de l'élection des gardiens, soit à la réunion du conseil.

Cependant, les élections ont eu lieu ; le nouveau Board est complet, et ses séances ont commencé. Les magistrats, les ministres, les fermiers, les négociants qui le composent, si toutefois tant de classes différentes de la société anglaise y sont représentées, se trouvent réunis ensemble pour la première fois, au lieu ordinaire des séances. Les affaires à discuter ne manquent pas, et probablement certaines d'entre elles soulèveront des débats d'une grande vivacité. Le président, comme il arrive quelquefois, n'est pas tout à fait ponctuel, et on agite la question de le remplacer par son suppléant. Il arrive enfin, tantôt s'ingéniant à trouver une excuse, tantôt ne s'en donnant même pas la peine, selon les circonstances. C'est un gentilhomme anglais, représentant bien, plus à son aise dans l'action que dans la chambre du conseil, et plus disposé peut-être qu'il ne faudrait pour de si froids réformateurs, à laisser tout aller. Il a une belle propriété près du village voisin, désire sincèrement faire son devoir ;

mais, somme toute, il croit l'avoir suffisamment rempli en laissant chaque chose aller son train.

 Le contraste le plus saisissant existe entre lui et le ministre membre du «Board». Celui-ci regarde le Board comme une grande agence destinée à effectuer ces réformes qui, dans son esprit, ont une sanction directement religieuse. C'est un gentleman déterminé, qui sait où il tend, et se rend assez bien compte de la manière d'obtenir ce qu'il lui faut. Son regard signifie aussi clairement que si c'était écrit sur sa personne : « Je ne me rends. » Sur sa figure, est inscrite en traits visibles cette résolution placide qui indique qu'il est prêt à combattre s'il le faut. Il est remarquable à plus d'un point de vue parmi ses collègues. Ceux-ci, sont le petit squire, qui se trouve dans une position quelque peu gênée, et qui a été assez heureux pour en sortir, mais qui n'a pas une idée à lui, et qui est en train de calculer s'il aura les moyens de se payer une maison à Londres pendant la saison prochaine, ou un tour sur le continent à l'automne ; le publiciste ou le commerçant qui, complaisant et servile dans l'exercice de sa profession, a bien quelques idées à lui, et a l'intention arrêtée de les soutenir parmi ses collègues ; enfin le type ordinaire du fermier anglais, dont les idées se réduisent à cette formule si simple, que rien ne doit être fait qui menace d'élever les taxes. Le ministre rencontre à la fois des alliés et des ennemis dans le Board. S'il s'en trouve qui le regardent comme un brouillon, il en est d'autres qui savent qu'il est un champion courageux et zélé de cette foi, destinée plus tard, si elle fait les progrès désirables, à éclairer le monde et à assurer la suppression de bien des misères humaines.

 Il arrive souvent aussi que certains propriétaires fonciers du district, profitant des facilités que leur donne leur position, ne se contentent pas d'être nominalement membres du conseil, mais au contraire y consacrent une grande activité. De même que parmi les fermiers il y en a quelques-uns qui se dévouent sans réserve à la bonne œuvre. Enfin, il n'existe guère de « Board of Guardians » où il n'y ait deux ou trois petits commerçants, qui en représentent la partie bruyante et révolutionnaire.

Voyons maintenant sur quel sujet se porte l'attention du Board aujourd'hui. La discussion peut porter sur une grande variété d'affaires, car les fonctions des gardiens embrassent pour ainsi dire toutes les attributions des autorités qui régissent les habitants d'une paroisse rurale? Le simple villageois vit sous le régime d'une économie on ne peut plus complexe. Selon le point de vue duquel on le considère, on peut le définir comme vivant dans la paroisse, dans l'union, dans le district, dans le comté. Les autorités auxquelles il peut être soumis sont de dix sortes : le conseil local (local Board), le Vestry (fabrique), dont les fonctionnaires sont les overseers, le School Board (conseil des écoles), le conseil du district (Highway Board), les gardiens (the Guardians) et les tribunaux. Comme il est soumis à un système de gouvernement aussi multiple, il pourrait en être de même de la taxe, mais tout au moins la taxe qu'il paye pour les dépenses locales est appelée du nom générique de taxe des pauvres. D'un bout de l'Angleterre à l'autre trois sortes d'autorités se rencontrent partout : l'autorité hospitalière, l'autorité supérieure ou du district et la plus importante de toutes, l'autorité sanitaire. Les corps qui font exécuter ces lois ne sont pas les mêmes dans la ville et dans la campagne, mais il n'existe pas un coin de terre en Angleterre qui en soit privé. Dans les districts ruraux, tels que celui que nous venons d'étudier, l'autorité sanitaire est représentée par le Board of Guardians et nous pouvons supposer que c'est une question de cette sorte qui occupe son attention.

Les membres viennent d'examiner les rapports de leurs agents, les fonctionnaires hospitaliers, sur différents cas de détresse, et de faire droit à diverses demandes de secours à domicile. Enfin ils ont décidé le nombre d'admissions possibles au workhouse. Comme simple gardiens des pauvres, ils ont fait tout ce qu'ils pouvaient faire. Mais ils ont encore bien d'autres choses à voir. Souvent ils ont à remplir les devoirs de membres du School Board (conseil des écoles) comme membre du *Shool attendance committee* (comité de secours des écoles). A eux encore il appartient de reviser les listes des contributions; de s'occuper de l'hygiène publique et d'examiner les rapports des officiers sanitaires salariés. En ce moment, comme nous le savons, la question sur le tapis est du ressort du service sanitaire.

Quelqu'un vient de leur apprendre la nouvelle fort désagréable qu'une épidémie désastreuse vient d'éclater sur un point quelconque du district, et menace de l'envahir tout entier. Ils ont de fortes présomptions de croire que les égouts ne fonctionnent pas très bien, et ils sont en train de se demander comment il se fait que les rapports présomptueux de leur médecin soient démentis si tristement par les événements. L'un des membres exprime l'avis que c'est parce qu'ils ont poussé à ses dernières limites le système de déléguer leur propre responsabilité. Et, en effet, il y a quelque chose de vrai dans cette parole. Ils ont investi un expert médical grassement payé de devoirs qu'il eût été bien préférable qu'ils fissent eux-mêmes. L'expert leur a certifié que tout était pour le mieux; mais il a compté sans les pestes et les maladies auxquelles l'humanité est sujette. Le Guardian est alors fondé à croire que le district en question ne laisse rien à désirer sous le rapport de l'hygiène. Quelque temps auparavant, il est vrai, un mauvais mal de gorge a fait bien des ravages un peu partout, mais « c'était dans l'air ». Un système d'égouts défectueux peut en être la cause ; alors le Guardian vous répondra que tous les égouts du monde, fussent-ils les plus parfaits, ne peuvent faire que ce qui est sale soit propre ; mais il oublie cette vérité, que lorsque l'infection est produite par un écoulement défectueux des eaux, la propreté devient impossible.

Tout le monde s'ingénie à chercher d'où provient le mal; on vote des crédits pour des systèmes de drainage brevetés, la plus grande attention est particulièrement recommandée au médecin. En un mot, on fait tout, excepté la seule chose nécessaire. Les Guardians qui constituent le service sanitaire, ne se sont pas encore persuadés que tant qu'ils abdiqueront à quelque degré que ce soit leurs fonctions personnelles, ils n'arriveront à aucun résultat satisfaisant. De même que pour délivrer les villages de leur ressort de maladies contagieuses qu'on aurait pu prévenir, ils ne doivent pas craindre de s'exposer dans des endroits sans contredit fort désagréables, et de respirer des odeurs peu aimables. Il en est de ce qui regarde la santé publique comme de ce qui regarde l'instruction et le paupérisme : le sens de la responsabilité personnelle individuelle fait défaut, et les esprits vigoureux sont peu nombreux et bien espacés, qui savent faire naître le sens de la responsabilité dans des poitrines d'où il n'aurait jamais dû sortir. Mais, dira-t-on, on voit fonctionner tous les jours le rouage administratif qui devait remplir cette fonction, c'est-à-dire les conseils locaux, qui sont responsables envers le gouvernement local. Le «local government Board» (bureau du gouvernement local) demande et reçoit les états des recettes et des dépenses annuelles du Board of Guardians dans la campagne. Ses overseers sont chargés de leur rendre compte de tout ce qu'ils voient et dont ils peuvent s'assurer par eux-mêmes. Mais il ne peut aider les autorités locales que par des emprunts qu'il leur permet de contracter à 3 1/2 p. 0/0, lorsque les objets pour lesquels ces emprunts sont demandés ont reçu l'approbation officielle. Enfin, sur la représentation de leur officier médical, les gardiens donnent des instructions pour que les égouts soient agrandis, et que de nouvaux conduits soient établis.

Il est évident que les propriétaires de maisons retirent le plus grand bénéfice de ces travaux quoique toute la société s'en ressente en général. Une maison bien drainée a une plus grande valeur vénale, est d'un plus grand rapport que celle qui l'est mal, et aussitôt que le drainage devient meilleur, le loyer s'accroît en proportion. Naturellement, tout cela a pour effet de diminuer le sens de la responsabilité personnelle chez les propriétaires, et de cette façon le plus grand nombre est imposé pour les agrandissements et l'enrichissement du plus petit nombre.

Nous nous élevons graduellement et allons avoir maintenant à étudier une autorité d'un caractère plus auguste. Nous voulons parler des magistrats du comté, assemblés pour leurs sessions trimestrielles (quarter sessions). Des devoirs des magistrats, ou mieux juges de paix, dans les « petty sessions » (petites sessions), nous parlerons plus longuement ailleurs. Il y a en tout 820 tribunaux de petites sessions en Angleterre et dans le pays de Galles, correspondant rarement avec les autres ressorts, et rentrant dans la juridiction de ces administrateurs non salariés. Les affaires qu'ont à examiner les tribunaux de petites sessions sont purement judiciaires, et comprennent seulement les petits procès dans lesquels le jury n'a pas à intervenir. Mais ce n'est pas le privilège de siéger aux petites sessions et d'infliger des amendes pour les délits de peu de gravité, qui rend la position de magistrat du comté enviable aux yeux de tout Anglais. De même que les Boards of Guardians (conseils des gardiens) ont peu à peu dépouillé les vestries (fabriques) de leur autorité, de même il y a en ce moment un mouvement organisé pour enlever aux magistrats tout ou la plus grande partie de ces prérogatives si prisées.

La tendance centralisatrice de l'époque est irrésistible, et lorsque l'établissement des County Boards (conseils de comté) aura réduit le pouvoir administratif des juges à zéro, il ne restera plus rien de l'ancien éclat des sessions trimestrielles, et l'une des principales raisons des nombreuses demandes adressées au lord lieutenant du comté pour faire partie de la justice de paix aura disparu. La cour des sessions trimestrielles est un grand tribunal de justice, et le prestige qui en rejaillit sur les gentlemen qui en font partie provient bien moins de leurs attributions judiciaires que de leurs attributions administratives ; et lorsque les magistrats cesseront de s'occuper des affaires du comté, ils cesseront de rechercher les honneurs qui s'attachent à ces fonctions. Ceci, à vrai dire, n'est qu'une prévision d'un avenir plus ou moins rapproché. Jusqu'au moment de leur suppression possible, la cour continue d'exister et le droit d'ajouter au nom de quelques-uns « J. P. » est encore regardé comme une distinction. C'est une institution respectable, ancienne et étroitement associée à la position territoriale et à la propriété. Elle est offerte comme un appât aux gentlemen qui, ayant fait fortune dans le commerce, désirent acquérir des propriétés dans le comté, et les habiles agents qui conduisent ces négociations en retirent un grand profit. Voici en effet un extrait d'une circulaire lithographiée qui accompagnait, il n'y a pas bien longtemps, l'alléchante description d'une propriété à vendre dans le Lancashire : « L'acheteur de cette propriété acquerra un grand prestige social, car il n'y a pas de squire résidant dans cette paroisse ni dans la plus voisine. Les magistrats ne sont pas nombreux dans le district et l'honorable office de juge de paix serait sans doute conféré au nouveau propriétaire après un laps de temps convenable. »

Cet argument habilement, présenté, suppléait sans doute la seule condition qui manquait pour faire conclure le marché. Le nouveau propriétaire est dûment installé dans la grande maison et, après un intervalle convenable, sollicite l'honneur de faire partie de la magistrature du comté. Toutefois, il ne présente pas sa requête personnellement L'étiquette exige que la demande soit faite au lord lieutenant par une tierce personne, et si ce haut personnage la voit d'un œil favorable, — elle est accordée de fait, — je dis de fait, mais non selon la lettre de la loi. D'après la loi, c'est à la couronne, sur la proposition du lord chancelier, qu'il appartient de rejeter ou d'accorder cette demande. En fait, c'est le lord chancelier qui nomme, et le lord lieutenant qui propose. Quelquefois cependant des conflits éclatent entre ces deux autorités. Il arrive, par exemple, qu'un district présente une protestation contre la nomination faite par le lord lieutenant, ou bien qu'un candidat en appelle au lord chancelier du rejet de sa demande par le lord lieutenant. Règle générale, le système marche bien, et on peut affirmer que dans l'Angleterre rurale, l'administration de la loi, de même que celle des autres affaires locales, suit la possession de la terre. Les lords lieutenants n'ont naturellement pas la même façon d'envisager leur responsabilité en présentant leurs candidats. Les considérations religieuses et politiques ont un grand poids, et dans un comté en majorité tory, un juge libéral ou non conformiste ne serait pas bien vu. Certains lords se contentent, pour juger les qualités d'un candidat à la magistrature, de l'attestation de l'ami qui le présente. D'autres se livrent à une enquête approfondie sur l'aptitude personnelle ainsi que sur les titres sociaux. D'autres encore poussent la circonspection jusqu'au caprice, et en même temps qu'ils nomment un magistrat, se livrent en dessous à leur travail d'investigation. Mais cependant la cour des sessions trimestrielles s'est assemblée dans la capitale du comté, et les juges entrent dans la chambre dans laquelle doivent être enregistrés les décrets qui formeront pendant trois mois la loi de la petite province. C'est une chambre longue, au plafond élevé, au milieu de laquelle se trouve une table couverte en drap neuf. Parmi les juges se trouvent les hommes de « beaucoup d'argent et beaucoup d'acres, » depuis le marquis de Carabas jusqu'au gros fermier de la campagne. Ici siège le représentant d'une maison établie dans le pays depuis plus d'un siècle, et dont les ancêtres ont aidé Guillaume le Conquérant à conquérir l'Angleterre. A côté l'aristocratie financière se trouve représentée par un nouveau venu de Liverpool ou de Threadneedle Street. Puis viennent les squires, grands et petits, de la campagne ; quelques gentlemen des professions libérales, deux ou trois officiers en retraite de l'armée ou de la marine, quelques ministres et plusieurs fils cadets de grand seigneurs.

Ce sont maintenant les affaires du comté, et non plus l'administration de la justice qui les concerne. Ils sont maintenant réunis, non plus pour juger des prisonniers, mais pour examiner des comptes, pour discuter les intérêts locaux, et il est probable qu'ils montreront beaucoup de finesse, d'habileté et d'expérience dans le maniement de ces dernières affaires. Peut-être, dans les gentlemen présents, y en a-t-il plus d'un qui pense que les sessions trimestrielles ne sont plus ce qu'elles étaient autrefois, et s'appesantit avec un mélange de regrets et d'admiration sur la composition et la procédure de la cour dans le bon vieux temps. Les discours qu'on y prononçait alors, les résolutions prises étaient dignes en tout point du parlement impérial, par la raison toute simple que les hommes les plus éminents des sessions trimestrielles étaient les maîtres-esprits de Saint-Stephan. Il n'était pas impossible que la cour locale contînt alors un ou deux ministres parmi ses membres actifs et que la majorité de ceux qui faisaient en réalité l'ouvrage du tribunal, siégeassent à la Chambre des communes ou des lords, et fussent versés dans le mouvement de la politique, qu'on apprend si vite dans ces assemblées. Peut-être le président de la cour était-il le speaker de la chambre basse, le premier des Communes et le meilleur fusil de l'Angleterre ; ou le juge qui préside aujourd'hui ses collègues était-il l'homme d'État qui venait de sauver un parti politique tout entier d'une catastrophe la semaine dernière.

Il en était alors ainsi. Pairs, ministres ou anciens ministres, membres de la Chambre des communes, grands et petits squires, hommes de professions libérales, fermiers, se réunissaient ensemble pour faire les affaires du comté. Pour beaucoup c'était une véritable éducation ; c'était un bien pour tous. Cela formait et améliorait l'esprit des gentlemen qui passaient tout leur temps au milieu des terres paternelles. Diverses classes s'y trouvaient mises en contact, et par cela même, les angles des caractères en étaient adoucis et c'était une école de modération, de tact et de discrétion. Ce sont des vertus encore inhérentes à cette institution, mais elles ne produisent plus sur le spectateur d'aussi fortes impressions. Dans la majorité des cantons anglais, les sessions trimestrielles ne sont pas ce qu'elles étaient. Les membres du Parlement, les hommes d'État éminents, les ministres sont absents. Les officiers de l'armée et de la marine en demi-solde y sont plus nombreux, et, s'ils sont suffisamment énergiques, ils passent pour ne pas comprendre grand chose au génie des affaires. Les petits squires de la campagne disparaissent rapidement comme classe sociale. Les grands squires et les lords ont autre chose à faire. Seuls, les représentants du commerce et de l'aristocratie financière ont conquis une situation prépondérante. Enfin, la sphère des opérations des sessions trimestrielles a été matériellement réduite : d'abord, parce que tous les yeux sont tournés du côté de Londres, et ensuite par le transfert à l'État des prisons, sur lesquelles la justice n'exerce plus qu'un semblant de surveillance.

Dans la réunion dont nous parlons, une faible partie du travail qui incombe aux magistrats est examinée, d'autres questions bien importantes s'y trouvent soulevées par des motions, et les jeunes gens trouvent encore dans ces sessions trimestrielles le moyen de gagner leurs éperons. Pendant toute l'année, quelques-uns d'entre eux sont très occupés dans les commissions chargées de contrôler l'emploi des fonds, d'inspecter particulièrement les ponts du comté, les halles publiques, les bâtiments communaux, les maisons de santé, la police, les patentes, et de veiller à l'exécution des lois sur les maladies contagieuses des animaux, sur les poids et mesures, sur la vente des comestibles et de la pharmacie, et de contrôler les petites autorités locales.

Les maisons de santé, la police, les ponts sont généralement les sujets qui donnent lieu aux discussions les plus vives. On lit et on discute les rapports des commissions sur ces matières, en commençant par le rapport de la commission des finances. Ils ont le budget du comté à fixer, et c'est sur ces rapports qu'il est basé. Pour cela, la commission des finances a fait le relevé exact de la valeur nette imposable dans chaque paroisse, et les gardiens des pauvres ont fait connaître le montant des besoins de leurs pauvres. C'est ainsi qu'une longue succession de personnes défilent devant les juges assemblés dans la cour des sessions trimestrielles. C'est, en effet, un budget local qui est lu, et lorsqu'il est lu et approuvé, les gardiens ont à fournir les fonds prélevés au moyen des taxes perçues par les overseers.

Tel est, esquissé à grands traits, le système qu'il est actuellement question de modifier. Le premier argument sur lequel on s'appuie pour motiver un tel changement, est le mépris des principes du système représentatif dans cette partie de la vie nationale; deuxièmement l'économie qui résulterait de la substitution d'une seule autorité à plusieurs. Pour ce qui regarde le premier point, il est de fait que dans la période anglo-saxonne, les « Village Reeves » (baillis de villages) et « Port Reeves » (baillis de port) qui correspondaient à nos juges de comté et de bourg, étaient choisis par l'élection. Cette coutume disparut en grande partie lors de la conquête; mais, jusque sous Édouard Ier même, une loi fut promulguée qui reconnaissait au peuple le droit de choisir ses shériffs par élection dans chaque comté, « s'il en manifeste le désir », et le droit ne fut enlevé que sous Édouard II, sous le prétexte que cela pouvait donner lieu à des assemblées tumultueuses. Quant aux juges ou conservateurs de la paix, ils furent élus par les francs tenanciers jusqu'au commencement du règne d'Édouard III, qui pritdans ses mains la nomination de ces fonctionnaires ; et de tous les anciens officiers, le coroner est le seul dont l'élection dépende directement du peuple ou des francs tenanciers. La désuétude dans laquelle sont tombés les principes du système représentatif est aggravée par ce fait que, pendant que la population s'accroît tous les jours, il n'y a aucune manière satisfaisante de connaître son opinion au sujet des affaires locales. Le lord lieutenant a bien le pouvoir de convoquer le comté au moyen des convocations spéciales. Théoriquement aussi, des représentations, ou autrement dit des plaintes, peuvent être adressées aux grands jurys du comté aux assises et aux sessions trimestrielles. Mais on ne peut avoir recours au premier de ces expédients que lorsqu'on sent l'opinion publique très émue, et il est inapplicable à la calme discussion des affaires; le second, les représentations, ne vont généralement guère plus loin que la cour à laquelle elles sont faites.

La multiplicité des autorités qui agissent concurremment, et la confusion qui en résulte, les conflits qui s'élèvent entre les autorités locales indépendantes les unes des autres, telles sont les principales causes du mal. Cette distribution des pouvoirs est également fatale à l'activité productive, et fort injuste pour le contribuable.

« Si, comme le dit M. A. S. Wright dans l'admirable mémoire écrit par lui sur le gouvernement local sous la direction de M. Rathbone et de M. Whitbread, une unité était adoptée pour tout ce qui regarde le gouvernement local, il y aurait un seul corps gouvernant, élu en une seule fois, d'une seule manière et par un seul corps électoral. Cette autorité unique, par elle-même ou par ses commissions, administrerait toutes les affaires de la localité d'après des principes suivis; ses actes pourraient être efficacement contrôlés par les contribuables, et enfin, il n'y aurait qu'un seul budget de dépenses et de recettes pour toute la localité! » En fait, nous serions délivrés de ce partage si compliqué de l'autorité entre les overseers (inspecteurs), guardians (gardiens), Highway Boards (conseils supérieurs), Burial Boards (conseils des pompes funèbres), juges de paix. La simplification procurerait au contribuable la facilité de contrôler. Rien n'est plus désirable certainement que de voir s'établir des rapports continus entre les ratepayers (les contribuables), le peuple et le gouvernement local, représentant de l'autorité centrale. Ceci ne pourra se réaliser que lorsque nous aurons des autorités locales élues d'après le système représentatif et responsables de tous leurs actes. Qu'on établisse enfin ce système, sans les charger de fonctions inutiles qui les empêcheraient de bien accomplir leurs travaux, et il ne nécessitera plus autant l'intervention de l'autorité centrale; tandis que d'un autre côté les informations qu'il peut fournir gagneront comme valeur et comme autorité. En somme, la balance sera tenue égale par ce système entre une indépendance judicieusement réglée et une anarchie complète, dont on ne peut sortir que par la centralisation absolue.

Il est impossible de discuter cette partie de notre sujet sans faire une allusion rapide aux objections qui sont formulées contre les magistrats qui ont des devoirs judiciaires à remplir sans connaître un mot de droit, et qui sont forcés, lorsque quelque question de droit obscur entre en discussion, de s'en rapporter à la sagesse et à la science de leur clerc. Sur ce point encore, on est obligé d'avouer que les censeurs du régime actuel ont l'ancienneté pour eux. La loi promulguée par Edouard III qui donna le droit de nomination des juges à la couronne, dispose que les juges doivent être « goodmen and lawful », c'est-à-dire des hommes bons et habiles dans la science des lois. Une autre loi, la 34ᵉ promulguée par Édouard III, ordonne qu'un seigneur, assisté de deux ou trois hommes puissants d'une réputation sans tache, avec plusieurs autres versés dans la science du droit, formeront le tribunal dans chaque comté. Plus tard, sous Richard II, plusieurs lois ordonnèrent que les juges seraient choisis parmi les plus « importants chevaliers et écuyers, et les hommes de loi ». Comme la somme des propriétés nécessaires pour être juge ne fut pas déterminée jusqu'au règne d'Henri VI, il s'ensuivit que pendant près de deux siècles une bonne réputation et la connaissance du droit suffisaient. Même, lorsque la possession de terres rapportant 20 livres par an fut déclarée nécessaire, la condition de la science des lois ne fut pas abrogée. Cette condition continua de fait à être exigée jusqu'au règne de Georges II, époque à laquelle la possession d'une terre du revenu net de 20 livres (500 f.) par an ou le droit de réversion de propriétés d'une valeur annuelle de 300 livres, fut exigée.

Ceux qui critiquent le système actuel d'administration dans les districts ruraux, prétendent que des juges ayant des relations personnelles avec les parties, et qui agissent à la fois comme juges et comme poursuivants, ne peuvent présenter aucune garantie d'impartialité. Tous les juges du comté sont *ex officio* gardiens des pauvres de l'union dans laquelle ils résident, et le président du Board of Guardians est ordinairement un squire. Le même individu qui entend d'un côté le clerc des gardiens porter plainte contre un délinquant accusé de négliger des parents, et qui ordonne que ce délinquant soit poursuivi, peut, quelques jours après, siégeant comme juge, prononcer un jugement contre lui. Ainsi, pour ne citer qu'un fait, les juges étant pour la plupart des propriétaires campagnards, et étant chargés de protéger le gibier, ont un intérêt direct à punir sévèrement le braconnage. Mais, continue notre contradicteur, des lois récentes ont consacré l'incompétence des magistrats dans toutes les affaires où ils ont un intérêt de classe : ainsi un filateur, un propriétaire de mines, ne peuvent retenir des affaires concernant l'un les « Factory Acts » (Lois sur les usines en général), l'autre, les « Mines inspection Act » (Loi sur l'inspection des mines); un meunier ne peut juger les contraventions à l'acte « Bread and flour Act » (Loi sur la fabrication du pain et de la farine); un brasseur et un distillateur n'ont pas voix délibérative pour accorder des licences. Pourquoi, alors, les protecteurs du gibier jugeraient-ils les voleurs de gibier? Ceci, dit-on, est une anomalie ; et cette anomalie fait suspecter et déconsidérer ce que dans la campagne on appelle la « justice des juges ». Outre cela, dit-on, n'est-il pas naturel pour un bon et sensible gentleman qui n'a pas été élevé dans les traditions rigides de l'impartialité judiciaire, de se montrer plus porté qu'il ne faudrait à juger en faveur d'un paysan qu'il connaît pour un homme sobre, rangé, de bonnes mœurs, lorsque celui-ci a eu un différend avec un homme débauché, un vaurien? On répond quelquefois à cette objection que les causes soumises aux petites sessions sont si insignifiantes et si simples qu'il n'est pas utile de faire de grands efforts pour ne pas se laisser influencer; mais on oublie que les petites causes ne sont pas toujours les plus faciles à juger, et qu'il suffit d'un jugement vicieux pour détruire la paix d'un village. Un fonctionnaire bien connu de l'administration des Indes, d'une grande expérience dans ces matières, disait un jour « que le premier fou venu pourrait juger un meurtre dont la preuve est ordinairement si claire et si directe, mais qu'il fallait être juge pour distinguer la punition à appliquer à deux sujets qui viennent de se quereller pour la possession d'une acre et 1/2 de terre. » Ceci est un argument de plus en faveur de ce que nous disons, et on conçoit sans peine que la présence de juges versés dans la science des lois donnerait aux petites sessions un relief considérable. L'obstacle le plus puissant à l'institution de juges stipendiés qui rendraient la justice dans chaque district comme les cours de comté, est le lourd fardeau que cela ajouterait aux taxes et aux impôts. D'un autre côté, si cela devait nous donner une garantie contre ces coûteuses bévues qu'on commet maintenant, si cela devait empêcher d'aller en prison un homme qui aurait dû être relâché de suite, sans parler du mépris où ces fautes exposent la justice à tomber, il est loin d'être certain qu'une dépense nominale n'amènerait pas au contraire un dégrèvement réel.

CHAPITRE V

GOUVERNEMENT MUNICIPAL

Conseils locaux. — Nouveaux rapports entre les villes des comtés et les campagnes environnantes. — Résultats généraux de la loi sur les Corporations municipales. — Rapports des gouvernements municipaux avec le gouvernement central. — Le maire à Londres et dans les provinces. — Conseils municipaux, leur juridiction et leurs attributions. — Conseils de Commerce. — Débats dans les conseils municipaux décrits. — Influence de l'instruction sur la vie. — Magistrats de bourgs. — De la politique dans les questions municipales. — Des droits de citoyen dans les provinces et à Londres. — Le gouvernement de la Cité de Londres. — Réformes possibles.

L'institution connue sous le nom de *Local Board* peut être considérée comme le trait-d'union entre l'administration rurale et le gouvernement municipal. On la coudoie fréquemment dans les régions populaires, comme dans les districts où l'on trouve à la fois comme amalgamés les caractères et les sentiments de la ville et de la campagne. Elle tient le milieu entre le Vestry (conseil de paroisse), ou le Board of Guardians (conseil des pauvres), et le Town Council (conseil de la ville). Le « local board » est un corps électif, comme les gardiens des pauvres. Les contribuables de la commune sont les seuls électeurs. Ses membres sont revêtus de certaines fonctions qui sont données également aux Guardians, et, comme ces derniers, ils expédient la plus grande partie des affaires par l'entremise des « comitties » (commissions). Ils sont chargés de l'inspection des routes et chemins, du soin de veiller à la condition sanitaire du district, à l'enlèvement des boues et immondices, à l'approvisionnement de l'eau pure, et d'éloigner toute cause de peste, en ménageant la libre circulation de l'air. Mais il faut porter plus loin nos pas; traversons cet espace qui sépare l'administration rurale de l'administration municipale proprement dite ; quittons les lieux environnants où tout est régi autant par les traditions et les précédents que par des règles précises et visitons la capitale de la localité. Ici la loi écrite guide les autorités ; c'est pour ainsi dire une miniature du royaume. Par degrés imperceptibles le village s'est fondu dans la ville, et bien avant que les champs du noble campagnard aient été couverts d'habitations, les institutions de la ville y avaient pris pied.

L'influence souveraine exercée sur les villes par les grandes familles de l'Angleterre a favorisé cette invasion. L'ombre du château ou de l'abbaye s'étendait sur le bourg; de plus, pendant plusieurs générations, la famille régnante a été investie de la représentation politique du bourg ; et l'hôtel principal de la localité emprunte son enseigne aux terres immenses de la grande maison du comté.

Cependant il y a une différence sensible entre le « country town » et le « country village », ville et village de province. Aujourd'hui à peine y a-t-il en Angleterre un bourg qui n'ait pas la physionomie d'un centre manufacturier : de nouveaux gisements minéraux ont été découverts dans les entrailles d'un sol inépuisable; l'analyse chimique a trouvé que l'eau de certaines sources locales possède des propriétés particulières; des vallées autrefois abandonnées se sont vues peuplées d'usines, de tuileries et de manufactures. C'est aujourd'hui la tendance des villes de toutes catégories, de se transformer en centres manufacturiers, en dépôts d'une industrie particulière ou d'un commerce spécial. Quel que soit le genre de leurs produits, les fabricants semblent instinctivement poussés à se créer une spécialité et à conquérir pour eux-mêmes une situation franchement distincte dans la grande hiérarchie des négociants anglais. Aussi l'endroit qui, il y a trente ans, n'était pour ainsi dire qu'un intermédiaire pour la distribution des produits locaux dans la localité elle-même, est devenu un petit entrepôt du royaume dont les quartiers généraux, trop à l'étroit dans les limites du bourg, ont été transportés à Londres. Tous les produits agricoles des environs, troupeaux, volailles, beurre, fromages, etc., sont dirigés sur Londres, passant comme à travers une espèce de crible avant de parvenir aux consommateurs. Grâce à ces relations, les principaux représentants de l'industrie locale sont en contact immédiat avec la grande métropole et s'assimilent ses mœurs et ses progrès. Comme on devait s'y attendre, le développement du bourg a complétement changé les rapports entre les grandes familles du comté et la ville; et même dans les districts les plus reculés de l'Angleterre, la ville semble manifester vis-à-vis de ses voisins de la campagne une attitude qui dénoterait une certaine hostilité ou tout au moins un certain sentiment d'indépendance. Les principaux hôteliers et commerçants de la ville peuvent bien se montrer pleins de courtoisie, afin de s'attirer les bonnes grâces des gens du comté; ces derniers peuvent à leur tour venir en ville les jours de marché ou de fête; mais, quoi qu'il en soit, il n'y a pas rapprochement ni sympathie. La ville se tient sur une certaine réserve vis-à-vis du comté; elle veut faire voir au comté de la manière la plus inoffensive du monde, que les liens qui autrefois les liaient dans une dépendance mutuelle et qui faisaient de la ville une satellite du comté sont considérablement et à jamais relâchés.

En vérité, il n'y a pas inimitié réelle entre eux. Dans les villes provinciales on rencontre des « gentlemen » engagés dans l'industrie ou le commerce, qui appartiennent à des familles antiques et qui sont alliés de près ou de loin avec les plus illustres de leurs voisins du comté. Cette affinité même, au lieu d'être une cause d'union, dans une certaine mesure, fait naître quelquefois des sentiments d'un tout autre genre. Sans doute le citadin se considère comme membre de la grande famille, comme enfant du comté, mais comme membre dissident, comme un enfant qui s'est éloigné de l'aile maternelle, qui a suivi une ligne différente, celle des affaires, et qui, fils de ses œuvres, s'est créé de nouvelles conditions d'existence et de nouveaux besoins. Il arrive ainsi qu'insensiblement les cités provinciales, celles même qui ont peu subi de modifications, se sont plus ou moins isolées des districts purement ruraux qui les entouraient. Des relations d'affaires existent bien entre les deux ; fermiers et métayers apportent en ville les produits de leurs champs et de leurs troupeaux et les vendent ; les gros bonnets du comté, si je puis m'exprimer ainsi, s'y rendent de temps à autre ; mais ils font peu d'avances aux commerçants. C'est là un fait que l'on peut largement attribuer au peu de conformité de vues et de sentiments entre les deux districts. La divergence est complète et la réconciliation impossible. Dans les villes le sentiment qui prédomine, c'est le désir de la part des citadins de montrer qu'ils sont membres d'une communauté indépendante, capables de choisir leurs conseillers municipaux et de diriger eux-mêmes leurs propres affaires.

La législation en vigueur depuis plus de quarante ans a beaucoup contribué à encourager ces aspirations et à donner corps à ces sentiments. Le « Municipal Corporation Act » de 1835 a été le point de départ d'une ère nouvelle pour les gouvernements locaux de l'Angleterre. Cette mesure a doté plus de deux cents villes anglaises d'un gouvernement municipal, comme on le voit aujourd'hui. Manchester fut la première cité qui l'adopta, et là, comme partout ailleurs où elle fut introduite, les théories anciennes disparurent pour faire place à des idées nouvelles. Elle y importa l'idée de bourgeoisie, ou tout au moins elle contribua beaucoup à répandre parmi ceux qui vivaient sous son action la notion du citoyen avec ses franchises et ses droits. Les institutions, dont elle a favorisé l'éclosion, ont elles-mêmes donné naissance à une conception très vive et très énergique de la commune affranchie ; une nouvelle impulsion a été donnée aux réformes locales ; un nouvel aiguillon a excité les liberalités publiques et privées.

La législation de son côté vient fournir un constant aliment à l'activité locale. Au Parlement il ne se passe pas de session qui ne confère aux autorités locales quelques droits nouveaux ou qui ne leur imposent des devoirs ou des responsabilités nouvelles. Ainsi dans une période de quatre années, jusqu'en 1878, on a voté un grand nombre d' « Acts », qui tous tendaient à augmenter les obligations locales. Parmi ceux-ci citons : les « Acts » sur la santé publique, les poids et mesures, les maladies contagieuses (animaux), la navigation des canaux, le budget local, l'amélioration des habitations ouvrières, l'amendement à l' « Adulteration Act » (Loi sur les falsifications), les explosions, le pétrole, etc., etc.

Parmi ces mesures les unes sont facultatives, les autres impératives ; leur nombre et souvent leur grandeur et leur importance s'expliquent surtout par l'élévation croissante du budget local. La dette locale a aussi augmenté dans les mêmes proportions; les honorables du conseil eux-mêmes qui ont appuyé ces différentes propositions, au fur et à mesure qu'elles leur ont été soumises, s'en étonnent; mais c'est à tort, car ils les ont adoptées sans s'être rendu compte des dépenses que leur exécution allait entraîner. Pour le moment il n'y a aucune raison de croire que le courant qui semble entraîner nos législateurs ne vienne à s'arrêter, car les institutions municipales en Angleterre sont susceptibles de toutes espèces de modifications. Quant aux résultats qu'elles peuvent actuellement donner, ils dépendent entièrement des hommes qui sont à leur tête.

Nous ne craignons pas de dire que l' « Education d'Act » de 1870 sera aussi fécond en résultats dans l'avenir pour la présente génération que le « Municipal corporation Act » de 1835 pour la génération passée. Les citoyens de Sheffield, de Birmingham, de Bradford ont fort à cœur les institutions municipales de leur ville; la fierté avec laquelle ils les revendiquent se trouve encore rehaussée par le droit qu'ils possèdent de briguer la première magistrature du bourg, d'être le lord-maire de la municipalité. Il ne paraît pas impossible que dans l'avenir l'Éducation Act n'inspirât à beaucoup le même sentiment, celui de couronner leur carrière par un sort digne et honorable. Aujourd'hui les hommes qui s'occupent à développer notre système d'éducation sont précisément ceux-là mêmes qui avaient pris une part active à l'affirmation des droits du citoyen et à la défense des franchises municipales. Dans un grand nombre de localités des « School Boards » ont été établis; ce sont les vrais représentants de l'autorité dans le district. Grâce à leur manière de faire, partout des groupes scolaires se sont élevés aux frais des contribuables communaux;

ces derniers apprennent ainsi à faire acte de self-gouvernement. Dans les villes où cet essai n'est pas nouveau et où les citoyens ont parfaitement conscience de leurs devoirs civiques, et des avantages qu'ils ont retirés d'agir de concert et de coopérer pour les œuvres communes, des hommes d'énergie s'emploient activement pour établir chez eux non-seulement un système efficace d'instruction primaire, mais aussi d'instruction secondaire. C'est dans ce but que, avec l'agrément du département de l'Instruction publique, ces courageux champions de l'éducation nationale, en dépit de la lettre même de l'act de 1870, ont visité la France, l'Allemagne et la Suisse à leurs propres frais. Ils ont étudié le système d'éducation de ces divers pays et en ont exprimé pour ainsi dire la quintessence dans l'espoir d'appliquer un jour le fruit de leurs études à Leeds, à Sheffield et ailleurs. Si ce plan venait à recevoir son exécution, l'école établie par la commune échapperait-elle à la juridiction de cette dernière et aurait-elle une administration indépendante de la Corporation municipale ? Nous ne le croyons pas. En effet partout aujourd'hui la tendance n'est-elle pas d'accroître les pouvoirs du Conseil municipal ? Et même de nos jours ne parle-t-on pas déjà de confier l'administration des « School Boards » à une commission de la Corporation municipale ? L'instruction en somme n'est-elle pas pour la ville une branche de service aussi importante et aussi digne d'intérêt que le marché, les foires, le gaz et l'eau ?

La législation de 1835 avait dans une certaine mesure un caractère essentiellement centralisateur. Elle transporta les pouvoirs dont était investi autrefois le Conseil de fabrique (Vestry), à un Conseil municipal (Town council). L'autorité de ce dernier s'augmenta peu à peu, jusque dans ces derniers temps. Aujourd'hui ce sont les conseillers de la Ville (Town councillors), soumis à l'autorité du maire, qui ont un contrôle absolu sur le gouvernement d'une cité. Sans doute, lorsqu'ils méditent quelques changements de nature à modifier l'état des propriétés, ils doivent demander préalablement l'autorisation au Parlement; sans doute, ils doivent faire parvenir leurs comptes au secrétaire de l'intérieur (Home Secretary) et ces comptes sont soumis à l'approbation du Parlement. Mais à l'exception de ces restrictions générales, ils sont complétement maîtres de leurs actes. A eux incombe le soin de veiller à la propreté des rues, à leur état de viabilité et à l'assainissement de tous les quartiers. Ils exercent un contrôle sur la police ; l'élection du coroner du bourg et du « magistrate » salarié est entièrement entre leurs mains. Dans certaines contrées, leur recommandation est toute-puissante auprès du lord chancelier pour la nomination de gentlemen à ces fonctions judiciaires. Les établissements et les lieux publics de la cité, les bains et les parcs, les bibliothèques et les musées, les marchés et foires sont sous leur contrôle immédiat. Ils soutiennent l'asile des aliénés, l'école professionnelle et les établissements hospitaliers. Ils créent une brigade de pompiers; ils fabriquent le gaz, fournissent l'eau, construisent des égouts, etc. Ils visitent souvent le district pour s'assurer de sa salubrité. C'est encore par leur ordre que les immondices sont enlevés, les édifices publics inspectés, et ceux qui menacent ruine réparés ou démolis. Enfin ils sont représentés dans les conseils des écoles et des établissements charitables et exercent un contrôle sur l'administration de l'école normale locale et sur d'autres institutions du même genre.

Pour nous faire une plus juste idée du gouvernement municipal du Royaume-Uni, visitons une de ces grandes capitales provinciales où fonctionne cette machine administrative et saisissons-la dans la plénitude de son exercice. Nous entrons, supposons-le, dans un édifice nouvellement bâti au milieu d'une ville où règnent l'activité et la prospérité : c'est l'hôtel de ville; quelquefois il est isolé des autres maisons; mais ce n'est pas une règle générale. L'intérieur est partagé en plusieurs pièces : salles des délibérations du conseil municipal, salle de réunion des commissions particulières, salon de réception du maire, décoré dans un style susceptible d'impressionner les visiteurs et de leur inspirer le sentiment de la dignité du premier magistrat de la cité : bureau, salles de bal, de réception, fumoirs ; cuisines placées à dessein au dernier étage afin que pendant les séances les conseillers ne soient pas incommodés par l'odeur qui s'en exhale, etc. Dans l'étage supérieur, se trouvent les bureaux des directeurs chargés des différentes branches de l'administration et du bien-être du public. Les architectes et les inspecteurs avec leur nombreux personnel y sont également installés. A côté d'eux nous voyons le greffier municipal (Town Clerk) dont les fonctions ont une certaine corrélation avec celles du secrétaire permanent (permanent Secretary) dans les grandes administrations de l'État ; il est très occupé dans son bureau, expédie les affaires et assiste le conseil et les commissions de ses lumières et de ses connaissances juridiques.

Chaque branche particulière de l'administration possède une commission spéciale, composée de huit membres. Lorsque toutes les commissions ont été choisies, le conseil tout entier se compose de soixante-quatre membres. Trois sont élus tous les trois ans par les contribuables communaux dans chacun des quartiers de la ville, soit quarante-huit membres, et les seize autres sont nommés « aldermen » de par le choix du conseil municipal (Town Council). Cette dignité leur est conférée pour mérite personnel ou services signalés. Les différentes commissions du conseil sont responsables auprès de ce dernier pour la direction et l'exécution de la tâche qui leur est échue. Avant d'entreprendre aucun travail, un devis estimatif des dépenses est soumis au conseil qui le ratifie ou l'amende, selon le cas ; mais sans l'assentiment exprès du conseil, le devis ne doit pas être augmenté. Dans chaque commission, il y a une sous-commission des finances, chargée d'examiner les comptes de la première et de les soumettre au contrôle de la grande commission des finances du conseil tout entier. Chose singulière, cette mission d'évaluer les dépenses locales attribuée à ces corps municipaux a été une des causes génératrices de rapprochement entre le gouvernement central siégeant à Westminster et le gouvernement local des provinces. Aussi plusieurs « Acts » du Parlement, entre autres le Public Works Act de 1875 et l'acte sur les habitations ouvrières (Artisans' Dewellings Act) de 1876 ont encore étendu la juridiction souveraine des municipalités. Les plus fervents défenseurs du principe d'autonomie municipale considéraient cette espèce de centralisation, qui existait dans les relations entre les provinces et Whitehall, comme indispensable pour la protection des intérêts des communautés provinciales. Quant aux caractères de cette mesure, mise en vigueur par une nouvelle législation, qui a enlevé le contrôle des prisons aux autorités locales pour le transférer à une commission spéciale, les opinions sont partagées ; sans doute la question n'est pas encore suffisamment mûre pour recevoir une décision quelconque.

L'intervention du gouvernement central dans les affaires municipales a pour but d'empêcher les municipalités de prendre des résolutions trop précipitées ou de voter sans mûre réflexion le bill des dépenses : ce qui pourrait entraîner pour les générations à venir des embarras financiers très lourds. Si les autorités des grandes

villes montraient seulement la même prudence que celle
que les actionnaires d'une compagnie financière exigent
de leurs mandataires et directeurs, elles n'auraient aucune raison de se plaindre d'être gênées dans leur action par le « Local government Board » auquel elles
sont soumises. Le droit de sanctionner les propositions
de la municipalité doit certainement lui appartenir.
Supposons qu'on projette dans une ville une entreprise
quelconque : des études sont faites ; l'exécution des
plans doit entraîner la vente ou le transfert de terrains
et peut-être en même temps l'emprunt d'une somme
considérable d'argent. Dans ce cas, quel serait le mode
de procédure suivi par la municipalité ? Tout d'abord
il saisit le « local government Board » d'une demande
formelle lui donnant tous les détails relatifs au projet,
dans le but d'obtenir de ce dernier une sanction pour
l'entreprise et l'autorisation de faire les dépenses et
l'emprunt. Peu de temps après, un mandataire de
Wihitehall est dépêché dans la ville en question. Il fait
connaître à tous les intéressés, par l'intermédiaire des
affiches et journaux locaux, qu'il se tiendra tel jour
et à telle place pour entendre les objections de ceux
qui sont hostiles à l'entreprise. Puis il se met à examiner la nature du travail projeté, pèse les arguments
pour et contre, la nécessité d'exproprier des propriétés
particulières, juge si le cautionnement offert est égal
au montant requis et soumet scrupuleusement les résultats de son enquête à son département à Londres.
Dans le cas où l'action de la municipalité vient à troubler les propriétaires dans leurs droits, c'est au Parlement par un acte législatif à trancher la question. En
outre, pour l'exécution de quelque entreprise, une
somme d'argent est-elle nécessaire, il y a dans ce cas deux
voies à suivre. La première consiste dans un emprunt
que la municipalité peut facilement obtenir au tau

de 4 0/0 en donnant en garantie ses propriétés et fermages. Dans la seconde la municipalité s'adresse à la société de prêts pour les travaux publics (Public Works Loan Commissioners). Cette dernière est autorisée à prêter aux municipalités des sommes d'argent à un taux qui ne doit pas être moindre de 3 1/2 0/0, dans le but de faciliter dans les grandes villes l'installation du gaz et des conduites d'eau et de favoriser les embellissements. Le capital doit être remboursé dans un délai qui ne doit pas dépasser 50 années.

L'argument qui militerait en faveur de cet arrangement, serait que les entrepreneurs empruntent sur des consolidés dont le paiement peut-être indéfiniment différé. Tandis qu'en réalité, ils empruntent en bons de l'Echiquier (Exchequer Bonds) dont l'échéance arrive rapidement. Ce dernier mode de contrat a un grand inconvénient qu'il est facile de comprendre : en effet, dans un temps de détresse financière, ce serait une grande cause d'embarras pour les entrepreneurs que de faire face à leurs engagements. Aussi ne serait-il pas préférable pour eux que les échéances tombent à des époques déterminées? Quant à la garantie fournie par la municipalité, elle est incontestablement suffisante. Et comme les entrepreneurs ne prêtent jamais au delà du montant de deux années d'impôt, il faudrait une bien grande négligence de la part des conseillers pour ne pas les payer. En admettant même que cette négligence ait lieu, la défiance extrême entretenue par les représentants du gouvernement central sur le chapitre des dépenses locales en est une sauvegarde. Ces détails, pour être ennuyeux, ne sont pas moins nécessaires à connaître. Grâce à cette digression, nous sommes restés sur le seuil de cette salle splendide où les membres du conseil municipal s'assemblent pour délibérer. C'est en miniature la chambre des communes; elle rappelle aussi quelque peu la chambre des députés à Versailles. Conseillers et aldermen sont réunis en petits groupes, discutent entre eux ou causent avec leurs mandataires, les contribuables, sur l'issue probable des questions dont le conseil est saisi, dans les pièces et couloirs avoisinant la salle des délibérations. Cette dernière est en demi-cercle. Des fauteuils et des tables de chêne massif sont disposés par rangées, et derrière se trouve une tribune, munie de quelques sièges; on dirait un foyer d'artistes au théâtre. En face, à l'autre extrémité, s'élève un dais ; au milieu prend place sur la chaise curule le premier magistrat de la municipalité, assisté à droite par le greffier municipal (Town clerk), interprète officiel des textes obscurs et des points contestés de la loi municipale, et à gauche, par deux aldermen, qui précédemment avaient occupé le fauteuil.

La séance s'ouvre par la lecture de l'ordre du jour. Puis on discute les questions soumises ce jour-là à la délibération du conseil. Déjà une grande partie du travail a été élaboré, élucidé par les différentes commissions dans des réunions antérieures ; de sorte que la chambre réunie en assemblée générale n'a plus qu'à sanctionner par un vote le projet soumis à son examen. Comme la chambre des communes, le conseil municipal, au commencement de la session, se réunit en assemblée générale pour élire le chairman (1), le speaker qui doit présider ses débats ; c'est le maire qui est désigné à cette haute fonction. Puis on présente un bill, qui doit être soumis au Parlement à la session suivante : les articles sont successivement discutés, puis on dresse le projet définitif. Le maire proclame ensuite que l'assemblée a passé le bill sans amendement; on adopte une résolution autorisant le greffier municipal

---

(1) Président.

à faire, au nom du conseil, les démarches que nécessiterait l'inscription du bill à l'ordre du jour du parlement.

Nous n'avons pas à enregistrer beaucoup d'incidents dans les délibérations du conseil. Cependant quelquefois la galerie destinée au public est remplie ; on présage une séance à sensation. Elle se produit avant longtemps. En effet, à la suite de la lecture d'un rapport important, qui préconise des idées nouvelles, vivement combattues dans le public, il s'élève un débat orageux. Bientôt on s'aperçoit qu'aux controverses sur la question de principe se mêlent des questions purement personnelles. Tel conseiller ou tel alderman a à se plaindre des agissements de tel autre conseiller ou alderman ; il ne saurait préciser la nature de ses griefs, ni apporter à l'appui de sa plainte des preuves palpables ; mais il a dans l'idée que dans une récente occasion son collègue s'est livré sur ses paroles et ses actions à des commentaires peu flatteurs dans le but de le rendre ridicule aux yeux des électeurs de la localité.

Voilà la nature humaine prise sur le vif. Une insulte, un soufflet, l'Anglais peut les pardonner et oublier ; mais les écarts de la parole sont un outrage qu'il ne saurait endosser ; l'aiguillon caché sous les fleurs de rhétorique ne le blesse pas moins au cœur ; sa blessure est toujours saignante, le trait est resté dans la blessure jusqu'au jour de la délivrance.

Lorsqu'il croit le moment opportun venu, il demande la parole ; elle lui est accordée. Il est encore sous l'impression du premier moment ; le trait qui l'a frappé ravive sa plaie, son indignation contre les accusations dont il se croit l'objet dans la polémique de son adversaire est trop grande pour qu'il songe à lancer des épigrammes et à se maintenir dans le ton qui conviendrait à son sujet. Au contraire, les idées se pressent dans son esprit ; il se perd dans un dédale de phrases, s'écartant constamment de la question et revenant sans cesse à ce qui lui tient au cœur. Souvent rappelé par le maire ou un autre membre à rester sur le terrain de la discussion, il se repose un instant; mais bientôt il se lève, la figure pourpre, les sens agités, pour commencer une nouvelle attaque, qu'il juge nécessaire pour défendre son honneur d'homme et de citoyen. Pendant que l'incident se déroule, le public de la galerie des étrangers montre à l'orateur des sentiments hostiles ou sympathiques. Certes, ces démonstrations sont une violation des règles établies pour la discussion des lois municipales, comme les applaudissements des spectateurs à l'audience d'une cour de justice. Le maire interpose alors son autorité ; il prononce un rappel à l'ordre ferme, mais poli; le groupe rentre dans le silence un instant troublé et le bouillant orateur continue son discours.

Les incidents de cette nature ne se renouvellent pas fréquemment dans les débats des conseils municipaux. En thèse générale, dans ces assemblées, les membres apportent dans la discussion et l'expédition des affaires un esprit sérieux ; ils ont une conscience parfaite de la responsabilité qui incombe à un corps auquel a été confié le soin de répartir annuellement le budget des dépenses, qui n'est pas moindre d'un million sterling. — Dans les séances ordinaires du conseil, les débats sont conduits avec une si grande habileté qu'on se croirait à la chambre des Communes, siégeant en comité pour une question de législation intérieure. De là des avantages considérables pour les membres qui visent à de plus hautes fonctions ; car le conseil de ville peut être considéré à bon droit comme une école de dressage, un champ d'entraînement pour former des hommes destinés à jouer un rôle politique sur une scène plus vaste. Le bourgeois, qui fait son apprentissage d'homme politique, en prenant une part active aux travaux de la corporation, en se faisant l'avocat ou l'adversaire des mesures proposées, en suivant avec assiduité la séance des commissions auxquelles il a été nommé, se trouve naturellement préparé à entrer en lice dans le Parlement impérial. D'un autre côté, bien que cet apprentissage lui fasse envisager d'une manière plus sensible les institutions et les besoins de l'Angleterre, bien que l'expérience même des affaires municipales l'empêche de croire à l'excellence du système en vigueur hors de la métropole, comme c'est une tendance plus ou moins prononcée chez certains membres du Parlement, il n'est pas exempt de certains préjugés locaux. Sans doute le futur candidat au Parlement est à bonne école pour essayer ses forces, en puiser de nouvelles dans les discussions des affaires municipales et acquérir des talents oratoires. Mais nouvel élu, il apporte au Parlement la conviction profonde que les institutions provinciales ne diffèrent guère des grands corps de l'État; il veut au premier abord trancher net toutes les questions, sans tenir compte des mille et une particularités qui les compliquent et qui en augmentent la portée. Le mode de procédure qui pouvait convenir à un conseil provincial ne saurait être applicable au sein d'une grande assemblée.

Les affaires ne se traitent pas de la même manière dans une grande assemblée, qui représente les intérêts de toute la nation, que dans une assemblée locale dont l'autorité est limitée, restreinte et subordonnée à une autre supérieure. Mais le nouveau membre, s'il est intelligent, se mettra bientôt au diapason de sa nouvelle condition ; le conseil municipal n'aura été pour lui qu'une étape dans sa carrière politique et, en exerçant ses talents naturels, en développant les heureuses facultés dont la nature l'avait doué, il s'élèvera peu à peu et deviendra une puissance au sein de la chambre des Communes, comme il était jadis l'oracle du conseil local.

Mais revenons à ce dernier corps. Nous avons vu le maire présider ses délibérations et les diriger. Saisissons-le maintenant dans l'exercice de ses autres fonctions. Tout d'abord, distinguons trois catégories de maires. Dans la première, classons les maires des villes, dans la seconde ceux des bourgs et villages, et dans la troisième celui de Londres. — Leur autorité et leur situation diffèrent totalement selon qu'ils appartiennent à l'une ou à l'autre de ces trois classes.

Le lord maire de Londres a de très lourdes fonctions à remplir ; elles sont de deux ordres : les unes sont purement administratives ; les autres, inhérentes à sa charge même, sont ce que nous pourrions appeler « de représentation ». — Il est chef de l'administration civile et judiciaire dans la cité ; les aldermen sont ses lieutenants ; dans les temps de détresse nationale, c'est à lui qu'on a recours : c'est de son palais le « *Mansion-House* » que partent les œuvres généreuses qui se proposent de soulager les misères de l'humanité ; il en est à la fois le promoteur et le patron.

A ces charges, il en faut ajouter d'autres, non moins importantes. Premier magistrat de la cité, le maire est astreint à des frais de représentation, pour soutenir son rang dignement, et faire les honneurs de sa maison ; seul il en supporte les charges. De temps en temps il a pour convives des étrangers de distinction qui viennent visiter la ville et les environs ; tantôt c'est un despote de l'Asie, tantôt c'est un prince européen.

Il se passe rarement une semaine sans que le maire n'ait à assister à quelque meeting public, revêtu de tous les insignes de sa dignité. Souvent dans ces cérémonies officielles, il est accompagné par les schériffs ; mais leur présence ne fait que rehausser l'éclat de la première magistrature du pays, en faisant cortège à son représentant.

La dignité de maire dans les villes provinciales n'est pas moins convoitée que dans la capitale du royaume. Dans les petites villes, elle n'est peut-être plus aussi briguée ; mais dans les grands centres comme Manchester, Birmingham, Liverpool, Bristol et autres, moins considérables et moins importants, elle est regardée comme la plus haute marque de distinction qui puisse être offerte à un citoyen. Dans la plupart de ces villes, les frais de représentation qui incombent au dignitaire ne sont pas trop lourds. Toutefois à Liverpool, il n'en est pas de même. Dans cet entrepôt des produits du Nouveau-Monde, en constante communication avec les ports américains, débarquent d'illustres étrangers qui viennent visiter la vieille Angleterre. Aussi le maire a-t-il plus fréquemment l'occasion d'offrir des banquets, d'assister aux réceptions et meetings ; ce qui entraîne des frais considérables, à peine atténués par le traitement qu'on lui affecte. Ailleurs, dans les comtés, le maire exerce ses fonctions gratuitement ; et quand au bout de l'année, son mandat expire, son budget lui accuse un déficit de £ 1,000 ou £ 1,500.

C'est un droit inhérent à la dignité de maire que celui d'être président du conseil municipal. Mais il ne faut pas croire que ce poste soit une véritable sinécure. Ce n'est pas là le sentiment de ses concitoyens ; ils attendent de lui, de ses capacités, de ses talents, des services autres que ceux de bien représenter et de bien recevoir. Aussi les affaires de la cité occupent-elles entièrement le maire. Est-il membre de quelque société industrielle, il ne peut donner à ses propres affaires plus d'une heure par jour ; il est forcé de recourir au concours d'un associé pendant ses douze mois de fonctions.

Il représente le conseil et la ville dans les députations envoyées aux ministres ; c'est à lui que s'adresse le gouvernement central, lorsqu'il a besoin de faire une enquête locale. Il préside tous les meetings publics, soit politiques, soit de bienfaisance, et dans les réunions de la ville il prend place au fauteuil qui lui appartient de droit. C'est encore en vertu de la dignité dont il est revêtu qu'il peut s'asseoir au tribunal et présider la délibération des magistrats. Enfin, il est membre *ex officio* de toutes les commissions du conseil, et il est responsable en un mot du bon fonctionnement de la machine municipale.

Etudions maintenant le rôle du maire dans l'administration de la justice dans la municipalité. Comme nous l'avons vu, le maire est *ex officio* le premier magistrat du corps judiciaire. Dans les provinces comme à Londres, les aldermen n'ont pas de juridiction attachée à la dignité dont ils sont titulaires ; c'est un officier salarié qui est revêtu de la dignité de magistrat et qui exerce des fonctions judiciaires. Il est nommé par la corporation municipale ; pleine liberté leur est accordée sur ce point.

Mais remarquons à ce propos, que l'administration de la justice dans le bourg diffère entièrement de celle dans les comtés. Dans le premier, le magistrat n'a pas besoin d'avoir un titre quelconque, il n'est pas même nécessaire qu'il soit bourgeois dans la municipalité où il a juridiction ; la seule condition que la loi exige, c'est qu'il réside dans une étendue de sept milles autour du bourg. Grâce à ces facilités, nous avons vu des gens incapables, mais intrigants, dont le nombre allait en grossissant, envahir les antichambres du lord chancelier pour solliciter des places de magistrat des bourgs, dont il était exclusivement le dispensateur. Dans les comtés, c'est le lord lieutenant. Lord Westbury fut le premier conseiller du souverain qui fit exclure les brasseurs des commissions judiciaires. Peu à peu, cette incapacité légale fut successivement étendue à toutes les personnes engagées dans le trafic des spiritueux. C'est aussi la coutume de frapper de la même déchéance les solicitors en activité et quelquefois des gentlemen qui avaient un organe dans la presse locale. Dans les villes, l'administration judiciaire a un caractère tout à fait particulier. Le maire est revêtu du pouvoir judiciaire non seulement pendant l'année que durent ses fonctions, mais encore pendant l'année suivante, de sorte que le banc des juges se trouve toujours occupé par deux magistrats tous deux élus par les bourgeois. C'est là un fait que les partisans des libertés publiques et du principe de l'élection populaire ne manquent pas d'invoquer pour expliquer la supériorité de la justice rendue dans les villes sur celle des campagnes. Mais en réalité, cette supériorité, ne doit-on pas l'attribuer à cet autre fait qui est une garantie plus complète encore, c'est que les magistrats dans les villes sont constamment sous les yeux de leurs concitoyens, sujets à leurs critiques comme à celles d'une presse avide de les surprendre en défaut; de plus, ils sont membres d'une grande corporation composée d'éléments divers, où s'agitent les intérêts, où se heurtent les convictions; ils sont sous sa surveillance.

Enfin à un autre point de vue signalons d'autres inconvénients. Quelquefois dans les comtés, les sièges curules sont donnés à des hommes dont l'influence politique est plus ou moins grande; mais l'on procède alors sans bruit; tout se passe derrière le rideau. Dans les bourgs, au contraire, c'est toujours sous l'influence des considérations politiques que les nominations sont faites. Les résultats d'un tel système sont pernicieux. Et d'abord il abaisse le caractère du magistrat, en le rendant susceptible des critiques de la part de ses adversaires politiques, et ensuite il diminue le respect dû à la loi et à ses représentants. De plus, différent du lord lieutenant, le lord chancelier n'est pas titulaire de sa charge à vie : il en résulte que, à chaque changement de gouvernement, une nouvelle recrue de fonctionnaires remplace l'ancienne administration sacrifiée, pour donner satisfaction aux réclamations des partisans qui ont soutenu le gouvernement dans les différents bourgs du royaume. Cette question de nomination de magistrats des bourgs a souvent soulevé dans le sein des conseils municipaux et quelquefois dans le Parlement des débats orageux ; les annales de ces assemblées en font foi. Dans quelques cas particuliers le lord chancelier peut autoriser les conseillers municipaux à présenter leur choix dans certaines limites ; dans d'autres, la corporation n'est armée que d'un veto purement nominal pour l'acceptation du candidat; dans d'autres enfin, elle peut faire entendre des doléances de ce que la liste des noms par elle soumise n'ait pas été prise en considération. Sur une question de cette nature il n'y a pas de règles fixes et absolues ; tout dépend des usages sociaux, des franchises municipales qui varient d'une ville à l'autre. A un tel système sont inévitablement attachés des abus et des inconvénients ; car cette pratique de confier le soin de faire régner la paix et la concorde dans des bourgs comme récompense de services politiques, et cette maxime qui veut que l'on change les magistrats selon les exigences de la politique ne sauraient être fertiles en heureux résultats. A un tel jeu que peuvent gagner l'honorabilité du juge et le respect de la loi? Rien ; au contraire ils ont tout à perdre. Pendant la session du

Parlement élu en 1874, trois conseils municipaux, ceux de Rochester, Worcester, Leicester, ont réussi à faire entendre leurs doléances ; ils se plaignaient des dommages qu'ils avaient subis par suite de la nomination des magistrats conservateurs. Le gouvernement, à cette occasion, soutint que les épurations étaient commandées par les convenances politiques. Cette réponse était correcte. Mais l'on ne doit pas moins déplorer les querelles locales, les récriminations de part et d'autre, conséquences fâcheuses auxquelles cet état de choses donnait lieu.

Ces faits peuvent servir à donner une idée de la difficulté d'empêcher les considérations politiques de s'étendre au delà de leur sphère d'action et de s'introduire dans les affaires municipales mêmes. De là s'élève cette question, à savoir s'il ne serait pas préférable d'accepter cet envahissement puisqu'il ne peut être évité. On a beaucoup disserté autrefois contre cette ingérence de la politique dans le choix des candidats aux postes municipaux. Le principal objet dans une élection municipale, dit-on à bon droit, est de choisir le candidat le plus digne sans tenir aucun compte de ses vues particulières eu égard au gouvernement du pays. Sans doute cela devrait être ainsi ; mais s'il est facile de protester contre la confusion des titres invoqués par les candidats pour se recommander au choix de leurs concitoyens, bien plus difficile est d'indiquer comment remédier à un tel état de choses. Les Anglais, remarquons-nous, ont une tendance à introduire leurs convictions et leurs vues politiques dans leur vie publique et privée ; souvent ne voyons-nous pas que quand un certain nombres d'anglais se rassemblent, ils se divisent par suite de je ne sais quelle impulsion irrésistible en deux corps politiques parfaitement opposés ? S'il en est ainsi, les principaux membres d'une corporation municipale à qui l'on reproche de porter l'esprit d'exclusion politique en dehors de sa sphère propre, ne peuvent-ils répondre qu'ils ne font que tenter de tourner à leur plus grand profit une force qu'ils n'avaient pas créée? Ne pourrait-on pas aussi admettre comme plausible cet autre argument qui consiste à dire que si des considérations d'ordre politique n'étaient pas introduites dans les compétitions électorales, il y en aurait infailliblement d'autres dont la nature eût été moins élevée et moins digne? Ne vaut-il pas mieux en somme qu'une élection municipale soit décidée par des considérations politiques que par des considérations de fortune ou de situation sociale? En identifiant les élections municipales aux intérêts politiques, on arrive à ce résultat, c'est que les hommes préposés à l'expédition des affaires de la ville sont des hommes compétents, que l'importance attachée aux emplois de paroisse s'est accrue par suite de la compétition des partis politiques qui les convoitent également comme prix de la victoire, et qu'enfin cette lutte fait ressortir les plus capables et les plus dignes de descendre dans l'arène où s'agitent tant d'intérêts divers.

Ce n'est pas seulement dans les institutions parlementaires et municipales de l'Angleterre que le principe d'élection est appliqué d'une façon active et profitable. Aux « Town Councils, » « Boards of Guardians » et « Vestries », véritables dépositaires des principes de gouvernement local, nous devons en ajouter un autre, qui fonctionne dans quelques villes, notamment à Sheffield. Ce que les chambres de commerce font pour les patrons et capitalistes, les conseils du commerce (Trade Councils) l'entreprennent pour les employés et les ouvriers. Ces chambres de commerce se composent de l'aristocratie financière et commerciale. Leur rôle consiste, à des époques périodiques, à se réunir en assemblée pour discuter les mesures à prendre dans l'intérêt du commerce et de l'industrie dans les régions environnantes, à signaler à l'autorité législative les besoins et les réformes à introduire, et, dans certaines circonstances, de voter une adresse ou de faire parvenir un mémoire au gouvernement de Westminster (1).

Parlons maintenant des « Trades Councils ». Pour bien comprendre le mécanisme de leur organisation, saisissons-le au moment où tout le rouage fonctionne.

Dans chaque branche industrielle les artisans élisent une espèce de parlement, qui représente leurs intérêts propres. Les membres élus désignent à leur tour un des leurs comme délégué à l'union ouvrière (Trade Union). Ce dernier se trouve ainsi composé de délégués ouvriers représentant diverses industries réunies. Son rôle consiste à veiller aux intérêts des travailleurs et de faire parvenir les cahiers de doléances devant le Parlement impérial, comme font les patrons dans les Chambres de Commerce. Ainsi, dans tous les grands centres industriels, le représentant politique se trouve placé entre les patrons et les ouvriers, tous deux assemblés dans un conclave séparé. Aussi dans cette position exceptionnelle est-il à même, s'il est intelligent, d'exercer une influence considérable sur les premiers et de contribuer pour une large part à l'éducation économique et politique des derniers.

En dehors de leurs réunions périodiques, les Trades Unions, ont coutume de donner un banquet annuel, auquel sont conviés quelques-uns des représentants du bourg au Parlement. Le dîner est loin d'être un

---

(1) Ici encore il est impossible de donner une règle générale; c'est ainsi que l' « Unionisme », qui est un principe politiquement puissant à Liverpool, n'existe pour ainsi dire pas sous ce rapport à Birmingham.

festin luxueux ; la salle n'est pas trop vaste ni trop bien ventilée. Les convives sont au nombre d'une centaine, tassés les uns contre les autres par défaut d'espace. Pendant la journée ils ont vaqué à leurs occupations habituelles ; les uns exercent des professions où la force musculaire joue le rôle principal ; d'autres étaient occupés à un travail de mécanique, qui exige une main souple et habile. Maintenant ils ont mis de côté leurs vêtements de travail et ont revêtu leur habit noir des dimanches ; une attitude décente, des manières polies, des regards intelligents les distinguent ; c'est une société des plus honorables. Le repas consiste en un petit nombre de services : viandes rôties et bouillies, tartes, puddings, servis abondamment. Le tout est consommé avec cet appétit et cette célérité qui caractérisent l'ouvrier anglais. La viande fraîche n'est pas un mets inconnu pour eux ; ils en mangent à leurs repas ordinaires, mais non ainsi arrangée dans de la belle vaisselle qui attire leurs regards.

Le repas terminé, on attend le speech d'usage, non point sur les questions politiques brûlantes du moment, mais sur des matières pouvant intéresser l'industrie ou le commerce. Ce qu'ils veulent, ce n'est point la flatterie, mais la vérité ; il savent fort bien que souvent ils se trompent et que plusieurs dispositions de leurs statuts ont besoin d'être amendées ; ils désirent qu'on agisse avec eux loyalement, qu'on les prévienne s'ils ne prennent pas le bon chemin, et qu'on leur fasse toucher du doigt les causes de leur erreur. Si leur mentor s'acquitte bien de sa tâche, non seulement ils sont satisfaits, mais encore reconnaissants.

Cette petite digression nous amène naturellement à considérer la responsabilité toujours croissante qui incombe aux membres de la chambre des communes, représentants d'intérêts vitaux d'immenses agglomérations d'individus engagés dans le travail et les affaires. Si nos législateurs voulaient examiner la situation bien en face, communiquer avec leurs électeurs ouvriers sans intriguer, sans négliger leurs intérêts, sans faire appel à leurs mauvaises passions, ils auraient alors peu de raisons de se plaindre d'être obligés d'accepter un mandat impératif, au lieu d'un mandat pur et simple. La partie est entièrement dans leurs mains, et ils agiraient très maladroitement s'ils négligeaient ces occasions pour se rencontrer avec leur mandants et les instruire; car, être membre de la chambre des communes, c'est accepter un mandat qui comprend non seulement la politique, mais aussi l'instruction.

Revenons maintenant à l'administration municipale. Si nous voulons pousser plus loin nos investigations dans l'étude des franchises des cités, c'est dans les capitales des provinces qu'il faut aller; c'est là qu'on les trouve les plus complètes et les mieux établies. A Londres même les droits du citoyen ne sont pas pour la plupart aussi nettement déterminés. Le citoyen de Londres se contente de payer ses impositions et les taxes, et il croit avec raison qu'elles sont suffisamment lourdes pour lui assurer tout le confort désirable à l'intérieur et à l'extérieur de sa maison : c'est-à-dire des égouts pour l'écoulement des eaux, des rues bien pavées et bien propres; de l'eau pure, de l'air non corrompu, du gaz d'éclairage de bonne qualité. Un de ces éléments vient-il à manquer, le Londonnien aussitôt montre son mécontentement aux fonctionnaires qu'il considère comme responsables d'un tel état de choses; il va se plaindre à son club, ou écrit une lettre aux journaux, mais rarement il prendra sur lui-même le soin de faire droit à ses légitimes revendications. En vérité, la ville de Londres est si considérablement étendue que son immensité même a fait disparaître toute idée de responsabiilité personnelle et privée. Le Londonnien paye les contributions et les taxes municipales, souscrit aux œuvres de bienfaisance, vote dans les élections politiques et quelquefois dans les élections municipales; mais il n'est pas à proprement parler un citoyen; dans cette agglomération d'individus qui forme la ville de Londres, chacun vit de sa vie propre; il n'y a pas comme ailleurs ce lien corporatif qui unit les habitants en les rendant solidaires, qui leur fait partager les mêmes avantages, et qui les astreint à des responsabilités dont ils ne peuvent se décharger. C'est une des causes pour lesquelles Londres est la plus mal administrée de toutes les cités anglaises; c'est aussi pourquoi les cabaretiers et les petits commerçants sont en majorité dans les « Vestries » (conseils de fabrique), ces parlements locaux de Londres. Dans les provinces, l'Anglais vit dans une atmosphère qui sollicite davantage son activité; il n'a pas devant lui un horizon borné; sa personnalité ne disparaît pas sous le nombre et n'est pas réduite à zéro; c'est une unité et il entre en ligne de compte stimulé par cette idée qu'agir par lui-même n'aboutit pas nécessairement à un échec; il se fortifie en exerçant son activité, et l'activité engendre l'ambition.

De plus Londres est la capitale du monde la plus opulente et en même temps la moins commode, pour la simple raison qu'une minime portion de cette agglomération de villes qui composent Londres, c'est-à-dire la Cité, jouit de ses droits municipaux. Depuis longtemps, on a cherché à donner à la grande métropole des institutions municipales, plusieurs générations de réformateurs hardis ont passé sans y être parvenus. Voici quel était leur plan. Un hôtel de ville qui centraliserait dans ses mains tous les services publics du gouvernement métropolitain : justice, police, voirie, eaux, gaz, sapeurs-pompiers, etc. On eût ainsi réuni dans un seul organisme homogène le quadruple empire qui administre Londres, c'est-à-dire la corporation de la cité (City corporation), les conseils de fabrique des paroisses (Vestries) et le corps des ingénieurs de la ville (Metropolit an Board of Works). Londres est divisé en 39 districts. Chacun d'eux possède un conseil de fabrique (vestry) et une commission administrative de la loi des pauvres (Poor law administration). Quant aux divers autres services, police, tribunaux de comtés, taxes sous le contrôle du greffier général, milice, finances, poste, gaz, eaux, collèges électoraux, la métropole est partagée en plusieurs sections, sans aucune uniformité. De ces divisions, subdivisions, morcellements, de ces autorités multiples qui se heurtent, il ne peut résulter rien de bon. En effet la ville de Londres perd tous les ans un quart de million de livres sterling par suite de sa mauvaise administration; le budget est mal équilibré, les dépenses sont énormes, les revenus sont gaspillés; d'un autre côté, la perte occasionnée par le gaz et l'eau s'élève à plus d'un demi-million de livres sterling.

On ne peut rien imaginer de plus coûteux que l'état actuel du gouvernement local de Londres, sous le contrôle des vestries. Westminster par exemple est administré par cinq conseils (Boards) et cinq bureaux administratifs; réunis ensemble, ces conseils atteignent le chiffre de celui de Marylebone. En multipliant ainsi le nombre des vestries, on augmente par là même les salaires affectés aux fonctionnaires. Le service médical est contrôlé par les conseillers de paroisse, qui sont propriétaires d'immeubles, et c'est avec peine que nous constatons que ces édiles, dans un espace de quinze années, n'ont jugé à propos de dépenser pour le service de santé qu'un schilling et 6 pence par tête. Les compagnies concessionnaires du gaz et de l'eau et les autorités de la paroisse ne s'entendent nullement entre elles pour faire les travaux de réparation nécessaires; elles agissent d'une façon indépendante les unes des autres; c'est ainsi que s'explique ce fait curieux que deux cents tranchées sont annuellement ouvertes dans Regent street. Dans les quartiers où s'exerce la juridiction du département métropolitain des travaux publics (Metropolitan Board of Works) ces inconvénients sont quelque peu mitigés. Mais qui le croirait? le Board of Works ne possède aucuns statuts écrits; en d'autres termes, tandis que les cités anglaises, sous l'empire du Municipal Act de 1835, pouvaient obtenir d'une commission parlementaire en exercice l'autorisation d'introduire des réformes ou de faire des embellissements, la métropole seule, placée sous un régime d'exception, ne peut jouir des mêmes avantages; pour faire quelques changements, quelques modifications essentielles elle est obligée d'obtenir préalablement la sanction du Parlement; ce qui donne lieu à de longs débats. En somme, le Metropolitan Board of Works a rendu des services à la ville de Londres; elle a raison de lui en être reconnaissante. Grâce à son action administrative, la voirie a été améliorée, de nouvelles routes ont été construites, l'éclairage au gaz perfectionné et rendu moins coûteux. Ainsi, pour ne citer qu'un exemple, rien que de 1861 à 1873 elle a fait bénéficier les consommateurs de gaz fourni par les diverses compagnies avec lesquelles elle a passé des traités, d'une somme de £ 625,446; et actuellement l'économie qu'elle a fait réaliser est de £ 900,000.

Quelles sont donc les difficultés que rencontrerait l'établissement d'une seule municipalité qui étendrait sa juridiction sur la métropole tout entière? Passons-les successivement en revue. En première ligne nous rencontrons l'hostilité des personnes qui tiennent à conserver les intérêts acquis et à en bénéficier ; ce n'est pas tant le corps des conseillers de paroisses, les vestries, que la cour du conseil communal (Court of common council) qui eût été considérablement réduite. En second lieu, on a invoqué le peu de chance qu'avait l'idée d'un grand parlement local à Londres, d'être en faveur auprès de la population, et les obstacles qui s'opposeraient au recrutement de ce corps. Ce sont là des arguments qui ont été également invoqués autrefois à propos de la création du département de l'instruction publique à Londres; l'expérience a fait justice de toutes ces prétendues raisons. Les sièges du conseil municipal seraient aussi chaudement disputés que ceux du London Board school. Enfin, troisièmement, on a prétendu qu'un corps aussi puissant que celui qu'on voulait créer, qui aurait à sa disposition et sous son autorité immédiate la police, en imposerait au Parlement impérial lui-même. A ceci nous répondrons tout d'abord que si un événement quelconque venait à surgir dans Londres, ce n'est pas le chef de la police qui aurait la dictature, mais bien celui qui serait maître de l'arsenal de Woolwich. D'ailleurs l'expérience nous montre-t-elle que la vie et la propriété soient moins en sûreté dans les pays où la police est entre les mains des autorités locales que dans ceux où elle est entre les mains du gouvernement? C'est le contraire, je crois, qui serait la vérité. Dans cette question, le plus sérieux argument qu'on puisse opposer, c'est la difficulté peut-être insurmontable de ramener tout à un type unique, de fondre tous les intérêts et de répartir avec équité les charges financières sur une agglomération si étendue d'individus.

Mais si le rêve d'une municipalité unique pour toute la ville de Londres est impossible à réaliser par suite de l'immensité de la capitale, et s'il faut désespérer de voir s'introduire dans une population de plus de 4 millions d'âmes cette notion de la qualité de citoyen et de la responsabilité individuelle, il n'y a pas d'autre alternative que de laisser subsister le régime qui existe actuellement. Cependant si la métropole ne peut avoir une seule municipalité étendant sa juridiction jusque dans ses limites les plus reculées, ne saurait-elle pas s'accommoder d'un certain nombre de municipalités, qui seraient établies dans chacun des collèges électoraux? Elles coïncideraient ainsi avec les subdivisons politiques. Leur tracé n'offre donc aucune difficulté, et il est fort douteux que l'on comprenne dans leurs limites des parcelles qui ne dépendraient pas de l'ancien bourg. Le quartier de Westminster par exemple possède une population au moins égale à celle des plus grandes cités provinciales du royaume. Il est à présumer, après tout, que ce plan de diviser Londres en groupes municipaux serait la source de grands avantages; il ferait naître l'esprit de corps local (1) et provoquerait les compétitions. Le contribuable et le conseiller municipal du Marylebone, par exemple, se sentiraient tout fiers de voir qu'ils seraient mieux gouvernés que leurs voisins de Chelsea ou de Frisbury. Mais il est difficile de songer dès à présent à accomplir la moindre réforme ; l'on se trouve encore en présence d'intérêts si nombreux, si profonds, si difficiles à concilier, que cette entreprise ne saurait être considérée comme prochaine.

Toutefois, grâce à l'esprit entreprenant des corporations combiné avec l'initiative privée, Londres commence à entrer dans l'ère des embellissements. Sur les bords de la Tamise, on a fait des quais les plus magnifiques du monde ; on a percé jusqu'à la Tamise une avenue

---

(1) En français dans le texte.

parfaitement belle, au milieu des terrains où s'élevait autrefois l'hôtel du duc de Northumberland ; on a dégagé le palais de la Reine Anne, ce qui donne à la rue qu'on vient d'ouvrir un aspect imposant et pittoresque ; on a complètement transformé le district jadis connu sous le nom de West Brompton, appelé aujourd'hui South Kensington ; des habitations princières couvrent maintenant le sol. Il en est de même dans presque tous les grands quartiers de la cité. Jugez des sentiments d'Addison si son ombre revenait sur terre. En visitant ce qui avait été autrefois son vieux Kensington, avec ses bois et ses champs, en voyant, au lieu de prairies où paissaient des troupeaux, et de champ verdoyant, une rangée sans fin de maisons, les plus grandes et les plus belles qu'il eût connues, chacune d'elles rivalisant de splendeur et de beauté. Ce sont là sans doute des conquêtes dues à l'esprit moderne, qui porte les peuples comme les individus à s'entourer de tout ce qui peut contribuer à rendre leur vie matérielle plus agréable. Dans un autre ordre d'idées plus élevées, en matière de goût, nous avons aussi fait de grands progrès dans ces dernières années. Visitez cette promenade qui s'étend de Hyde Park à Marble Arch ; vous y trouverez une avenue bordée de larges corbeilles de fleurs, choisies avec goût et disposées avec art. Ce ne sont pas seulement les jardins publics et les quais de la Tamise qui reçoivent des soins particuliers ; dans les propriétés privées, on trouve de superbes collections de géraniums et de résédas ; des jardins suspendus, aussi beaux que ceux si renommés de Babylone, font l'ornement commun des maisons du nouveau style ; aux fenêtres s'épanouissent aussi des fleurs entretenues avec autant de soins que dans les jardins d'horticulture et les squares de Londres. Le parc de Kensington ne reçoit peut-être pas autant d'attention qu'il en mérite ; il renferme réellement des beautés et offre des promenades charmantes. Mais pour que Londres puisse rivaliser un jour en magnificence avec des capitales du continent telles que Paris et Bruxelles, il faudrait que la métropole fût mieux pourvue d'arbres, mieux taillés et mieux entretenus.

CHAPITRE VI

VILLES D'AFFAIRES

Caractères généraux des districts commerciaux et manufacturiers de l'Angleterre. — Des influences civilisatrices et intellectuelles à l'œuvre dans les grandes villes du Nord. — Le patron et l'employé dans le Lancashire et l'Yorskhire. — Comparaisons générales entre Liverpool et Manchester. — Aspect de la vie dans les districts cotonniers. — Newcastle-on-Tyne. — Birmingham.

Chaque ville, selon la remarque qui en a été faite, symbolise sous une forme concrète quelque grande idée ; les grandes cités commerciales de l'Angleterre sont les personnifications de la science humaine appliquée à faciliter les progrès et à augmenter les résultats de l'industrie humaine. L'aspect extérieur de ces grandes ruches humaines est rarement pittoresque. Rien ou presque rien de plaisant à l'œil lorsqu'on en approche ; cependant le voyageur qui y entre la nuit se trouve profondément impressionné de l'apparence de leurs faubourgs. Regardant par les fenêtres du chemin de fer, après avoir traversé, pendant des milles entiers, des landes stériles et des champs déserts, il aperçoit subitement les fanaux flamboyants d'un travail qui ne cesse jamais. Il distingue de loin des colonnes de flammes, perdues au milieu d'une fumée épaisse. D'abord les sentinelles étincelantes qui gardent sa route sont peu nombreuses. Bientôt elles se multiplient, jusqu'à ce qu'enfin son chemin ressemble à une ligne de feux. Sur sa tête sont les mêmes étoiles silencieuses et la même lune pacifique qu'il a vues lorsqu'il était emporté à travers les plaines désolées du Yorkshire, où rien, si ce n'est le mugissement haletant de la locomotive passant comme un tourbillon, ne troublait la sérénité de la nuit. Mais là tout change, et en traversant le pont géant qui passe sur une grande rivière, non seulement de tous côtés les feux de bivouac de l'industrie lui apparaissent, mais encore la répercussion formidable de forges plus grandes que celles des cyclopes frappe son oreille.

Cependant, quoique l'homme, par ses travaux gigantesques, change continuellement la face de la nature, quoique cette série interminable de transformations subites frappe si puissamment le voyageur en Angleterre, la continuité de la vie et du sentiment national en demeure intacte. Cela est dû principalement à la rapidité avec laquelle on passe de l'Angleterre manufacturière à l'Angleterre agricole. Les habitants des deux districts peuvent avoir peu de chose de commun entre eux, soit comme caractère personnel, soit comme fréquentation mutuelle. Cependant, de même que dans l'espace d'une heure et demie on peut se trouver transporté du « Pays noir » (1) dans une campagne entièrement agricole, de même, entre les hautes influences sociales, qui dominent la ville et la contrée, il y a une alliance étroite. Le fait du grand propriétaire foncier possédant aussi, dans beaucoup de cas, des mines, est à la fois une garantie et un symbole de la fusion entre les différents éléments de la vie anglaise et les diverses sources de notre pouvoir national. Le présent s'incorpore toujours avec le passé, et le résultat de cette opération est une

(1) Les mines.

identité sans cesse croissante d'intérêts et de sentiments. Si le visiteur d'une grande cité manufacturière est frappé de l'obscurité de son atmosphère et de la saleté de ses quartiers ; s'il voit ou du moins croit voir autour de lui une race d'hommes, les uns tourmentés par les anxiétés de la richesse, les autres aux prises avec les nécessités de la pauvreté ; s'il ne trouve à la surface que l'adoration de Mammon (du veau d'or) à côté de l'influence désolante du besoin, il n'a qu'à examiner de près le système, et il verra qu'il ne manque pas d'influences civilisatrices en travail. Voici une population qui semble vivre seulement pour l'argent et le bien-être matériel, mais elle est sollicitée par de plus hautes pensées, et sa poursuite de la prospérité dont témoigne le « *Grand livre* » est grandement tempérée par des goûts et des recherches d'un caractère plus élevé et plus doux. L'enseignement des arts et des lettres ne fait pas défaut aux membres de ces communautés. Indépendamment du pouvoir dont elle investit l'homme sur la nature, la science a aussi d'autres attractions. Les ouvriers peuvent paraître absorbés par le succès pécuniaire de leur tâche comme les artisans de Didon par la construction des murs de Carthage. Mais, en même temps que des moyens de gain, il y a aussi des instruments de culture intellectuelle, et si Manchester est à l'Angleterre plus que Carthage n'était à l'Afrique, les grâces et les ornements d'Athènes n'y sont point complètement oubliés.

Il y a un siècle, le Lancashire tout entier était dans un état à peine au-dessus de la barbarie; la vie n'était pas sûre; la propriété n'était pas respectée, et les étrangers étaient attaqués simplement parce qu'ils étaient des étrangers. Il y a soixante ans, les sports favoris des habitants de Blackbury et de Oldham étaient les combats de taureaux et les courses de vieilles femmes en sacs. Les progrès introduits depuis ne se sont pas bornés à une seule classe de la population ; et si le raffinement de l'esprit natif n'a pas toujours fait preuve d'une grâce pouvant s'élever jusqu'à l'art, il y a du moins un accroissement considérable de civilisation, non seulement matérielle, mais aussi intellectuelle. Des villes comme Manchester et Liverpool peuvent être regardées aussi bien comme les capitales du commerce que comme les centres de la littérature, de la science anglaise. Peut-être pourra-t-on leur reprocher une tendance à glorifier cette recherche de l'or si commune en Amérique, mais cet or n'est pas recherché seulement pour la richesse elle-même.

Beaucoup des plus puissants représentants du commerce et des manufactures du Lancashire regardent cette récompense pécuniaire de leurs efforts comme un moyen, non comme une fin. Elle bâtit l'édifice, elle ne le couronne point. Les aspirations du marchand du Lancashire ne sont pas toujours exclusivement égoïstes : il espère transmettre sa fortune à un fils qui a une culture intellectuelle et une éducation que lui-même n'a pas. La musique, la peinture, le théâtre, les collections d'art, la science sont regardés non seulement comme les embellissements surperflus, mais aussi comme les accompagnements indispensables d'une existence luxueuse. Les festivals des Handel, et autres grandes fêtes chorales, n'ont jamais tant de succès que lorsqu'ils ont lieu dans les grandes cités du Nord. Les chanteurs et les acteurs rencontrent là les auditeurs les plus sympathiques et les plus éclairés. Sans le patronage de ces cités, les ateliers de Londres languiraient. La porcelaine, les bibelots et toutes les curiosités antiques trouvent en eux leurs acquéreurs les plus empressés et les plus généreux. Les livres qui sont lus dans la métropole le sont peut-être avant, plutôt que simultanément, dans les grandes villes du Nord. Des auditeurs aussi nombreux et aussi attentifs sinon aussi distingués qu'à l'Institut royal de Londres, s'empressent aux cours de sciences, d'histoire et de littérature.

Ce serait une erreur de supposer qu'on ne rencontre dans le grand manufacturier du Nord que le type de l'aristocrate financier fastueux et plein d'ostentation, avec ses galeries de peinture, ses serres à raisins et ses serres chaudes remplies de précieuses plantes exotiques. Il existe un vieux proverbe dans le Lancashire : « Il y a quatre générations d'un sabot à un sabot »; cela veut dire que le cycle de l'élévation graduelle et de la chute, le couronnement de l'édifice par le succès et sa ruine complète, est compris entre la vie du père, du fils, du petit-fils et de l'arrière-petit-fils. Le proverbe avait du bon, lorsque la richesse et la prospérité qui suivirent l'introduction du libre-échange eurent les dangereuses attractions de la nouveauté. Il n'a de vérité maintenant que lorsque l'heureux manufacturier du Lancashire néglige l'éducation de son fils, et en fait un rejeton insouciant et ruineux. Mais les prodigues et les libertins, que ce soit en dépit de la sollicitude paternelle ou à cause de la négligence des parents, ne sont pas exclusivement confinés dans une partie de la population, et la proportion des jeunes gens qui gaspillent leur patrimoine n'est pas plus considérable parmi les manufacturiers que dans les autres classes de la population. Souvent les fortunes qui ont été fondées par les familles manufacturières ont au contraire la tendance à durer, et au lieu de la marche circulaire de « sabot à sabot », ils sont plutôt portés à l'élévation d'une famille nouvellement créée à une sphère sociale plus élevée.

Peut-être pour trouver le manufacturier simple et économe, qui aime autant à représenter que le négociant vivant dans un état princier, serons-nous obligés d'aller plutôt dans le Yorkshire que dans le Lankashire. Dans certaines manufactures, le soin minutieux, le jugement et l'économie produisent les mêmes résultats que l'esprit d'entreprise, le courage et le capital dans les autres. Naturellement, deux façons distinctes de procéder tendent à développer deux caractères différents. Nous avons dit quelques mots du grand seigneur du canton et du riche manufacturier vivant parmi les pompes de la richesse, et n'épargnant rien de la dépense que comporte un tel train. Parlons maintenant d'un gentleman, propriétaire d'un comptoir de fondeur d'or et d'argent, si on veut, dont les affaires bien moins développées lui rapportent, à force d'un soin incessant et d'un travail assidu, 3,000 livres (75,000 francs) par an. Il n'habite pas une maison dorée, avec des escaliers et des corridors de marbre et des tapisseries coûteuses; son salon n'est pas rempli des bibelots les plus rares; lorsque vous passez dans le jardin, vous ne vous trouvez pas dans une avenue parfumée d'orangers fleurissant sous un toit de cristal, et vos oreilles ne sont pas bercées par le clapotement des fontaines; les raffinements n'y font point défaut, mais ils sont d'une simplicité tant soit peu austère. La maison est meublée plutôt à la manière du négociant économe d'il y a cinquante ans, ou du clergyman de nos jours possesseur d'une fortune médiocre. Cependant ni la culture intellectuelle, ni l'éducation, ni la grâce morale ne font défaut dans la famille. Quoique la dépense particulière du chef de famille n'excède pas 1,000 livres (25,000 francs par an), il n'épargne ni la peine ni l'argent pour assurer à ses enfants l'instruction la plus élevée et la plus complète qu'ils puissent avoir. Les filles sont autant sous la direction de la meilleure des gouvernantes, que sous celle de la meilleure des mères; les garçons, aussitôt qu'ils sont assez âgés, sont placés dans une école publique soigneusement choisie. Dans une telle maison, pas de réceptions coûteuses, peu de visites, une atmosphère sévère, et pas assez, peut-être, d'aménité et de douceur de caractère. Il est probable que la famille est élevée dans les principes d'un rigide teetotalisme (1) et que le vin, la bière et les spiritueux n'apparaissent jamais sur la table. La maison est sans doute dominée par une religion particulièrement forte, et selon toutes probabilités les principes non-conformistes y sont en honneur.

Il est hors de doute que, dans le Yorkshire aussi bien que dans le Lancashire, la tendance à mener une vie de plus en plus luxueuse devient de plus en plus générale. De même que les faubourgs de Manchester et de Liverpool sont remplis de palais, de même les environs de Bradford sont parsemés des somptueuses habitations des manufacturiers de la ville, tandis qu'à Sheffield, à une couple de milles du cœur de l'industrie la plus développée, les districts d'Eccleshall et de Radmore abondent en superbes maisons, solides constructions de pierre au milieu de jardins semblables à des parcs, splendidement meublées, richement décorées et souvent enrichies des chefs-d'œuvre de la peinture et de la sculpture modernes.

Quoique les traditions de la simplicité primitive conservent encore une influence plus visible dans le Yorkshire que dans le Lancashire, certains goûts et certaines habitudes, particuliers au comté, subsistent toujours et sont communs au négociant du Yorkshire aussi bien qu'à l'aristocratie territoriale. Tous les Yorkshiremen

---

(1) On appelle teetotallers, en Angleterre, ceux qui font serment de tempérance.

aiment le cheval et la plupart sont des parieurs enragés. Ces deux particuliarités du caractère du Yorkshireman se manifestent à un degré remarquable dans deux des villes du comté, Sheffield et Doncaster. A Doncaster le « Saint-Leger » est une institution plus vraiment populaire que le « Derby » sur les dunes d'Epsom ; il attire les Yorkshiremen de près et de loin et principalement des grandes villes voisines, où on se livre sans réserve aux paris.

Mais le cricket et le football (1) sont les passe-temps dont Sheffield peut être regardée comme la métropole, aussi bien que de la coutellerie et des manufactures de fer et d'acier. C'est aussi la capitale du pédestrianisme ; les « running matches and walking matches (2) » y sont peut-être plus fréquents que dans aucune autre ville de l'Angleterre, et ces luttes y provoquent beaucoup de paris. Toutes les approches du terrain où elles ont lieu sont entourées d'une foule énorme. Des centaines d'hommes abandonnent leur travail pour entrevoir le combat, et avoir l'occasion de satisfaire leur passion de parier. Les femmes y prennent un intérêt à peine moins vif : quoique les mères et les femmes mariées de Sheffield n'aient guère de raisons de goûter les plaisirs du sport, car dans ces occasions les gages sont gaspillés en paris ou en boisson, et les conséquences naturelles sont la faim et le besoin à la maison pendant longtemps après. Les ouvriers les plus respectables de la ville vous diront avec une amertume évidente, que le jeu est une des malédictions de leur classe. Sous d'autres rapports, à Sheffield, comme dans les autres villes centrales de l'industrie minière,

---

(1) Cricket et football, jeux très violents et suffisamment connus en France, surtout le cricket, pour que nous nous dispensions d'en faire la description.

(2) Courses et marches à pied.

on voit moins de cette parcimomie qui se manifeste dans les districts cotonniers du Lancashire. L'explication la plus probable est que les fluctuations rapides d'adversité et de prospérité se font beaucoup moins sentir dans les industries textiles que dans les industries métallurgiques. Les gains, dans le Lancashire, ne sont pas si élevés, mais sont beaucoup plus réguliers que dans les districts miniers; conséquemment, les artisans y mettent beaucoup plus d'ordre dans leurs dépenses que les mineurs, et, comme on peut s'y attendre, le mouvement coopératif n'a jamais atteint le même développement dans le Yorkshire que dans le Lancashire. Quoique la balance des avantages économiques et sociaux penche du côté des ouvriers tisseurs, ils ne sont pas si bien partagés sous le rapport de la santé et de la force physique. Les grandes usines de fer et d'acier de Middlesborough et de Sheffield, en demandant aux bras des ouvriers un travail musculaire considérable, ont produit une race beaucoup plus belle et plus forte que les industries textiles ; et tels sont les hommes, telles sont les femmes.

Il y a en même temps une grande différence et une grande similitude entre la vie sociale de Londres et celle de Liverpool ou de Manchester. De même que Londres, elles ont leurs faubourgs, leurs clubs, leur cabs Havsom, leurs omnibus et leurs tramvays, leurs théâtres et leurs concerts, leurs quartiers fashionables et leurs quartiers ouvriers. Mais le commerce, l'industrie et leurs représentants s'y trouvent bien moins concentrés dans certains quartiers dans les capitales de provinces, que dans la capitale de l'empire. La pauvreté et la misère règnent dans les grandes villes d'une façon beaucoup plus évidente qu'à Londres. A Londres, on peut marcher toute une journée dans les rues, dans les squares, dans des quartiers entiers, sans rencontrer aucun indice, ou du moins fort peu, que la plus riche et la plus luxueuse capitale de l'univers renferme aussi les plus nombreuses et aussi, dans le nombre, les plus actives industries humaines. A Leeds et à Manchester la présence d'une nation de travailleurs est beaucoup plus visible, et le contraste entre la misère et la splendeur plus violent, plus soudain et plus frappant. En s'orientant bien, à Londres, on pourrait éviter tout ce qui rappelle la misère et la pauvreté. Cela ne peut être dans des cités où les habitations du luxe et du travail empiètent les unes sur les autres. L'ombre des grandes manufactures et de ceux qui y travaillent se projette sur toute la ville, et à certaines heures du jour il n'est guère de rues qui ne soient le domaine de l'ouvrier des usines.

Il s'ensuit de là que dans des villes comme Liverpool et Manchester les classes ouvrières forment une force beaucoup plus visible qu'à Londres. En d'autres cas, on voit mieux dans ces villes la preuve d'une vie de corporations plus complexe que dans la capitale. Londres peut avoir en même temps ses meetings d'ouvriers à Hydepark, et ses démonstrations de sectaires à Trafalgar-square. Des centaines et même des milliers d'artisans et de travailleurs s'assemblent dans de certaines occasions dans l'« East-End » et exécutent une marche plus ou moins triomphale vers l'West. Mais aucune de ces démonstrations ne produit autant d'effet qu'un rassemblement des travailleurs du Lancashire dans le palais du Libre-Échange ou la Halle-aux-Blés. La raison en est qu'à Londres le lieu où se tient l'assemblée se trouve rapetissé par l'immensité de l'espace environnant, et que l'idée de la multitude pour ainsi dire infinie qui n'y participe pas, empêche l'imagination d'y voir la manifestation de toute une classe.

Les classes ouvrières diffèrent entièrement, dans

leurs deux capitales respectives, par la composition, le caractère et les habitudes. Sous chacun de ces rapports des particularités très tranchées existent à Manchester, tandis qu'on retrouve à Liverpool la plupart des traits communs aux grandes villes. Ce que les ouvriers de filatures sont à Manchester, la population de l'arsenal et les matelots de toutes les nationalités le sont à Liverpool. Les deux villes ont nécessairement beaucoup de fabriques de même espèce. Les moulins à blé, les rizeries, les huileries, les raffineries, les fonderies y abondent, de même que tous les métiers ordinaires : maçons, charpentiers, menuisiers. Mais à Manchester, ces dernières professions se présentent rarement d'une manière marquée, noyées qu'elles sont dans le nombre écrasant des employés (1) de filatures. Peu de choses sont plus remarquables à Manchester que les foules immenses de filateurs qui emplissent les rues et interceptent la circulation, lorsque le travail est achevé ou suspendu. L'abord de ces travailleurs est tant soit peu rude. Rien dans leurs paroles ne témoigne qu'ils reconnaissent les gradations sociales. Ils ne savent ce que c'est que toucher leur chapeau, et ils emploient rarement le mot « monsieur », même pour leurs patrons. Mais, à part leur brusquerie et leur rudesse, ces filateurs constituent une race instruite, économe, intelligente ; ce sont de bons citoyens et de « bons garçons ». Leur dialecte est bizarre, mais ils en sont fiers, et sont encouragés dans cette idée par leurs maîtres. Des gages élevés, et l'aptitude des femmes, des filles et des garçons au travail, leur donnent une situation relativement aisée ; et d'un autre côté l'imprévoyance et la dissipation sont presque inconnues, ou arrivent par explosions assez rares. Lorsque cela se

---

(1) En français dans le texte.

produit, les manifestations en sont souvent curieuses, se présentant sous la forme de fantaisies luxueuses dignes d'écoliers (1).

Le filateur est souvent de petite taille, et ce défaut physique est moins le résultat, dans un certain degré, d'un travail sédentaire que de mariages précoces. Un jeune homme de dix-huit ans peut gagner 25 shillings par semaine, et une jeune fille de seize ans 14 shillings ; ils associent leurs gains, et se prennent tels qu'ils sont, continuant à travailler ensemble à la fabrique jusqu'à ce que la femme soit retenue chez elle par les soins de la maternité. Le couple joindra difficilement alors les deux bouts jusqu'à ce que leurs enfants commencent aussi à gagner leur vie ; et lorsque ceux-ci à leur tour arrivent à l'âge d'adultes, ils se marient promptement comme leurs parents avant eux. La femme du filateur est économe, propre, bavarde et très souvent très adroite. Règle générale, il y a peu à reprocher aux femmes sous le rapport de la moralité. Mais il arrive nécessairement que, quelque élevé que soit le niveau de l'intelligence, il se trouve parmi les produits rabougris de ces mariages précoces une certaine proportion d'imbécillité congénitale.

Les théâtres, les cafés-concerts, les excursions aux environs de Manchester leur procurent leurs principaux amusements, et d'un autre côté les occupations et les fêtes littéraires sont très populaires auprès des filateurs, qui sont souvent de grands lecteurs et des politiciens très sensés. Quelques-uns des amusements sont encore très primitifs. Dans les fêtes données dans les jardins de Pomone, à Manchester, dans la demi-jour-

(1) J'ai vu moi-même, étant à Manchester, deux ouvriers de filature entrer dans une pâtisserie et y acheter un morceau de gâteau de noce du prix de 4 shellings (5 fr.) pour manger avec leur pot de bière.

née de congé du samedi, on peut voir les hommes dansant ensemble en tournant en rond, pendant que d'autres, principalement les jeunes gens de dix-huit ans, se tiennent face à face deux à deux et se livrent à un balancement limité sur un air tout monotone, tandis que leurs compagnons restent debout autour d'eux, attendant leur tour. Bref, c'est la danse des nègres, sans l'exubérance sauvage. A Whitsuntide, les filateurs vont par bandes à Liverpool, mais se mêlent peu aux habitants de cette dernière ville. Le principal objet de ces promenades est de passer la rivière et de prendre un bain de mer. L'habillement ordinaire dans ces occasions est fait d'une moleskine brune, tandis que généralement les hommes aussi bien que les femmes aiment avec passion les cravates de soie aux couleurs éclatantes, les châles et les écharpes.

Mais quoique, à Manchester, la masse des filateurs écrase les représentants de tous les autres métiers, cependant ces derniers ne sont pas si perdus pour la vue que dans les districts voisins. Les magasins de gros de Manchester emploient une grande quantité d'emballeurs, dont l'occupation consiste à empaqueter et à emballer les marchandises, de porteurs et de camionneurs. Dans les autres villes manufacturières, telles que Hyde, Staleybridge, Blackburn, Bolton et Oldham, et dans les villages épars, l'ouvrier de filature, du type le plus pur, est souvent employé, soit dans un tissage, soit dans une filature, une imprimerie ou une blanchisserie. Ici les différences sont bien plus tranchées, comme dans la ville, et les différentes professions sont nettement séparées les unes des autres.

Mais quoique tout le voisinage soit parsemé de mines de charbon, les mineurs, [où qu'ils soient, ont généralement peu de rapports avec les populations qui les environnent. S'il existe une différence perceptible dans les habitudes et la manière de vivre de ceux qui habitent la ville et de ceux qui vivent dans les villages, cela vient de ce qu'on peut observer partout dans ces derniers districts l'indépendance caractéristique des ouvriers de Manchester. L'habitation des villes, à Blackburn, par exemple, a pour résultat d'affaiblir les liens de l'association amicale qui existe entre les patrons et l'ouvrier dans les districts ruraux. Quoique l'ouvrier vive dans un cottage appartenant à celui qui l'emploie, et que souvent il l'appelle « John », il n'y a entre eux aucune sympathie personnelle. Tandis que d'un autre côté, à Compstall, dans le Cheshire, par exemple, tout le village appartient à un seul grand établissement, dont chaque habitant est directement ou indirectement l'employé. La maison entretient une église et un clergyman, des écoles et une salle de conférence, et elle s'intéresse personnellement aux amusements de ses employés.

On peut facilement se rendre compte, dans ces villes et dans ces villages, de ce qui caractérise la vie quotidienne du filateur. A six heures du matin, au mois de mars, juste au moment où le soleil, luttant encore contre un rideau de nuages, commence à dorer les hautes cheminées et le faîte des maisons, le son d'une lourde cloche appelle les ouvriers au travail. Les fenêtres innombrables du côté est du groupe de maigres bâtiments qu'on appelle la filature, réfléchissent vivement les brillants rayons comme de splendides miroirs. Au dessous d'elles, court tout près des murs le canal, tout le long duquel, à travers la rangée de peupliers qui bordent le chemin de halage, on voit des prairies ondulées et des bois sans feuilles s'étendant au loin jusqu'aux collines. Les côtés ouest et nord, avec leurs fenêtres dirigées du côté des rues de la petite ville industrielle, présentent des constructions pareilles, tandis qu'au sud le carré est terminé par un mur élevé, au delà duquel s'élèvent les toits des dépendances et de la chambre aux machines à vapeur. Entre ces deux corps de bâtiments, les larges portes d'entrée sont toujours grandes ouvertes, et laissent voir au delà de la loge du portier la cour pavée et gravelée. En dehors, n'ayant en apparence aucun rapport avec les bâtiments qu'elle dessert, se trouve la grande cheminée qui s'élève d'un monticule gazonné, à la hauteur de cent soixante pieds.

Tel est, brièvement décrit, l'aspect extérieur d'une grande filature de coton dans le Lancashire, où se font simultanément le filage et le tissage, les deux opérations qui convertissent la fibre brute en calicot. Les rues sont bordées de gentils cottages aux murs noircis, mais dont le seuil et l'intérieur sont scrupuleusement propres. Çà et là, une boutique y apporte de la variété et de la gaieté, à côté de laquelle, dans une aussi petite ville que celle que nous décrivons, s'élève une immense usine.

Pendant que la cloche résonne, les rues se peuplent d'une multitude mouvante, qui se presse vers les portes d'entrée. Les hommes et les garçons, les filles et quelques femmes, les premiers faisant résonner les pavés du bruit de leurs sabots, les secondes protégées contre l'air vif par un foulard couvrant la tête et le cou, forment une multitude trop pressée d'arriver à leur travail pour pouvoir bavarder. Cependant, il n'en manque pas pour échanger un bonjour avec la mère de famille qu'on aperçoit par sa porte ouverte, se livrant à des travaux qui l'ont enlevée à ses occupations de jeune fille et des premiers jours de son mariage. Le feu brillant, les enfants bien propres, la commode avec ses plateaux peints et ses rangées de livres, la fierté naïve du brave homme qui vient de se lever pour se joindre au torrent humain, donnent une idée du confort de la maison du filateur.

Mais ils atteignent la porte et, après avoir dépassé la loge du portier, non sans avoir dit un mot amical au surveillant, au contre-maître ou au veilleur, se dispersent à travers la grande cour. Pendant que les uns vont au magasin, la plus grande partie entre dans les ateliers de filage, et les autres, principalement les femmes, se dirigent vers le bâtiment à trois étages près duquel se trouvent les hangars de tissage, avec leurs toitures à demi couvertes de verre.

A l'intérieur, les préliminaires sont brefs. Les ouvriers se sont vite débarrassés de leurs vêtements inutiles. Dans les différentes pièces où l'on broie, plie, carde et boudine la fibre brute dont on forme un gros tas dans la première, le filateur ou le rattacheur s'est assuré si ses navettes et ses métiers vont bien et se tient dans l'étroit sentier qui donne accès aux différentes machines. De même, dans le tissage, la tisseuse est prête, bien avant les métiers dont elle a besoin. Des deux côtés, l'espace au-dessus des têtes est rempli de roues motrices et d'énormes courroies de transmission en cuir. Tout est prêt dans la chambre de la machine, où on aperçoit le balancier et la grande roue ; et aussitôt que l'aiguille touche l'heure, le premier battement de la machine annonce que le travail de la journée est commencé. A l'intérieur de l'usine, la force colossale qui était en repos, se met tout ensemble en mouvement. Au milieu de l'air, les grandes courroies de cuir commencent leur course sans fin. Plus bas, les mules-Jenny et les métiers se meuvent rapidement en avant et en arrière, les cylindres vont plus ou moins vite, et les broches et les bobines innombrables accomplissent leurs tours sans fin ; tandis que de l'autre côté, les métiers s'élèvent et s'abaissent, pendant que les navettes volent rapidement d'un côté à l'autre. Le mécanicien, à son poste, veille de près les machines dont il est spécialement responsable, tandis que de son côté le tisseur observe attentivement le travail, de peur qu'aucun anicroche ne vienne compromettre le résultat de son labeur, pendant que leurs subordonnés restent à leur poste, occupés chacun par leur tâche individuelle. Le travail continue ainsi, absorbant, après un petit intervalle pour la collation, jusqu'à l'heure du déjeuner. L'usine est alors abandonnée, et de nouveau les rues sont animées par une foule disposée maintenant à bavarder et à jouer, et qui, dans son rude dialecte, débite ses grossières plaisanteries. L'homme atteint enfin son *home*, déjeune, fume une pipe réconfortante en flânant; et le travail recommence pour finir à six heures. Alors, dès que la cloche résonne, la ruche laborieuse se vide de ses ouvriers, fatigués peut-être, mais joyeux à la pensée de la bienvenue qui les attend chez eux, digne récompense d'une longue journée de travail acharné.

A Liverpool, le trait dominant de la population industrielle est, comme je l'ai déjà dit, l'élément nautique. Bien différents des matelots du cabotage, sont les marins, — en grande partie étrangers, — engagés dans la marine marchande pour les voyages au long cours. Ils représentent une classe peu faite pour rendre un endroit quelconque respectable. Et quoiqu'on ait institué pour eux un « sailors' home » (maison d'asile pour les matelots) et que des tentatives aient été faites pour réformer leurs mœurs, les cabarets de bas étage et les auberges borgnes et autres bouges pernicieux fleurissent encore. Les Irlandais représentent une autre partie considérable de la population. Ils habitent un quartier particulier, au milieu duquel se trouve la fameuse rue appelée Sawney Pope street, qui est troublée par des désordres perpétuels. A une certaine époque la venue des Irlandais s'accrut très rapidement à Liverpool. Comme chaque fournée d'émigrants trouvait immédiatement à s'employer, ils étaient suivis par leurs amis et leurs parents de la terre natale. Mais comme l'Irlande devint plus prospère, et qu'une moyenne classe commença à s'y développer, ce mouvement s'est arrêté peu à peu, et les Irlandais n'ont plus eu chance de constituer un élément prépondérant dans la population de Liverpool.

Les travaux qui ne demandent aucune habileté comptent à Liverpool beaucoup d'ouvriers qui y forment une classe importante. Depuis que la cité du Mersey est le dépôt et le point de départ de l'importation et de l'exportation, il s'ensuit que le chargement et le déchargement des bateaux et l'approvisionnement des magasins sont les travaux les plus répandus, qui emploient des déchargeurs, des porteurs de coton et des charretiers. Aucune connaissance technique n'est exigée pour cette industrie ; et ce fait combiné avec les communications si directes avec l'Irlande est la principale cause du mouvement d'émigration de l'autre côté du canal Saint-Georges. Liverpool, les statistiques et les rapports l'établissent, n'est pas renommé sous le rapport de la moralité et de la décence.

On ne doit pas oublier à ce sujet que les mesures répressives édictées par les magistrats de Liverpool sont exceptionnellement sévères et que souvent la police vous y poursuit pour des délits qui passeraient inaperçus ailleurs.

Les charpentiers de navire forment à Liverpool une classe distincte ; c'est une corporation d'hommes intelligents et industrieux. Deux ou trois régiments de volontaires d'artillerie, qui ont peu d'égaux ailleurs, sont recrutés parmi eux. A part ces exceptions, les classes ouvrières n'ont rien de caractéristique qui les distingue de celles des autres grandes villes. Les théâtres et les cafés-concerts, bondés tous les soirs d'auditeurs enthousiastes, mais plus ou moins connaisseurs, forment la base de leurs amusements. La ville a été embellie d'une ceinture de beaux parcs, bien boisés et admirablement entretenus. C'est là que les habitants viennent prendre leurs récréations pendant l'été et trouvent facilement l'occasion de s'amuser par des excursions sur la rive du fleuve qui longe le Cheshire, où à Eastham ils trouvent les plaisirs de la campagne, et à New-Brigthon ceux du bord de la mer.

De même que Manchester et Liverpool diffèrent de Londres soit sous le rapport de leurs classes ouvrières, soit sous le rapport de leurs classes plus élevées, de même ils diffèrent entre eux.

Ainsi, quoiqu'à Manchester il y ait peu de familles dont on trouve le nom associé à celui de la ville depuis le commencement du siècle, il s'y trouve cependant plus de sommités héréditaires qu'à Liverpool. Dans cette ville, non seulement les figures, mais aussi les noms changent. La raison de cette différence est facile à saisir. Les fortunes faites dans les manufactures, — fortunes qui dominent à Manchester, — expliquent les extensions de la propriété en maisons, en terre et en bois, propriété non seulement productive, mais encore facilement transmissible à un fils. Dans les opérations mercantiles, dont Liverpool est le siège, il y a moins de stabilité et des vicissitudes plus fréquentes. Les fondateurs d'une fortune disent adieu à la ville où ils l'ont édifiée, ou bien, lorsqu'ils meurent, n'ont pas de terre à léguer, seulement de l'argent et du crédit. Une fluctuation désastreuse arrive, le commerce va mal, et l'argent disparaît. Cette distinction entre l'achat et l'échange et l'industrie est inévitable, et continuera toujours. De plus, Liverpool, l'une des villes les plus cosmopolitaines du monde, peut être appelée la Marseille de l'Angleterre. Dans un journal du matin, on peut trouver dans la liste des célébrités de la cour de simple police de la veille, des noms tels que Manuel Garcia ou Christino Nicopoulos, sûr indice de la nationalité.

En montant dans l'échelle sociale, on trouvera dans Liverpool comme une réflexion ou mélange des races visibles parmi les populations nautiques nomades. De l'Écosse et de l'Irlande, des États-Unis et de tous les continents de l'Europe et de l'Asie, il y a un courant perpétuel de sang nouveau circulant à travers la population. Les étrangers s'établissent bientôt d'une manière permanente, et les vieilles familles de Liverpool sont noyées dans cette masse d'hybrides. Cette infusion de nouveau sang se produit à Manchester sur une beaucoup plus petite échelle. Les Allemands et les Grecs du Levant sont les plus remarquables parmi les étrangers qui font leur *home* de cette cité. Mais ils se fondent rarement dans la population native. Les derniers, en particulier, forment une classe distincte, et perpétuent les habitudes particulières de leur terre natale dans leur pays d'adoption.

Les gentlemen qui, dans leur jeunesse, ont été dans l'Inde, l'Amérique du Nord et du Sud, et les colonies, et qui viennent finir leurs jours sur les rives de la Mersey, forment un élément vivifiant, plein de santé et d'instruction de la société de Liverpool. Souvent, pour finir son éducation commerciale, un jeune homme de Liverpool va passer quelques années dans un pays étranger, retirant naturellement un grand profit de ce voyage. Le caractère très différent du commerce de Manchester offre seulement quelques rares exemples de ce genre. D'un autre côté, les hommes, jeunes ou vieux, qui ont fait leur éducation dans les collèges et les communautés, sont plus nombreux à Manchester qu'à Liverpool. La bonne société à Liverpool et à Manchester n'est guère plus facilement accessible qu'à Londres et les familles qui ont fait leur fortune en tenant boutique y ont rarement accès; et jamais ceux dont les parents ont été boutiquiers dans la ville elle-même. Les antécédents sociaux des étrangers sont moins sévèrement recherchés. Les officiers de la marine et de l'armée de terre, les clergymen, les avocats sont en général très en faveur, et à Liverpool, dans ces dernières années, il y a eu une très notable importation de rejetons de nobles familles qui se sont adonnés au commerce.

Depuis plus d'un siècle et demi existe à Liverpool une institution choisie et fashionable, formée sur le modèle de celle de « l'Old Almack » à Londres, et connue sous le nom de « Wellington Rooms ». Les élections s'y font au scrutin; la demande et la position du candidat sont sévèrement examinées. Être membre de cette société équivaut à une sorte de marque de considération sociale.

Pendant l'hiver, des bals y sont donnés tous les jours et la salle sert uniquement à cela. Les familles nobles des environs y prennent part fréquemment en temps ordinaire et toujours dans la semaine des courses. A Manchester on a essayé de faire de même en donnant une série de bals dans la salle du Libre-Échange, mais l'expérience n'a pas été heureuse. Liverpool possède également d'autres attractions sociales que n'a point Manchester. Les courses de Manchester sont complètement abandonnées aux ouvriers des filatures; mais à Liverpool « Le Grand National », « le Autumn Cap » et le « Altcar Racing Meeting » amènent de brillants rassemblements de sportmen et de personnes du beau sexe. Les attractions de Liverpool sont encore accrues par plusieurs « Yacht Clubs » ; la rivière Mersey sert ainsi à donner à la ville une distinction sociale et fashionable qui manque à Manchester.

Le luxe de la toilette est poussé également loin à Liverpool et à Manchester. Les gentlemen de ces deux villes, ambitieux de la réputation de dandies, patronnent les tailleurs de Londres ; mais les dames se contentent des modistes locales, et elles s'adressent assez rarement à Londres et à Paris pour leurs costumes. Par suite des vicissitudes commerciales et de sa nombreuse population flottante, Liverpool n'a jamais eu la richesse de Manchester. La vie de Liverpool est fastueuse, tandis qu'à Manchester les extravagances sont toujours marquées d'un air de solidité. Les salles de bal de Liverpool sont toujours excellentes et fréquentées ; les invitations sont restreintes aux danseurs ; la musique y est toujours bonne, et la place ne manque jamais. La forme de distraction la plus populaire dans la société à Manchester est le dinner-party, qui a lieu aux heures de Londres, et pour lequel on achète des fruits et des desserts aussi chers qu'à Londres. Il y a peu de remarques à faire sur la différence entre les deux villes sous ce rapport. Des deux côtés les vins offerts seront toujours excellents, car ceux qui pratiquent largement l'hospitalité ont toujours chez eux une cave choisie. Un service de vin vieux de deux ans, et un service de vin un peu plus jeune, est généralement présenté à la table de l'amphitryon de Liverpool et de Manchester. Ces dernières années, les voitures particulières sont devenues presque universelles dans les classes riches des deux villes. Dans chacune d'elles l'élite de la société habite généralement de belles maisons dans les faubourgs, avec des serres et des jardins très soignés. Cependant, à Liverpool, quelques-uns de ceux qu'on appelle la haute société vivent dans la ville. Beaucoup de familles très riches ont des maisons à Londres, où elles viennent passer la saison ; et quelques-unes s'établissent tout le long de l'année à une distance considérable de la ville où sont leurs occupations, dans les districts ruraux du Cumberland et du Staffordshire. La visite à Londres est aussi commune à l'aristocratie des deux villes, de même que le tour sur le continent, qu'ils poussent quelquefois jusqu'à l'Égypte. La pêche, la chasse à tir et à courre sont les passe-temps ordinaires des gentlemen. Liverpool possède deux meutes de lévriers, ainsi, comme nous l'avons déjà dit, que plusieurs Yacht Clubs. Le football et le cricket, jeux communs parmi les jeunes gens de toutes les classes de l'Angleterre manufacturière et commerçante, se jouent aussi bien sur l'Irwell que sur le Mersey. Manchester est incontestablement supérieur au cricket tandis que Liverpool emporte la palme du football.

Le changement des heures de travail a eu pour conséquence, dans les deux villes, une espèce de révolution sociale. Autrefois les négociants étaient à leur poste à neuf heures du matin, et le quittaient rarement avant huit ou neuf heures du soir ; maintenant l'heure de la clôture est partout à Liverpool à cinq heures ; et à Manchester, quoique les magasins puissent être ouverts jusqu'à sept heures, les patrons quittent à peu près à la même heure. Ce changement a naturellement favorisé la vie de club, qui se distingue par certaines particularités dans les deux villes. A Manchester, il existe plusieurs clubs dont le principal, qui est très grand et très beau, s'appelle « l'Union ». La vieille méthode de déjeuner tôt y est encore en honneur. Entre une heure et deux, les magasins sont désertés de tous côtés, et le club est plein, quoique le déjeuner qu'ils font au club puisse passer pour un *luncheon* substantiel qui leur permet d'attendre jusqu'à leur dîner à sept ou huit heures à leur maison. Autrefois, les plus riches manufacturiers qui venaient de la campagne à la ville les jours de marché (les mardis et les samedis), déjeunaient dans des tables d'hôte d'hôtel ordinaires, entre une et deux heures, et où, après déjeuner, ils faisaient mettre des bouteilles de spiritueux sur la table, et bourraient de longues pipes en bois. Mais actuellement, le café du club a remplacé la table d'hôte. Les jours de marché, la plupart ont fini leurs affaires à l'heure du dîner, et jouent aux cartes et au billard toute l'après-midi. Mais les autres jours, et presque tous les soirs, les clubs de Manchester sont vides, et ne se remplissent que cette seule après-midi. A Liverpool, c'est complètement différent. Le « Palatine », un club petit, mais choisi, qui a la préséance sur tous les autres, a comparativement peu d'habitués à l'heure du *luncheon*. A sept ou huit heures, il est toujours plein, et aussi bien après qu'avant dîner, les joueurs de cartes et de billard sont en grand nombre. Les flâneurs y entrent un instant en sortant du théâtre, et les officiers de la garnison qui, de même que les avocats du district Nord, sont membres honoraires, en sont les fidèles habitués. Ce club cherche tout à fait, non sans succès, à imiter ceux de Londres. Si, sous ce rapport, les prétentions sociales sont plus développées à Liverpool qu'à Manchester, cette prétention n'est pas sans exercer d'influence sur l'éducation sociale. Les clubs sont la règle de l'opinion pour tout ce qui touche aux bonnes manières, si ce n'est à la morale. Le tapage et la vie de club ne peuvent coexister. On pourrait ajouter que le « Gun Club » et le « Polo Club », récemment fondés, complètent la ressemblance avec Londres.

C'est une manie particulière au propriétaire de filature du Lancashire, quelque bien élevé et instruit qu'il soit, d'affecter dans sa ville natale une certaine humilité ou simplicité. Il connaîtra chacun de ses ouvriers par leur petit nom, ne s'offensera nullement lorsqu'on répondra à son salut : « Comment allez-vous, John ? »

Le connaisseur d'œuvres d'art, à Manchester, affectera le patois du Lancashire lorsqu'il est en affaires, et répondra à un voisin qui lui offre une bonne affaire : « J'voudrais ben, mais j'peux pas. » De là vient probablement le proverbe connu : « Les gentlemen de Liverpool et les hommes de Manchester. » Le point jusqu'où les filateurs portent l'indépendance de manières et de caractère n'est pas sans avoir quelques désavantages. Un filateur libre et aisé est exposé, dans ses sports, à subir une comparaison désagréable avec ce qu'on appelle à Londres un grossier personnage. Aux courses de Manchester, nous l'avons déjà dit plus haut, et même à tout meeting en plein air, ils se rassemblent en nombre considérable, et l'étranger fraîchement débarqué des Etats-Unis pourrait comparer les rues de Cottonopolis au congé du samedi après-midi à la Nouvelle-Orléans, où les piétons de couleur monopolisent le pavé à l'exclusion des blancs apeurés. Il n'y a aucune raison de supposer que la moralité de Liverpool soit très élevée ; mais la sévérité du système de police mis en vigueur dans tous les grands ports de mer anglais, rend les signes d'immoralité publique très rares, et lorsqu'ils se produisent, ils ne sont pas de nature à attirer le voluptueux difficile. Lorsqu'il est permis au vice de s'étaler dans les rues pour attirer les matelots de toutes les nationalités à la seule condition de se soumettre à l'observation de la loi, il ne peut arriver à se présenter comme un monstre assez hideux pour amener le dégoût.

Le trait le moins agréable peut-être dans la vie sociale à Liverpool et à Manchester, ville à laquelle cette remarque s'applique principalement, est l'établissement de cabarets et le point jusqu'où on les favorise.

Ceci est d'importation américaine et n'exerce pas une influence salutaire sur les jeunes gens de la ville. Ils abondent en dessus aussi bien qu'en dessous terre. S'il n'en résulte pas dès maintenant une grande extension à l'ivrognerie, cependant le mal qu'ils ont déjà fait sous ce rapport, et la perte de temps qu'ils causent, sont déplorables. Il y a vingt ans, l'habitude de boire pendant les heures de travail était comparativement inconnue à Liverpool; maintenant, c'est assez commun pour attirer à peine l'attention, et pour qu'on ne le stigmatise même pas.

Les deux villes ne manquent de rien pour tout ce qui regarde l'instruction supérieure. Liverpool a son Institution Royale et son « Collegiate School »; Manchester son « Grammar School » et son « Oweni's College ». On peut se faire une idée de l'assiduité et des succès avec lesquels la musique, de même que les lettres et les arts, est cultivée, en assistant aux concerts bi-mensuels dans la « Liverpool Philharmonic Hall » et aux séances musicales données par M. Charles Hallé dans le « Manchester Free Trade Hall » (palais du libre-échange de Manchester).

Des conférences et des clubs littéraires existent pareillement, et Liverpool et Manchester sont toutes les deux fières d'une presse qui, pour l'utilité, l'influence et l'esprit d'entreprise, le cède à peine à celle de Londres. Généralement, et à Manchester en particulier, le journalisme contemporain n'a de provincial que le nom et, autant sous le rapport de la rédaction purement littéraire que l'universalité des informations, est à la hauteur de la métropole. On pourrait presque en dire autant des théâtres, qui sont le terrain d'essai des pièces destinées aux scènes de Londres, et, à l'occasion de leurs fréquentes visites, sont l'empyrée des étoiles de Londres.

C'est la magnifique rivière sur laquelle elle est située, qui donne à la ville de Liverpool sa situation particulière et, à certains égards, unique parmi les grandes villes de l'Angleterre. Les forêts de mâts, les docks spacieux, le départ quotidien de ses ports de grands steamers frétés pour toutes les parties du monde, l'arrivée constante de navires chargés de trésors, le mouvement et l'agitation de mille entrepôts, les palpitations incessantes et bruyantes du mécanisme d'un commerce qui s'étend à toutes les parties du monde : telles sont les choses qui se voient à Liverpool comme nulle part ailleurs en Angleterre. Hull, Plymouth et Newcaslte-on-Tyne sont de puissants entrepôts de commerce d'où les navires partent pour toutes les directions, chacun avec un trait particulier qui les distingue. Plymouth a ses transports militaires et ses vaisseaux d'émigrants. Hull fait un commerce actif avec les descendants des Danois nos ancêtres, dont les produits prédominent généralement dans le Yorkshire, et le commerce des bois avec les Norvégiens.

Si la grande capitale des bords du Tyne a une atmosphère sombre et épaisse, elle est remarquable comme la preuve d'une des plus grandes victoires que les hommes aient jamais remportées sur les obstacles accumulés devant leurs pas par la nature. En effet mille après mille s'étend le long de ses rives la longue ligne des noires usines. Dans cette noire rangée de maigres hangars, couvrant un espace de plus de deux cents acres, se fabriquent les instruments qui annihilent les armées, les canons d'Armstrong. Tels sont les ornements des rives longtemps après qu'on a laissé

Newcastle derrière soi, et qu'on est arrivé à une ville où le travail grandit tous les jours et qui doit devenir un second Newcastle.

Mais ce qu'il y a de plus intéressant à voir dans cette noire et antique capitale du Northumberland, avec son passé immémorial et son avenir infini, ses vieux monuments, ses églises vénérables et ses antiques traditions, avec ses inventions et ses perfectionnements d'hier et ses recherches de demain, ce sont les changements opérés dans le cours de la rivière par la science. Le Tyne n'est plus le cours d'eau que la nature a fait; son lit a été approfondi et sa direction changée. Des caps et des promontoires ont été enlevés, et des milliers de tonnes de terre ont été retirées du fond de la rivière afin de permettre aux navires du plus fort tonnage de venir jusque sous les murs de la ville. L'historique des travaux accomplis sous les auspices de la « Commission de la rivière Tyne » est un des récits les plus intéressants et les plus significatifs de ce que la science et l'énergie modernes peuvent faire; — ce sont les annales d'une longue lutte patiemment et heureusement soutenue contre les difficultés que les engins les plus puissants du monde, au service de l'intelligence et de la persévérance, ont seuls pu vaincre. Cinquante et un millions de tonnes de terre ont été retirées de la rivière dans les trois années entre 1871 et 1873, portées à la mer et finalement déposées à deux ou trois milles de l'entrée de la mer, dans un endroit où la profondeur de l'eau dépasse vingt brasses à marée basse. La largeur de la rivière a été augmentée en certains endroits de cent cinquante à quatre cents pieds. Une pointe ou cap, qui s'élevait de soixante-dix pieds au-dessus de la marée haute, qui était un obstacle très dangereux pour la navigation, et qui empêchait les gardiens de voir les navires qui s'approchaient, a été coupé. Les docks déjà existants ont été agrandis, et un nouveau dock, avec un bassin de 94 acres, entouré de quais toujours à sec d'un développement de 3,650 pieds, est en train de se bâtir. Les conséquences commerciales de ces opérations colossales se manifestent par la dimension croissante des navires qui fréquentent le port. En vingt ans le tonnage moyen des navires s'est élevé de 149 à 500 tonnes.

De toutes les grandes villes du Nord, Leeds est celle peut-être qui est destinée à devenir la plus forte. La contre-partie de Leeds, dans les terres, pour certaines raisons, est Birmingham. Birmingham a fait des progrès immenses sous le rapport de l'importance et de la richesse pendant ces cinquante dernières années; mais, comme opulence, Manchester et Liverpool la laissent bien loin derriére eux. Si dans la capitale du Warwickshire, il y a une moyenne très élevée de belles fortunes, il y a peu de ces revenus énormes qui ont cessé d'être remarquables dans le Lancashire. La vie sociale de Birmingham, qui peut donner une idée exacte de celle de Leeds, diffère matériellement de celle de Liverpool ou de Manchester. Les voies fashionables de la grande ville sur le Mersey (Liverpool), avec leurs longues queues de voitures et de valets de pied, présentent à peu près la même apparence que les rues fashionables du « West End » de Londres. A Birmingham, les équipages comparés à ceux du même genre à Manchester sont relativement rares, et il y a vingt ans, on n'oserait trop affirmer qu'il y eût plus d'une vingtaine de personnes possédant des voitures à elles. Même à présent, les domestiques mâles, autres que les cochers et les grooms, sont rares dans les maisons les plus opulentes de Birmingham; et, où à Liverpool la porte d'entrée est ouverte par un sommelier sans livrée, à Birmingham, vous êtes introduit par une femme de chambre proprette, habillée d'une simple robe d'alpaga noir ou de mérinos. Cependant, ce n'est ni le confort, ni le luxe qui manquent à Birmingham, pas plus que les grandes maisons avec leurs beaux jardins gracieusement dessinés et leurs intérieurs artistiquement décorés. Il y a beaucoup de bonnes collections de peintures à Birmingham, mais elles ont été lentement, amoureusement et savamment formées, au lieu d'être achetées toutes faites comme à Liverpool ou à Manchester. Le connaisseur de Birmingham va lentement et avec réflexion en besogne, achète par lui-même, juge par lui-même. Ainsi souvent, dans une grande maison du Lancashire, les peintures, les ornements et les meubles n'ont pas d'histoire, tandis que dans une maison pareille, à Birmingham, ils sont le sujet de beaucoup d'anecdotes et d'histoires, et ont été l'objet d'une chasse souvent plus agréable que la possession elle-même.

Birmingham a plus de points de contact avec Manchester qu'avec Liverpool. Entre la capitale du coton et la capitale de la ferronnerie il y a matière à la fois à un parallèle et à un contraste. De même que Manchester est le siège de la « National Education Union » (Union de l'instruction nationale), de même Birmingham est le quartier général de la « National Education League » (Ligue de l'enseignement national). D'un autre côté, Manchester, qui a le premier mis au jour le programme de l'Église libre et publique, est le bureau des Libraires libres (Free Libraries), de même que Birmingham fut la ville où l'on adopta cette idée le plus vite. La réputation de Manchester pour les collections d'art et les institutions est partagée de même par Birmingham. Ce sont probablement les deux villes du royaume dans lesquelles ces institutions, — les plus bienfaisantes que puisse avoir une grande cité,

—fleurissent le mieux. Les produits industriels des deux villes sont complètement différents : Manchester a peu de manufactures, mais toutes sur une échelle immense ; Birmingham en a beaucoup, mais quelques-unes très minimes.

Sur l'Irwell le coton est partout ; dans la métropole du centre toutes les industries de la terre entière semblent être assemblées. Tout ce qui secourt, embellit ou détruit la vie vient de ses féconds magasins. Il n'y a pas un engin de guerre que Birmingham ne fabrique, de même qu'il s'y fait les aiguilles les plus fines et les plus grosses aussi bien que les fines serrures, les épingles, la bijouterie, les dés, les chaînes de montre, les cassettes, les alènes, les boutons et les hélices et tous les outils que connaît le travailleur manuel. La façon de toutes ces choses demande un matériel excessivement modeste, et c'est pour cela que Birmingham abonde en petits manufacturiers indépendants qui tâchent de gagner leur vie dans les cours et les allées où ils habitent.

De même qu'à Leeds, les dames remplissent le rôle de missionnaires sociales aussi bien que religieuses auprès des classes pauvres. Elles s'efforcent d'inculquer les lois de l'hygiène, les rudiments de la cuisine de ménage et les éléments de l'économie domestique aux habitants des plus pauvres quartiers de la ville. Des conférences sur le même sujet ont lieu dans un appartement au School Board, à des intervalles rapprochés.

A Birmingham, si rien de plus n'a été fait, le secret semble avoir été découvert pour utiliser toute occasion favorable, et mettre en œuvre la plus grande somme possible d'intelligence humaine.

CHAPITRE VII

VILLES DE PLAISANCE

Villes universitaires et villes cathédrales. — Le nouvel Oxford. — Habitants de l'enceinte des cathédrales. — Villes de comté et villes de garnison. — Exeter, Plymouth, Cheltenham, Bath. — Particularités de la vie sociale dans les villes d'eaux anglaises. — Éléments essentiels des villes de plaisance anglaises. — Sports et jeux : leur influence sur la société anglaise. — Multiplication rapide des villes de bains de mer en Angleterre. — Genèse d'une ville de bains de mer anglaise. — Traits communs à ces villes. — Scarborough, Buxton.

Quittant maintenant les grands centres manufacturiers de l'Angleterre, nous pouvons visiter un certain nombre de villes qui, quoique n'étant pas spécialement des villes de plaisance, ne sont pas non plus exclusivement des villes d'affaires et de négoce : villes rurales, villes cathédrales, villes universitaires et villes de garnison. Ces conditions se trouvant souvent réunies dans une seule, elles peuvent être décrites comme tenant une position entre les centres de plaisir et d'affaires. Des villes rurales et des influences dont le jeu s'y fait sentir nous avons dit quelques mots (1). Dans les villes cathédrales, comme on peut s'y attendre, règne principalement l'élément ecclésiastique, et le visiteur d'une

(1) Voyez chapitre V. Gouvernement municipal.

ville comme Salisbury n'a pas plutôt mis le pied dans son enceinte qu'il éprouve immédiatement la sensation de quelque chose de semblable à cette physionomie du moyen âge qui n'a pas encore complètement disparu d'Oxford.

La ville cathédrale a vraiment en Angleterre un air antique plus distinct que la capitale universitaire de la contrée. Les dix dernières années ont amené un changement complet à Oxford, et sous beaucoup de rapports lui ont donné l'aspect d'un faubourg de Londres. Lorsque, il y a quelques années déjà, on proposa d'étendre le chemin de fer jusque sous l'ombre auguste des clochers et des tours qui se mirent dans l'Isis, les champions du vieux régime objectèrent immédiatement qu'un préjudice irréparable pour les mœurs et les coutumes d'Oxford résulterait de l'introduction de cette ville à la vie extérieure. Les habitants de la ville, disait-on encore, seraient moins passivement soumis à la règle académique; les étudiants se relâcheraient continuellement de leurs études pour aller faire des parties de plaisir à la métropole; même la Commonroom, cette chambre consacrée aux grands entretiens ou aux amusements discrets, deviendrait une dangereuse imitation des clubs de Londres. Tout ce qu'on craignait, et même plus qu'on ne craignait, s'accomplit. La ville et la toge s'accordent encore assez bien ensemble; mais la ville a une existence indépendante et un commerce propre qu'elle n'avait pas avant le chemin de fer. Les agrégés des collèges, même les professeurs en titre, vivent presque autant à Londres qu'à Oxford; de même que parmi les hôtes de la table de la grande salle du collège figurent souvent des hôtes de Londres, même de la plus grande distinction. L'institution des agrégés mariés a introduit à Oxford un élément de vie domestique qui y était autrefois totalement inconnu. L'établissement d'un dépôt militaire lui a donné une société qui avait été son rêve dans les jours passés. Les dîners et les danses y sont presque aussi fréquents pendant le temps des études qu'à Bath ou à Cheltenham. Une colonie entière de professeurs, de répétiteurs et de conférenciers, avec leurs femmes et leurs enfants, y a poussé sur un terrain autrefois complètement stérile. Où autrefois le pâle étudiant passait solitaire, on voit maintenant des nourrices et des promeneurs, tandis que d'audacieux ingénieurs ont osé même relier les faubourgs extérieurs avec une des promenades les plus pittoresques de l'Europe, la grande rue d'Oxford, par des tramways tels qu'on en voit d'Islington à Holloway ou de Westminster à Woolwich.

Cette vie si agitée, si bruyante, si occupée ne se voit, dans aucune des vieilles villes cathédrales d'Angleterre. Dans celles mêmes où le négoce atteint un grand développement, telles que Chester, Lincoln, Durham et Peterborough, il y a toujours un quartier qui semble ne devoir jamais perdre ce charme profond et cette tranquillité complète qu'on rencontre rarement dans les jardins d'un collège d'Oxford, excepté pendant les grandes vacances. Autour de la cathédrale est un enclos consistant tantôt en une pelouse bien entretenue, tantôt en un bouquet d'arbres forestiers. L'ombre projetée par les hautes tours gothiques s'étend sur une rangée de maisons, humbles cottages ou maisons particulières, mais toutes également confortables, respectables et respirant le calme. Elles occupent souvent trois côtés de l'enceinte totale. Quelques-unes sont occupées par les dignitaires ecclésiastiques de l'endroit, chanoines, chanoines mineurs, chapelains. D'autres ont pour habitants des familles qui ont été attirées dans le pays par quelques liens de parenté ou de sentiment et qui s'y sont établies pour y passer tranquillement le reste de leurs jours. Les échos du monde extérieur brisent rarement le calme profond de cette enceinte consacrée ; dans l'après-midi on entend par intervalles le bruit des roues des voitures, ou bien, si l'école se trouve à un bout de l'enclos, deux fois par jour les écoliers arrivent avec leurs petits sacs, et deux fois par jour s'en vont en riant et en faisant du tapage. Mais le bruit le plus familier aux oreilles de ceux qui ont établi leurs tentes dans cet endroit paisible, est le son des cloches de la cathédrale appelant les fidèles à la prière, et le carillon qui se fait entendre une fois ou deux par jour. L'objet le plus remarquable est le clergyman officiant allant à la cathédrale revêtu de son surplis et de sa barrette. Pour quelques-uns des habitants, ces spectacles sont non seulement les plus connus, mais aussi les seuls dont ils se soucient. La vie sociale revêt tous ces aspects multiples dans l'enclos d'une cathédrale, et plus d'un romancier de nos jours nous a donné une série de peintures intéressantes et prises sur le vif des jalousies et des haines qui peuvent hanter le cœur d'un évêque ou d'un chanoine. Mais Mrs Proudie (l'orgueil) n'y est pas le défaut dominant, et sous l'ombre de la cathédrale on trouverait des dames pour lesquelles le monde contient peu de choses en-dehors de cette cathédrale et de ses fonctions sacrées. La vie est pour elles un exercice religieux, et le grand temple élevé par la piété et la dévotion des siècles passés est le seul objet terrestre qu'elles considèrent comme le centre visible de leur existence et de leurs aspirations dans l'affliction et dans le malheur.

Mais la vie d'une cité cathédrale peut être bien différente de celle-là. Cela peut être une grande ville commerciale comme Bristol, où de l'édifice sacré on a vue sur une rivière animée par le commerce, et des entrepôts et des rues remplies de trafic ; ou comme

Durham où la majestueuse basilique est noircie par la fumée des hauts-fourneaux et des usines; ou comme Exeter, qui est à la fois la capitale du comté et ville de garnison. Exeter, d'ailleurs, est non seulement par elle-même un centre de commerce important, mais aussi une grande ville de plaisir pour tout l'ouest de l'Angleterre. Les touristes de l'Angleterre occidentale s'y rendent en masse, et il n'y manque pas d'habitants à demeure fixe dont beaucoup sont attirés par l'air pur et la beauté du paysage environnant, beaucoup par leurs relations sociales et retenus par des amis auprès desquels ils sont désireux de vivre. Les clergymens les officiers de l'armée de terre et de mer, les fonctionnaires civils et en retraite, forment la masse de la population fixe. Il y a dans cette ville beaucoup à voir, beaucoup à faire, beaucoup à dire. Même sans les régiments, ou sections de régiments qui y sont casernés, Exeter ne manquerait pas de vie et de gaieté, car cette ville est le spécimen de ces vieilles villes anglaises à la fois enrichies par le commerce et revêtues d'une distinction aristocratique, telles qu'il serait difficile d'en trouver une autre dans le Royaume-Uni. Les bals, les concerts, les expositions de fleurs, les pique-niques, les excursions et les parties de plaisirs de toutes sortes y abondent. Là, comme ailleurs, l'élément militaire se fond heureusement avec l'élément local. Les gentlemen qui ont été en garnison à Exeter, de même que dans beaucoup d'autres villes de garnison, sont souvent si frappés des avantages que présente cette ville, que lorsque leur temps de service est terminé, ils s'y établissent d'une manière permanente. Ils y trouvent de grandes ressources pour l'éducation de leurs enfants, et des alliances convenables pour leurs filles en âge de se marier. Tout ce que nous avons dit d'Exeter peut s'appliquer à Plymouth. Même Plymouth, quoique n'étant pas une ville cathédrale, est un centre plus mouvementé et plus varié qu'Exeter. En effet, cette ville n'est pas seulement, comme Exeter, la capitale d'un comté, mais aussi une grande station navale, commerciale et littéraire. Les mêmes conditions se retrouvent à Cantorbery et à York. Ces deux villes possèdent des garnisons et des haras militaires; la dernière est le siège du quartier général du district du Nord. Une intimité étroite existe entre les officiers et la gentry de la ville et du comté, de sorte que ces villes cathédrales ont toujours une société demi-militaire et semi-officielle qui leur donne un certain mouvement.

La plupart des villes de plaisance proprement dites sont, en Angleterre, de création moderne. Leur développement présente, sous tous les rapports, les mêmes traits et est marqué par les mêmes incidents. Les éléments dont elles sont composées sont identiques, et les choses qui appartiennent à l'une sont communes aux autres. Elles possèdent forcément certaines particularités naturelles, et offrent des plaisirs et des amusements plus ou moins variés. Il est indispensable aussi qu'elles se distinguent par certaines qualités hygiéniques, telles que des sources minérales ou un climat particulièrement sain; que leurs écoles soient passables et qu'on y trouve un prédicateur populaire et un médecin à la mode, et que, s'il est possible, dans le voisinage se trouve la ressource d'une bonne meute de limiers pour la chasse aux renards. Bath, Cheltenham, et Leamington sont principalement redevables de leur prospérité actuelle à cette dernière condition. On y va chercher le plaisir et la santé, mais on y trouve aussi tous les genres de sports. Bath n'est cependant pas très bien située pour le chasseur de renards; mais Cheltenham et Leamington ressemblent beaucoup sous ce rapport à Market, Harboroug ou à Melton, et ne manquent pas d'amusements pour ceux qui y résident toute l'année. La réputation de ces villes, d'ailleurs, remonte à une certaine antiquité. Bath a été longtemps une capitale nationale aussi bien que provinciale, et continue toujours à tenir dignement son rang comme l'une des plus grandes villes d'eaux du royaume. Cheltenham et Melton rentrent dans la même catégorie, mais Cheltenham est peut-être plus fashionable, et Clifton certainement plus salubre. Aucune ville plus belle que ces trois, Cheltenham, Clifton et Bath, ne peut être trouvée dans le Royaume-Uni. Comme mouvement et comme situation, peu de villes dans le monde entier pourraient être comparées à Bath. Les maisons, si l'on considère la période à laquelle elles furent bâties, y valent celles de Londres. A l'exception de Portland-Place, aucune rue à Londres n'est aussi belle que Pulteney-Street, et aucun square ou place n'est comparable au « Circus » à Bath. Clifton et Cheltenham n'ont rien à envier à Bath sous le rapport du pittoresque et des embellissements artificiels. Le trait le plus remarquable à Cheltenham, en dehors de ses délicieux jardins publics, est le boulevard vraiment superbe, connu sous le nom de la « Promenade », qui conduit du Queen's Hôtel à la Grand'Rue avec des magasins et des arbres de chaque côté. A Clifton, on admire non seulement les beautés naturelles des dunes et la vue de la mer de Severn, mais aussi beaucoup de résidences somptueuses habitées principalement par les négociants de Bristol, et entourées de jardins parfaitement entretenus, le long de la grande route qui conduit au plateau qui s'étend derrière la ville.

Il ne suffit pas à une ville de plaisance anglaise d'avoir une belle situation, de bonnes maisons, des vues pittoresques et des clergymen estimés, il faut encore qu'elle soit jugée favorablement par le corps médical.

La profession médicale est plus puissante pour faire la fortune d'une ville d'eaux anglaise que les architectes, les hommes d'affaires, et même que la nature. Donner une mauvaise opinion du climat d'une ville, suffit certainement pour y amener des calamités dont on ne peut prévoir la fin ; et dans une ville qui a été populaire un jour, lorsque les loyers commencent à baisser, on en trouvera presque toujours la raison dans l'influence malfaisante du corps médical. Une ville d'eaux qui a obtenu un certificat favorable de la faculté, doit commencer par avoir une ou deux églises populaires, et au moins une bonne école.

Suivant que le collège local est assez heureux pour obtenir une charte royale, ou ne peut y arriver, on peut juger du degré de prospérité d'une ville d'eaux. Elle a beau posséder les eaux minérales, bouillantes, chaudes ou simplement tièdes si précieuses pour les maladies rhumatismales, ou les eaux ferrugineuses si désagréables au goût, mais si salutaires pour la constitution, il serait aussi vain de penser qu'elle puisse prospérer sans un grand collège, que de croire qu'elle pourrait exister sans un grand hôtel. Cheltenham, Malvern, Leamington, Clifton, Brighton et Bath, (quoique dans cette dernière ville l'affluence ne soit pas si considérable que dans les autres), ont non seulement un renom comme possédant une atmosphère et des eaux salutaires, mais aussi comme ayant des collèges qui peuvent supporter la comparaison avec d'autres d'une fondation plus ancienne. Ce fait ne signifie pas que le collège soit directement la cause de la prospérité de la ville, quoique, à Cheltenham elle en soit une des causes, et qu'à Leamington, Clifton et Brighton elle en soit la conséquence : le principal est que le collége existe.

Le culte ou plutôt la variété des cultes n'est pas moins essentiel. Chaque ville d'eaux anglaise est aussi un centre de controverses religieuses, et un champ de bataille où se discutent toutes les questions de théologie anglicane. Les professeurs et les docteurs de l'Université, les controversistes ecclésiastiques président aux évolutions de combattants venus de très loin, et fournissent les arguments d'où sont tirées des armes nécessaires aux discussions locales, mais jamais ces grands leaders ne se mêlent à la foule vulgaire. Si on veut voir un rude combat, une tactique habile et des manœuvres adroites, c'est aux villes de plaisance de province qu'il faut aller, là, où l'on a assez de loisir et de temps à perdre pour s'adonner aux disputes religieuses. En un mot, deux lignes de démarcation partagent la population de ces villes en deux camps et cette division est très ancienne : l'une est la question géographique ; l'autre la question religieuse. Lorsque Solon prit pour la première fois en mains la législation de l'ancienne Athènes, il y trouva les habitants de la ville haute de la plaine et de la vallée profondément divisés par des discordes invétérées. On pourrait à peine trouver une ville de plaisance en Angleterre dans laquelle les traces d'une animosité basée sur les mêmes principes ne puissent se rencontrer.

Les habitants des terrasses et des collines, se considèrent, par exemple comme supérieurs à ceux qui habitent à leurs pieds sur le plateau, ou même plus bas dans la plaine, et en sont souvent les ennemis naturels. Le sentiment religieux engendre les inimitiés et les coteries de toutes sortes encore plus facilement que les rivalités sociales et les jalousies professionnelles.

Cependant, quoiqu'elle ait une réputation sanitaire bien établie, de beaux hôtels, des institutions choisies, ses rivalités locales et ses inimitiés religieuses, il manque encore quelque chose à la ville de plaisance anglaise pour être complète. Ce sont les amusements de toutes sortes. Nous parlerons dans un autre chapitre des passe-temps et des récréations de la classe populaire. Maintenant, c'est dans les villes d'eaux anglaises que nous avons à nous occuper sous leur aspect le plus élégant, des amusements que préfère la bonne société. Chaque forme de récréations qui dans ces derniers temps est devenue populaire en Angleterre, a été, si elle n'en est pas originaire, cultivée avec succès dans ces capitales des plaisirs délicats. La popularité croissante qui les a tous accueillis sert à prouver un fait, c'est que dans notre âge si affairé, si occupé de négoce, il y a encore parmi nous un nombre immense de personnes toutes prêtes à faire, par leur patronage et leur faveur, la fortune de celui qui inventera un nouveau moyen de tuer le temps d'une façon plus ou moins agréable et exerçant plus ou moins les forces.

Presque toutes les villes de plaisance sont tour à tour le théâtre de tournois entre des personnes qui s'adonnent à l'un ou l'autre de ces passe-temps. Le tir de l'arc était il y a quelques années le sport favori de la société à Cheltenham, mais de nos jours nous marchons rapidement, et le jeu de l'arc fut bientôt abandonné. Un peu plus tard il y avait de temps en temps des joutes et des prix au lawn-tennis (volant) de même que quelques années auparavant le croquet fut le jeu favori de tous les endroits où s'assemblent tous ceux qui cherchent le plaisir.

Le deuxième fait remarquable qu'a eu pour conséquence le développement de ces jeux, a été la disparition graduelle de beaucoup de nos préjugés insulaires. Dans ces jeux, les familles anglaises dont les membres sont tous d'abord étrangers les uns aux autres, se mêlent ensemble librement, et finissent par se trouver dans les termes d'une intimité plus ou moins étroite. Naturellement ce fait a eu également pour résultat de modifier sensiblement les relations qui existaient antérieurement entre les jeunes gens et les jeunes filles anglaises. Lorsqu'un certain nombre de jeunes gens et de jeunes filles se rencontrent, tous les jours, dans les skating-rinks ou sur les pelouses de lawn-tennis, quels que soient les efforts pour maintenir chaque parti distinct, une certaine fusion est inévitable. Les connaissances accidentelles faites à ces jeux se continuent sur la promenade, et se resserrent dans la salle de bal ; et la fille d'un Anglais de classe moyenne, qui, il y a vingt ans, vivait dans une réclusion presque monastique, a maintenant des connaissances dans chaque camp. Les parents peuvent approuver ou non cette tendance et l'état de choses qui s'en suit, mais il est rare qu'ils puissent la combattre efficacement.

La position insulaire de l'Angleterre et ses côtes si pittoresquement découpées ont eu, dans leur genre, des conséquences sociales presque aussi importantes que les causes politiques. Le motif qui amena Georges IV à Brighthelmstone, ou comme on dit maintenant Brighton, est le même que celui qui pousse le peuple anglais tout entier sur les bords de la mer lorsque l'été est venu. Le désir qui anime toutes les classes de la population de respirer les fraîches brises de l'Océan est si puissant que partout où la nature présente la plus petite commodité, on a créé une place d'eaux. Lorsque l'un de ces refuges commence à être bien connu, aussitôt s'en établit une infinité d'autres. Il en résulte que le littoral entier de l'île, est, à part quelques intervalles occasionnels, une succession de villes de bains de mer. Sur la côte nord-ouest : Rhyl, Llandudno, Penmaenmawr, Llanfairfechan, Bang,o$_r$

Beaumaris, auxquelles s'ajoutent maintenant Barmouth et Aberystwith. La côte sud-ouest de l'Angleterre sur la large baie intérieure formée par le canal de Bristol, de Portishead, à l'embouchure de l'Avon jusqu'au Land'End, présente la même succcession de stations populaires. Sur la côte sud, on passe par Plymouth, Torquay, Dawlish, Teignmouth, Sidmouth, Seaton et Beer, et on quitte le Devonshire pour arriver dans une superbe baie, aux sables brûlants, avec une magnifique jetée par-devant et une ville splendide au fond de la baie. Cette ville est Weymouth. Passant maintenant à l'est, nous côtoyons le Hampshire et l'île de Wight, les côtes escarpées de Sussex et les falaises du Kent, et dans l'espace d'une lieue et demie nous voyons souvent la répétition des mêmes phénomènes pittoresques. Entre le « North Foreland et le Flamborough Head » il y a au moins cinquante villes de plaisance pareilles, dont la population dans la saison est probablement supérieure à celle de tout le Royaume-Uni il y a cent ans.

Pour subvenir aux besoins de plaisir et de santé du peuple, il a fallu un grand esprit d'entreprise, qui a amené beaucoup de profit, et a été la cause de quelques pertes. Ces nouvelles stations balnéaires ont souvent relevé la fortune des propriétaires appauvris du voisinage, ou fait monter les taxes perçues par une gentry astucieuse à un degré fabuleux. Ils ont su profiter de l'endroit et en ont développé les ressources avec beaucoup d'esprit d'entreprise et de jugement. Souvent cette aubaine est recueillie par quelque hardi spéculateur sur les constructions ou sur le terrain. La manière dont le succès a été atteint est presque toujours la même. Après avoir découvert quelque endroit favorable, bien en face de la mer, le créateur de la ville d'eaux commence par le couvrir de maisons. Il a, à tout hasard obtenu la location de la terre à un taux raisonnable, et possède une foi infinie dans le succès de son établissement par le moyen de la réclame. Il cherche autant que possible à se procurer un certificat de salubrité de quelque autorité médicale reconnue. S'il peut découvrir dans quelque coin inconnu une source minérale quelconque, il a considérablement augmenté les chances de prospérité de son entreprise. Il est désirable pour lui que la scène de ses opérations se trouve située à une distance raisonnable d'une ou deux villes prospères, et, si cela est possible, sur le chemin de fer principal allant à la Métropole. S'il n'y a pas de station de chemin de fer, et dans ce cas, il a été singulièrement audacieux en choisissant cet endroit, il travaillera jour et nuit jusqu'à qu'il ait obtenu le prolongement qu'il demande. Une fois la nouvelle affaire bien lancée, il n'y a plus qu'à laisser venir, tout arrivera en son temps. Après avoir bâti des rues, des hôtels et des magasins, et fait une promenade, la chose la plus nécessaire est de s'assurer les services d'un orchestre bien monté.

C'est alors que l'on commence à établir des jardins de plaisance, augmentés dans certains cas d'un skating, et toujours de l'inévitable pelouse pour le lawn-tennis. Avant qu'il soit longtemps les habitants et les visiteurs de passage, amateurs des nouveautés, s'apercevront qu'un bâtiment composé d'un aquarium, d'un jardin d'hiver et d'une salle de concert, commence à s'élever. La construction en sera menée avec une grande activité et il sera couvert d'un dôme en cristal. Placé sur une colline élevée, l'édifice commande la mer, et la première chose qu'on fera ensuite sera d'établir, par des passages souterrains, une communication entre la plage et les terrasses de l'hôtel qui la dominent. Naturellement on a bâti un hôtel de ville, qui sert à la fois de salle de concerts, de théâtre et de conférences religieuses, littéraires et scientifiques.

Une succursale de la librairie Mudie a été établie à la poste ; les loueurs de voitures à poneys et d'ânes augmentent tous les jours et les loueurs de maisons meublées font de mieux en mieux leurs affaires.

Un va-et-vient continuel d'arrivants et de partants commence à se manifester, et la ville si elle prospère n'est en réalité complètement abandonnée qu'au cœur de l'hiver. Cependant, si les gentlemen qui ont quelque autorité dans l'endroit sont aussi intelligents qu'ils doivent l'être, ils feront bientôt une saison d'hiver, ce qui a lieu, d'ailleurs, dans la plupart des grandes villes d'eaux du Royaume-Uni.

Il est naturel que les descendants des Norsemen et des Vikings montrent, quoique à un degré différent, le même esprit d'entreprises aventureuses qui fut le trait distinctif de leurs ancêtres, voisins qu'ils sont de la mer dont ils ont hérité l'empire. Chaque station balnéaire, qui prospère, est une preuve de l'activité intrépide qui nous est venue depuis les temps préhistoriques jusqu'à notre époque. Les villes d'eaux anglaises sont les endroits de la terre où l'on voit le mieux cette activité audacieuse. Il n'y a pas un perfectionnement en architecture ou en drainage qui n'y soit immédiatement adopté. Souvent ce ne sont pas de nouveaux ouvrages qui restent à faire, ce sont les vieux abus à déraciner.

Lorsqu'un tranquille village de pêcheurs se change tout d'un coup en une grande ville de plaisance, il y a à remédier à de nombreuses défectuosités sous le rapport hygiénique, aussi bien que de nouvelles précautions humanitaires à prendre. Il est curieux d'observer combien dans ce cas les nouvelles villes sont en général en avance sur celles plus anciennes. Tandis qu'à Brighton, Hastings et Saint-Léonard le développement a été uniforme, et que la vieille ville s'étendait dans toutes les directions, à East bourne, la ville moderne est à une petite distance de la ville ancienne, et dans le milieu des nouvelles rues ont peut voir des arbres forestiers de la plus haute antiquité. Il y a encore d'autres particularités qui se remarquent dans toutes les villes de bains anglaises. Généralement elles sont patronnées par la classe moyenne, la classe élevée s'intéressant peu en général aux centres de plaisance de leur propre pays. Lorsque la saison de Londres est finie ils s'en vont au loin, ou bien font une tournée de visites à la campagne, et cette occupation les mène jusqu'au retour de la nouvelle saison. Quelquefois les représentants les plus distingués de l'aristocratie anglaise font des visites en camp-volant à Brighton, Folkestone, Hastings, ou autre part, et les villes spécialement renommées pour leur salubrité, comme Torquay, ont toujours parmi leurs visiteurs une assez forte proportion de patriciens titrés qui y sont envoyés par leurs médecins. Il est à remarquer à propos des villes d'eaux des côtes de l'Angleterre, que, quoique activement patronnées par leurs visiteurs de toutes les parties de l'Angleterre, elles conservent intact leur caractère local. Scarborough est la principale station balnéaire du nord de l'Angleterre, de même que Brighton est le grand centre de récréation pour Londres et que Folkestone et Douvres sont principalement peuplés des habitants du Kent et des autres comtés voisins ou que Barrow-in-Furness ou Morecombe sont fréquentés par les représentants de l'industrie du Lancashire. A de certaines saisons ces villes ont des aspects particuliers qui leur sont communs. Quelqu'exclusives qu'elles puissent se vanter d'être, elles sont encore le but de trains de plaisir et d'excursion à bon marché, et Margate et Gravesend ne peuvent pas, à certaines époques, se vanter d'une apparence plus cockney que Brighton. Elles ont aussi une époque déterminée pour les différentes classes de visiteurs, et les hôtels ou les maisons meublées de Scarborough ou de Brighton reçoivent un public bien différent, selon qu'on est au printemps, à l'automne, dans l'été, ou dans l'hiver.

Dans leur vie sociale, il y a aussi certains points marqués de ressemblance aussi bien que de différence. Tels sont tous leurs clubs, leurs lieux de promenade plus ou moins pittoresques, leurs jetées, et beaucoup d'entre elles ont des salles de concerts très bien organisées et des institutions qui se rapprochent beaucoup des *Établissements* des villes d'eaux du continent. Dans toutes on retrouve la même somme de flirtage et d'amour, de galanterie et de scandale, de parties de terre et de mer. Partout un certain nombre de gentlemen respirent la brise bienfaisante de la mer en allant passer leur temps très rationnellement dans l'atmosphère enfumée des salles de billards. Les mêmes excentricités de langage et de costume et sans doute aussi de conduite s'y rencontrent. Mais dans les petites matières d'étiquette sociale, chaque ville a son code particulier bien défini, de même que pour les amusements sociaux d'un genre plus relevé. L'échange d'invitations et de réceptions dansantes entre les habitants des différents hôtels n'a lieu qu'à Scarborough. A Buxton, il y a bien quelque chose de semblable, mais à un degré moindre. D'un autre côté, Buxton a des avantages qui le recommandent d'une façon particulière. A une centaine de pieds au-dessus du niveau de la mer, non-seulement on y jouit d'une eatmosphère plus pur et plus limpide que partout ailleurs en Angleterre, et on y trouve une source chaude d'eau minérale d'une vertu si puissante qu'il est imprudent de s'y baigner sans l'ordonnance d'un médecin, mais encore on y voit des jardins publics de la plus grande beauté où est une salle de concert dans laquelle on entend une aussi bonne musique que dans n'importe quelle autre ville de plaisance anglaise ou même du continent.

CHAPITRE VIII

L'ANGLETERRE COMMERCIALE ET FINANCIÈRE

Relations entre le commerce et la finance. — Leur caractère cosmopolite. — Londres centre de l'univers mercantile. — Institutions financières de l'Angleterre. — Banque d'Angleterre et aspect de Lombard Street. — La Bourse. — Comment les emprunts sont négociés. — Londres centre des affaires. — Caractères du commerce anglais. — Signes de changement. — Causes possibles de décadence. — Espérance pour l'avenir.

L'argent et le crédit sont aux yeux d'un grand nombre des théories purement abstraites ; le mécanisme du marché financier leur échappe ; l'organisation du crédit est pour eux un mystère. Rien cependant n'est plus réel ; ce sont des idées concrètes, elles constituent un système de procédure ; elles sont pour ainsi dire la résultante de plusieurs forces individuelles. Nées sur le sol britannique, elles ont suivi un mouvement parallèle à celui du développement de l'influence anglaise et de l'extension de son pouvoir dans l'univers entier. C'est le crédit qui a fondé le commerce de l'Angleterre ; c'est le crédit surtout qui a puissamment contribué à élever cet édifice de notre prospérité nationale, œuvre des siècles. Procédons maintenant à une investigation minutieuse des parties constitutrices de cet édifice colossal ; nous constaterons les nombreuses variations, qu'a subies notre système commercial et financier, et nous serons amenés à reconnaître que dans cette branche comme dans les autres où règnent l'activité et l'esprit d'entreprise, l'Angleterre est dans un état de transition.

Inutile de passer en revue les causes qui ont eu pour effet de placer l'Angleterre à la tête des finances et du commerce du monde entier. Admettons pour notre sujet, qu'elle occupe ce rang. Londres est à la fois le cœur de l'empire britannique et du monde commercial et industriel ; l'univers semblable à un corps, reçoit de lui la vie et le mouvement ; c'est le centre où toutes les routes aboutissent et c'est de ce centre que part le souffle qui donne l'impulsion à toutes les transactions, à toutes les entreprises, qui active, stimule l'énergie, et qui fait édifier dans les régions les plus reculées de la terre, des factoreries et des villes entières. En revanche, un événement quelconque vient-il ébranler un marché éloigné, Londres en ressent le contre-coup. La récolte est-elle abondante dans le Farwest aussitôt, le prix du blé baisse à Mark-Lane ; la famine sévit-elle dans l'Inde et la Chine, les manufactures de Manchester chôment, le marché des cotonnades est stagnant et calme. L'abondance ou la rareté des métaux précieux affecte tout d'abord le marché monétaire ; leur valeur baisse ou augmente ; puis ces variations influent sur les transactions, les offres et demandes, les cours des rentes et actions et font sentir leur contre-coup dans le monde entier. Entre Londres et les comptoirs qui s'échelonnent sur toute la surface du globe, il existe un mouvement de va-et-vient, semblable au flux et reflux des mers dont l'immensité les sépare ; les liens d'affaires qui les unissent sont si serrés, les intérêts réciproques sont si étroitement confondus, qu'il est impossible de mettre le doigt sur le principe d'un système aussi vaste, ni même de surprendre le point de départ d'un tel mécanisme. Ce n'est que dans ses résultats qui se manifestent sous mille formes que nous pouvons le saisir. Quelquefois dans cette monstrueuse machine, un chaînon se rompt par suite d'une fausse manœuvre; tantôt c'est une banque qui cesse ses paiements; tantôt c'est une maison de commerce qui s'effondre, entraînant dans sa ruine des milliers de familles et multipliant les faillites sur toute la surface du pays. Mais comme tout effet suppose une cause, nous pouvons alors déterminer les causes qui ont sourdement miné ce terrain jusqu'à ce que l'explosion éclate. Mais il est toujours difficile, sinon impossible d'isoler un fait de l'ensemble des autres et de prononcer sans crainte de se tromper que c'est à ce fait seul qu'on doit attribuer la catastrophe ; par exemple que la panique qui a régné aux État-Unis il y a quelques annés, la famine en Orient, les guerres de l'Occident, la dépréciation du papier-monnaie, les mauvaises récoltes de plusieurs années successives, les changements dans les habitudes des populations qui s'approvisionnaient à nos marchés ; ces mille et un autres faits semblables font tous, dans une certaine mesure, contribué à amener l'effondrement final.

Depuis ces dernières années surtout, le commerce tend à prendre de plus en plus un caractère international et cosmopolite. Les lois qui le régissent, les améliorations qu'il essaye de réaliser ne sont pas particulières à un pays ou à un peuple; elles sont dues à tous ; aussi font-elles partout sentir leurs effets et leur influence. Ce caractère d'universalité est dû en grande partie à leur diversité; ce qui manque à une nation lui est fourni par une autre. Mais il y a un point où tous ces facteurs variés se rencontrent et ce lieu de rendez-vous universel, nous le trouverons dans la métropole anglaise elle-même. Si l'Angleterre est le cœur du commerce international, et des finances cosmopolites, et Londres le cœur de l'Angleterre, la Cité est le cœur de Londres ; elle possède aussi son centre nerveux. Sur une étendue limitée se trouvent d'un côté la Banque d'Angleterre, la Bourse, les édifices variés qui ornent Lombard Street ; de l'autre, les endroits où les négociants se réunissent et qui constituent les marchés métropolitains, des groupes pressés d'habitations locales, de maisons puissantes, qui font marcher le commerce et les finances du monde entier. Pour introduire quelque clarté dans une matière aussi embrouillée, il serait nécessaire de faire tout d'abord une grande division, qui nous guidera dans la description. Nous diviserons ce sujet en deux chapitres, Londres financier et Londres commercial ; sous ces deux en-têtes nous étudierons toutes les branches qui s'y rattachent : importation, exportation, législation financière et commerciale, théorie du crédit et du change, spéculations, etc.

Commençons par Londres financier. C'est, en d'autres termes, l'Angleterre financière. Pour rendre la description conforme à la vérité, prenons les deux principales créations de la théorie financière : d'un côté la Banque d'Angleterre, entourée de tout ce cortège de financiers de Lombard Street, parmi lesquels distinguons ceux qui la supportent de ceux qui vivent à ses dépens ; de l'autre, la Bourse, grand marché pour la vente et l'achat de toutes sortes de valeurs. La Bourse est éminemment cosmopolite ; on y trouve des agioteurs et des courtiers de toutes les nationalités ; parmi ces derniers les descendants de Sem se font surtout remarquer. Au contraire, la Banque d'Angleterre possède, ou est supposée posséder un caractère national. Il en doit être ainsi puisqu'elle est un agent du gouvernement et qu'elle est chargée de veiller à l'équilibre du budget. Cependant quelques considérations suffiraient pour montrer que la Banque d'Angleterre est à certains égards beaucoup plus, et à certains autres beaucoup moins que son titre ne semble l'indiquer. En dehors des attributions spécialement nationales dévolues à la Banque comme remplissant vis-à-vis du gouvernement l'office de banquier, outre le droit qu'elle possède d'émettre des billets, de les lancer dans la circulation comme une monnaie ayant cours légal, et l'obligation qui lui incombe en retour de prendre charge des valeurs du gouvernement, de payer les dividendes et les coupons aux porteurs, outre enfin l'accomplissement d'autres commissions vis-à-vis du public, il y a des opérations multiples qu'elle est astreinte à faire par suite de sa position exceptionnelle.

De toutes les parties du monde, on tire des lettres de change payables à Londres comme dans d'autres capitales. On avait reconnu la nécessité de choisir quelques places où les commerçants et industriels des différents pays pourraient solder leurs balances. Par suite du grand courant commercial qui s'est porté à Londres, cette métropole est devenue une espèce de clearing-house (chambre des compensations) où tous les négociants de l'univers se sont donné rendez-vous. Les opérations de banque auxquelles donnent lieu ces transactions sont faites par la Banque d'Angleterre sinon d'une façon exclusive, du moins sur une grande échelle. Aussi est-elle appelée chez nous la Banque des banquiers. Ce n'est pas tout. Dans les transactions internationales, l'écart entre la somme des importations et celle des exportations doit être soldé en métal précieux, il n'y a pas d'autre moyen de règlement. En Europe, c'est l'or qui est employé; en Orient c'est l'argent. En conséquence Londres, qui est le centre vers lequel se porte le courant commercial, doit avoir un stock suffisant d'or pour répondre aux nombreuses demandes qui lui sont faites. En sa qualité de banquier de la nation, la Banque d'Angleterre est la gardienne de ce trésor, et le dépositaire du stock des métaux précieux qui sont importés chez nous. C'est ainsi que, par la force même des choses, elle a été amenée à faire le trafic des lingots. Citons encore d'autres particularités.

Grâce à ses privilèges comme institution centrale, elle entretient avec les sociétés anonymes et les banques particulières qui se sont groupées autour d'elle des relations d'affaires intimes et suivies; à ce titre encore, elle est dépositaire de leurs réserves, et, comme ces dernières, elle se livre à des opérations de crédit non seulement pour Londres, mais pour toute l'Angleterre. Eu égard aux relations commerciales qu'entretient ce pays avec le reste du monde, ce système financier fait jouer à la Banque le rôle d'une chambre de compensation. Si nous considérons maintenant que Londres est le plus grand marché monétaire de l'univers, nous aurons une faible idée de la multiplicité et de la complexité des opérations de cette institution et de la grandeur du poids qui pèse sur ce pivot central autour duquel gravite le système financier et commercial tout ensemble.

Ce serait peut-être ici le lieu de donner quelques commentaires sur les causes qui ont fait conquérir à la métropole la première place au point de vue financier; car, remarquons-le, elle n'a pas toujours été un forum universel, un marché central de métaux précieux, elle n'a pas toujours joué le rôle de Clearing-House. Ce n'est que depuis une période relativement courte qu'elle tient le sceptre et les emblèmes de Mercure. Si nous remontons le cours des âges, nous verrons qu'Amsterdam occupait ce rang il y a un siècle. Jusque dans ces derniers temps, à une époque cependant où Londres avait déjà acquis un grand développement, cette place était partagée ; Paris était l'un des deux centres ; mais depuis, la capitale française fut reléguée au second plan. Grâce aux guerres et aux révolutions qui troublèrent le continent, le capital effrayé a trouvé dans notre île une plus grande sécurité : aussi la suprématie passa-t-elle tout entière à la métropole anglaise. Quant à la question de savoir si cette grande métropole maintiendra sa position autocratique dans la suite, cela dépend de la réunion d'une foule d'éléments, de tendances et de circonstances que nous ne saurions prévoir raisonnablement. Il est possible de supposer que l'Angleterre conservera le poste qu'elle occupe et que Londres sera longtemps encore le quartier général où les nations se donnent rendez-vous pour régler leurs comptes et tiendra le grand-livre international des débits et crédits, pour la simple raison qu'il faut de toute nécessité qu'il existe une place ainsi reconnue.

Mais peut-être serait-il peu sûr de conserver cette prééminence sur les autres cités si ses titres ne reposaient pas sur des bases plus solides. Si la convenance devait seule décider, pourquoi New-York, la Nouvelle-Orléans, Cincinnati ou toute autre ville américaine, ne feraient-elles pas aussi bien que Londres ? Car aux Etats-Unis comme en Angleterre, les troubles qu'entraîne la guerre étrangère sont aussi peu à craindre. Il faut donc autre chose que la convenance ; et tant que nous prendrons l'initiative dans les grandes entreprises, et que nous fournirons un bon travail, que nous aurons des capitaux, tant que notre activité mercantile ne se ralentira pas, le courant commercial ne sera pas détourné de notre métropole ; ce n'est que dans ces conditions qu'elle maintiendra haut et ferme l'étendard qu'elle a conquis.

Arrivons maintenant à cette seconde création de la

théorie financière : la Bourse. Pour un habitué de la cité, concevoir Londres sans Bourse est impossible : cependant il n'y a qu'un demi-siècle que la Bourse a été élevée à la hauteur d'une institution de premier ordre, et ce n'est que depuis peu qu'elle a pris le développement que nous lui voyons aujourd'hui. Comme nous l'avons dit plus haut, la Bourse est tout d'abord un marché central, où l'on vend des valeurs de toutes catégories ; elle est organisée de telle sorte que l'on y trouve à acheter sur place toutes les actions et obligations qu'on peut désirer, en employant l'intermédiaire d'agents ou de courtiers. C'est là un des principaux services que rend cette institution. Ainsi ces transactions sont facilitées par la présence dans l'intérieur de l'établissement d'un groupe d'intermédiaires appelés « jobbers » (coulissiers) qui, pendant les heures de bourse, ne cessent de vendre et d'acheter, en profitant d'un petit bénéfice sur les prix du marché ; mais rarement ils conservent ce qu'ils achètent au delà d'un jour. C'est la spécialité des « jobbers » de faire le « prix ». Voici ce que cela signifie. Un spéculateur qui a reçu l'ordre de vendre ou d'acheter un certain nombre de titres ne va pas trouver un collègue qui spécule pour le compte d'autrui. Il trouverait difficilement quelqu'un qui possédât la catégorie de titres demandés par le client ou qui voulût s'en défaire. Au lieu de perdre ainsi du temps dans les recherches, qui souvent n'aboutiraient pas, le spéculateur va trouver un « jobber » « et lui demande de faire un prix », d'acheter et de vendre, selon le cas. C'est affaire au « jobber » de compléter la transaction de manière à lui assurer une mince fraction en sa faveur ; ce qui constitue son bénéfice. C'est ainsi, grâce à la présence des jobbers, que les transactions sont rendues immédiates et faciles.

Les personnes qui lisent les journaux ne sont pas

sans avoir formé dans leur esprit quelque vague conception de ce que peut être la Bourse ; mais combien reviendraient de leurs illusions si un jour elles entraient dans ce temple de la finance qui s'élève dans le voisinage immédiat de la Banque d'Angleterre. Le public n'est pas admis dans l'enceinte de la maison ; tout ce que le curieux peut faire, c'est d'y jeter un coup d'œil en se tenant à l'une des nombreuses entrées, à Capel Court, Hercules Passage, ou Throgmorton Street ; il verra une foule de gens affairés, spéculateurs et jobbers, se presser à l'intérieur, courir çà et là ou s'arrêter pour parler à un client. Si quelqu'un veut donner un ordre à un jobber, il le fait demander. Voici comment cela se pratique. Des gardiens préposés à cet office, d'une voix de stentor jettent à travers un portevoix le nom du jobber qu'on demande ; à l'intérieur un second gardien le répète sur un ton non moins élevé. La Bourse a été construite de telle sorte qu'il y a des quartiers séparés assignés aux différentes catégories de titres. Fonds étrangers, valeurs américaines, chemins de fer nationaux, etc. A l'intérieur règnent un bruit assourdissant et une grande confusion. Sur ce point cependant la Bourse de Paris l'emporte de beaucoup sur le Stock exchange de Londres. Dans ce bâtiment, à l'intérieur et à l'extérieur duquel s'agitent, se heurtent, s'entrechoquent des flots de spéculateurs et de jobbers, les transactions pour l'achat et la vente des valeurs de toutes espèces se continuent sans interruptions depuis le matin jusqu'au soir. Mais jusqu'ici nous n'avons qu'une conception imparfaite de ce qu'est la Bourse et de ce qu'elle fait. Comme la Banque d'Angleterre, elle se livre sur une grande échelle à des opérations variées et compliquées. Au nombre de ceux qui vendent des actions et obligations de banques, chemins de fer, compagnies de gaz, pour en avoir le montant en argent, à ceux qui achètent de tels titres pour y trouver un placement avantageux, un intérêt dont le taux soit plus élevé, il faut ajouter une horde de gens qui se livrent à des transactions purement spéculatives. Voici en quoi elles consistent. Des courtiers très respectables ouvrent un compte à des clients pour ces sortes d'opérations. Si, en prévision des pertes éventuelles, la solvabilité de ces derniers leur paraît suffisante, ils se fient à leur parole ; mais, s'ils ont le moindre doute sur ce sujet, ils exigent d'eux, sous le nom de « couverture », une certaine somme d'argent, pour les mettre à l'abri de toute perte en cas de malheureuses opérations. Ils achètent et vendent spéculativement, c'est-à-dire, pour me servir d'une expression de bourse, jouent à la hausse ou à la baisse ; en d'autres termes, le client pour le compte duquel le courtier achète n'a pas du tout l'intention de lever les titres dont il a donné ordre de poursuivre l'achat ; de même celui qui vend n'a pas en main le stock de titres qu'il offre ; il ne saurait les livrer à celui qui les lui achèterait au plus haut prix. Le joueur à la hausse achète dans l'espoir que quand l'époque de la liquidation arrivera, c'est-à-dire tous les quinze jours, les titres auront augmenté de prix ; dans cette éventualité il empochera comme bénéfice net la différence entre le prix auquel il a acheté et celui coté le jour de la liquidation, moins la commission du courtier. De la même manière le baissier vend ; il compte qu'au jour de la liquidation le prix du stock qu'il offrira, fléchira ; il gagnera alors la différence entre les deux prix, moins la commission du courtier. Mais si au contraire, les prix, au lieu d'augmenter, baissent, le joueur à la hausse doit payer la différence qui n'est plus en sa faveur. De même pour le joueur à la baisse, lorsque la hausse se maintient contre ses prévisions. En réalité ces sortes de transactions, sous le couvert de la spéculation, ne sont qu'une série de paris que les prix fléchiront ou hausseront. C'est bien ainsi que la loi les considère ; aussi n'y a-t-il aucune sanction légale pour faire recouvrer les différences. Mais quoique l'absence de toute disposition légale sur le chapitre des affaires de jeu jette dans les transactions de cette nature un élément d'incertitude, la spéculation n'en est pas moins portée sur une large échelle ; elle touche à tout ce qui est susceptible d'agir. Aussi, la description de notre organisation financière n'aurait-elle pas été complète si nous ne nous étions pas arrêtés quelques instants sur ce chapitre.

Le Stock exchange n'est pas seulement un marché pour les placements d'argent et la spéculation, c'est aussi un intermédiaire pour les emprunts publics, nationaux et étrangers. Ce rôle naturellement est pour ainsi dire le corollaire de ses attributions précédentes. La Bourse est le lieu de rendez-vous où se rencontrent ceux qui ont des fonds à placer avantageusement et ceux qui possèdent des valeurs donnant un bon revenu aux porteurs. Par conséquent, c'est aux administrateurs qui ont charge de réglementer et de contrôler la Bourse de statuer sur les conditions de nature à faciliter le transfert des actions, parts, titres, en les mettant à la portée des uns et des autres.

Si un gouvernement étranger ou une compagnie anglaise désire contracter un emprunt, il faut au préalable que cet emprunt soit admis à la cote de la Bourse ; ce n'est qu'à cette condition qu'il aura des souscripteurs. C'est ainsi que le comité qui se trouve à la tête de cette institution, et qui veille à son fonctionnement général, tient entre ses mains de très grands pouvoirs ; il peut à son gré, hâter ou ralentir la marche des plus grandes opérations financières entreprises par les gouvernements étrangers ou les corporations nationales. Un pays étranger a-t-il besoin d'emprunter, toujours il cherche à élire domicile à Londres, parce qu'il trouvera là un marché plus vaste où ses titres ont le plus de chance d'être souscrits que nulle part ailleurs dans le monde, et d'être livrés à la spéculation dès qu'ils figurent à la cote officielle du Stock exchange.

A ce propos, pour l'intelligence de ce qui va suivre, il serait peut-être nécessaire d'étudier le mode de procédure suivi dans la négociation d'un emprunt étranger. Prenons comme exemple l'emprunt égyptien. La première démarche à faire de la part du gouvernement étranger, c'est de s'adresser à quelques maisons de banque dont la raison sociale seule est une puissance et de passer avec elles un « contrat secret »; celles-ci, escomptant d'avance le succès de l'entreprise, lui font des avances de fonds. Puis un prospectus, rédigé dans des termes très alléchants et très enthousiastes par quelques hommes d'affaires, fait ressortir les grands avantages qui profiteraient aux capitalistes et rentiers s'ils souscrivaient aux titres que leur offre le susdit gouvernement. Des copies de ce prospectus sont envoyées plusieurs jours à l'avance à une compagnie d'annonces qui a des relations très étendues, pour lui donner la plus grande publicité possible. Ces réclames sont envoyées à un imprimeur de la Cité, qui les fait paraître le lendemain matin dans les journaux, suivies de recommandations, de notices dues à sa plume ou à celles de ses commis. Comme on le voit, rien de ce qui peut contribuer à assurer le succès de l'emprunt n'a été négligé. Ici s'arrête le rôle de la publicité; la scène va maintenant se passer dans le Stock exchange. Deux ou plusieurs jobbers qui opèrent dans le quartier particulier réservé, comme nous l'avons dit, à une même catégorie d'affaires et dans laquelle entre l'emprunt en question, sont désignés secrètement par les banques d'émission pour faire sur les bons une enchère d'un ou d'un demi, c'est-à-dire de les coter avec une prime de £ 1 ou £ 1 10 $ au-dessus de leur valeur d'émission, valeur indiquée dans le prospectus. Grâce à cette manœuvre, le public est induit à penser que ces nouveaux bons sont parfaitement garantis, en voyant les habitués du marché financier eux-mêmes offrir déjà plus que ne le demande le gouvernement intéressé lui-même, responsable cependant de leur remboursement. Il est alors porté à en acheter une certaine quantité, dans l'espoir de les revendre ensuite à un prix plus élevé que celui coté en bénéficiant de la prime. Ainsi, avec l'aide et la complicité des agioteurs et courtiers, l'emprunt est lancé dans le public et fait son chemin ; les rentiers et capitalistes anglais donnent volontiers leurs économies, gagnées à la sueur de leur front, pour entreprendre quelque chimérique entreprise, une voie ferrée dans les steppes de l'Amérique du Sud, ou pour satisfaire les fantaisies, les désirs insatiables des monarques orientaux demi-barbares, et avides des commodités des peuples civilisés. Les sommes énormes qui ont été englouties par les emprunts étrangers dans ces dernières années justifient pleinement nos assertions ; le tableau que nous venons de tracer n'est pas exagéré. Reconnaissons toutefois que beaucoup de ces emprunts étaient légitimes et que leurs produits ont été appliqués à des entreprises utiles.

L'art de faire une émission s'est perfectionné ; il a été élevé à la hauteur d'une profession à part. Ce fait seul le prouve. En général il est d'usage de ne donner que les deux tiers du montant demandé par les personnes qui veulent prêter leur argent à l'État ou à la compagnie qui fait appel au crédit ; en d'autres termes, si elles demandent pour 1,000 livres sterling de bons, elles n'en recevront, à la répartition, que pour 7 ou 800 livres sterling ; et l'impression produite est celle-ci, c'est que les nouveaux bons sont l'objet d'une grande demande. Alors les naïfs souscripteurs, de ce qu'ils n'obtiennent pas la quantité qu'ils avaient demandée, se servent de l'intermédiaire d'un courtier pour en acheter davantage à la Bourse. Là ils payeront la prime ; et comme les demandes s'accroissent, les prix se maintiennent jusqu'à ce que les premiers contractants aient complètement négocié à leur grand profit tous les bons qu'ils s'étaient engagés à répandre dans le public. A en croire les personnes qui ont déposé devant la commission des emprunts étrangers (Foreign Loan Commission), il serait impossible de lancer un emprunt dans Londres sans le faire passer à travers cette machine financière qu'on appelle la Bourse. A l'appui de cette assertion, elles allèguent non sans raison que le véritable rentier anglais réside à la campagne, et que pour se guider dans l'achat des titres et valeurs, il consulte la cote officielle du marché de Londres.

D'après ces données, le Stock-exchange ne doit-il pas être considéré comme un rouage essentiel du mécanisme du crédit ? En effet, si nous le supprimons, n'est-ce pas empêcher les transactions financières d'avoir lieu sur une grande échelle, rendre les négociations des emprunts difficiles et compromettre leur succès ?

Il existe dans les autres principales villes de l'Angleterre de petites Bourses ; mais toutes gravitent autour de celle de Londres et se guident sur les cours de cette dernière.

La Banque et la Bourse, telles sont les deux principales institutions financières de l'Angleterre ; la première accumule le capital, la seconde le distribue et le répartit dans toutes les branches de l'activité humaine. C'est grâce à leur création que Londres est devenu le centre financier de l'univers, c'est grâce à leurs opérations que nous sommes l'âme de toutes les affaires internationales, c'est grâce enfin à leur manière de procéder que nous sommes arrivés à donner aux entreprises tant nationales qu'étrangères toute l'extension qu'elles comportent.

Et cependant la prospérité nationale de l'Angleterre ne repose pas que sur la finance. Sur quelque grande échelle qu'elle puisse s'exercer, et quelle que soit la puissance de ses deux auxiliaires comme agents d'accumulation et de distribution, elle n'en est que le couronnement. Sans doute nous pouvons parfaitement concevoir un pays riche et dans un Etat prospère par ses institutions financières seules. Nous pouvons nous représenter notre propre pays comme ne vivant que par le négoce, ayant cessé de cultiver l'agriculture, et dépendant entièrement des autres contrées pour la subsistance de sa population. Même dans ces conditions, nous pouvons imaginer une Angleterre riche et prospère; mais ce ne serait pas l'Angleterre que nous avons connue dans l'histoire. Nous avons conquis la prééminence parmi les nations, parce que nous avons cherché tout d'abord à nous suffire à nous-mêmes. Nous avons formé une classe de laboureurs intelligents, qui ont fait rendre à la terre des produits de première qualité. L'agriculture et l'industrie se sont développées parallèlement; et c'est en développant l'esprit d'entreprise que nous avons acquis le rang que nous tenons dans les marchés de l'univers. Ce n'est pas ici le lieu de discuter le mérite des différentes écoles économiques, et d'examiner le bien fondé de leurs arguments et de leurs théories; mais ce que nous pouvons avancer, sans crainte d'être démenti, c'est que l'Angleterre doit sa prééminence à ce fait, c'est qu'elle a su tirer parti de tous les débouchés, et qu'en même temps qu'elle y jetait les produits de ses manufactures, elle ne négligeait pas la culture du sol. Si nous devions un jour cesser d'être un grand pays manufacturier, si notre pavillon ne devait plus flotter sur les marchés du monde, si enfin nous ne pouvions plus tirer de nous-mêmes suffisamment pour les besoins et les commodités de la vie, nous ne resterions pas moins un État riche et prospère. Mais l'édifice de notre prospérité et de notre bien-être reposerait sur de nouvelles bases.

A son tour, notre pays deviendrait un simple entrepôt pour les autres peuples qui auraient pris notre place et qui nous auraient dépassés dans l'industrie et l'agriculture. Nous compterions toujours comme banquiers, nous tiendrions toujours la balance internationale du débit et du crédit, mais nous ne resterions plus l'avant-garde de l'industrie du monde. Nous serions alors réduits à vivre dans une grande mesure, sur le capital que nous avons accumulé. Et lorsque notre propre industrie aurait cessé d'être notre soutien, nous aurions longtemps encore pour nous consoler, l'agréable perspective de notre stabilité nationale.

Quoi qu'il en soit, c'est par le commerce et l'industrie que l'Angleterre s'est développée d'une manière éclatante dans le passé; c'est en puisant à ces deux sources, que sa prospérité n'a fait que s'accroître d'année en année. Nous avons été un peuple producteur; nous avons augmenté la richesse générale en fabriquant par quantités énormes des objets de toute nature, destinés aux besoins de notre population tout d'abord et ensuite à être envoyés dans toutes les parties du monde pour être vendus ou échangés. C'est encore grâce à l'esprit entreprenant de ses fils et à l'industrie des classes laborieuses de sa population que l'Angleterre s'est assuré le monopole du commerce des cotons. Les fabriques du Lancashire travaillent pour les habitants de l'Inde et de la Chine, aussi bien que pour ceux des contrées plus rapprochées. Toujours prêts à adopter toutes les idées de progrès, nous avons apporté à notre outillage industriel des perfectionnements de nature à augmenter la production, la quantité et la qualité ; c'est en agissant ainsi que nous avons pris le pas sur les autres nations. L'industrie du fer et de l'acier et toutes celles qui en dérivent, ont subi les mêmes modifications et les mêmes transformations. La coutellerie de Sheffield est renommée dans le monde entier, comme les cotonnades de Manchester et Birmingham. Nous sommes bien approvisionnés en charbon ; aussi pouvons-nous produire à meilleur marché ; et comme nous avons l'avance sur les autres peuples, grâce à notre génie entreprenant, nous avons accumulé les capitaux ; plus nous en avions, plus grandes étaient nos facilités pour fabriquer ces articles, qui constituèrent les produits principaux de nos exportations dans les pays étrangers. Les événements et les circonstances ont favorisé la Grande-Bretagne dans cette voie. Le génie de ses fils, leur activité, leur esprit d'entreprise ont posé les fondements de l'édifice de sa prospérité commerciale. L'adoption du système de la libre importation, dans ces trente ou quarante dernières années, a puissamment contribué à son élévation ; le développement des moyens de communication par télégraphes et voies ferrées a achevé de le consolider. Les produits de nos manufactures ont été importés dans tous les pays ; et à notre tour nous avons reçu chez nous ceux de ces mêmes pays qui pouvaient le mieux nous convenir. C'est à ces causes qu'est due la prospérité croissante de cette dernière période de vingt-cinq années, qui a atteint son apogée dans les années 1872, 1873 et 1874. Sous l'influence du système du libre-échange, l'Angleterre a ouvert ses ports aux produits manufacturés et aux denrées du monde; mais elle n'a pas réussi, d'un autre côté, à obtenir la réciproque pour elle sur les marchés étrangers où le système protectionniste était en vigueur.

Le système prohibitif qui a prévalu contre nous dans l'Union américaine et le continent de l'Europe a été le résultat des guerres ou l'expectative de la guerre. En effet, pendant qu'elles combattaient sur le champ de bataille pour leur propre existence, ou qu'elles mettaient toute leur énergie et toutes leurs forces au service de leurs visées ambitieuses, ces nations ne pouvaient avoir ni le temps ni la pensée d'entrer en lutte avec nous sur le terrain économique. Aussi ne faut-il pas s'étonner si, à la faveur de ces circonstances heureuses pour nous, nous les avons devancées; nous n'avons eu que le mérite d'avoir su en profiter pour étendre au loin notre prépondérance commerciale.

Le commerce et l'industrie, voilà donc les piliers sur lesquels repose toute la prospérité de l'Angleterre. Son système financier n'a été que la résultante de ces deux forces. En effet, la Banque est sans doute un des principaux rouages de notre mécanisme financier, si délicatement organisé dans Lombard-Street, le facteur de l'organisation si complexe du crédit; nous savons que sans ce véhicule les transactions mercantiles n'auraient pu être portées sur un aussi vaste champ; mais sa création est relativement postérieure. Ce n'est qu'après que le commerce a pris quelque développement, que les profits ont été plus considérables, que l'on a eu besoin de l'intermédiaire des banquiers pour transmettre les valeurs de place en place, pour mettre en dépôt les bénéfices et pour suppléer dans la circulation l'or et l'argent par une monnaie fiduciaire. A ce point de vue, la Banque peut être considérée, dans l'enfance de la société commerciale, comme un trait d'union entre le commerce et la finance ; mais dans l'ensemble de son organisation, elle se présente à nous comme le produit d'études très approfondies sur le système financier. La solidarité qui existe entre le commerce et la Banque est très grande. N'est-elle pas d'ailleurs démontrée par les effets que produit la faillite d'une banque sur la société tout entière ? En effet, une banque cesse-t-elle ses paiements, aussitôt le crédit de ses clients est compromis, la confiance est ébranlée, et ce malaise jette un trouble profond dans les affaires. Quelquefois, lorsque la crise est trop intense, c'est une panique générale.

Si le système commercial et le système financier de l'Angleterre ont des points de contact très intimes, ils sont également soumis aux mêmes fluctuations et aux mêmes changements. Ces variations, nous les avons subies, et certains signes semblent nous faire présager de plus grandes dépressions encore. Nous avons parlé de l'éclatante prospérité des années 1872 et 1874; nous avons démontré qu'elle était entièrement due aux principes de la liberté commerciale. Depuis, la baisse s'est produite : nous avons eu ce que le vulgaire appelle la période de la dégringolade. Nombreuses et variées sont les causes de cette crise. Ce n'est pas seulement en Angleterre qu'elle s'est fait sentir, dans les différentes branches du commerce et de l'industrie, mais à Berlin, à Vienne et aux États-Unis, dans l'automne de 1873. La panique qui a régné dans ces contrées n'est que l'avant-coureur de ce qui s'annonce et qui envelopperait peut-être toutes les nations dans un réseau de souffrance. En présence de ce malaise qui enlace le commerce, qui paralyse toute entreprise et qui fait éprouver à la masse des populations des pertes sensibles, qui les empêche de se procurer l'agréable et même l'utile, on a agité sur le continent la question de savoir si la crise dont nous souffrons devait durer indéfiniment ou si elle n'était que passagère ; devait-on la considérer comme une phase de réaction qui se produit toujours après une phase de grandeur, comme le reflux après le flux, la décadence après la prospérité ? Nous ne chercherons pas à résoudre le problème, cela nous entraînerait beaucoup trop loin. Cependant le calme aujourd'hui dans les transactions commerciales ne nous paraît pas d'une nature différente de celui des autres périodes de réaction qui inévitablement suivent un développement trop considérable, comme la nuit succède au jour. Les arguments que l'on pourrait invoquer pour prouver le contraire ne reposent sur aucun fondement. N'est-ce pas une supposition toute gratuite que de penser que l'univers ne nous offre plus de ressources et que l'industrie est arrivée à son développement extrême ? Il est vrai que partout l'Anglais a contribué à établir, multiplier les chemins de fer et les télégraphes, à construire des routes et des canaux, à introduire le gaz et l'eau dans les villes, à former des entreprises considérables jusque dans les régions les plus reculées du globe. Il est vrai également que le bien-être qui a augmenté avec une rapidité si étonnante dans le dernier quart de ce siècle, a été le résultat de ces nombreux travaux qui ont sillonné le monde. Nous avons envoyé de l'argent dans les pays étrangers pour être employé dans ces entreprises ; en retour nous avons reçu de tous pays des quantités immenses de marchandises et de denrées qui ont alimenté notre négoce. Reste à se demander si dans ce sens l'Angleterre n'a pas outrepassé ses moyens, et si son développement n'a pas été trop excessif. Il y a quelques économistes parmi nous qui pensent qu'il en est ainsi, et à l'appui de cette assertion, ils nous montrent l'écart considérable qui existe entre les importations et les exportations du pays; ce que témoignent parfaitement les tableaux publiés tous les mois par le bureau du commerce (Board of Trade). Autrefois, nous exportions plus que nous n'importions ; par conséquent, la différence constituait un clair profit pour nous; et pendant bien longtemps on regardait ce point comme le principal témoignage de la prospérité nationale. Mais les besoins de notre population augmentant avec le nombre, nous avons acheté des pays étrangers, pendant ces dernières années, une si grande quantité d'objets de luxe et de produits alimentaires, que nos exportations n'ont pas suffi à les payer ; et la balance du commerce, comme on dit, n'a pas penché en notre faveur. Cet état de choses eût été considéré autrefois comme un très mauvais signe. Mais depuis, une nouvelle école d'économistes s'est levée, elle nous a enseigné que c'est là au contraire le meilleur indice de notre richesse. Selon cette nouvelle doctrine, si les importations dépassent les exportations, c'est que nous avions un stock considérable de capitaux, qui tous les ans augmentait dans des proportions considérables. Il est évident qu'un pays, pas plus qu'un individu ne peut acheter plus de marchandises qu'il n'est à même d'en payer. Il pourrait le faire à crédit pendant quelque temps; mais si cet état durait trop longtemps, ce serait la ruine. L'excès des importations sur les exportations de l'Angleterre, est une preuve de sa richesse, cela prouve également que les autres contrées sont débitrices vis-à-vis de la Grande-Bretagne. Mais en même temps, il est manifeste que cette richesse n'est pas inépuisable ; et si cet écart doit continuer à augmenter, cet épuisement serait à craindre, à moins que nous ne puissions multiplier notre capital plus rapidement que nous ne le dépensons.

Nous ne voulons pas encombrer ces pages de chiffres : Cependant pour mieux faire ressortir notre situation commerciale, nous donnerons plus bas le tableau du montant de l'écart des importations sur les exportations. Pour avoir les chiffres exacts, il faut dépouiller ceux donnés par le Board of trade de tous les éléments étrangers à la valeur réelle des objets qu'ils représentent. En effet, il y a différence entre ce qu'on appelle la « valeur déclarée » c'est-à-dire le prix estimatif que donnent le tableau des exportations et importations, et les prix auxquels les objets sont vendus, augmentés du montant du frêt, transport, droits, et autres charges, y compris le bénéfice du négociant. Rappelons-nous aussi que la simple énumération des quantités et valeurs ne peut nous donner qu'une idée approximative relativement au progrès ou à la décadence d'une nation. D'un côté l'excès des exportations sur les importations serait satisfaisant s'il était payé en or ou placé sur des propriétés ou valeurs étrangères; de l'autre l'excès des importations serait satisfaisant, s'il était dû à la plus grande valeur des marchandises reçues sur les marchandises envoyées, ou s'il était payé par le revenu que retire l'importateur de placements faits à l'étranger. En tenant compte de ces considérations, on doit regarder les chiffres suivants comme une approximative du montant des balances du commerce estimation que l'Angleterre a eu à payer à son désavantage :

1871	—	£ 15,000,000	1873	—	£ 19,000,000
1870	—	£ 34,000,000	1874	—	£ 29,000,000
1869	—	£ 30,000,000	1875	—	£ 54,000,000
1868	—	£ 37,000,000	1876	—	£ 83,000,000
1867	—	£ 27,000,000	1877	—	£ 100,000,000
1866	—	£ 36,000,000	1878	—	£ 100,000,000

Les montants nominaux des balances contre nous

étaient plus considérables. Toutefois l'estimation précédente en donnant des chiffres plus petits ne s'éloigne pas trop de la vérité. Si nous comparons les chiffres des dernières années, nous voyons entre eux des écarts considérables ; aussi ne devons-nous pas être surpris si on a eu des craintes sérieuses. Il est certain qu'une partie du débet que nous avons supporté provient de ce que nous avons fait sortir du pays des titres étrangers qui étaient entre nos mains. Cela ne prouve pas que notre richesse ait diminué ; cela signifie seulement que l'argent représenté par ces titres a été employé d'une manière différente.

En fin de compte, nous avons été obligés de nous défaire de ces titres parce que nous avions tant à payer que l'argent des bénéfices et des revenus ne suffisait pas ; et en fait, nous avons vécu dans une certaine mesure sur notre capital. En effet, si nous examinons de plus près les chiffres précédents, nous y puiserons des enseignements qui n'ont rien de rassurant. Nous verrons que tous les ans depuis 1866 jusqu'à 1870, la balance contre nous s'élevait à 30 ou 40 millions en moyenne. En 1871, elle était descendue à £ 15 millions et, en 1872, cet écart avait disparu. En 1873, nouvel écart de £ 19,000,000 et en 1874, il s'élevait à £ 29,000,000. Mais depuis, il a été en augmentant avec une rapidité si grande qu'en trois années, il avait quadruplé. Mais remarquons-le, c'est dans les années où cet écart a été le plus faible que ce pays a joui de la plus grande prospérité commerciale qu'il eut encore connue. En 1874, l'écart avait augmenté et depuis cette époque jusqu'à présent, nous avons éprouvé une dépression continue ; le profit commercial a disparu ; nous sommes en un mot dans une période d'épreuve très pénible, ayant à payer aux autres pays beaucoup plus que nous ne l'avions fait jusqu'à présent. Quelque grand que soit le stock de capitaux accumulés chez nous, il ne saurait suffire indéfiniment à payer au dehors des sommes aussi fortes, des centaines de millions sterling. En admettant même que la balance contre nous soit soldée avec les intérêts de ce capital, il ne serait pas moins évident que ce capital reste improductif. L'exportation des valeurs étrangères, à laquelle nous avions fait allusion tout à l'heure, constitue en réalité, une diminution notable de notre capital.

Cette crise a été alimentée par d'autres causes encore : le goût du luxe s'est développé dans la population; les dépenses ont augmenté avec les besoins; et nous sommes ainsi arrivés à un point où nous paraissons plutôt rester stationnaires que progresser. De plus, à côté de nous, les nations ont grandi; elles ont développé leurs ressources; elles peuvent aujourd'hui se mesurer avec nous avec avantage sur le terrain de l'industrie et du commerce. La crise dont nous souffrons n'a pas le caractère d'une crise définitive, comme se plaisent à le démontrer des économistes du continent dans des théories très ingénieuses. Si l'Angleterre est enrayée dans la voie du progrès, l'humanité ne continuera pas moins à avancer. Télégraphes, chemins de fer, canaux, les gigantesques travaux qui ont été exécutés dans les vingt-cinq dernières années ne sont pas le dernier mot de l'industrie. A l'Orient et à l'Occident s'ouvrent de nouveaux mondes, susceptibles d'acquérir développement et progrès. La stagnation continue des affaires amènerait une paralysie générale; ce serait la mort; mais une crise prévue, restreinte et momentanée fraie souvent la voie à un nouveau développement et ouvre de nouveaux horizons. La science non plus n'est pas restée en arrière; au capital, n'offre-t-elle pas un vaste champ d'exploitation? l'électricité, par exemple, n'est-elle pas susceptible de grandes applications?

L'intensité de la crise a été encore augmentée, grâce à des causes secondaires que nous allons rapidement énumérer : pertes des particuliers, par suite de faillites à l'étranger, le contre-coup de la panique qui a régné aux États-Unis, en 1873, de récents troubles politiques, la dépréciation de l'argent et la désorganisation de notre commerce dans l'Est, qui en a été la suite, les famines dans l'Inde, l'excessive production. De plus il ne manque pas de théories, basées sur les phénomènes physiques; le professeur Jevon, entre autres, a tiré des augures de l'inspection des taches de soleil; il leur a attribué quelque influence sur la crise. Mais ce sont jeux de savants.

Aujourd'hui la question la plus importante, c'est celle de savoir si, grâce à ces causes plus ou moins transitoires, il y a des indices graves de perte permanente pour le commerce. Il est évident que l'arrêt qui s'est produit dans les demandes de produits, que l'Angleterre avait coutume d'envoyer, ne saurait avoir un caractère permanent. En ce qui concerne le peuple anglais, nous pouvons dire qu'il vit aujourd'hui dans un degré de confort plus grand qu'autrefois ; mais qui peut dire que le niveau de ce confortable n'atteindra pas de plus hautes proportions? Si les temps redevenaient florissants, si les gages augmentaient, la consommation augmenterait également. Et il serait désirable que le peuple, pour lui-même comme pour le commerce du pays, consacrât ses économies à des achats utiles plutôt que de les gaspiller au cabaret. Ce serait toutefois exagérer que d'attribuer la dépression du commerce aux habitudes d'intempérance de nos populations comme le font certains moralistes des sociétés de tempérances ; mais il est évident que si l'argent dépensé au cabaret était consacré aux commodités de la vie, le commerce en recevrait une certaine impulsion. Dans l'état actuel des choses, il y a peu de raison de craindre que la demande cesse tout à fait; nos marchés intérieurs offriront toujours à nos manufacturiers un débouché pour une partie de leurs produits; mais plus difficile est de prédire si l'Angleterre continuera, comme par le passé, à fournir la demande non seulement de sa propre population, mais encore à celle des habitants des pays étrangers, dans les mêmes proportions qu'autrefois. Bien que l'alarme qui a régné dans certaines régions grâce à la diminution dans les exportations signalée par les comptes rendus du Board of Trade, et due à la baisse dans la valeur des marchandises, ne reposât sur aucun fondement sérieux, cependant, nous avons à lutter même dans les branches d'industrie où pendant longtemps nous n'avions pas de rivaux, avec des adversaires redoutables et bien armés. Les États-Unis, instruits par l'expérience des souffrances récentes, ont augmenté leur exportation sur une grande échelle et la balance du commerce qui était contre eux, a penché dernièrement en leur faveur. Nous devons nous attendre à trouver parmi les Américains nos amis, de puissants rivaux dans l'industrie des machines, grâce à l'augmentation des capitaux. De plus, des manufactures de coton seraient-elles établies dans le voisinage des lieux de production dans les États du Sud, les Américains pourraient certainement produire à meilleur marché que nous. Déjà la vallée du Mississipi, entièrement agricole, est couverte de manufactures. Il est de même dans l'Inde, où les filatures se développent considérablement. L'Angleterre se trouve ainsi vaincue par ses propres dépendances. Cet état de choses est dû en grande partie à la faute de notre propre population. Les marchands et les manufacturiers, ou plutôt peut-être nos manufacturiers seuls, circonvenus par des négociants et des courtiers, parmi lesquels on compte des étrangers et des contrebandiers avides de bénéfices, ont fabriqué des produits frelatés sur une grande échelle. C'est une des raisons majeures pour lesquelles nous avons perdu du terrain sur les marchés de l'Inde et de la Chine. Les indigènes de l'Orient sont suffisamment clairvoyants pour s'apercevoir de l'altération dans la qualité des produits et pour juger de leur valeur ; ayant trouvé que les cotonnades qu'ils achetaient des industriels anglais étaient mauvaises, ils se sont adressés à d'autres négociants. Il est fort douteux aujourd'hui que jamais nous parvenions à recouvrer la suprématie que nous avons perdue sur les marchés de l'Orient ; cette faute, nous devons nous-mêmes en endosser la responsabilité.

Mais si l'Angleterre n'est plus la reine du monde commercial, elle pourra toujours être un des plus grands pays producteurs de l'univers. Ce serait entièrement de sa faute si elle cessait de l'être. Nous avons, il est vrai, de redoutables adversaires sur le champ de bataille ; la bataille sera plus ardente dans l'avenir que dans le passé ; mais l'Angleterre, si elle veut être conséquente avec elle-même, si ses négociants voulaient pratiquer les vertus commerciales qui les distinguaient autrefois, elle sera toujours à la tête de ses compétiteurs ; sans les dominer comme une reine autocrate, elle sera « *prima inter pares* ». Les époques de crise passeront ; le commerce reprendra son activité et des temps prospères renaîtront. Les mauvais jours ne paraîtront plus ou s'ils paraissaient, ce serait pour disparaître bientôt, si nos négociants veulent abandonner les moyens dont ils se servent pour tromper et tricher et revenir aux traditions, aux vertus de leurs ancêtres qui ont fait l'orgueil et la prospérité de l'Angleterre, et qui ont fait que le nom de produits anglais était synonyme d'excellence.

CHAPITRE IX

ADMINISTRATION COMMERCIALE

Principes généraux de l'administration des maisons de commerce et des établissements industriels. — Exemples choisis comme types. — Industries du coton et du fer. — Leur organisation. — Divers préposés et agents responsables. — Des différents départements de cette organisation. — L'administrateur délégué. — Etablissements métallurgiques du Yorkshire. — Organisation du travail depuis l'extraction du minerai jusqu'à la vente des produits. — Description des transactions d'une grande maison de commission à Londres. — Des associés dans l'entreprise et de leurs attributions respectives. — Capitaux employés. — Influence de la politique sur la marche et la stabilité des affaires. — Principes généraux sur ce sujet.

On peut vraisemblablement comparer l'administration d'une maison de commerce comme la gérance d'un domaine territorial à celle d'un département public ; c'est sur une échelle plus modeste, la même organisation ; ce sont les mêmes principes. Nous en avons donné précédemment des exemples en parlant des grands landlords et du « management » de leurs propriétés ; nous avons vu les rouages de ce mécanisme, nous avons admiré l'ensemble de ce système si parfaitement organisé ; c'est en quelque sorte une copie de l'administration gouvernementale. Il en est de même des grandes maisons de commerce, des filatures du Yorkshire et du Lancashire, et des maisons de banques de la cité de Londres, qui sont pour ainsi dire les véhicules du commerce anglais.

Examinons d'abord l'industrie cotonnière dans les districts du Nord. Le coton déballé et mêlé pour avoir une qualité uniforme est passé à travers une série de machines. Il subit diverses transformations ; il est nettoyé, cardé, peigné, puis réduit en fils d'une certaine épaisseur. On le soumet ensuite au boudinage et au lissage. Tout ce travail est accompli par des procédés mécaniques ; la main n'intervient que pour transporter le coton d'une machine à l'autre, remettre le mécanisme dérangé et écarter toute cause d'obstruction.

Ici commence la série des responsabilités. Un maître tisserand contrôle le travail d'un certain nombre d'hommes ; il doit rendre compte au surveillant du nombre de broches ou de métiers qui fonctionnent. Il Il y a dans chaque atelier un surveillant, qui est responsable vis-à-vis du contre-maître de son département, des produits qui sortent de son atelier. Le contre-maître doit rendre compte de tout au directeur de la filature. Les pièces de coton sont portées des métiers dans les magasins ; elles sont soumises à une rigoureuse inspection et celles trouvées défectueuses sont rejetées. C'est l'ouvrage du garde-magasin. Ce dernier doit aussi examiner le coton lorsqu'il arrive à la fabrique ; les balles envoyées de la Nouvelle-Orléans ou de Charleston sont ouvertes par ses soins ; le coton est examiné et comparé avec l'échantillon ; des femmes et des enfants employés dans la filature, séparent les cotons de qualité inférieure et rejettent les pierres et autres impuretés. A lui également incombe le soin de faire la livraison des marchandises, et de les envoyer soit par les chemins de fer, soit par les canaux.

La machine à vapeur et les appareils sont sous la surveillance et le contrôle d'un maître-mécanicien, responsable de leur fonctionnement régulier et de leurs réparations ; le gaz est fabriqué dans l'établissement même ; c'est lui qui est chargé de veiller à sa manipulation et à l'approvisionnement du charbon ; tous les mécaniciens employés dans la filature et les ouvriers du gaz sont sous ses ordres.

Les gardes-magasins et l'ingénieur, comme les contremaîtres relèvent directement du directeur de la filature. Il en est de même des gardiens des bâtiments et des contrôleurs.

Telle est l'organisation d'une manufacture. Voulons-nous maintenant suivre les pièces de coton à Manchester, nous y trouverons un commis principal. Ses attributions consistent à vendre les marchandises en stock aux meilleures conditions, à faire préparer les commandes prêtes à être livrées, à faire parvenir à la fabrique celles qui lui sont faites, à tenir les comptes généraux et s'assurer que les vendeurs, commis et gardiens sous ses ordres fassent exactement leur service. Mais remarquons que la comptabilité de la fabrique est entièrement distincte de celle du magasin ; un comptable spécial est attaché à la manufacture pour y tenir les livres, établir les prix de revient, faire rentrer l'argent, et payer le personnel, les billets et les traites.

Les chefs des trois départements, le directeur de la fabrique, le commis principal et le comptable, sont à leur tour responsables dans leurs attributions respectives, vis-à-vis de l'administrateur délégué, le contrôleur suprême. Mais l'achat de la matière première est un point trop important pour en charger un subordonné ; car il entre pour les deux tiers dans le compte des dépenses ; aussi est-ce une des occupations spéciales de l'administrateur délégué ; les jours de marché, il se rend à Liverpool, et accompagné de son agent il visite les importateurs et leur achète tout le coton dont il a besoin au cours du jour. Le coton a été récolté dans les plantations de la Caroline du Sud, emballé et expédié à un port de mer ; de là il est embarqué pour Liverpool, où il est livré à des acheteurs directs, ou consigné à des négociants. Ces derniers veillent au déchargement et au magasinage ; ils donnent des échantillons à leurs agents, qui les soumettent aux acheteurs de la manière que nous avons vue plus haut. Souvent, on se passe de ces intermédiaires; le manufacturier donne directement ses ordres à Liverpool ou à Charleston. Cependant cette manière de faire, bien que plus expéditive et plus économique, en supprimant ainsi une foule de petits frais et de commissions, n'est pas la règle générale. Ce sont plutôt les négociants importateurs qui traitent avec les producteurs directement.

Comme on le voit, l'administrateur délégué est le pivot sur lequel roule tout le système de cette organisation. Il pose son visa sur tous les actes de ses subordonnés ; il dirige le contentieux et veille à ce que toutes les transactions soient faites avec l'honnêteté qui a toujours caractérisé la maison. C'est lui qui décide dans quelle forme doivent être confectionnées les pièces de coton et donne au vendeur ses instructions relativement aux prix et au crédit. A son tour, il consulte ses associés sur des questions d'importance vitale pour l'avenir de la manufacture. Doivent-ils étendre ou restreindre le cercle de leurs opérations ? Doivent-ils acheter une plus ou moins grande quantité de matière première ? Jusqu'à concurrence de quelle somme doivent-ils faire crédit à des clients ?

Tels sont les caractères généraux du système organisé par des sociétés puissantes engagées dans le

commerce des cotons. Celui des usines métallurgiques
du Yorkshire présente un aspect tout différent. L'établissement s'élève au milieu d'une plaine désolée, nue
d'arbres ; ses fournaises toujours en activité brillent de
feux étincelants, ses cheminées vomissent des nuages
de fumée ; dans les environs fourmille une population
noire ; et tout autour des wagons chargés de charbons
et de fer roulent sur des voies ferrées. A l'intérieur, se
trouve un grand nombre de fours pour le grillage des
métaux, des hauts fourneaux coniques, des fourneaux
à puddler, des laminoirs avec l'immense marteau-pilon, d'énormes montagnes de charbon, de coke et de
briques réfractaires, des fonderies avec leur cheminée ;
dans les cours sont entassés les produits des fourneaux
et des laminoirs. Mais les matières premières nécessaires à cette industrie ne proviennent pas comme pour
les filatures d'un lieu unique. Les mines de charbon,
les puits de minerai, les carrières de chaux sont situés
dans différentes régions du pays, sauf les briques réfractaires qui sont tirées généralement du Staffordshire.

C'est aux lieux mêmes de production que commence
l'organisation propre aux usines métallurgiques. Dans
chaque mine, chaque puits, chaque carrière, il y a un
directeur responsable, qui contrôle ses subordonnés
et les mineurs, veille à ce que les salaires soient dûment payés, dirige l'exploitation, tient la main à ce
que le charbon soit transformé en coke dans les fours
en quantité requise, et assure l'exécution de toutes les
commandes de charbon et de coke. Quant au transport
de la matière première jusqu'à l'usine, et la livraison
à la consommatton du fer travaillé, c'est une branche
trop importante de l'administration pour ne pas exiger
un directeur spécialement affecté à ces fonctions. De
même les mécaniciens et chauffeurs, tout le matériel
des voies ferrées et l'outillage de l'usine sont placés

sous les ordres et le contrôle d'un ingénieur en chef. Pour ce qui concerne la fabrication, elle est généralement confiée à deux directeurs distincts, qui, chacun dans son département respectif, a la haute main sur tout, veille à l'approvisionnement du charbon, du coke et du minerai au fur et à mesure des besoins, distribue le travail avec régularité, en surveille l'exécution, et fait livraison des commandes, selon les conventions et au terme fixé par les contrats. Ils ont en outre des attributions spéciales.

L'un s'occupe plus particulièrement de la fabrication du saumon de fer ; il a sous ses ordres un contremaître et un certain nombre d'ouvriers employés aux hauts fourneaux. On fait d'abord subir au minerai un premier grillage avec du charbon, puis un second avec du coke et de la pierre à chaux ; il est ensuite coulé en saumon. Le saumon de fer est vendu brut ou converti soit en fer manufacturé, soit en fonte. Cette dernière main-d'œuvre relève du département du second directeur. Deux contremaîtres lui sont attachés. Le premier surveille les fourneaux à puddler, le marteau-pilon, les laminoirs, engins au moyen desquels le fer est rendu malléable et susceptible d'être forgé en rails, tôles, plaques pour chaudières, fer T ou fer angle. Ses fonctions ne sont pas faciles à remplir, parce que dans la première partie de l'opération, il a affaire aux puddleurs, les plus indépendants des ouvriers. Car les puddleurs doivent être non-seulement habiles dans leur spécialité, mais encore doués de qualités exceptionnelles pour endurer leur rude métier. Aussi connaissent-ils leur valeur et affectent-ils vis-à-vis des chefs des allures d'indépendance. Le puddleur travaille ou se repose à sa fantaisie, et lorsqu'il paraît à l'usine, il y reste plus ou moins longtemps selon ses caprices du jour ; avec de tels ouvriers la tâche du contremaître est loin d'être facile. Il serait peut-être intéressant de donner ici un aperçu du travail des puddleurs. Après avoir arrangé leurs fourneaux et placé une charge de saumons de fer, ils chauffent. L'acier fondu est soumis à une série d'opérations qui constituent le puddlage. Il est d'abord façonné en boulet puis placé sous le marteau-pilon ; ainsi écrasé en loupe, il est passé à travers les laminoirs et réduit en barres ; celles-ci sont coupées en menus morceaux, soumises à une nouvelle fusion et à un nouveau laminage : l'acier prend alors les formes que nous avons énumérées plus haut et est ensuite livré à la consommation. Le second contre-maître surveille les opérations de la fonderie des forges ainsi que les artisans fondeurs et forgerons employés à la fabrication des coussinets de chemin de fer et des autres pièces mécaniques.

Le gardien et le contrôleur des entrées et sorties des ouvriers sont sous les ordres des directeurs qui, de même que les directeurs des houillères et mines, l'ingénieur et le directeur de l'exploitation, sont responsables envers le directeur principal ou administrateur délégué qui commande aussi au chef comptable, préposé à la tenue des comptes de la manufacture. A Londres, un agent représente la fabrique. Il a sous ses ordres une légion de commis pour la vente des produits. Il veille à la livraison des commandes et au chargement des fers sur les navires, il tient aussi les comptes du magasin et du personnel sous son contrôle. Mais de même que les autres agents établis dans les ports de mer, à Liverpool, Hull ou ailleurs, ce dernier reçoit ses instructions de l'administrateur délégué ; aussi une correspondance très suivie est-elle établie entre eux.

Comme nous le voyons, c'est généralement l'usage de confier l'administration et la police de l'usine comme de la filature à un seul et même directeur, ayant des connaissances techniques variées. C'est lui qui arrête le chiffre de la production du métal ; c'est de lui qu'émanent les instructions pour la vente ; c'est enfin lui qui donne l'impulsion à toutes les branches de l'exploitation. Il se consulte avec ses associés sur la ligne de conduite à tenir dans les affaires et sur la physionomie générale du marché métallurgique ; quelquefois un second administrateur lui est adjoint pour le suppléer et le remplacer en cas d'urgence. Mais, règle générale, on a moins besoin d'un suppléant dans ces exploitations que dans certaines autres ; on sent moins la nécessité d'avoir recours à des combinaisons financières, par la raison qu'un grand établissement industriel de cette nature, qui dispose de puissantes ressources, est propriétaire des matières premières, et que ses produits sont échangés contre de la monnaie courante aussitôt après leur livraison.

Mais détournons-nous de ces centres manufacturiers, où règnent l'agitation et le bruit, et arrêtons-nous devant une de ces maisons de la cité. Quel contraste ! Ici tout est calme et tranquille. Pénétrons religieusement dans la première pièce, là trente ou quarante commis sont assidûment occupés. Ils sont séparés du public par une cloison de vitrage dépoli. Dans les deux industries précédentes, que nous avons présentées comme modèles, les matières employées et les procédés de fabrication étaient suffisamment visibles. Ici, plumes, encre et papier, tels sont les seuls engins employés ; et cependant les transactions sont peut-être portées sur une échelle plus vaste et embrassent une plus grande étendue.

Ici comme dans d'autres entreprises, il y a certains membres de la société qui visitent les bureaux, y ont même des chambres particulières, dirigent une branche spéciale, et donnent leur avis sur la conduite à tenir.

Le plus souvent cependant, ils délèguent leur autorité et font peser sur d'autres la responsabilité. Mais comme les affaires, dans notre espèce, sont de diverses natures, il s'ensuit que leur direction est partagée entre plusieurs hommes de capacité et d'expérience. En fait, le contrôle général est dévolu à un administrateur-directeur ; mais son autorité ne s'étend pas sur le département des finances ; ce dernier forme une administration distincte, confiée à un associé, ayant étudié la science financière. Dans les établissements industriels puissants, la finance proprement dite est un mot inconnu parce que les matières premières appartiennent aux manufacturiers eux-mêmes, qui ont de grands fonds de roulement, et qui rarement sont contraints par une impérieuse nécessité de faire appel au crédit du banquier pour un supplément de ressources. Mais dans une maison de commerce, quelque grand que soit le capital dont dispose le négociant, les montants des transactions s'élèvent souvent à des chiffres plus considérables. En fait, une maison qui limiterait ses opérations jusqu'à concurrence du montant en caisse, ne profiterait pas des occasions favorables qui s'offrent à elle. Aujourd'hui voici le système des maisons riches et prospères : d'un côté ne jamais demander des avances sur leurs marchandises ; de l'autre, conserver toujours chez les banquiers une certaine balance et avoir toujours de grosses traites prêtes à être escomptées. Il est évident qu'une certaine pratique financière est nécessaire pour assurer l'exécution des engagements dans l'avenir et rendre inébranlable la position à toutes les époques de l'année. Ces difficiles fonctions sont confiées comme nous l'avons vu, à un associé, qui a directement sous ses ordres le caissier principal. Ce dernier, ayant le maniement du numéraire, est responsable de la régularité des traites et des chèques, signés par son chef, du versement en banque des revenus, des dépenses de toute nature et surtout du paiement des acceptations faites par la compagnie aux banquiers.

Signalons encore d'autres particularités dignes de remarques dans l'administration d'une maison de commerce. Toutes les lettres et documents doivent être signés par un membre de la société ; ce dernier doit également recevoir les visiteurs. Comme le membre délégué est souvent obligé de s'absenter pour affaires, il lui est adjoint un second associé pour le suppléer et agir en son lieu et place. C'est une règle à peu près générale ; à part ces exceptions, l'autorité est centralisée de la même façon que dans les grands établissements industriels.

Outre les attributions énumérées plus haut, le membre délégué doit passer en revue toutes les affaires, lire toutes les lettres avant de les cacheter, visiter les principaux clients et se consulter avec les autres associés dans des circonstances spéciales. De lui relèvent tous les commis principaux préposés à la tête des différents services. Tout d'abord, nous trouvons le chef du bureau, chargé de la correspondance générale et de toutes les affaires qui n'entrent pas dans un département spécial ; sous ses ordres sont placés les commis préposés aux lettres et dépêches, ainsi que les commissionnaires, introducteur et concierge. Puis à la tête du service des expéditions et chargement est placé un commis principal, responsable des connaissements et de tout ce qui se rapporte aux affrètements. Aux magasins de vente se trouvent des hommes expérimentés qui établissent les prix et veillent à l'exécution des engagements ; ces derniers, toutefois, sont placés plus immédiatement sous le contrôle de l'administrateur délégué, qui le plus souvent traite directement avec les acheteurs.

Pour communiquer plus facilement les uns avec les autres, ces différents services sont quelquefois réunis dans une même salle ou un même bureau; mais en général, des pièces séparées sont réservées à la comp_tabilité, au bureau des commandes et à celui des assurances. A la tête de la comptabilité il y a un comptable principal, responsable de la bonne tenue et de la régularité des livres, et des comptes rendus de ses subordonnés. Le chef du bureau des commandes est chargé d'exécuter tous les ordres qu'il reçoit pour la compagnie, que ce soit pour une entreprise de chemin de fer ou pour une caisse de vin ; il ne réfère à l'administrateur délégué que pour les transactions les plus importantes. Et enfin au chef du service des assurances est confié le soin de voir et d'examiner si toutes les marchandises, denrées, produits de toute nature, en cargaison flottante ou en magasin, sont entièrement couverts par des assurances contre l'incendie ou les risques maritimes. Dans chacun de ces services, il y a un nombreux personnel. Les chefs sont généralement des hommes qui ont acquis dans la pratique des affaires une certaine expérience ; leur choix est laissé à la sagacité de l'administrateur général, et le succès de la maison de commerce dépend en grande partie de ce choix.

L'organisation, dont nous venons d'examiner les rouages, est celle d'une maison de commission (Banking House). Il ne faut pas confondre les deux expressions : « Bank » et « Banking House »; elles représentent deux choses différentes. Les banquiers proprement dits se livrent à des opérations très vastes et à de nombreuses transactions, mais ils ne savent rien des opérations complexes familières au dernier. La principale occupation d'un banquier est de recevoir de l'argent en dépôt et de le placer sur bonnes garanties en bénéficiant de la différence des intérêts qu'il paye d'un côté et qu'il reçoit de l'autre. Les plus grands négociants de Londres s'intitulent « Banking House », parce que leurs transactions, quoique étant de l'ordre mercantile, consistent principalement à trouver pour le compte d'autres marchands, les moyens de faire le commerce, et dans ce but, ils ont des succursales dans les pays étrangers et les colonies ; la commission d'un tant pour cent constitue leur bénéfice et non pas la différence entre l'achat et la vente. Nous avons donné précédemment quelques notions sur la nature de leurs opérations. A cela ajoutons que leurs relations d'affaires sont soigneusement choisies et exceptionnellement bien traitées. En effet, pendant les heures de grandes crises, lorsque la valeur de la marchandise menace de tomber au-dessous du montant avancé pour l'acheteur, une maison semblable ne sacrifiera pas ses clients pour sauver elle-même, elle attendra que l'article momentanément déprécié remonte ; en prévision de quoi, elle fait crédit selon ses facultés et son courage.

Quant au capital engagé dans les entreprises, il est sans doute considérable ; l'épithète de millionnaire appliquée à un seul capitaliste est impropre ; car il est rare de voir un seul individu, quelque riche qu'il puisse être, consacrer aux affaires une somme aussi considérable qu'un million de livres sterling ; mais appliquée à une réunion d'associés, elle n'est pas un vain mot : l'étendue considérable des terrains, la valeur du matériel, le montant des produits représentent bien cette somme. En réalité, le capital exigé par chaque industrie est limité par la nature de cette industrie. Par exemple, pour établir une filature de premier ordre, il faut environ £ 500,000 ; l'installation des hauts-fourneaux pour la métallurgie exigerait le double de cette somme. Dans le premier cas, cette limite est rarement dépassée ; dans le dernier, quelquefois le capital est plus considérable. Ce qui démontre d'une façon claire et manifeste combien sont vastes les entreprises de ces compagnies. En admettant ces chiffres, nous aurons comme moyenne minimum de la dépense journalière pour l'achat du matériel, son entretien et les salaires plus de £ 3,000 dans le premier exemple et de £ 6,000 dans le second. Prenons les mêmes chiffres comme la moyenne minima des entrées, et si à ces montants nous ajoutons un intérêt de 7 1/2 pour cent sur le capital total, nous aurons respectivement dans le premier exemple, un revenu de £. 37,500 et dans le second de £ 75,000 à partager annuellement entre tous les associés. Plus difficile est de faire l'évaluation des ressources d'une maison de commission; parce que les occasions qui se présentent de faire des opérations très étendues, imposent difficilement une limite au montant des transactions.

De plus les bénéfices provenant des commissions échappent à toute prévision, à tous calculs préalables. On cite deux ou trois exemples de maison qui ont employé de très grands capitaux; mais en général, une maison, qui a un capital actif de deux millions sterling est une maison de premier ordre. Et de ce que le capital est renouvelé plus souvent, que les transactions se font en monnaie fiduciaire et que les traites sont fréquemment employées pour se procurer des avances, il résulte que la moyenne par jour des affaires traitées par une telle compagnie s'élève à une somme plus que considérable.

Nous avons vu qu'en règle générale, le soin de diriger et de contrôler les opérations mercantiles est confié à un seul associé habile et expérimenté, sauf dans les établissements commerciaux où la finance joue un grand rôle et dans ce cas, le service de ce département forme une direction spéciale. C'est une exception que de voir tous les associés d'une même Compagnie se partager les différentes branches de l'administration et diriger leur département respectif sous leur propre responsabilité. Mais ce qui se pratique plus souvent, c'est de confier le suprême contrôle au plus ancien des associés, choisi parmi ceux qui détiennent le plus de parts, et de l'armer du droit de veto absolu. Le plus ordinairement, les membres n'interviennent pas dans le maniement des affaires, bien qu'ils soient consultés sur les questions importantes et la ligne de conduite à tenir. Mais ils n'abandonnent pas pour cela leur droit de veto et d'intervention ; ils en suspendent l'usage aussi longtemps que leur collègue, l'administrateur délégué, semble conduire leurs affaires avec talent et prudence.

Il y a certaines questions qui se posent ici fatalement et dont la solution dépend de l'opinion. Nous classerons dans cette catégorie les agitations nationales, qui atteignent tous les intérêts. Quelle que soit la conviction personnelle de chacun des membres d'une même compagnie, tous peuvent clairement apprécier non seulement les mesures fiscales, mais aussi la politique générale d'un ministère, s'il est pacifique ou belliqueux. La guerre peut favoriser momentanément telle ou telle industrie; mais elle ne saurait être longtemps un élément de prospérité ; la sécurité seule est capable de garantir une prospérité durable et de donner au commerce tout son développement : en effet, la dépression dans une branche quelconque de commerce, réagit tôt ou tard sur les autres. Les manufacturiers en particulier doivent surveiller de près les progrès et les procédés de leurs rivaux du continent, afin d'avoir toujours le pas sur eux dans toutes les réformes. Le filateur ne doit pas perdre de vue l'état du commerce et la tournure qu'il prend aux États-Unis. Mais le négociant doit avoir constamment sous les yeux la situation des affaires dans toutes les parties du globe. Troubles dans les colonies ou dans la mère patrie, menaces de guerre sur le continent, difficultés avec les Chinois, révolutions dans l'Amérique du Sud, toutes ces choses sont pour lui synonymes d'arrêt de commerce, de baisse de prix, de méfiance et de perte. Il ne doit pas négliger de se rendre compte de l'allure du marché monétaire, afin de saisir le moindre avertissement qui pourrait présager un désastre temporaire pour se mettre sur ses gardes, et d'éviter ainsi la crise, le plus terrible ennemi du négoce, avec ses suites funestes, grosses pertes et peut-être effondrement complet même pour les maisons les plus solides, si leurs ramifications mercantiles sont par trop étendues.

Ce sujet nous suggère une autre réflexion : l'avantage que possèdent les grands établissements sur leurs concurrents plus modestement installés. Le secret de leurs forces réside dans le fait même de leur organisation. Disposant de grandes ressources, ils peuvent donner une plus grande extension à leurs transactions commerciales; leurs vieilles relations et la bonne réputation dont ils jouissent, leur assurent une place importante dans les marchés et une excellente clientèle. Grâce encore à l'abondance de leurs capitaux, ils ne sont pas forcés de vendre leurs marchandises à des acheteurs d'une solidité douteuse. Ils sont ainsi à l'abri des mauvaises créances, qui sont pour des établissements de second ordre une cause de ruine.

Disons en terminant que le mécanisme du système pratiqué dans les maisons de commerce n'a pas été créé tout d'une pièce. Cette organisation n'est pas le résultat du travail d'un seul homme ni d'un seul jour. Elle a été montée pièce à pièce et plusieurs ont concouru à son échafaudage; c'est aussi l'œuvre du temps.

CHAPITRE X

LES CLASSES OUVRIÈRES

Nombre et influence des ouvriers anglais. — Différences qui séparent les classes ouvrières et heureux résultats produits par ces différences. — Attitude des classes ouvrières envers l'Etat. — Différence entre les ouvriers français et les ouvriers anglais rassemblés en congrès. — Principes d'après lesquels l'Etat intervient en Angleterre entre le patron et l'employé. — Législation qui régit les manufactures. — Fonctionnement général des « Factory Acts » (Lois sur les manufactures) et maux qu'ils ont prévenus. — Comparaison entre les résultats produits par les « Factory Acts » et les « Education Acts » (Lois réglementant l'instruction). — L'instruction a encore besoin de réformes dans les districts manufacturiers. — Réformes sociales et industrielles dont le besoin se fait encore sentir. — Le « Truck System » (système de paiement des salaires en nature) pas encore aboli par la législation. — Etat des classes ouvrières dans la Contrée Noire (Black Country, les mines). — L'Angleterre minière : ses traits généraux et ses différentes variétés. — Types de mineurs et physionomie générale des pays miniers. — Relations entre les « patrons » et les employés. — Bon côté des « Trades Unions ». — Arbitration et conciliation. — Les ouvriers au Parlement. — Différences entre les ouvriers à Londres et dans la province.

L'Angleterre qui a été appelée une nation de boutiquiers, pourrait aussi vraiment être décrite comme l'empire des ouvriers. En effet ils sont dans une proportion numérique, relativement au reste de la population, plus forte que dans aucun autre pays de l'Europe ; ils ont plus de liberté ; ils exercent une influence politique plus directe. Ils comprennent à peu près la moitié des habitants de la Grande-Bretagne au sud de la Tweed, et leur nombre total peut être estimé de quinze à dix-sept millions. Il n'y a guère de villes dans le royaume, qu'ils ne pourraient, s'ils y étaient bien résolus, mettre en état de siège. Un seul mouvement bien concerté de leur part dans les grands centres manufacturiers et commerciaux, non seulement terroriserait un district, mais encore paralyserait le système commercial de l'empire. De même qu'ils sont les dépositaires de la force physique, ils le sont aussi de la puissance politique. Le suffrage parlementaire a été étendu jusqu'aux allées étroites et aux cours abjectes de nos grandes villes. Avant qu'il soit peu les plus humbles villageois de l'Angleterre jouiront du même privilège, ou réclameront le même droit. Quoique, en définitive, les ouvriers soient, en dernière instance, maîtres suprêmes du gouvernement de l'Angleterre, cependant les classes dirigeantes ne voient pas dans cette suprématie la source d'un péril social ou politique. Nous avons parmi nous des agitateurs et des boute-feu qui parlent de constitution caduque et de dynastie chancelante, mais nous avons toute raison de croire que des paroles subversives comme celles-là, n'éveilleraient aucun écho révolutionnaire dans la poitrine de la grande majorité des auditeurs auxquelles elles sont adressées. Nous croyons à la stabilité du régime sous lequel nous vivons. En d'autres termes, nous avons foi dans le bon sens, les bons sentiments et la docilité politique de l'ouvrier anglais.

Comment se fait-il que nous ayons en Angleterre une confiance si bien fondée dans la conduite régulière de l'élément prépondérant de notre population qui ailleurs est une cause d'alarme, de danger et est soumise à des lois restrictives ?

On trouvera une réponse à cette question dans ce fait, qu'il est presque impossible de faire une description complète des classes ouvrières dans un espace limité. En effet il y a autant de variétés d'opinions et d'ambitions dans les classes ouvrières que dans les classes qui sont au-dessus d'elles. Elles renferment autant de sections de d'écoles, des différences aussi grandes et des divisions aussi profondes que les classes supérieures, ou que cette multitude complexe appelée les classes moyennes. Il est par conséquent impossible de les caractériser d'une seule épithète, à moins qu'on ne dise d'eux qu'ils sont avant tout respectueux de la loi.

Cette diversité de pensées, de croyances et d'aspirations parmi les travailleurs anglais est à la fois la cause et la conséquence d'avantages nationaux. Elle résulte principalement de la liberté absolue et sans limites de parole et de plume dont on jouit dans ce pays. Le droit de faire des meetings et des démonstrations publiques est parfaitement acquis; la presse peut même aller jusqu'à la licence avec impunité. Aucune tentative n'est faite pour restreindre le droit de discussion pour les ouvriers qui s'assemblent dans les clubs ou les salles de conférences. Il y a des associations ouvrières qui ont établi leur position sur les principes de la « vraie démocratie » et qui se défendent publiquement ou dans les déclarations imprimées de leur foi politique d'adhérer à la constitution existante de l'Église ou de l'Etat. Ils aspirent au « self government » dans le sens le plus étendu du terme, « c'est-à-dire au suffrage universel des adultes » et proposent de considérer toute représentation reposant sur une base plus étroite, comme une sorte de despotisme déguisé. Depuis que « la vertu et la capacité, et non la richesse et la naissance, sont reconnues, comme les attributs essentiels du corps législatif, il s'ensuit que « tous les privilèges héréditaires doivent être abolis » (1).

Après l'énonciation de cette nouvelle charte si radicale et si nette, personne ne sera surpris qu'il y ait dans le programme certaines demandes moins fortement révolutionnaires telles que la durée plus courte des sessions des parlements; paiement des membres du Parlement par le budget de l'empire et des frais d'élections par les communes ; séparation complète de l'Église et de l'Etat ; instruction libre, obligatoire et laïque. Une telle propagande peut paraître alarmante, mais en définitive elle est bien inoffensive. Ses promoteurs peuvent parler de poignards, mais ils n'ont nullement le désir de se servir d'un seul. L'association elle-même qui a de tels principes dans son programme, est plus sociale que politique, et appartient à un ordre d'institution qui est une source incontestable de biens pour l'ouvrier, comme nous le verrons bientôt — au club ouvrier. La simple vérité est que ces programmes fortement épicés jouent le rôle d'une de ces nombreuses soupapes de sûreté constitutionnelles dont notre heureux pays est si largement pourvu.

Dans un pays de liberté civile, où le mécontentement politique dépasse rarement la forme négative, et où, lorsqu'il prend non sans raison quelquefois la forme positive, il commande immédiatement l'attention et l'action du corps législatif, les paroles n'ont aucun danger pour les pouvoirs existants. Elles sont simplement la manifestation d'une mauvaise humeur transitoire, ou, au pire, l'exagération et la caricature des plans agités de l'esprit public.

De même que cette variété de sentiments parmi les

---

(1) Ces paroles sont prises textuellement du programme de l'Eleusis-Club, à Chelsea, institution très-bien organisée.

classes ouvrières anglaises est le résultat d'un état de choses dans lequel toute liberté est donnée à la plume et à la parole, de même on doit y trouver une de nos principales garanties contre les troubles domestiques et le mécontentement démocratique. Réprimer la multitude est souvent consolider la sédition. Les Anglais sont respectueux de la loi, parce qu'ils sont persuadés que l'intention de la loi est d'être également bonne pour tous, et parce qu'ils croient que dans leur longue session, le corps législatif ne néglige pas leurs intérêts. Si cette croyance n'existait pas, l'esprit, non de soumission, mais de résistance à la loi existerait seul, et il y aurait un réel danger à permettre aux classes ouvrières, de s'organiser elles-mêmes en une masse compacte d'antagonisme aux institutions actuelles.

Détruisez un jour cette variété infinie de pensées et de sentiments, et un pas décisif aura été fait vers l'union de ces groupes hétérogènes en une masse compacte, qui pourra former une menace sérieuse pour les institutions de l'Etat.

De même que les ouvriers anglais varient entre eux comme opinions, de même ils diffèrent aussi comme valeur. D'un côté, il y a le travailleur honnête, dont le métier est prêt à commencer son travail au premier battement de la machine à vapeur, et de l'autre le flâneur qui, comme dit M. John Morley en parlant du Lancashire, « compte les minutes comme un écolier paresseux ». L'honnête ouvrier dans une usine vaut autant que le meilleur représentant de l'humanité active partout ailleurs, et cet honnête ouvrier abonde. Le fait est que l'ouvrier anglais, quelque énergique que soit la pression exercée sur lui pour l'entraîner dans le mouvement révolutionnaire, ne peut se débarrasser des instincts conservateurs de sa race. Il peut être libéral, ou radical, ou même démocrate, mais aussi longtemps que « son soulier ne le blesse pas, il ne désire pas le changer pour un autre qui le blesserait peut-être ». Cette esquisse sommaire de l'ouvrier anglais doit être accompagnée, — certains prêcheurs de révolution sociale diraient corrigée — de certains traits particuliers. Ses vices et ses vertus ont été regardés à tort et sans justice à travers un verre grossissant. Il n'est pas plus uniformément sobre qu'il n'est uniformément ivrogne. Il n'est pas plus le produit de la vie de club, — quelque important que soit le rôle que joue le club dans sa sphère — que de la vie de cabaret. Le cabaret prélève toujours une partie trop élevée de son avoir, et la poche du cabaretier est toujours le trou sans fond où s'engloutit la majeure partie de ses gages. Un ouvrier socialement et moralement parfait et sans vices est aussi impossible que le baronet irrémédiablement vicieux dans les romans, ou l'angélique enfant sans tache dans les « Nursery books ».

Sous beaucoup de rapports nous pouvons nous féliciter de la conception que se fait l'ouvrier anglais des fonctions de l'État, et, en général de la situation de ses gouvernants. Il peut s'intituler démocrate, en réalité il est un excellent serviteur de la monarchie. Il peut avoir une grande confiance dans la perfectibilité de l'homme par la forme du gouvernement républicain, il n'a pas la moindre idée d'agir avec violence envers le détenteur de la couronne. Il y a, par exemple, deux choses qui sont devenues coutumières chez nous, qu'il se refuse à admettre, et dont on peut même dire qu'il ne les comprend pas. Il ne veut pas entendre dire que la réforme des impôts qui a été faite au commencement de ce règne, justifie les dots qui sont votées par le parlement aux membres de la famille royale à l'occasion de leur mariage. Il reconnaîtra, il est vrai, que c'est préférable aux demandes périodiques qui étaient faites autrefois au parlement et votées par lui, pour le paiement des dettes faites par les princes du sang, mais il n'est pas absolument persuadé de la nécessité et de la justice de ces substitutions. Il est également disposé à ne voir dans les fonctionnaires et les pensionnés de l'État autre chose que les abus sous une forme humaine. Il veut bien que les hauts fonctionnaires de l'État : le premier ministre, le lord chancelier et les autres du même rang soient payés et même bien payés, mais lorsque le chômage arrive, il déclare qu'il est temps que leurs appels aux fonds publics cessent. Il est partisan du principe d'un bon salaire pour un bon travail dans le sens le plus généreux, pour les classes instruites, mais il est l'ennemi d'une forte rémunération au loisir grassement payé.

Très attaché à ses propres droits, il est la dernière personne au monde qui dénie la possession de ses droits à son patron, et il ne montre aucune inclination à imposer des devoirs fantaisistes au gouvernement pour la sanction de ce qui lui est dû à lui-même. L'ouvrier anglais peut être comparé avantageusement à l'ouvrier de n'importe quelle autre contrée. Il y a moins de tendance au socialisme parmi nous que parmi les autres nations de l'ancien ou du nouveau monde.

L'ouvrier anglais se fait, la plupart du temps, une idée très pratique et très modérée des fonctions de l'État. Les ateliers nationaux de la France révolutionnaire n'exercent aucune attraction sur lui. Il ne fait aucun de ces appels extravagants à la protection de l'État pour le règlement de son travail quotidien et la fixation de ses gages, qui ont cours parmi les classes ouvrières en Amérique et en France, et qui sont la cause qu'une certaine forme de socialisme infecte également la grande république et le plus puissant empire militaire que le monde ait vu jusqu'ici. Lorsque les assemblées d'ouvriers anglais se réunissent pour discuter leur condition, ils l'examinent aussi sous le rapport de leurs relations avec l'État.

Lorsqu'une assemblée d'ouvriers français se réunit, on ne tient aucun compte de l'État et de ses lois, et la prétention qui domine les arguments de tous les orateurs est que l'état économique de la société doit être transformé si l'on veut que la civilisation progresse. La différence entre l'ouvrier français et l'ouvrier anglais ne peut être mieux exprimée que par ce passage d'un article sur un congrès d'ouvriers français écrit par M. Frédéric Harrison dans la « Fortnightly Rewiew » de juillet 1878 :

« Un contraste parfait est à observer entre un congrès d'ouvriers français et un congrès d'ouvriers anglais : chez nous les discussions roulent uniquement sur des points de législation pratique ; certaines lois doivent être soutenues ou combattues devant le parlement ; certaines enquêtes officielles, certains règlements ou certaines concessions sont demandées. Les neuf dixièmes de ce qui se dit dans un congrès ouvrier anglais se rapporte au gouvernement intérieur ou aux intérêts particuliers de chacun. Il ne se passe rien de pareil à Lyon. Aucune des lois soumises au parlement à Versailles n'est même mentionnée.

« Il n'y est fait allusion à aucun parti parlementaire ou même politique ; aucun homme public, aucun patron, aucun représentant de la presse qui soit en relation avec le Congrès ou dans lequel celui-ci semble avoir la plus légère confiance. Les radicaux, l'extrême gauche, sont considérés comme à peu près aussi hostiles que l'extrême droite ; les journaux les plus avancés, même celui de M. Rochefort y sont hautement répudiés ; M. Rochefort y est même appelé le Jésuite rouge. Aucun capitaliste enfin ne semble avoir le plus léger degré de contact avec les membres du congrès. Nous savons bien maintenant qu'en Angleterre de nombreux membres du parlement, même du gouvernement, sans distinction de parti, s'emploient activement à faire triompher beaucoup des idées émises par les congrès ouvriers. A chaque meeting annuel, un grand nombre de patrons, de grands capitalistes, d'hommes publics et des écrivains prennent part et se maintiennent en relations constantes avec eux. Des hommes dans la même position que M. Brassey, M. Mundella, M. Forster, M. Chamberlain, M. Samuel Morley, lord Lichtfield, M. Hughes, sont totalement inconnus des congrès ouvriers français. L'idée de patrons populaires et conservateurs y est encore plus incompréhensible. Un homme tel que M. Cross, ministre de l'intérieur conservateur donnant une existence légale aux « trades unions » (associations ouvrières) et codifiant le vaste réseau de la législation ouvrière, serait un paradoxe. Il est clair que la législation en France est bien inférieure à celle de l'Angleterre pour tout ce qui touche à la question du travail; que les classes politiques et les classes dirigeantes n'y ont aucun point de contact avec les ouvriers; et qu'il n'existe, pour ainsi dire, aucun grand patron ou grand propriétaire dans lequel ils aient une confiance entière. On ne peut manquer de s'apercevoir combien les classes gouvernantes en Angleterre s'intéressent, dans leur sphère, aux problèmes sociaux et travaillent à les résoudre; combien ici l'antagonisme de classe à classe est moins aigu, et combien les Anglais doivent à cette masse de législation protectrice, contre laquelle certains hommes protestent si vivement. »

« A Lyon, M. Gambetta est un bourgeois politicien; M. de Marcère est simplement la continuation de M. de Fourtou, Victor Hugo rien qu'un poète et Jules Simon un intrigant. Les ouvriers français caressent encore leur vieille idée de façonner le monde d'après eux quoique maintenant, on doit le dire, ils n'aient plus recours aux mesures subversives et cherchent à supprimer toute législation et même l'État. »

Dans le cours des cinquante dernières années, nous avons vu toute une série de lois destinées à protéger les femmes et les enfants employés dans les différentes industries. L'État y manifeste son intervention de différentes manières. Il a prohibé le travail des femmes et des enfants au delà d'un certain nombre d'heures, et pour ce qui regarde les enfants, il exige une certaine somme d'instruction, et un certain âge. Le principe sur lequel l'État s'est basé pour ces matières est qu'il doit protéger ceux qui ne peuvent pas se protéger eux-mêmes ; et les enfants et les femmes rentrent dans cette catégorie. L'observation de ces lois est garantie autant qu'on peut la garantir, par un système complet d'inspecteurs d'État. Ces inspecteurs arrivent à tout moment, à l'improviste, afin de s'assurer qu'il n'y a aucune infraction aux lois réglementant l'emploi des femmes et des enfants, et que l'état sanitaire des usines et des ateliers dans lesquels les hommes travaillent sont satisfaisants. Ainsi tout ce qui peut encourager l'idée que l'État s'occupe des plus petites et des plus minutieuses obligations envers le travailleur a été fait par la législation. Pourrait-on demander un témoignage plus concluant de la façon judicieuse dont les ouvriers envisagent les responsabilités du gouvernement, que ce fait, que pendant tout ce temps, aucune pétition demandant l'intervention de l'État pour ce qui a rapport au travail des adultes, n'a été présenté au parlement? De plus, il est bon de se rappeler que la demande d'une législation concernant les manufactures n'a pas été faite par les ouvriers eux-mêmes dans les mines, mais par des philanthropes tels que lord

Shaftesbury et plusieurs autres encore. L'opinion publique produit pour les classes ouvrières ce qu'elle ne fait ni en Amérique, ni en Allemagne, ni en France; elle trace la ligne à laquelle doit s'arrêter l'intervention de l'État, c'est-à-dire au travail quotidien de l'homme fait, et au droit de faire des contrats librement consentis entre le patron et l'employé. Partout, où elle a été essayée, l'intervention au delà de ces limites a été une faute et une erreur. Aux États-Unis, elle a échoué. En Suisse où elle a été introduite en 1877, ce fut absolument le contraire d'un succès et en Allemagne et en France, elle a préparé la voie à la propagation du socialisme. M. Fawcett et d'autres autorités prétendent que les responsabilités que la loi prend à sa charge au sujet du travail des femmes, est une infraction au droit de contracter librement. Au point de vue pratique, il est très facile de défendre cette intervention. D'ailleurs, elle donne de bons résultats; ensuite, on ne peut pas soutenir que la femme, en général, soit un agent dans le sens que l'on donne à ce terme pour l'homme. Jusqu'à l'âge de dix-huit ans, elle est soumise à l'autorité de ses parents, et souvent cette autorité est un despotisme écrasant. Si à dix-huit ans elle se marie, comme c'est la règle de se marier de bonne heure dans les classes ouvrières, elle devient alors à peine plus que la propriété de son mari.

Quoiqu'il ne rentre pas dans le cadre de cet ouvrage de tracer l'historique de la législation des manufactures, il est nécessaire d'indiquer quelques-unes des étapes principales qu'elle a parcourues.

La législation qui régit ces matières, a été faite dans l'espace d'un peu plus des trois quarts d'un siècle. Partant de la loi sur les apprentis, en 1802, époque à laquelle le système manufacturier était dans son enfance, elle atteignit par le «Consolidation act» (Loi de consolidation) de 1878, son point culminant qui ne sera probablement pas dépassé dans ce siècle. La loi de 1802, qui ordonnait un meilleur vêtement, de meilleures chambres à coucher et la séparation des sexes pour les apprentis seulement, fut étendue, au-dessus de huit ans, et ensuite vingt-trois ans plus tard, à tous les garçons et filles employés dans les usines, apprentis ou non. Mais aucune de ces prescriptions, admirables en principe, ne servit à grand'chose dans la pratique, parce que la loi ne fournissait pas le moyen de les faire respecter. Leur défaut le plus grave provenait de ce qu'elles ne s'appliquaient qu'à l'industrie cotonnière et non à l'industrie lainière. En 1833, toutes les industries textiles furent comprises dans la loi, les inspecteurs furent institués, et les heures de travail, pour les jeunes personnes et les enfants seulement furent limitées à douze, le choix des heures, pendant lesquelles le travail devait être fait, étant entièrement laissé à la discrétion du patron, à la seule condition que ce ne serait pas pendant la nuit.

Ce ne fut que onze ans plus tard, qu'une loi répondant en tout à l'importance et à la nature complexe de cette matière devint un fait accompli. Dans cette année, le principe que la loi devait protection aussi bien aux ouvriers qu'à leurs jeunes fils ou filles fut consacré. A la même époque, le mécanisme garantissant l'obéissance à la loi fut perfectionné; des jours de congé réguliers furent établis, en dehors du vendredi saint et du jour de Noël. Il y fut aussi ordonné que les machines à vapeur fussent entourées d'une enceinte. Même alors, la loi fut fréquemment éludée, et comme les patrons faisaient relayer les femmes et les enfants, les inspecteurs ne pouvaient jamais connaître d'une façon certaine l'heure à laquelle chaque groupe avait commencé. Dans l'intervalle le « Factory Act »

(Loi sur les manufactures) avait été étendu aux imprimeries, et dans beaucoup d'ateliers, la durée du travail avait été fixée à dix heures, mais ce ne fut que dix ans plus tard que dix heures furent fixées comme la limite de l'emploi des femmes et des jeunes filles, et, dans l'intervalle, un compromis fixant les heures réglementaires à dix heures et demi avait été admis. En 1861, les blanchisseries et en 1864, les fabriques d'allumettes, les fabriques de poteries et les cartoucheries furent comprises dans le domaine de la loi.

En 1867, furent promulgués le « Factory Act extension Act (Loi sur l'extension des lois concernant les manufactures) et le « Workshops Regulation Act » (Loi réglant le travail dans les ateliers), dont l'effet pratique fut de régler et de restreindre les occupations auxquelles les femmes et les jeunes filles pouvaient être employées. Cet acte eut surtout de bienfaisants résultats pour les jeunes filles employées dans l'industrie de la couture. Cependant un grand défaut subsistait encore dans la législation manufacturière : la sanction du « Workshops Act » (Loi sur les ateliers) était entièrement entre les mains de l'autorité locale. Il fut remédié à cette insuffisance de la loi en 1870, et désormais le « Workshops Act » fut complété par l'institution des inspecteurs officiels des manufactures. Quatre ans plus tard, le nombre des heures de travail dans les industries textiles de toutes sortes fut fixé à dix. Il fut ensuite établi qu'aucun enfant au-dessous de dix ans, et aucune jeune fille au-dessous de treize ans ne pourrait être employé pendant tout le temps réglementaire, sans un certificat d'instruction. Quoique jusqu'à cette époque, le principe fut admis que jusqu'à dix ans dans un cas et treize dans l'autre, la moitié du temps devait être consacré à l'école, aucun certificat cependant n'était exigé, et dans beauconp d'industries, telles que les imprimeries, il était permis aux enfants d'aller à l'école à l'heure qui leur plaisait et de cette option résultait la plupart du temps un manquement systématique aux classes.

Le « Factory and Workshops Act » (Lois sur les manufactures et ateliers) de 1878, en même temps qu'elle renouvelait et renforçait les prescriptions d'une centaine de lois différentes, amena toutes sortes d'usines, aussi bien métallurgiques et céramiques que textiles, sous le domaine de la loi, mais n'étendit pas jusqu'à elles la limite de dix heures de travail, pour la raison que la proportion des femmes et des enfants employés dans ces industries est beaucoup moindre que dans les industries textiles. La loi ne semble avoir eu aucun besoin de sanctionner cette règle. Dans la pratique, l'habitude avait déjà fixé cette limite comme la période extrême au delà de laquelle on ne pouvait plus demander de travail aux hommes pas plus qu'aux femmes aux enfants. Lorsque par suite de circonstances pressantes, telles que l'exécution d'un ordre dans un temps donné, ou pour prévenir une baisse sur le marché, les patrons s'arrangent avec les ouvriers pour prolonger la durée usuelle du travail, ils trouvent toujours que l'extra-production ne répond pas à la dépense extra qu'ils s'imposent. Ceci est un témoignage irrécusable que les hommes ont pris l'habitude de dépenser toute leur énergie dans les limites d'une période de dix heures. Il en est de même pour les femmes, les enfants et les jeunes filles employés à la reliure des livres, et autres industries, auxquelles sont attachées des immunités spéciales. Le travail peut être continué, mais l'entrain et le soin avec lesquels il est fait se relâchent. La nature épuisée ne peut répondre à des demandes excessives (1).

(1) Il peut-être bon pour la convenance du lecteur, de résumer les principaux chefs de la législation manufacturière en vigueur.

Pour connaître tous les résultats du « Factory Act »,
il est nécessaire d'attendre encore quelque temps. Il
est impossible de voir l'effet d'une loi en même temps
que sa promulgation. Mais les résultats des « Factory

Une usine est définie : tout local dans lequel un pouvoir mécanique est utilisé comme procédé manufacturier, ou dans lequel certaines industries, telles que fabriques d'allumettes chimiques, cartoucheries et capsuleries, reliure de livres, imprimerie, manufacture de tabac et de cigares sont mises en œuvre. Il suit de la définition ci-dessus que les moulins à blé, et toutes les distilleries et les brasseries ne sont pas comprises dans les usines. La proportion des personnes qui demandent à être protégées ; c'est-à-dire, des femmes et des enfants, n'est pas considérables dans ces dernières industries et la protection qui leur sera donnée porte principalement sur le moyen de les préserver des machines dangereuses et des poussières ou des effluves malsaines prenant leur origine dans les procédés mêmes des industries. « Les manufactures, dans le « factory act » de 1878, sont qualifiées de « textiles » et « non textiles ». Aucune différence entre la durée des heures de travail n'existe dans aucun des cas. Dans les manufactures textiles, cette durée est fixée par la loi de 1874 à cinquante-six heures et demie par semaine, tandis que dans les manufactures non textiles, elle peut aller jusqu'à soixante heures dans le même laps de temps, d'après la loi de 1867. Les prescriptions de la loi de 1874 qui s'appliquent à l'emploi des femmes et des enfants sont maintenant étendues aux industries non-textiles et aux ateliers ordinaires. Aucun enfant ne peut être légalement employé à l'avenir, sous quelque prétexte que ce soit, au-dessous de dix ans. A treize ans, un enfant peut être employé tout le temps réglementaire, à condition de produire un certificat constatant qu'il a passé le quatrième examen exigé par le « Committee of the council on education » (comité du conseil de l'instruction publique). Dans le cas où un enfant ne produirait pas ce certificat, il continuera d'aller à l'école la moitié de son temps jusqu'à quatorze ans. Tous les propriétaires d'usines ont la faculté, d'après la loi de 1878, de travailler de six heures à six heures ou de sept heures à sept heures, à leur choix. Le privilège de travailler de huit heures à huit heures n'est accordé qu'à un nombre limité d'industries, qui ne comprend qu'une petite partie de ceux qui jouissaient de la même prérogative sous l'empire de l'ancienne loi. Le secrétaire d'État peut donner cette faculté à une industrie lorsque la nécessité en est prouvée, mais le rapport à ce sujet doit lui être adressé par l'inspecteur en chef. Diverses modifications aux congés et aux heures des repas sont accordées suivant les exigences spéciales de certaines industries. Le propriétaire d'une usine est obligé d'envoyer un rapport à l'inspecteur si celui-ci ne vient pas ou s'il ne reçoit pas de note officielle.

Acts » sont déjà immenses. De même qu'ils ont certainement guéri tous les maux existant dans la première partie du siècle, ils ont de plus créé un grand courant d'opinion publique en faveur de leur action civilisatrice. Ils ont été le fondement de toutes les lois sur les manufactures des autres pays, et si l'on veut se faire une idée des maux qu'ils ont prévenus, on n'a qu'à se transporter dans les usines de la Belgique et de l'Inde.

Dans chacune de ces contrées, beaucoup des révélations contenues dans le rapport de la commission sur l'emploi des enfants (1862) depuis longtemps, heureusement, aboli en Angleterre, se rencontrent chaque jour. Dans les districts du Royaume-Uni où se travaille la poterie, il y a moins de quinze ans, onze mille enfants et jeunes filles étaient employés dans des condition fatales aussi bien à la santé corporelle que mentale. Ils commençaient à travailler dès leur enfance ; quelques-uns entre six et sept ans, et les autres entre sept et huit, huit et neuf et neuf et dix ans. Leurs heures de travail étaient de cinq heures du matin à six heures du soir, mais dans de nombreuses circonstances, on leur demandait du travail jusqu'à huit heures du soir, et ceci dans une atmosphère variant entre 100 et 120 degrés (Fahrenheit) et quelquefois s'élevant jusqu'à 148, dans des chambres ou plutôt des étuves d'environ quinze pieds carrés, et de huit à douze pieds de haut. Dans l'hiver, des enfants étaient envoyés au dehors en courses, le mercure à vingt degrés au-dessous du point de glace, sans chaussettes, sans chaussures ou sans jaquette, et avec la transpiration fumant de leur front. Comme on devait s'y attendre, beaucoup mouraient de la phtisie, de l'asthme ou d'inflammations aiguës. Cet état de choses a complètement disparu. On n'emploie plus à ce travail des enfants trop jeunes. La loi a donné aux travailleurs dans ces endroits, protection pour leur vie et leur santé, une ventilation perfectionnée, et un répit dans le travail à des heures régulières. Les patrons ont reconnu qu'une ventilation perfectionnée amenait une économie de production, et qu'à moins de prendre des précautions pour l'échappement de l'humidité des articles exposés sur les claies, ceux-ci séchaient mal. Naturellement dans certains endroits, on a encore une ventilation défectueuse, et elle n'est destinée à disparaître que peu à peu. Soit dans les districts céramiques, soit ailleurs, les vieux ateliers étaient rarement construits d'après les principes de l'hygiène, et jusqu'à ce qu'ils aient été remplacés par des ateliers bâtis sur un plan meilleur, certains abus continueront à exister. Cependant, une réforme vitale a été effectuée par la construction, dans toutes les usines, de la cheminée au dehors de l'atelier, et les inspecteurs des manufactures rendent justice au louable empressement que mettent tous les patrons à adopter les améliorations les plus nouvelles et les plus efficaces.

Les scandales du même genre qui autrefois déshonoraient l'industrie du papier ont cessé d'exister. On chercherait en vain des parents obligés de porter sur leur dos, dans la neige, des enfants âgés de sept ans, et de travailler seize heures par jour, toujours sur les genoux auprès de leur machine. Cette industrie est maintenant dans les mains de gros industriels qui exécutent les prescriptions de la loi avec fidélité et empressement.

Les mêmes améliorations ont été réalisées dans la fabrication des allumettes chimiques. La loi sur les manufactures a tué les petits industriels, dont les établissements étaient le refuge de tous les abus.

C'est ainsi qu'une manufacture, employant six hommes et quinze garçons, consistait en deux petits hangars dont l'un avait environ vingt pieds de long sur seize de large, et sans aucun système de ventilation. Cet endroit servait à la fois de chambre d'immersion et de séchage, aussi bien que pour mélanger et chauffer le soufre et les compositions phosphoreuses. L'autre hangar, également sans ventilateur, avait environ trente pieds sur dix. — C'est là dedans qu'étaient mis en œuvre tous les autres procédés de fabrication qui comprenaient environ dix à vingt manipulations différentes.

Les enfants y apportaient leur nourriture et y mangeaient, s'arrangeant de façon à le faire sans quitter leur ouvrage. Tandis qu'à Londres il y avait, il y a dix ans, trente ou quarante fabriques d'allumettes de ce genre, maintenant il n'y en a probablement pas plus d'une demi-douzaine, et encore elles sont bien menées. Les grands industriels pouvant produire cet article à meilleur marché, les petits fabricants ont disparu.

Dans l'industrie de la fabrication des briques, il y avait encore, quelque temps après qu'on eut porté remède aux abus dont nous avons parlé ci-dessus, 30,000 ou 40,000 enfants employés dont l'âge variait entre trois et quatre et seize et dix-sept ans.

George Smith, de Coalville, a raconté, de lui-même qu'à l'âge de neuf ans il était employé à porter continuellement sur sa tête environ quarante livres d'argile, du tas d'argile à la table où les briques étaient façonnées. Il devait faire cet ouvrage sans presque aucun repos, seize heures par jour. Une nuit, après son travail quotidien, il fut forcé de porter 1,200 briques de neuf pouces, de la table du façonneur jusqu'au plancher où elles durcissent. La distance parcourue par cet enfant peut être évaluée à 14 milles au moins, dont la moitié était faite avec onze livres d'argile sur les bras; et pour cela il était payé six pence. C'est seulement tout récemment que les briqueteries ont été amenées dans le domaine des « Factory Acts ». Jusque-là les inspecteurs des manufactures n'avaient aucun pouvoir de faire exécuter le « Workshops Act » (Lois sur les ateliers) et beaucoup de propriétaires de briqueteries se soumettaient d'eux-mêmes à cette dernière loi, en employant moins de cinquante ouvriers. Maintenant, l'emploi des jeunes filles au-dessous de seize ans est absolument prohibé dans les briqueteries : en réalité, très peu de filles y sont employées ; et comme la question de savoir si on n'y interdira pas complètement le travail des femmes, est encore pendante, le nombre des femmes qui y sont occupées décroît tous les jours.

La condition sociale de l'Angleterre est encore entachée d'une flétrissure, qui n'a pas encore été enlevée. On a calculé qu'environ 22,000 hommes, 22,000 femmes et 72,000 enfants, parcourent toute la contrée sur les rivières et sur les canaux. On prétend également qu'environ 26,000 sur les 44,000 hommes et femmes, vivent dans un état de concubinage, et que sur les 72,000 enfants, 40,000 sont illégitimes (1). Quoique ces barques, sous le rapport sanitaire soient considérés comme des maisons dans le « Public Health Act » (Loi sur la santé publique), il est complètement impossible d'exercer une surveillance sur une population aussi nomade, et lorsque la maladie sévit à bord, ce qui arrive fréquemment, ces barques deviennent des centres d'où les maladies contagieuses, se répandent sur tout le pays environnant.

Pour les ouvriers dans les boutiques, il y a encore des améliorations considérables à réaliser. Les inspecteurs des manufactures y rencontrent de grands obs-

(1) Rapports sur les manufactures pour le semestre finissant le 31 octobre 1875, page 128.

tacles, et sont appelés à montrer beaucoup de tact dans leur mission. Il est très difficile de prouver que la loi a été enfreinte sans pousser l'intervention jusqu'à un degré d'inquisition qui détournerait la sympathie du public sur les violateurs de la loi. Les magistrats hésitent à intervenir dans les affaires de gens qui exercent leur profession.

La cause des grands succès des « Factory Acts » provient principalement de la discrétion avec laquelle ils ont été appliqués. C'est parce que les inspecteurs ont été unanimement désireux d'entendre les deux parties, et de servir d'arbitres entre le patron et l'employé, avant de citer en justice ce dernier, qu'ils ont fait naître dans la classe des patrons en général, une grande disposition à exécuter les « Acts ». Le demi-congé du samedi, prescrit par la loi, a donné dans la pratique naissance à des difficultés considérables. Lorsque le patron a été forcé ainsi que la loi lui ordonnait, de donner à toutes les ouvrières le congé de la demi-journée du samedi, il répondit que cela le forcerait inévitablement à diminuer le nombre de ses ouvrières. Dans ce cas, les inspecteurs ont pu recommander avec succès un compromis. Le demi-congé du samedi a été pris alternativement par les différentes classes d'ouvrières, à la grande satisfaction de tous les intéressés.

L'examen des résultats produits par les « Education Acts » (lois sur l'éducation) ne doit pas être séparé des résultats des « Factory Acts ». Les deux ont été des agents inappréciables dans la grande tâche de la réforme de la condition des districts manufacturiers ; et de même que les rapports des inspecteurs montrent que le nombre des cas où ils sont enfreints systématiquement va en diminuant, de même le sentiment public s'élève de plus en plus fortement contre ceux qui se rendent coupables de telles infractions. La loi, telle qu'elle existe maintenant, défend et punit l'emploi des enfants au-dessous de dix ans, et l'emploi pendant plus de la moitié du temps des enfants au-dessous de treize ans, qui n'ont pas passé le quatrième examen; c'est-à-dire, qui ne savent ni lire ni écrire, ne sont pas capables de composer une petite narration ou une lettre sur un sujet familier, qui ne possèdent pas les éléments de l'histoire de leur pays et de la géographie générale, et ne connaissent pas la comptabilité simple. On peut juger de quelle façon très satisfaisante fonctionne ce système par les rapports des inspecteurs des écoles. Le « Factory Act » de 1874, écrit un des inspecteurs dans son rapport à « l'Education Office » (bureau de l'instruction publique), contient une clause qui a directement rapport à l'instruction, et produira probablement d'importants résultats. Jusqu'ici tout enfant pouvait, à l'âge de treize ans, abandonner l'école et commencer à travailler la journée entière à l'usine, sans qu'il subît la moindre question relativement à son instruction, et c'est pour cela que des milliers d'enfants ont passé le temps où ils ne travaillaient que la demi-journée, sans aller plus loin que le premier ou le deuxième examen ou même sans en passer un seul. C'est une opinion généralement admise parmi ceux qui sont compétents dans ces matières, que l'esprit des enfants qui ne travaillent que la demi-journée est plus aiguisé, et qu'ils peuvent lutter non sans succès, contre ceux qui travaillent la journée entière. La raison la plus probable est que ceux qui travaillent la demi-journée sont tenus à plus d'exactitude, et c'est ainsi qu'il arrive que l'enfant qui ne passe pas plus de treize à quatorze heures par semaine pendant toute l'année, en retire un plus grand bénéfice que l'enfant qui doit aller à l'école vingt-cinq heures par semaine et y assiste plus ou moins régulièrement.

Ajoutez à cela que l'influence de l'instruction continue à se faire sentir, même lorsque cet enseignement lui-même n'est plus en jeu, et que celui qui travaille la demi-journée exerce continuellement ses facultés intellectuelles, pendant qu'il est à son travail à l'usine.

Quoique dès le premier jour les « Factory Acts » aient contenu des clauses se rapportant à l'instruction, tel n'a pas été cependant leur but primitif. Leur objet était de prévenir le travail des enfants avant un certain âge, et la loi n'a pas trouvé de meilleur moyen pour cela, que d'exiger leur présence à l'école. Ainsi, à un certain point de vue, les prescriptions des « Education Acts » de 1870 et 1876 peuvent être regardées comme complétant les clauses se rapportant à l'instruction des « Factory Acts ». Les « School Boards » (Conseils des Écoles) ne peuvent rien faire qui soit contraire aux « Factory Acts »; ils peuvent dépasser la lettre de ces lois, mais ils ne peuvent violer leur esprit; ils peuvent aller plus loin qu'elles, mais ils ne peuvent rester en arrière d'elles.

Lorsque le « Factory Act » prescrit un certain programme, le « School Board » peut augmenter ce programme, mais ne peut le réduire. Ainsi, les « School Boards » peuvent aller plus loin que les lois sur le travail, mais seulement à la condition que leurs prescriptions seront dans la direction prescrite par ces lois. Les « School Boards » ont ainsi dans les matières industrielles une grande autorité laissée à leur discrétion et ils refusent souvent d'accorder des certificats à ceux qui sont encore soumis au régime de la demi-journée de travail, à moins qu'il ne leur soit prouvé que les parents sont dans une position à rendre le travail de l'enfant nécessaire.

Il est clair que pour ce qui a rapport à l'instruction dans les « Factory Acts », il y a encore de grandes réformes à faire. En premier lieu, il est désirable que la permission de commencer à travailler à dix ans soit conditionnelle jusqu'à ce que un certain niveau d'instruction ait été atteint. Cette condition est imposée par certains « School Boards », mais elle est loin d'être universelle. Secondement, excepté dans le cas où les usines et et les écoles sont loin l'une de l'autre, la présence à l'école la demi-journée, soit la matinée, soit l'après-midi de chaque jour, devrait être le seul système admis.

Le désavantage évident de l'autre système, c'est-à-dire, un jour entier alternativement à l'école et au travail, est que lorsqu'il ne sont pas à l'école, les enfants sont employés pendant un temps complètement incompatible avec leur force, et pour lequel la compensation d'un jour entier de repos à l'école est insuffisant.

Un troisième abus, et c'est le plus sérieux, continuera d'exister tant qu'une modification considérable n'aura pas été apportée à la loi. Il y a beaucoup de comtés en Angleterre, surtout dans le centre, où les districts manufacturiers et agricoles, empiètent mutuellement les uns sur les autres. Les parents qui habitent dans ces endroits s'empressent de prendre avantage de la différence entre les législations sur l'instruction de l'Angleterre industrielle et agricole. Tant que cette différence existera, les parents auront toujours la tentation d'envoyer leurs enfants travailler à dix ans dans les fermes et dans les champs, après, qu'ils ont satisfait au modeste programme exigé des ouvriers agricoles.

Après deux ou trois ans, l'enfant arrivera à un âge où il sera capable d'obtenir les gages plus élevés accordés au travail dans les manufactures, mais comme il a fini ses études prématurément, il n'aura pas atteint le niveau d'instruction exigé par les « Factory Acts ». En plaçant un enfant sous le régime de

« l'Agricultural children's Act » (loi sur la condition des enfants dans l'agriculture), dans le premier cas, et du « Factory Act », dans le second, les parents ont satisfait à la lettre de ces deux lois, bien qu'ils en aient violé l'esprit. Il est difficile de trouver le moyen d'obvier à cela, à moins qu'une uniformité complète ne soit établie entre nos lois sur l'instruction dans la ville et la campagne.

Le système des payements en nature (Truck system) que la loi a cherché à détruire, et pour l'abolition desquels le mécanisme légal existe, continue d'exister encore dans quelques districts, à cause de la difficulté de donner une sanction à ce mécanisme. On peut justement reprocher à cette loi de faire supporter tous les frais des poursuites, et pour contraventions au « Truck Act » (loi sur les paiements en nature), par l'ouvrier qui serait dans ce cas sûr de perdre son emploi, tandis que les pénalités encourues par les patrons pour ces contraventions sont trop peu considérables pour contrebalancer l'influence de profits considérables. C'est un abus qui dure depuis longtemps et a pris origine dans le développement des grandes manufactures de l'Angleterre. On peut se faire une idée des gains réalisés par ceux qui sont ou étaient les promoteurs de ce système, par ce fait que dans l'établissement principal d'une certaine compagnie du pays de Galles, la quantité des salaires gagnés, s'élevait à 200,000 livres sterling; que sur ces 200,000 livres, 130,000 étaient avancées aux ouvriers avant le jour de la paye. Sur ces autres 130,000, une somme de 62,000 livres s'en allait tous les ans dans les boutiques.

Les boutiques faisaient 70,000 livres sterling d'achats par an, et vendaient pour 84,000 livres par an, ce qui laissait un bénéfice net de 14,000 livres.

Il serait plus juste de dire que le système des payements en nature est en train de disparaître, mais qu'il n'est pas entièrement éteint. Dans certaines mines de charbons de terre du Centre, la chose existe, quoique le nom soit inconnu.

Lorsque les prélèvements obligatoires sur les salaires pour le club ou l'école, dont le propriétaire se charge lui-même, et sur lesquels il réalise un bénéfice, existent encore; lorsque des déductions sont faites des gages, si les enfants manquent à l'église ou à l'école de la chapelle le samedi, il est impossible de dire que le « Truck system » ne subsiste plus. D'un autre côté, il est probable que les violations flagrantes du Truck sont confinées principalement à l'industrie de la clouterie. Les petits patrons cloutiers, dans beaucoup de circonstances tiennent des boutiques, où leurs ouvriers généralement viennent s'approvisionner; leurs femmes s'endettent dans ces établissements, et la dette se liquide par le prélèvement d'une certaine portion des salaires hebdomadaires. Dans d'autres circonstances, au lieu de gages, les patrons délivrent des bons sur ces boutiques. Dans un espace d'environ quinze à vingt milles autour de Dudley dans le Staffordshire, 25,000 ouvriers sont employés, et on peut dire que sur ce nombre, environ 14,000 sont payés en nature. Le salaire moyen d'un ouvrier cloutier faisant le clou commun devrait être de neuf à dix shillings par semaine, et s'il a une femme et un enfant pour l'aider, les gains atteignent douze shillings par semaine. Ces gens vivent dans des chaumières et sont perpétuellement dans la gêne. Ils se plaignent, à l'heure qu'il est, de payer le savon cinq pence, lorsqu'il ne coûte ailleurs que trois pence, et le lard dix pence, lorsqu'ils peuvent acquérir partout ailleurs une meilleure qualité pour sept pence. Ne pouvant avoir d'argent comptant, ils revendent à perte ce qu'ils achètent à crédit à la boutique du patron. On en a vu payer leur loyer en revendant leur farine au propriétaire. L'état de choses entretenu par le « Truck system » dans l'horlogerie n'est pas moins pénible. Un employé dans cette industrie fait la remarque suivante : « Si les hommes ne prenaient pas des montres, ils n'auraient pas d'ouvrage. Lui-même avait l'habitude de prendre des montres d'une valeur de cinq livres et de les revendre deux livres dix shillings. »

Un autre ouvrier dit : « J'ai été forcé de prendre trois montres chez X... — Il me fit payer 6 livres 10 shillings pour la première, une montre d'or de Genève. Je la gardai quelque temps, je l'engageai ensuite pour 1 livre 10 shillings et je vendis la reconnaissance dix shillings.

D'autres abus encore, malgré les bienfaits du « Factory Act », et le système si bien organisé de l'inspection, sont encore à détruire. Pour les manufactures de blanc de céruse, beaucoup d'améliorations ont été réalisées dernièrement, au moyen desquelles on a beaucoup diminué les dangers de maladie et de mort pour ceux qui y travaillent. Cette réforme consiste à jeter le plomb dans des châssis, pour faciliter la carbonisation au moyen de la machine au lieu de la main, et à faire brosser et laver mécaniquement les pots dans lesquels se forme le blanc de plomb. Les moyens d'éviter l'inhalation de la poussière de blanc de céruse par les ouvriers sont encore à chercher.

Là, comme ailleurs, l'absence de règles bien définies et sanctionnées cause des dommages nombreux. Trop souvent on laisse dans la pratique à la discrétion du manufacturier, le soin de voir si la condition sanitaire des usines est bonne ou mauvaise. Certains établissements sont pourvus de gants et de « respirateurs » de bonnets et de robes pour les femmes, de pantalons de toiles et de bottes pour les hommes, — dans d'autres il n'y a rien.

Dans un rapport daté d'octobre 1875, M. Redgrave démontre clairement, qu'il y a d'autres industries presque aussi dangereuses dans leurs conditions et désastreuses dans leurs résultats que les fabriques de blanc de plomb, telles que l'étamage des glaces et la taille et la préparation des meules de moulins. Ainsi il écrit : « Dans les ateliers où sont préparés les meules de moulins, on peut voir tous les degrés de la souffrance. On y rencontre le robuste paysan, attiré par l'espoir de gros salaires et qui croit qu'il pourra braver le mal ; puis celui qui était robuste, il n'y a que peu de temps encore, et qui maintenant est pâle et harassé par la toux ; et enfin, en passant par les différents degrés de la phtisie, on en arrive au poitrinaire rabougri, dont le frêle corps est secoué continuellement par cette cruelle toux, et dont on dit : « Oh! il ne durera pas plus de deux mois. » La conclusion pratique de M. Redgrave, est que le Parlement n'aura pas accompli son devoir en entier, tant qu'il n'aura pas ordonné dans ces établissements, l'emploi universel de gants, de respirateurs, de vêtements et de bonnets spéciaux et de bottes.

La législation manufacturière, comme nous l'avons déjà vu plus haut doit, pour être efficace et juste, être appliquée d'une façon plus ou moins élastique. Il est impossible de soumettre les diverses sortes d'industries aux mêmes prescriptions et il est nécessaire d'accorder aux inspecteurs une grande latitude dans l'accomplissement de leur devoir. Ainsi, un des inspecteurs, M. Baker, dit que dans les tissages de laine où se fabrique ou se finit le drap, plusieurs procédés ne peuvent être mis en jeu, pendant le jour et que par conséquent, pendant l'hiver où les jours sont courts, il a permis que les ouvriers qui travaillent aux pièces ne seraient pas astreints à faire leur repas à la même heure que les autres. Il a autorisé une semblable dérogation à la loi dans quelques autres industries à la satisfaction mutuelle des ouvriers et des patrons. Bien plus, à une réunion de sous-inspecteurs de Birmingham et des pays voisins (1876), il fut décidé à la majorité de six voix contre une, il n'y avait pas d'industrie à laquelle serait appliquée la clause des « Factory Extension Act » (loi complémentaire sur les manufactures de 1867), établissant l'obligation de fixer les heures de travail de six heures à six heures, et laissant la faculté de les fixer en hiver seulement, de sept heures à sept heures, mais qu'on laisserait aux ouvriers le soin de décider dans quelle saison le travail serait de six heures à six heures ou de sept à sept. Les sous-inspecteurs du district de Manchester furent aussi d'avis que dans les manufactures de draps, le travail de huit heures à huit heures serait autorisé. Ces prescriptions des fontionnaires ont fini depuis par entrer dans la loi.

Au point de vue général des résultats pratiques, et du fonctionnement actuel des « Factory Laws » on peut dire que les rapports des inspecteurs portent principalement sur deux points : d'abord il est évident que la partie de la loi qui ordonne d'entourer d'une enceinte la machine pour la protection des travailleurs, a besoin d'être rédigée d'une façon plus précise et sanctionnée plus énergiquement. Ensuite, les rapports d'octobre 1877 des inspecteurs constatent que la loi qui limite les heures de travail des femmes fonctionne bien, qu'elle a donné satisfaction à la fois aux patrons et aux employés, et qu'aucun des maux et des inconvénients et des injustices que son application faisait redouter à M. Fawcett, et autres critiques compétents, ne s'est réalisé jusqu'ici. « J'ai vu partout, écrit M. Redgrave, cordialement approuver les restrictions mises aux heures de travail des femmes, et l'idée de les voir exposées aux heures incertaines et irrégulières qui prévalaient avant le vote du « Factory Act » de 1867 jeter partout l'anxiété et l'alarme. » A l'appui de ses vues, M. Redgrave rapporte de nombreux témoignages d'ouvrières. « Je préfère beaucoup, dit l'une, travailler aux heures fixées par la loi. Depuis que le « Factory Act » a été mis en application, je n'ai jamais été malade. » « Je ne souhaite certainement pas, dit une autre, de voir le « Factory Act » repoussé, et la permission donnée aux femmes de travailler plus tard. » « Le « Factory Act », dit une autre, est regardé comme un grand bienfait par toutes les femmes que je connais dans le commerce. Je gagne plus d'argent sous le régime de cette loi que lorsque le travail n'était pas réglé. » M. Redgrave résume ainsi d'une façon générale les résultats moraux de cette législation : « Je puis démontrer avec évidence que le « Factory Act » tend directement à encourager la moralité et la bonne conduite. Plus d'une fois j'ai reçu des lettres de parents de jeunes filles employées dans les usines, se plaignant qu'elles ne rentraient à la maison que fort tard après l'heure de la clôture légale. En remontant jusqu'à l'origine de ces plaintes, on trouvait que les jeunes filles étaient les coupables et non les patrons. Il est incontestable que les prescriptions de la loi sont d'un grand secours aux parents qui veulent exercer une surveillance sérieuse sur leurs enfants, car ils ne peuvent plus être dupes de cette excuse que leurs enfants ont été gardés tard à l'ouvrage. »

L'argument que les « Factory Acts » tendent à mettre une restriction artificielle à l'emploi des femmes et à déprécier ainsi la valeur vénale de leur travail, est réfuté par l'expérience pratique qui en a été faite dans les industries textiles. C'est dans cette partie que les restrictions imposées au travail des femmes sont les plus étroites ; et cependant, depuis l'application de ce système, la moyenne des femmes employées s'est accrue. La même observation s'applique aux industries et aux occupations exercées dans Londres. Quant à la proportion des gages payés, pas un industriel dans la métropole n'hésitera à déclarer, que depuis les dix ou quinze dernières années, il y a un accroissement très important dans la rémunération donnée aux femmes pour leur travail.

La condition sociale et morale de nos classes industrielles et l'appauvrissement physique des ouvriers des manufactures, sont des faits aussi lamentables qu'indiscutables. L'appauvrissement physique doit être attribué aussi bien aux habitudes vicieuses des parents, à leur intempérance qui a pour conséquence la transmission de constitutions affaiblies à la génération suivante, qu'à leur travail actuel dans les usines. Ainsi quoiqu'il soit vrai « que l'apparence et la force physiques aient beaucoup à souffrir d'une atmosphère viciée et surchauffée, chargée de fines fibres de coton ou de sable impalpable, des exhalaisons cutanées, du grand nombre de becs de gaz, dont chacun détruit autant d'oxygène qu'un homme et de la transition des filatures à l'air extérieur », il n'est pas douteux que des inconvénients aussi graves résultent du régime malsain que suivent les enfants, qui au lieu d'être nourris au sein de la mère, sont nourris d'une soupe faite avec du pain et de l'eau et un peu plus tard de café et de thé. Sans doute le régime des manufactures est mauvais, mais il est rendu pire encore par l'association du vice et de la corruption

C'est dans le « Black Country » (la contrée noire, les mines) que le plus haut degré de scandale a été atteint. La bâtardise y prévaut, et il n'y a rien d'étonnant à cela si on en juge par les traits suivants, qui peuvent donner une idée des abominations qui s'y commettent journellement. On y a vu neuf personnes de tout âge et de tout sexe, n'avoir que deux chambres à coucher ; un homme et sa femme, avec trois locataires — deux hommes et une femme enceinte de sept mois, n'avoir également que deux chambres à coucher. Des ouvriers, en quittant le cabaret, échangèrent un jour leurs femmes en rentrant à la maison, et le marché fut considéré comme bon, sans que les voisins en fussent scandalisés (1).

Ce sont là des traits de la vie contemporaine dans le « Black Country » qui indiquent un état de choses qui appelle l'intervention de la loi aussi bien que pour le travail des femmes et des enfants, l'entassement dans les maisons et leur distribution intérieure.

L'Etat a déjà décidé que ces matières étaient de son ressort, tandis qu'ils appartiennent évidemment à une catégorie dans laquelle l'intervention de la loi a produit des résultats utiles et efficaces. Chaque amélioration dans la contrée noire pendant les quarante dernières années, nous dit M. Baker, provient de la loi, par exemple, du rappel de la loi « Poor Law » (Loi réglant la situation des pauvres), la suppression des combats de taureaux, du travail des femmes dans les mines de charbon, et l'abolition partielle du système des avances (Truck system). Si, par suite de la révision ou de l'amélioration de la loi, un homme s'aperçoit qu'il ne tire plus autant du travail de sa femme et de ses enfants, il sera amené à travailler le lundi et le mardi,

(1) « Factory reports » (rapports sur les manufactures) pour le semestre finissant le 31 octobre 1875, pages 120 et suivantes.

au lieu d'aller s'amuser. C'est ainsi, sans doute, que les femmes des ouvriers cloutiers, par exemple, recouvreront leurs forces par la limitation de leurs heures de travail et pourront nourrir leurs bébés restés à la maison. En un mot, la famille et le « home » anglais redeviendront la règle au lieu d'être l'exception.

Des améliorations analogues à celles réalisées dans l'Angleterre manufacturière ont été aussi accomplies dans l'Angleterre minière. Par diverses réformes qui ont été sanctionnées par la loi en 1850, il fut établi que chaque mine de charbon aurait un régisseur assermenté qui, avec le propriétaire et l'agent de celui-ci, est responsable de l'observation des prescriptions de la loi. Des inspecteurs du gouvernement ont reçu pouvoir de visiter les mines et de faire des rapports sur leur condition ; les heures de travail des jeunes garçons, des femmes et des jeunes filles ont été restreintes, l'emploi de ces dernières pour le travail souterrain a été prohibé d'une façon absolue, et, avec certaines exceptions très limitées, le double puits a été rendu obligatoire.

Une réforme très importante a été l'obligation d'avoir un contre-maître diplômé. Ce fonctionnaire passe maintenant un examen, qui varie matériellement suivant les différents districts, mais est toujours sérieux. Quelquefois les examinateurs basent leurs décisions sur les connaissances du candidat comme ingénieur des mines, ou sur son intelligence et l'éducation qu'il a reçue ; dans d'autres cas, sur son expérience pratique pour tout ce qui regarde son industrie.

Le système d'inspection est très important, quoiqu'il ne soit pas appliqué aussi strictement que la loi originelle l'avait prévu.

En effet, la législation existante est vague dans ses termes, et le fait que des interprétations différentes en ont été faites dans la même localité, suffirait à justifier le besoin de la reviser.

Maintenant que nous avons fait connaissance avec les populations minières de l'Angleterre, nous allons nous trouver en face de contrastes nombreux et de variétés surprenantes.

Les conditions sous lesquelles les mineurs travaillent sont loin d'être uniformes, leur échelle de paie est différente, leur condition, leurs goûts, leur caractère varient autant que les localités où ils travaillent et les circonstances où ils se trouvent. Le mineur gallois ne ressemble pas à celui du du Staffordshire, de même que le Derbyshire, l'Yorkshire et le Lancashire ont chacun leur type différent de travailleur souterrain. — Celui du Lancashire étant généralement un politicien enragé, et celui du Yorkshire un habile sportsman. Vers le Nord, nous trouverons également des tribus également distinctes. Dans le Northumberland et le Durham et en passant la frontière et en allant en Ecosse, nous rencontrerons encore un nouveau champ d'expérience. Généralement parlant, on peut dire que les mineurs du Northumberland et du Durham sont les spécimens de leur classe les plus intelligents, les plus instruits, les plus civilisés, les plus économes et les plus religieux.

Dans le Northumberland, on trouve une grande pureté de race, dans le Durham, au contraire, le mélange de sang étranger est plus fréquent. Le premier de ces deux comtés, a une population aborigène et exclusive à l'égard des étrangers, l'autre, quoiqu'il le touche, est cosmopolite et professe des idées plus larges. Du Sud, de l'Est, de l'Ouest de l'Angleterre, de l'Ecosse, de l'Irlande et même de l'Europe continentale, la grande armée des mineurs du Durham reçoit sans cesse des renforts. De l'autre côté, dans le Northumberland, on ne voit pas un courant d'émigrations si continu et si intense.

Cependant, quoique ces faits n'aient pas manqué d'exercer une grande influence sur la manière de vivre et le moral des mineurs des deux comtés, on observe entre eux de nombreux points de ressemblance. Dans le Durham aussi bien que dans le Northumberland, de même que dans tous les comtés miniers, l'apparence extérieure des établissements carbonifères est la même. Partout la même poussière de charbon incrustée sur la même végétation rabougrie, signe certain du voisinage du champ de bataille où l'homme lutte comme la nature; les minces rangées longues, droites et parallèles de maisons à un étage, avec leurs entourages parfaitement propres, et leurs jardins soigneusement entretenus et décorés avec goût; car une propreté scrupuleuse paraît être la caractéristique générale des mineurs anglais.

Règle générale les mineurs, dans les différentes parties de l'Angleterre, restent complètement séparés des autres classes de la population, fait qui doit être en partie attribuée à la grande distance à laquelle beaucoup de houilières se trouvent des villes. Même lorsqu'elles se trouvent dans la banlieue d'une grande ville industrielle, les mineurs montrent peu de dispositions à s'amalgamer avec le reste de la population.

C'est une rude et périlleuse vie que celle des mineurs, quoique la science et l'humanité aient beaucoup fait pour l'adoucir. La moyenne de vie du mineur est beaucoup moindre que celle de l'ouvrier des industries textiles, et cela provient bien moins de ce qu'il est la victime de maladies dangereuses que de ce qu'il est spécialement exposé à des accidents fatals. Au contraire, quoique la moyenne de vie du mineur, qu'on peut estimer à trente ans, soit beaucoup plus courte que celle de l'ouvrier d'usine, qu'on peut considérer comme allant jusqu'à trente-huit et quarante ans, et, qui est elle-même de dix ans plus courte que celle de l'ouvrier ordinaire, il est comparativement sujet à peu de maladies.

L'asthme, la bronchite et autres maladies zymotiques ne font pas à beaucoup près autant de ravages dans cette classe de travailleurs, que dans celle des ouvriers d'usine. Si l'ouvrage par lui-même est épuisant, il faut se rappeler non seulement qu'il n'est pas continu d'un bout de la semaine à l'autre, qu'il ne prend guère plus de onze jours sur quatorze, et souvent seulement huit, pas plus de six dans les mauvais jours, mais aussi que leur vie domestique est plus hygiénique et plus remplie de comfort. Dans les grandes houillères du Durham et du Northumberland, les propriétaires prélèvent sur les gages réguliers des hommes et donnent même de leur propre poche de quoi bâtir pour eux des cottages auxquels est attaché un petit jardin, avec un toit à porc. Les cochons sont un sujet de rivalité amicale et de compétition entre leurs propriétaires qui, souvent, les jours de congé, les font parader dans les rues de la petite colonie. De plus, parmi les mineurs, c'est un point d'honneur pour les femmes, qui vont très rarement travailler au dehors à moins que ce ne soit dans le voisinage de grandes villes, de soigner leur maison et de la garder propre et confortable. Les districts houillers sont aussi toujours bien pourvus de médecins, et dans beaucoup d'endroits, les maladies des enfants, qui étaient causées par le manque de lait, ont disparu à la suite de l'établissement de laiteries établies par les mineurs eux-mêmes, et, dans quelques cas, dirigées par le contre-maître ou le régisseur de la mine.

Il est également important que ces vigoureux travailleurs soient aussi bien fournis qu'ils le sont de récréations et d'amusements hygiéniques. Ce serait une erreur de croire que le mineur qui concentre toutes ses affections sur son chien, et qui boit du champagne et mange des poulets de grain pendant que sa femme et ses enfants meurent de faims soit un type très-commun ; au contraire, le mineur du Durham et du Northumberland est fréquemment teetotaller (1), et n'a pas d'endroit plus favori pour passer ses heures de loisir que les salles de lecture ou le musée de mécanique qui existe dans tous les districts miniers. Les jeûnes mineurs s'adonnent aussi aux jeux athlétiques, et sont souvent de bons joueurs de cricket et de quoit (2). Ils organisent aussi, non sans succès des sociétés musicales d'amateurs, et souvent montrent pour cela beaucoup de goût et d'habileté. L'influence civilisatrice de la religion, de la science et de la littérature ont eu d'excellents résultats parmi les populations houillères. Il serait difficile de rencontrer une race d'hommes plus pénétrés de la crainte de Dieu que les mineurs, et les évêques et le clergé de l'Église officielle ont souvent eu des témoignages frappant de l'influence purifiante et moralisatrice des préceptes de ce méthodisme primitif qui est la foi spirituelle de centaines de mineurs du Northumberland et du Durham.

Pour ce qui regarde le côté séculier, ils s'occupent beaucoup de politique et aiment lire les journaux, et s'adonnent beaucoup à toutes les sciences appliquées, principalement la géologie.

On peut dire que le mineur commence sa vie de travail à douze ans. Avant le « Mines Regulation Act »

(1) On appelle teetotaler celui qui a fait le serment de tempérance, c'est-à-dire de ne boire aucune espèce de boisson fermentée ou d'alcool, mais seulement du thé, du café, etc.

(2) On appelle quoit un jeu qui ressemble au disque des anciens Grecs, et qui consiste en effet à lancer des disques en fer plus ou moins près d'un but déterminé.

(loi sur les mines), ils débutaient souvent à dix ans, et le nombre d'heures de travail est toujours de dix, commençant généralement à six heures du matin et finissant à quatre heures du soir. Les phases de l'industrie à laquelle est vouée la vie du mineur se divisent à peu près ainsi : son apprentissage dure les trois premières années, étant chargé pendant ce temps-là de conduire les chevaux qui chargent le charbon aux endroits où les hommes l'extraient. Cette sorte de travail s'appelle « putting » (pose). Un ouvrage réellement fatigant commence rarement avant que le système physique se soit développé, et à l'âge de dix-huit à vingt ans le garçon qui a rempli jusqu'ici les devoirs faciles de « putter », sera appelé à faire l'ouvrage un peu plus ardu de « hewer » (coupeur). On appelle ainsi le travail que fait l'homme fait et c'est là son ouvrage ordinaire jusqu'à ce qu'il arrive au moins à la limite de l'âge mûr ; souvent il continue à travailler comme « hewer » jusqu'à plus de soixante-dix ans, mais il est rare qu'il puisse supporter cette fatigue au delà de cinquante ou soixante ans. Même lorsqu'il a dépassé l'âge, il y a encore de quoi l'occuper dans la mine. Ainsi il peut être employé pour nettoyer lorsqu'il ne peut plus faire le métier de hewer (coupeur), et à ce titre il sera chargé de débarrasser le terrain pour les coupeurs après que le travail régulier de chaque jour est fini. Il est difficile d'évaluer d'une façon complète les gages du mineur, car ils varient non seulement selon les localités, mais aussi selon les fluctuations que subissent les affaires et dont le contre-coup se fait ressentir sur le travail. Les « putters » qui sont payés à la journée gagnent de 2 sh. 6 d. à 3 sh. 6 d. ; les hewers (coupeurs) qui sont payés aux pièces, se font jusqu'à 5 sh. par jour ; les « shifters » (nettoyeurs) sont rarement plus payés que les putters. Il est à remarquer d'ailleurs que souvent là où le salaire quotidien est le plus élevé, comme dans le Northumberland par exemple, il arrive souvent que le gain total de l'année est plus faible, parce que le travail est moins continu.

Nous avons déjà fait quelques observations générales sur l'attitude de l'ouvrier anglais envers son patron. Quoique une expérience quotidienne témoigne d'une grande amélioration dans les relations entre les représentants du capital et du travail, nous sommes encore loin de l'idéal que la patiente résignation avec laquelle les ouvriers du Lancashire et du Nord acceptèrent les maux résultant de la crise cotonnière amenée par la guerre de Sécession, a conduit quelques personnes à se forger peut-être trop vite. La vérité est que, les ouvriers du Lancashire, durant cette grande lutte, firent taire leur mécontentement, parce que leurs maîtres politiques leur montrèrent deux principes en présence ; l'esclavage et la liberté. Le besoin et la détresse, les accoutuma-t-on à croire, étaient les accidents inséparables d'une lutte qui ne pouvait finir que par la proclamation triomphante des droits de la nature humaine et la reconnaissance de la liberté de l'homme. D'un autre côté, partout où l'attitude des classes ouvrières, sous la pression de la misère, a été moins paisible, il serait illogique et injuste de chercher les motifs de troubles dans l'unionisme, et de se reporter avec regret à la période où les lois prohibaient les associations. Des restrictions considérables furent apportées aux associations industrielles jusqu'à la fin du premier quart de ce siècle, mais avec des résultats que l'on ne peut guère considérer comme avantageux pour les relations du patron et de l'employé. En 1811, la ville, la banlieue et le comté de Nottingham furent terrorisés par des bandes d'ouvriers bonnetiers alors en grève, qui brisaient jusqu'à deux cents métiers par semaine. Ils se livraient à ces attaques par troupes de six à cinquante, armés de sabres, de pistolets, de marteaux et de haches. Ils tinrent une fois dans la ville contre les soldats réguliers qui avaient été appelés pour réprimer les troubles, et la paix fut rétablie à grand'peine par la concentration de plus de 800 cavaliers et de 1,000 fantassins autour de Nottingham, Malgré cela, la destruction des métiers ne fit qu'augmenter. A la session de mars des assises de Nottingham quatorze briseurs de métiers furent condamnés à quatorze ans, et trois à sept ans de déportation. Dans le même mois une loi fut votée qui punissait de mort toute personne qui briserait un métier de propos délibéré ; mesure mémorable, d'un autre côté, par la protestation qu'elle arracha à lord Byron. « Tout en admettant, s'écriait-il, en parlant à la chambre des pairs, que ces troubles existent à un degré alarmant, on ne peut nier qu'ils aient pour cause la plus épouvantable misère. La persévérance de ces malheureux dans leurs actes tend à prouver que rien, si ce n'est le besoin, n'aurait pu pousser une grande partie de ce peuple, autrefois industrieux et honnête, à commettre des excès aussi préjudiciables pour eux, pour leurs familles et la société ».

En octobre 1814, époque à laquelle les excès continuaient, la maison d'un homme, qui portait ombrage, fut attaquée, et une bagarre s'ensuivit, pendant laquelle un des assaillants fut tué d'un coup de fusil. Environ mille machines à faire les bas et quatre-vingts métiers à dentelles furent détruits pendant cette période de frénésie populaire. Des troubles presque aussi sérieux se produisirent plus de vingt ans après, avec accompagnement d'incendies sur une échelle formidable. Il y a encore beaucoup de personnes qui peuvent se rappeler le spectacle terrifiant, visible du château de Nottingham, de quatre-vingts meules simultanément en flammes; et le trait le plus remarquable de tout ceci, c'est que cela ne provoqua pas une explosion d'indignation publique, comme les désordres commis récemment par les ouvriers l'ont fait.

A présent, si dix hommes sont en grève dans une ville manufacturière quelconque du Royaume-Unis, le fait est aussitôt connu, commenté de suite dans les journaux quotidiens, et de sinistres pronostics d'une guerre prochaine entre le capital et le travail en sont déduits. On ne peut pas dire en faveur des « Trades unions » (Union ouvrière), qu'elles ont arraché aux classes ouvrières la détermination rigide de prendre pour guide dans leurs demandes et dans leurs actes une loi économique immuable, ou quelles ont complètement répudié le mauvais esprit de violence et de désordre. Mais dans les dix dernières années, on n'a que deux exemples d'excès produits par les « Unions » (Unions ouvrières), la rixe de Broadhead à Sheffield en 1867, et ensuite, celle qui se termina par l'incendie de la maison du colonel Jackson, onze ans plus tard. Dans ces deux faits, il n'y pas d'exagération à dire que ces crimes furent amèrement regrettés et ouvertement condamnés par la majorité de la classe qui eut à en supporter la responsabilité. A quoi faut-il attribuer cette amélioration indéniable dans les rapports entre les patrons et les ouvriers en Angleterre? On peut inférer des quelques exemples de violence et de désordre dont on a accusé les « Unions et les unionistes », qu'ils sont entièrement éclipsés par les explosions de la fureur populaire, au temps où les « Trades unions » (Unions ouvrières), n'existaient pas. Il est de fait que quelque moderne que soit l'institution des « Trades unions », elle est de toutes façons une amélioration de celle qui l'a précédé, la société secrète. L'association vient d'un instinct que, puisque la loi ne peut le détruire, il est d'une bonne politique de la part de la loi de reconnaître. Il existe dans les divers métiers aussi bien que dans le commerce et l'industrie ; dans les professions savantes, aussi bien que dans celles qui ne le sont pas ; dans les professions médicale, légale et cléricale aussi bien que dans la profession commerciale. Le « Trade Union » n'est en fait qu'une application de ce principe d'association qui fait partie de la nature humaine. C'est ce que le duc d'Argyll a démontré avec une grande force dans son chapitre sur l'association dans le « Règne la loi. » L'association a son origine dans l'instinct naturel de légitime défense. Prenez comme exemple Preston, ou Blackburn, ou tout autre centre de l'industrie cotonnière. La plupart des employés y font le même ouvrage de « fileurs en gros », ou « fileurs en fin. » Car c'est une particularité remarquable du degré où le principe de la division du travail a été porté, que non seulement le même produit, mais aussi la même qualité produite se trouvent concentrés dans la même localité. Les ouvriers d'une filature, par exemple, sont menacés d'une réduction de salaires par leur patron qui voit là une occasion favorable d'augmenter ses profits. Pourquoi, se demandent-ils naturellement, seraient-ils moins payés que leurs voisins? Lorsqu'ils arrivent à se faire ce raisonnement et à se poser cette question, vous avez de fait en face de vous le « Trade Union. » Une usine communique avec l'autre et il tire de là son origine. Il n'y a pas à lutter contre les sentiments des intérêts généraux qui l'unissent. Les patrons peuvent l'aimer ou ne pas l'aimer ; c'est la manifestation inévitable de la part du travailleur d'un sentiment naturel, qui arrive toujours de façon ou d'autre à en imposer au capitaliste. La société étant divisée comme elle l'est, maintenant l' « unionisme » et l'esprit d'association en sont les compléments certains et nécessaires.

Comment évitera-t-on tout froissement et toute collision entre ces deux intérêts antagonistes ? De même que dans la nature humaine, l'instinct de sympathie est le principe compensateur de l'instinct d'égoïsme, de même dans le commerce et l'industrie l'arbitration et la conciliation sont les contrepoids de l'unionisme. On peut regarder l'arbitration telle qu'elle s'exerce continuellement en Angleterre, comme la mise en pratique du « Conseil des Prudhommes (1). » Il y a environ vingt ans, cette idée fut mise en avant par M. Mundella, puis un peu plus tard chaudement épousée par M. Rupert Kettle et M. David Dale, et enfin maintenant après vingt ans d'essai, on peut la considérer comme un fait accompli. D'abord les patrons aussi bien que les ouvriers y étaient opposés. Les jalousies et les froissements mutuels menaçaient de barrer perpétuellement la voie aux tentatives de conciliation amiable et d'arrangement pacifique, et ce n'est qu'après le rapport de la « Commission des Trades Unions » qu'on remarqua quelques progrès. Depuis ce temps l'idée que les contestations ouvrières peuvent être réglées pacifiquement sans l'intervention de la grève, par la médiation et le raisonnement, a fait tant de chemin parmi les ouvriers anglais, que maintenant, la grève, au lieu d'être regardée comme le premier expédient à employer pour obtenir des droits industriels, n'est considérée que comme un moyen extrême. Il est à remarquer, comme une conséquence générale de ce système, que l'arbitration et la conciliation devraient aller ensemble, que les conférences entre les représentants des intérêts opposés ne devraient pas attendre que la lutte ait commencé, mais que des meetings périodiques, chaque fois que le besoin s'en ferai sentir, devraient avoir lieu

---

(1) En français dans le texte.

entre les ouvriers associés et les patrons associés. Les plus intelligents entre les unionistes voient bien que beaucoup de leurs lois sont complètement mauvaises, injustes et par conséquent impolitiques dans leurs rapports avec le travail et l'État. Les plus sages de ceux qui professent l'unionisme dans la tribune et dans la presse, ne manquent pas d'indiquer les défectuosités de ces lois, et quelles doivent en être les conséquences. C'est ainsi que les règlements et les conditions de l' « unionisme » sont devenus peu à peu plus conformes avec les lois économiques, et la tendance s'est établie de regarder les relations naturelles entre les patrons et l'employé, non pas comme un état de guerre où il est permis à chacun de se servir des moyens les plus violents, mais comme une condition où il y a une réelle conformité d'intérêts entre les deux, et où les différences apparentes peuvent être réglées sans une brusque déclaration de guerre.

Le développement progressif de cette idée peut être tracé géographiquement. Elle se manifesta d'abord dans les trois grands centres métallurgiques : premièrement parmi les forgerons du Cleveland ou du Nord ; deuxièmement, parmi les forgerons du Staffordshire ; troisièmement, parmi ceux du Yorkshire Sud. Chez les forgerons du Nord, les résultats en ont été appréciables à un degré très élevé. Activement adoptée, il y a dix ans, par les très intelligents ouvriers de ce district, elle a éprouvé les deux extrêmes : une prospérité commerciale et une misère extraordinaires. Depuis son adoption, il est à remarquer qu'il n'y a pas eu de répétition de grèves désolantes, telles que celles produites en 1865, par la misère dans tous les districts pendant onze mois. Dans toutes les grèves de ces dernières années, ou bien les hommes ont demandé l'arbitration, ou bien jamais une résolution en faveur de l'arbitration n'a rencontré d'opposition. C'est ainsi que dans le pays de Galles, en 1873, les ouvriers la demandèrent, et le fait le plus significatif, c'est que les patrons perdirent la bataille. De même dans la grève des maçons de 1877, un courant indéniable se produisit en faveur de l'arbitration ; et les hommes les plus compétents croient qu'en 1878, les grèves de l'industrie cotonnière auraient pu être évitées dans le Lancashire, si on avait su s'en servir, car pour que l'expédient soit efficace en temps de guerre, il faut le préparer en temps de paix.

Pour ce qui regarde la grève des maçons en 1877, à Londres, les faits les plus regrettables furent les violences exercées par les ouvriers anglais contre ceux que les patrons avaient appelés du continent. On a allégué à cela que l'ouvrier anglais était résolu à ne tolérer à aucun prix la présence d'un rival étranger, et qu'il demandait la protection de l'industrie nationale avant tout. Cependant les exemples d'ouvriers anglais et étrangers accomplissant leur tâche dans une paix et une harmonie parfaites côte à côte ne sont pas rares, et on peut se demander si la façon dont les maçons de Londres ressentirent la présence des nouveaux venus, fut inspirée par un sentiment plus profond que l'intrusion de ce nouvel État, ou par le préjugé naturel de tout Anglais contre l'étranger. Le cri de protection à l'industrie a bien été poussé, mais il y a peu de chance qu'il devienne le signal d'une organisation réellement grande. L'ouvrier anglais est beaucoup dans ces matières, comme son supérieur social. Il n'aime pas les étrangers pris en masse, et déteste principalement l'introduction de tout étranger en particulier. Mais après un certain temps, il accepte ce qu'il ne peut éviter. Les occasions multipliées qu'il a d'acquérir une éducation tchnique supérieure, le rendent plus disposé à cela. Les conférences sur l'industrie et ce qui s'y rattache, faites dans nos grandes villes, dont beaucoup sont des centres universitaires, les autres éléments d'instruction secondaire, l'étude non seulement des livres, mais aussi du contenu de nos musées, ont grandement étendu les connaissances industrielles de l'ouvrier anglais et ont été comme la clef qui lui a ouvert un nouveau monde. De plus, il en a acquis graduellement la possibilité et le moyen d'accroître la valeur de l'ouvrage de ses mains en y ajoutant la grâce et le fini de l'art, et en utilisant ce dernier comme une nouvelle source de richesse industrielle.

Des questions politiques qui agitent périodiquement les classes ouvrières, il en est trois que nous pouvons mentionner ici. L'ouvrier aime l'idée d'une Angleterre très grande plutôt que petite, car il voit dans cette idée l'assertion de la grandeur et de la dignité de sa patrie, dignes de ses antécédents historiques, et l'occasion pour sa classe d'y jouer un grand rôle. C'est une idée qui le flatte comme patriote et l'intéresse comme travailleur. Mais il y a quelque chose qui l'occupe plus qu'une Angleterre puissante. Les questions commerciales et ouvrières, tel est son sujet de plainte perpétuelle, sont trop généralement ignorées du Parlement. Pourquoi, demande-t-il de temps en temps, le gouvernement ne crée-t-il pas un ministère du commerce, dont le titulaire serait chargé de tout ce qui affecte le bien-être du commerce, du capital et du travail? Combien de temps encore, demande-t-il, le commerce sera-t-il chargé des lourds fardeaux que lui impose la dénonciation du libre-échange par l'Amérique, par les grandes nations de l'Europe continentale et par les chefs de nos propres colonies? Si on demande jusqu'à quel point les classes ouvrières sont sincères dans leurs réclamations au Parlement pour remédier à ces griefs et à d'autres encore, il est difficile de répondre. Il y a une disposition indubitable de la part des ouvriers, à quelque nuance politique qu'ils appartiennent, à provoquer un mouvement pour la représentation directe des intérêts du travail dans la Chambre des communes. Mais, on ne peut pas dire que les ouvriers croient à l'efficacité de ce système. Au contraire, règle générale, les ouvriers n'ont pas grande confiance dans l'introduction de membres ouvriers dans le Parlement. Ils sont aussi disposés à être tant soit peu jaloux de leaders appartenant à leur propre classe. Si leur homme entre dans le Parlement, ils sont troublés par le pressentiment qu'il sera « gagné » ; qu'il n'aura pas la faculté de voter droit ; qu'une grande pression sociale sera exercée contre lui, et qu'il ne tardera pas à être un renégat de la bonne cause. Et cependant, devant les yeux de l'ouvrier anglais flotte vaguement le rêve de former à la Chambre des communes un Labour Party (parti du travail), comme le Home Rule Party.

Lorsqu'on étudie la personnalité de l'ouvrier anglais dans les villes, on est frappé, non seulement du fait qui a été déjà rapporté : la diversité des types qu'on y rencontre, mais aussi de la différence qu'on remarque entre l'ouvrier de Londres et celui des provinces. Les ouvriers des campagnes se distinguent essentiellement de ceux de Londres, en ce que leurs leaders sont presque toujours partisans d'une secte religieuse quelconque, tandis que ceux des ouvriers de Londres sont généralement des matérialistes déclarés. En prenant les classes industrielles anglaises en masses, il n'y a aucune raison de penser que la religion perde de son influence sur elles. Quelle que soit leur profession, ils n'ont aucunement l'idée d'élever leurs enfants dans l'incrédulité, et lorsqu'une maladie mortelle les frappe, ils demandent d'eux-mêmes le ministère d'un culte quelconque. M. Bradlaugh et autres conférenciers « libres-penseurs » ne peuvent pas s'attendre à rencontrer dans les provinces des auditoires pareils à ceux qu'ils ont à Londres.

D'un autre côté, tandis qu'une conférence sur l'économie politique ou quelque autre sujet d'intérêt commercial et industriel serait écoutée par deux ou trois mille auditeurs attentifs à Blackburn ou Preston, à Sheffield ou à Manchester, elle ne réunirait guère plus d'une rangée d'auditeurs dans la capitale de l'Empire. Généralement, on peut dire qu'en matière de religion, comme dans beaucoup d'autres, les classes ouvrières réfléchissent la condition de leurs supérieurs. Si l'incrédulité se montre à l'heure présente plus militante qu'autrefois en Angleterre, la religion s'y montre aussi plus active et plus éclairée.

L'ouvrier de Londres, possède beaucoup des qualités de sa classe, mais il est juste de dire aussi qu'il n'est pas exempt non plus de beaucoup de ses défauts. Il est fier de vivre dans la métropole du royaume. Il a le sentiment de sa supériorité géographique sur ses frères de province. Il est souvent d'une vantardise comique et d'une vanité grotesque. Il est en même temps sans consistance dans le caractère et très superficiel, saisissant vite dans les questions du jour les traits qui l'intéressent, et, lorsque vous lui adressez des questions, habile à répondre toujours ce qui est dans son intérêt, et très soigneux de cacher tout ce qui pourrait être tourné contre lui. Pour ce qui a rapport à l'organisation, il est, comme nous l'avons déjà vu, très inférieur à son frère de la province. Le nombre immense d'industries rassemblées ensemble à Londres, l'esprit de corps des hommes qui appartiennent à chacune d'elles suffisent à les neutraliser l'une par l'autre. La distance énorme à laquelle il revient de l'endroit de son travail, et pardessus tout la quantité considérable d'amusements populaires qu'il a à sa disposition, apportent encore de nouveaux éléments de dispersion.

Une autre distinction capitale entre l'ouvrier de Londres et l'ouvrier de la province, est que dans le premier cas il loge presque toujours en garni, tandis que dans l'autre il loge chez lui. A Sheffield, à Birmingham, et dans toutes les villes manufacturières et les districts houillers, on ne rencontre pour ainsi dire jamais un homme, à moins qu'il ne soit célibataire, qui n'habite pas sa maison à lui. Bâties en briques rouges ou en pierre grise, ces maisons sont pour la plupart tenues étonnamment propres et soignées, et il est très rare que votre nez soit offensé, par les mauvaises odeurs, à moins que la maison ne se trouve dans un de ces rassemblements de masures qui sont en train de disparaître. Fréquemment aussi, le logement de l'ouvrier de Londres est aussi bien que celui de son frère de la province. Dans quelques-uns des faubourgs de Londres, tels que Chelsea ou Kensington, il n'est pas rare, lorsqu'on a besoin du maçon ou du charpentier, qui gagne trente shillings par semaine, de le trouver établi dans le rez-de-chaussée d'une grande maison, divisée en garnis, avec la fenêtre de son petit salon donnant sur un parterre rempli de fleurs et d'arbustes toujours verts. Mais, même lorsqu'il en est ainsi, le sentiment de la famille a peu de force parmi les classes ouvrières de Londres, en comparaison de la province. Les cafés-concerts et autres amusements sont aussi populaires parmi les ouvriers de Londres, qu'ils le sont peu dans la province, et ces distractions y rendent la concentration des classes ouvrières sur un point donné et pour un sujet donné, très difficile. Pour mettre assez d'affiches sur les murs de Londres pour pénétrer jusqu'au fond des masses de la population ouvrière de Londres, il faudrait dépenser plus de 100 livres sterling, c'est ce qui fait qu'on a rarement recours à cette tentative. De là vient encore que la coopération qui a si bien réussi dans les grandes villes du Nord, n'a jamais réussi à Londres dans les classes ouvrières. De fréquents meetings périodiques d'abord, et ensuite une concentration continuelle d'intérêts, sont nécessaires pour le succès de cette entreprise, et c'est précisément ce qui manque à Londres : de là vient qu'on se plaint que les classes ouvrières n'y peuvent agir ensemble ni se réunir. D'un autre côté, il y a peut-être plus de sociabilité et de camaraderie parmi les ouvriers à Londres que dans la province, quoique l'institution du dîner et du thé du dimanche soient commune à la fois à Londres et aux provinces. Le dîner du dimanche a une certaine importance. C'est l'événement culinaire de la semaine. Les plats sont meilleurs et plus variés ; les couverts et la tenue de la société, car il y a toujours deux ou trois amis d'invités, sont également plus soignés. Le thé ne demande pas tant de cérémonies, mais dans son genre ne manque pas non plus d'une certaine importance, depuis que l'expérience l'a consacré comme l'endroit propice aux négociations matrimoniales.

CHAPITRE XI

LES CLASSES OUVRIÈRES (*suite*)

Aperçu général des changements et des améliorations introduits dans la condition du travailleur agricole. — Type du paysan anglais. — Sa carrière depuis le berceau jusqu'à la tombe. — Sa vie quotidienne. — Variétés différentes d'ouvriers de ferme. — Leur nourriture. — Spécimens d'ouvriers de la population du village anglais. — Changements introduits dans la vie villageoise. — Le magasin coopératif. — Naissance de l'instruction. — Comment le paysan anglais est logé. — Scandales qui ont déjà disparu et maux qui subsistent encore. — Division de la terre par lots. — Avantages et dangers de cette institution. — Des différents modes de salaires et de la façon dont la population rurale est payée. — Travail des femmes. — Organisation générale et progrès de l'agriculture en Angleterre. — Relations mutuelles entre le fermier tenancier et le propriétaire foncier. — Nature des fermiers tenanciers. — Salaire de la classe agricole. — Situation générale et prospérité de la classe ouvrière agricole.

C'est à peine si les influences combinées de la science et du commerce ont plus profondément transformé la surface de la terre que les perfectionnements de l'agriculture moderne, soit qu'ils aient eu leur origine dans la sanction législative, soit qu'ils proviennent d'une conception plus nette de leur intérêt de la part des propriétaires, ont modifié l'aspect physique et moral des villages anglais.

Ce bâtiment neuf si propre, entouré d'une cour, avec la maison d'habitation au milieu d'un jardin soigneusement cultivé, est la nouvelle école du village. Des milliers de ces constructions couvrent l'Angleterre rurale d'un bout à l'autre. Bien ventilées et bien fournies de tout le matériel nécessaire pour l'instruction, elles répondent encore à d'autres besoins que d'être des endroits d'instruction pour les jeunes gens et les filles pendant la journée. Les classes du soir pour les adultes illettrés, s'y tiennent pendant l'hiver et l'école laïque de la semaine est aussi presque toujours l'école religieuse du dimanche. On donne aussi dans cette même enceinte des conférences littéraires et scientifiques et des concerts. L'école est souvent la salle de réunions du district, aussi bien que le centre et le symbole de sa culture intellectuelle. Les perfectionnements de l'époque ne se font pas moins sentir sur les cottages dispersés tout autour. La maison du paysan cesse graduellement d'être l'étable où il a demeuré pendant des générations. Les cottages malpropres, construits et habités au mépris de toutes les lois de l'hygiène, sont en train de disparaître, et à leur place, s'élèvent des rangées de gentilles maisons en briques, généralement accolées deux à deux, dont l'une est la contrepartie exacte de l'autre, avec une cuisine, une dépense et un petit salon au rez-de-chaussée, et trois chambres à coucher bien aérées au premier étage ; une cour par derrière avec un hangar pour mettre en réserve les combustibles. Je ne crois pas que le prix de location de ces cottages excède dans aucune partie de l'Angleterre, trois shillings par semaine. Dans les districts ruraux de l'est de l'Angleterre, il dépasse rarement sur les grands estates un sh. six deniers par semaine, et jamais deux shillings. En outre de sa maison et de son jardin, qui produit assez de légumes pour la consommation de sa famille, notre laboureur peut aussi y avoir, à une petite distance de son habitation, un petit champ d'un quart d'acre d'étendue, qu'il loue à raison de dix shillings environ par an. Il y cultive les légumes ou nourrit une vache ou un âne s'il le laisse en pâturage. Ces portions de terrain se touchant souvent, il n'est pas rare de voir dans quelques districts favorisés, les fermiers de ces petits morceaux de terre se promenant autour de leur propriété, et l'inspectant avec une satisfaction et un orgueil évidents.

Le nombre d'heures régulières de travail est de dix par jour, et comme on déduit une demi-heure pour le déjeuner, un jour de travail comprend neuf heures et demie. Dans la saison des foins où une paie supplémentaire est donnée, ou bien le travail se fait à la tâche, ou la journée est plus longue. Dans l'hiver, huit heures, et dans certains cas seulement sept heures, représentent la moyenne de travail de chaque jour. La nourriture du villageois consiste principalement en pain, pommes de terre, lard et fromage. Généralement, avant de quitter la maison le matin, il boit une tasse de thé, et mange un morceau de pain et un peu de lard. A son second déjeuner, il a des légumes et de la viande salée, et si vous entrez dans son cottage à l'heure du dîner, une odeur appétissante vous montera aux narines, et le grésillement de la friture vous frappera les oreilles. Dans beaucoup de parties de l'Angleterre, principalement dans le Nord, et dans le centre, l'art de la cuisine rustique a été considérablement perfectionné ces dernières années. Les épouses et les filles des pasteurs de la « gentry » résidante, ont fait beaucoup pour vulgariser chez les paysans les principes de la cuisine scientifique, en leur donnant amicalement des leçons et des conseils, en leur écrivant des recettes, et en joignant l'exemple au précepte pendant leurs visites périodiques. On ne doit pas oublier de mentionner aussi l'influence bienfaisante de la vulgarisation des publications instructives à bon marché. « Conseils pour la cuisine » est la partie du journal qui est le plus lue dans les habitations des pauvres.

Pour que le lecteur puisse se faire facilement une idée de ce qu'est le travailleur agricole en Angleterre, il serait bon de l'introduire personnellement sans autre délai sur la scène de ses opérations, de l'accompagner non seulement à son travail ordinaire, mais aussi d'examiner les vicissitudes de sa carrière depuis son enfance jusqu'à sa vieillesse.

Supposons qu'il soit là devant nous, longtemps avant d'arriver au seuil de son existence active : c'est un enfant robuste et turbulent, avec la figure rougie et hâlée par les influences combinées du soleil et du vent. Les vêtements distinctifs qu'on voyait autrefois aux enfants des campagnes se rencontrent maintenant rarement. Le petit garçon que nous avons devant nous n'est pas habillé de cette grossière chemise à laquelle nous étions autrefois habitués; il porte un vêtement consistant en une petite veste ronde et un pantalon court achetés à la ville voisine. Sa sœur, qui est auprès de lui n'a rien non plus de campagnard dans son habillement qui est fait d'étoffes bon marché, taillées à la mode de Londres. La grande ambition de cette petite fille sera, lorsque son temps d'école sera fini, d'aller en service, d'épouser un valet de pied ou un sommelier de bonne maison, et d'arriver enfin à la dignité de propriétaire d'auberge dans quelque petite ville de province, ou de tenir un cabaret prospère. Tout autre est l'avenir réservé au garçon. Au moment où nous parlons, il a, supposons, neuf ou dix ans, et dans l'ancien temps, avant que les « Education Acts » fussent connus, il aurait déjà été employé aux menus travaux des champs, soit pour garder les volailles, soit pour effrayer les oiseaux, il aurait grandi sans aucune espèce d'instruction; mais avant même d'avoir douze ans, il aurait appris bien des choses utiles dans le livre de la nature. Il aurait connu par cœur le nom de tous les chevaux de la ferme et les particularités et la force de chacun ; serait devenu une autorité pour tout ce qui a rapport aux us et coutumes des oiseaux et des bêtes des champs et aurait pu dire à une distance où n'aurait pu atteindre le pouvoir pénétrant d'yeux ordinaires, l'endroit où le lièvre gitait, et où l'oiseau s'était posé.

Les cours du soir et l'école du dimanche lui auraient appris quelque chose, mais s'il était arrivé à l'âge d'homme avec une teinture des plus simples rudiments de l'art de lire et d'écrire, il eût été considéré comme un parangon et regardé comme un écolier distingué.

Tout cela est changé maintenant. Il est interdit par la loi d'envoyer à l'ouvrage notre futur laboureur avant l'âge de dix ans, et la tendance des « School Boards » et des « Boards of Guardians », qui dans certains districts ruraux ont dans la pratique les pouvoirs des « School Boards », est d'imposer pour permettre d'aller au travail, non seulement une certaine condition d'âge, mais aussi d'instruction. Chaque jour de la semaine, excepté le samedi et le dimanche, il va, ou du moins, doit aller à l'école depuis neuf heures du matin jusqu'à midi, et depuis deux heures jusqu'à quatre heures et demie de l'après-midi. A Noël, il a quinze jours de vacances, et durant le temps de la moisson, un mois ou plus de congé, afin que les enfants puissent assister leurs parents dans la récolte des grains. Lorsqu'il commencera sa vie de laboureur, son premier ouvrage sera probablement non pas d'éloigner les oiseaux, ce qui se fait maintenant généralement au moyen d'épouvantails inanimés, mais de conduire les chevaux ou la charrue. Dans quelques parties de l'Angleterre, il logera, pendant la durée de son apprentissage, dans la ferme où il est employé, recevant environ treize livres par an en plus de sa nourriture et de son logement. La plupart du temps il ne réside pas sous le toit de son patron, mais il demeure dans le cottage du valet de ferme qui reçoit huit sh. six d. de son patron. Il continuera à remplir ces devoirs pendant plusieurs années qui ne sont certes pas les moins heureuses si on ne lui donne rien à faire au delà de son travail ordinaire de domestique de ferme. En effet, le laboureur ordinaire qui, dans une ferme anglaise, doit mettre la main à tout ouvrage qui se présente, quelqu'il soit, est, si on le compare aux autres, le mieux payé et le plus indépendant de tous les ouvriers agricoles. Le berger n'est jamais réellement quitte. Il est exposé à être réveillé à quelque heure que ce soit de la nuit, et quand il est dehors, il ne sait jamais quand il lui sera possible de retourner. Le charretier, de même, est debout aux premières lueurs de l'aube pendant l'été, et pendant l'hiver longtemps avant que les étoiles aient disparu du ciel. Le laitier doit être à son poste avec une régularité mathématique au lever du jour pendant toute l'année. Chacun de ces ouvriers a probablement quitté le foyer domestique à jeun, et a travaillé deux ou trois heures avant que les autres employés de la ferme soient debout ; et s'ils ont rompu le jeûne, c'est simplement avec un morceau de pain et un verre de thé froid ou de lait et d'eau mêlés, tandis que les ouvriers ordinaires sont loin d'être astreints à des travaux si durs. L'heure à laquelle ils commencent leur ouvrage ne peut pas les empêcher de faire un repas convenable avant de quitter la maison.

Mais nous anticipons sur la vie de notre laboureur

qui est maintenant âgé de vingt-deux ou vingt-trois ans. Il a, chaussé de ses souliers, cinq pieds huit pouces de haut ; il est mince mais bien dégagé, d'apparence robuste, et de manières et de maintien singulièrement délibérés. Le laboureur anglais, de fait, est connu pour n'être jamais embarrassé. Son costume se compose de futaine ou de velours à côtes ; souvent il porte des guêtres ; un foulard de coton est attaché autour de son cou ; sa tête est couverte d'un chapeau rabattu ; et ses bottes, garnies de lourds clous, sont d'une grosseur énorme. Tel est son aspect extérieur, qui l'a suffisamment recommandé à quelque jeune fille du village pour quelle en fasse son époux. Même n'ayant pas encore atteint vingt-deux ou vingt-trois ans il est généralement marié et possède un intérieur à lui, mais il n'est guère plus souvent chez lui qu'un gentleman de profession libérale.

A six heures il est debout, et s'occupe de préparer son déjeûner qu'il se hâte d'avaler. A six heures et demie, il est sorti, emportant presque toujours dans un panier ou dans un mouchoir ses provisions pour la journée : une miche de pain blanc (la qualité du pain du laboureur est remarquablement belle, et la maxime de son épouse est que, meilleur il est, plus il profite), un morceau de bœuf ou de lard, un peu de fromage ou de beurre et une bouteille de thé froid. Il se rend à son ouvrage directement, tantôt soigner les chevaux, tantôt curer les fossés et tailler les haies selon le cas, ou bien il a d'abord une conférence avec le fermier, ou le bailli de la ferme, dont la besogne consiste à partager le travail entre les différents employés, et travaille ensuite jusqu'à neuf heures du matin. Il interrompt alors son travail, et fait son second déjeûner avec les provisions de son panier. A midi, il prend un autre intervalle de repos pour le dîner dont il trouve les éléments dans le panier sus mentionné, ou qu'il reçoit de chez lui apporté par ses enfants, car il est rare qu'il aille à la maison avant la fin de son travail. Son repas fini, il fume une pipe ou dort un moment, et quelquefois fait les deux, et à une heure et demie il se remet à l'œuvre. Aussitôt quatre heures arrivées, le travail du jour est fini, et le laboureur retourne chez lui où se prépare son souper qu'on peut « seul appeler réellement le repas de famille de la journée ».

Souvent, comme nous pouvons le penser, il jettera d'abord un coup d'œil, autour de son jardin, fera quelque petit ouvrage, ou examinera dans quel état se trouve son porc à l'engrais. Pendant qu'il est ainsi occupé, on l'appelle pour se mettre à table. Les enfants ont déjà pris place. Il arrive quelquefois que comme convive, se trouve là une de ses filles qui est au service, et qui contribuera par ses gages à augmenter les ressources de la famille. Généralement si les temps sont prospères, et si son ménage est bien administré, le repas est substantiel. Il y a du mouton et des légumes ou bien du bœuf, pas de première qualité sans doute, mais très mangeable et nourrissant pour le père et les aînés, ou du lard avec des pommes de terre, ou bien un ragoût appétissant de viande avec de la sauge et des oignons, et toutes espèces d'autres légumes que produit le jardin. Pour les enfants ils auront du poudding et du pain et de la mélasse, ou du pain et de la graisse de rôti.

Lorsque ce repas, qui est bien le dernier, est fini, notre laboureur, fera, si c'est pendant l'été et s'il n'est pas trop fatigué, un peu plus d'ouvrage dans son jardin ; ou bien, s'il s'intéresse aux nouvelles du jour, ou plutôt de la semaine entière, il se plongera dans la lecture du journal local, ou se le fera lire tout haut. S'il aime sortir de son intérieur, le cabaret est là, qui exerce sur le travailleur une fascination à laquelle il ne peut pas résister toujours. Mais l'ivresse et la mauvaise conduite sont moins fréquentes qu'avant, et le cabaret a à soutenir la concurrence du club du village. Les foins et la moisson sont les grand événements de l'année, et les saisons les plus profitables de son industrie. Alors il se lève très tôt et reste dans les champs très tard. Ses enfants sont aussi à l'ouvrage près de lui.

L'épargne commune s'accroît pendant ce temps, et son année financière finit avec l'entrée dans la grange de la dernière voiture de grains.

Les billets que ses supérieurs sociaux liquident à Noël, il les paie au moment de la moisson, s'il a reçu quelque crédit des commerçants locaux. Ainsi, l'année achève sa course, et l'année suivante en est la répétition. Ses enfants grandissent, sont mis à l'école, vont à l'ouvrage si ce sont des garçons, se marient à leur tour et s'établissent pour leur compte ; s'en vont en service si ce sont des filles ou s'emploient dans les industries de la ville, ou travaillent à la machine à coudre. Bien élever sa famille, est la plus grande ambition de l'ouvrier agricole anglais. Même lorsqu'il y est arrivé, il peut avoir encore plusieurs années de travail devant lui. Lorsqu'il arrive à la vieillesse, il ne se trouve pas sans ressources. Il a de temps en temps quelques petits travaux à faire. Il reçoit une petite rente du bureau de bienfaisance, et il est probable que le squire et le pasteur ne l'abandonneront pas. « S'il peut le faire, dit M. Little, il s'efforce de mettre de côté une petite somme pour la célébration décente des derniers offices qui ont rapport à sa carrière terrestre, mais, il s'inquiète peu que ce soit la paroisse qui fasse cette dernière dépense. Ses gages n'ont pas été excessifs, et si ses anciens patrons sont encore une fois obligés de mettre la main à la poche cela lui est bien dû. C'est ce qu'il dit lui-même non sans une certaine pointe de philosophie sardonique.

Indépendamment de son indifférence relative pour beaucoup de choses qui, aux yeux de l'artisan de la ville, revêtent un intérêt considérable, sous plusieurs rapports, l'ouvrier de la campagne diffère de son confrère urbain. Pour ce qui regarde le logement, par le système du bail, il a l'avantage de rester possesseur de sa maison lorsqu'il s'éloigne pour son travail, et ainsi de gagner du temps pour chercher autour de lui. La fête du village, la fête de la moisson, ou fête de bienfaisance, sont les deux principaux événements qui rompent la monotonie de sa vie. Les « Cricket Clubs » et les « foot ball Clubs » deviennent, il est vrai, de plus en plus nombreux et populaires, mais ce sont des passe-temps qui ne sont guère goûtés après l'âge d'homme. Il diffère aussi de l'ouvrier de la ville, en ce sens qu'il connaît moins les jours de congé réguliers. Il connaît peu ou point le demi-congé du samedi des ouvriers de la ville. Le dimanche, par exemple, est une journée entièrement consacrée au repos par le paysan. Il peut aller ou ne pas aller à l'église, solennellement habillé de noir, ou encore avec un gilet et une cravate de couleurs éclatantes ; mais, qu'il accomplisse ou non ce devoir, il s'abstiendra absolument de toute espèce d'occupation, et s'il rôde, restera à une portée de pierre de son cottage.

Si la majorité des villages anglais ont une population de laboureurs telle que celle dont nous venons de donner un spécimen, il y a certaines exceptions dans le système du village anglais, certains écarts dans le caractère individuel, du type normal, que nous allons examiner brièvement. Dans beaucoup de villages anglais, on trouve des groupes de cottages qui constituent des établissements d'un caractère particulier formant, en quelque sorte, des colonies qui vivent là depuis plusieurs générations, et dont les droits légaux à la possession de cet endroit ont toujours été inconnus. C'est une sorte de terre sans propriétaire, et les êtres humains qui s'y sont fixés mènent une vie irrégulière, précaire, et un peu de rapine. Ils travaillent pour les fermiers pendant les foins et la moisson, mais pendant le reste de l'année, ils subsistent ostensiblement du produit d'un jardin dont la tenue laisse à désirer. En réalité, ils doivent avoir d'autres ressources que cela. Les hommes sont fortement soupçonnés d'être des braconniers de profession, et les femmes et les enfants passent, à tort ou à raison, pour commettre toutes sortes de petits larcins. Même s'il ne peut se vanter de la présence de ces squatters aborigènes, rarement le village anglais se trouve sans posséder quelque particularité spéciale. C'est ainsi qu'outre l'ivrogne chronique qui montre déjà des signes de ramollissement du cerveau, presque toujours, nous trouverons parmi la population l'habile et actif laboureur, qui après avoir régulièrement travaillé pendant des semaines, a un accès d'ivrognerie, et disparaît pendant deux ou trois jours.

De plus, il y a encore l'incorrigible vaurien du village, qui n'a jamais fait un jour de travail honnête dans sa vie, que les fermiers emploient à contre-cœur, que le squire repousse avec horreur, et qui est reconnu indigne d'intérêt même par le ministre. Toutes les auberges respectables du pays lui ferment leurs portes, mais il y a un cabaret de bas étage, « une sentine de mal et d'iniquité » dont il est le client assidu. Il pourrait dire comment le propriétaire de cet établissement s'y est pris pour avoir tant de poissons, de viande et de volailles dans la repoussante arrière-cuisine de cette caverne qui est toujours remplie des émanations des mauvaises boissons et du tabac de basse qualité. On le voit rarement dans le village à la lumière du jour, mais il rôde çà et là au crépuscule, comme s'il poursuivait l'accomplissement de mauvais desseins. Il est passé maître dans l'art de pêcher les truites et de prendre le faisan au piège : il est, en fait, le braconnier du village, et c'est par une chance merveilleuse qu'il a pu jusqu'ici échapper à l'étreinte de la loi. La justice finit toujours par mettre la main dessus, ou si elle le manque dans le village dont il est la peste, c'est simplement parce qu'il la sent approcher et qu'il réussit à se sauver pendant qu'il en est temps encore.

Nous avons déjà constaté dans le costume des hommes et des enfants l'abandon à peu près complet des modes campagnardes. Le changement qui s'est produit dans les vêtements des femmes est encore plus remarquable. Même dans ces parties de l'Angleterre, comme le Northumberland, où dans le temps de la moisson les mères de famille et leurs filles travaillent beaucoup en dehors de la maison, les vêtements se rapprochent singulièrement de la mode dominante à ce moment dans les villes. La mode et les chansons nouvelles semblent voyager un peu moins vite seulement que les mauvaises nouvelles. Les airs nouveaux que les pantomimes vulgarisent à Londres, sont colportés au bout de quelques mois ou même de quelques semaines par les joueurs d'orgue nomades. Il en est de même avec le costume féminin. La dernière mode nouvelle est connue au marché de la ville voisine presque en même temps que dans la capitale de l'Empire ; et les chapeaux bon marché du dernier modèle, ou les rubans de la couleur en vogue se montrent à la fenêtre de la boutique de village très peu de temps après qu'ils ont été exposés, pour la première fois, à la vue des acheteurs de Regent Street.

Et encore la boutique du village n'est pas le seul entrepôt de ces marchandises. Une innovation salutaire et sensible dans l'économie du village anglais, a été l'établissement, dans ces dernières années, du magasin coopératif. Il y a un peu plus de dix ans, certain petit village du centre de l'Angleterre, qui servira de modèle à beaucoup d'autres placés dans les mêmes circonstances, fit tout à coup un grand progrès vers la prospérité. Une manufacture de bonneterie fut établie et réussit bien. Cela donna un emploi lucratif aux femmes et aux enfants des cultivateurs. L'argent devint abondant, mais les boutiques du village n'étaient plus considérées comme suffisantes. Heureusement, ce village possédait un pasteur qui cherchait avant tout à appliquer les règles du christianisme, et qui était juste l'homme d'affaires qu'il fallait dans cette occasion. Il se concerta avec les fermiers de l'endroit, donna quelques idées générales aux laboureurs et aux ouvriers de l'usine, et le résultat de ces délibérations et de ces mesures préparatoires fut la fondation de la A. Industrial and Provident Society (Limited), Société Industrielle et de Prévoyance de A (Limitée), qui fut dûment apostillée par l'archiviste des Friendly Societies (Sociétés amicales) de l'Angleterre, comme ayant des statuts conformes à la loi. Le capital de la société fut divisé en actions de £ 1 (25 fr.), auxquelles souscrivirent tous les membres à raison de 3 pence par semaine ou 3 sh. 6 pence par trimestre, jusqu'à libération complète. Les affaires se font sous le contrôle d'un conseil d'administration de neuf personnes, un trésorier, un secrétaire, deux censeurs, et cinq arbitres. Le principe de ne rien délivrer que contre argent comptant est absolu. Les comptes sont rendus après le premier jour de chaque trimestre. On peut se faire quelque idée de son développement rapide, par ce fait que la société commença ses opérations avec trente-trois membres et un capital versé de 27 livres 2 shillings. A la quatrième assemblée trimestrielle, elle comprenait douze ouvriers bonnetiers, treize ouvriers agricoles, un éclusier, un charpentier, un carrier, un briquetier, un colporteur, un commerçant retiré, deux fermiers, deux clergymen. Elle possédait déjà une balance disponible de 3 £ 4 sh. 4 d. Sept ans plus tard, la société comptait quatre-vingt-onze membres, parmi lesquels vingt-quatre ouvriers agricoles, dont deux étaient les plus forts actionnaires de la société. Les marchandises en magasins étaient estimés £ 216 ; £ 180 étaient placés à intérêts composés ; il y avait à la Banque une balance disponible de £ 105 ; et chaque jour le clergyman recevait de ses paroissiens de petites sommes pour les employer dans les fonds de l'association. Naturellement, le matériel de la société avait augmenté de valeur. Un cottage avoisinant le magasin originel avait été annexé pour cause d'agrandissement. Sept acres de terre avaient été pris en location, ainsi qu'une grange où on serrait les moissons. Tout ce qui est nécessaire à la vie, et même quelque peu de superflu, se trouve dans cet établissement, qui est une particularité du village aussi remarquable que l'école : épiceries, pain, beurre, bonneterie, mercerie, papeterie et librairie, drogues de toutes sortes, tabacs et bière. Le succès a été complet. Il s'en est suivi une diminution notable de l'ivrognerie, et la disparition des derniers restes du système de paiement en nature (Truck system).

Ceci n'est qu'un exemple du nouvel esprit qui a si largement réformé et vivifié la vie de l'ouvrier de la campagne. Entrez dans sa maison et vous verrez, par la décoration de son habitation, la preuve des tendances esthétiques de l'époque. Des lithographies familières et quelquefois gracieuses sont pendues aux murs, les cheminées sont couvertes d'ornements, quoique très souvent ceux-ci soient de plus mauvais goût et plus prétentieusement vulgaires qu'autrefois. Les livres n'y manquent pas, non plus que les journaux, et véritablement, la circulation de plus en plus grande des nouvelles feuilles quotidiennes ou périodiques, parmi les laboureurs, est un signe des temps. Le recteur, le squire et les fermiers les plus importants ne sont plus seuls, comme avant, à recevoir tous les jours l'histoire contemporaine du monde, telle qu'elle est rapportée dans les colonnes des grands journaux de Londres ou de la province. On les trouve maintenant dans les plus petites fermes et à l'intérieur des auberges. Les moyens de les distribuer rapidement ont augmenté beaucoup dans ces dernières années. Les voitures des laitiers, qui vont deux fois par jour à la ville voisine, sont souvent prises en réquisition et amènent le paquet que l'agent de Londres a déposé à la station rurale, ou, s'il n'y a pas de station, que le garde du train a jeté par la fenêtre du train dans un endroit convenu. Ce n'est pas un simple intérêt spéculatif à se tenir au courant des événements courants qui a popularisé la presse dans les maisons des campagnards. Ce qui intéresse principalement le campagnard qui étudie la presse hebdomadaire, est ce qui a spécialement rapport à sa condition personnelle. Il aime mieux une critique des agissements des « Poor Law Guardians » (Gardiens des lois des Pauvres) de son district, qu'un exposé palpitant de négociations diplomatiques d'une importance considérable. De même, son appétit littéraire est aiguisé par le désir de connaître la situation présente et l'avenir de sa propre industrie. La lutte du travail contre le capital a donné une grande attraction aux articles des journaux, et le laboureur commence à trouver un plaisir à lire ce qui se rapporte à l'émigration et aux émigrants, égal à celui qu'il éprouvait autrefois aux comptes rendus des crimes à sensation. On doit aussi une grande reconnaissance aux sociétés de colportage des livres. Ce sont des établissements fondés sur une vaste échelle, qui souvent fleurissent admirablement avec le secours de très peu de cotisations.

On peut voir, par ces exemples, quels progrès bienfaisants et considérables ont été réalisés dans la condition du laboureur. Mais il y a des maux qui n'ont pas plus cessé d'être son lot que la misère, le péché, le besoin, la faim et la maladie n'ont cessé d'exister sur terre. Tout en reconnaissant que la législation a fait beaucoup et que les mesures qui suivirent l'enquête de la Commission de l'Agriculture de 1868, les « Truck Acts » et les lois sanitaires modernes ont créé, pour améliorer la condition du laboureur, un mécanisme contre lequel, théoriquement parlant, on ne peut rien dire ; on peut demander maintenant comment ce mécanisme fonctionne ? Parce que l'emploi des enfants avant un certain âge, et sans un certificat qu'ils ont reçu une instruction déterminée, est prohibé, s'ensuit-il qu'aucun enfant soumis à ces conditions ne travaille pas ? Parce qu'il n'y a pas un coin de l'Angleterre où il n'y ait pas une autorité reconnue, s'ensuit-il que les lois de l'hygiène soient observées partout ? Parce que certains propriétaires fonciers ne toléreraient pas plus l'existence de causes de maladies dans les demeures de leurs pauvres, qu'ils ne laisseraient le public commettre des dégâts dans leurs parcs, pouvons-nous en conclure que les améliorations faites à l'extérieur du cottage du laboureur, peuvent nous donner une idée suffisante de l'état intérieur ? La vraie réponse à ces questions, est que la tendance du temps est aux réformes sociales et sanitaires. Ce qui manque généralement dans les grands Estates n'est pas tant une amélioration dans la construction du cottage qu'un accroissement de leur nombre. C'était une des choses les plus pénibles pour un laboureur, d'avoir un chemin considérable à faire pour se rendre à son travail. C'est pourquoi, maintenant, on bâtit les maisons au même endroit que la ferme, ou du moins tout près. Les laboureurs, souvent, font des objections pour y demeurer, et préfèrent l'indépendance et la sociabilité du village. Ils n'aiment pas les règlements de l'Estate, qui défendent l'entassement des locataires et ordonnent de laisser des ventilateurs ouverts.

Les femmes se plaignent de l'éloignement; elles ne sont pas assez près de la boutique ; et les hommes de la tristesse ; ils sont trop éloignés du cabaret. Le rapport de la Commission de 1867 démontre clairement que de louer des cottages, près des fermes, était une mauvaise opération. « Mon opinion formelle, dit le Révérend lord Godolphin Osborn, est que le propriétaire devrait avoir tous ses cottages sous la main, et les tenir sous son contrôle direct. » « Dans toutes nos enquêtes, dit M. Edw. Stanhope, sur ce sujet, je n'ai jamais rencontré d'hommes qui préférât vivre sous l'autorité d'un fermier, comme ils disent. L'économie, que réalise chaque année un homme du Dorset employé comme serviteur à l'année, est grande sans doute, s'il vit dans une maison attachée à la ferme, mais, là même, le laboureur a la plus grande aversion pour ce système. Malgré moi, j'ai été forcé de conclure qu'il n'y a pas de système plus fatal à l'indépendance et au confort du laboureur que la location de maisons près des fermes. D'un autre côté, il serait impossible de rendre l'occupation des cottages indépendante de la ferme, et le fermier trouverait très certainement peu agréable d'avoir des hommes vivant à ses dépens sans travailler pour lui. »

Quelques sérieuses que soient les améliorations qui ont été réalisées dans la condition des cottages des ouvriers agricoles, depuis que la Commission de 1867 a terminé ses investigations, cependant quelques-uns des faits contenus dans ce rapport sont encore vrais. Le plus grand défaut des cottages de l'Angleterre rurale actuelle est le mauvais arrangement des chambres à coucher. Beaucoup de ces maisons ne contiennent qu'une chambre à coucher ; la plus grande partie n'en ont que deux. Dans un village des comtés du centre, l'auteur a connaissance de ce fait : dans une seule chambre à coucher étaient rassemblés la mère qui était veuve, un jeune homme de dix-neuf ans, son fils, sa fille et l'enfant naturel de celle-ci. Souvent l'emplacement choisi pour le cottage est humide et marécageux ; ou bien la maison est adossée à une colline, ou sur un terrain plus bas d'un pied ou deux que le sol ambiant, et sans aucun ruisseau d'écoulement des eaux ni aucun moyen d'aération. Des maux moindres sont produits par la corruption de l'air au dehors, non pas tant à cause des eaux stagnantes, que parce que les femmes laissent s'accumuler, sans savoir quels inconvénients en résultent, des tas de légumes pourris et autres ordures dans le petit jardin. Il est vrai que généralement les classes ouvrières anglaises n'ont pas la moindre idée des lois les plus élémentaires de l'hygiène et on ferait une bonne œuvre en introduisant des éléments de cette science dans le programme de l'école du village.

Evidemment les fois sanitaires actuelles devraient prévenir une grande partie de ces inconvénients. Mais leur sanction rencontre de grandes difficultés, et il faudrait pour les faire exécuter entièrement, des preuves certaines. Il y a une clause dans le « Sanitary Act » (Lois sanitaires), autorisant la démolition des cottages dans les faubourgs d'une ville. Si on la mettait en exécution, il en résulterait l'encombrement des maisons dans la ville, car la loi a de plus ceci de défectueux qu'elle ne permet pas de remplacer les maisons démolies par de nouvelles. Le grand défaut de cette loi, c'est qu'elle ne contient aucun moyen de sanction, ce qui l'a fait justement comparer à une montre sans ressort. Le docteur Fraser, évêque de Manchester, l'un des commissaires de l'agriculture en 1867, fit cette remarque : « Le Sanitary Act » existant est complètement inefficace, à cause de l'influence locale par laquelle il est paralysé », et conseilla l'institution d'un fonctionnaire indépendant comme l'employé de l'Accise (contributions indirectes). La raison de l'inefficacité de l'acte provient en grande partie de ce que les autorités sont élues par les contribuables de la paroisse (ratepayers) et les représentants de ces derniers qui sont pour la plupart des commerçants. Sans doute, une intervention plus active de l'État présente des dangers et tendrait à favoriser le paupérisme. Mais il n'y a pas de raison qui empêche les « Boards of Guardians » de payer les dépenses d'école des enfants dont les parents sont notoirement indigents, et si cette assistance ne constitue pas le paupérisme, pourquoi stigmatiserait-on de ce nom l'aide qu'un homme recevrait de l'État pour rendre la maison habitable à sa famille?

Les conséquences d'un tel état de choses dont la fin se fait encore attendre, sont, au point de vue physique social, économique, moral ou intellectuel, également désastreuses. « Au point de vue physique, lisons-nous dans le rapport du docteur Fraser, un cottage mal construit, mal drainé et encombré, engendre toutes sortes de maladies, et augmente la tendance à la scrofule et à la phtisie. Au point de vue social, rien ne peut être plus misérable que la condition des paroisses « ouvertes » (open) dans lesquelles ont été déversées impitoyablement l'écume et le rebut des paroisses « fermées (1) » (close) leurs voisines. Au point de vue économique, la mauvaise distribution des cottages prive le fermier d'une grande partie de sa force productrice. Le patron, qui n'a pas de cottages à offrir à ceux qu'il emploie, doit, ou les attirer par l'appât de gages élevés, ou s'attendre à des refus. Au point de vue moral, continue le docteur Fraser, on ne peut pas s'attendre à ce que la modestie soit autre chose qu'une vertu inconnue et la décence une chose inimaginable dans une petite chambre où les lits se touchent d'aussi près qu'on peut les serrer et où le père, la mère, les jeunes gens, les jeunes garçons, les jeunes filles, deux et quelquefois trois générations, se trouvent parqués. » Nous nous plaignons, continue le rapport, du manque de chasteté de nos femmes avant le mariage, du langage bas et de la mauvaise conduite des filles qui travaillent dans les champs, de la légèreté avec laquelle nos filles jouent avec leur honneur, et pour conclure, qu'il n'est que trop fréquent qu'un amour criminel fasse palpiter le cœur d'un frère ou d'un parent dans le cottage même.

(1) L'une des conséquences du « New Poor Law » (nouvelle loi des pauvres) a été la disparition à peu près complète de la distinction entre les villages « ouverts » et les villages « fermés ». Les villages sont appelés « fermés » lorsqu'ils sont la propriété d'un seul, et « ouverts » lorsqu'il y a plusieurs propriétaires. Dans le régime de la vieille loi des pauvres, lorsque chaque village avait la charge de ses pauvres, le propriétaire était naturellement porté à admettre aussi peu de pauvres que possible dans son village, et en conséquence limitait le nombre de ses cottages; mais après la loi de 1834, l'entretien des pauvres se fit dans l'enceinte de « l'Union » et le motif pour la préservation du système des villages fermés disparut.

Nous sommes forcés d'admettre que beaucoup de ces maux existent encore parmi nous, et dureront encore longtemps. Mais il y a le revers de la médaille, que nous avons indiqué au commencement de ce chapitre, et qui est également vrai. Il se peut que le besoin d'une législation plus complète se fasse sentir. Il se peut encore que l'action de la loi actuellement existante ne soit pas aussi énergique qu'il le faudrait. Mais un grand courant se fait sentir tendant à réaliser tout cela et ce courant est dans la vraie direction. L'ancien logement, en torchis et en chaume, avec ses deux chambres au rez-de-chaussée, a déjà presque entièrement disparu. Les responsabilités des propriétaires ont été sanctionnées, et cette circonstance même qu'en Angleterre la terre est presque autant estimée pour le pouvoir qu'elle confère que pour le revenu qu'elle rapporte, « qui dans presque tous les cas, remarque M. Little, est bien maigre en comparaison du capital employé », exerce déjà une influence favorable. Les propriétaires fonciers sont pour la plupart ambitieux de la réputation d'avoir de bons cottages sur leurs estates, et la rivalité des propriétaires amène de l'émulation entre leurs agents. Et il n'est pas moins heureux, à ce point de vue, que les terres aient passé, ou soient encore maintenant en train de passer des mains des seigneurs appauvris dans celles des propriétaires d'estates qui sont de véritables principautés, ou dans les mains des plus riches représentants du négoce. Et encore, si nous admettons que la loi est peu, en comparaison de ce qu'elle devrait être, nous devons reconnaître qu'elle a fait beaucoup indirectement. L'abolition de l'ancienne loi des pauvres, et son remplacement par un système d'après lequel le propriétaire n'est plus seul chargé de secourir les pauvres de son village, l'a convaincu de la nécessité d'améliorer leur état général.

Mais la réforme, si importante qu'elle soit, n'a pas apporté un bienfait sans mélange aux pauvres de la campagne. C'est une grande chose pour un paysan d'habiter une commode et confortable maison de brique et d'ardoise, renfermant une cuisine, un salon et une dépense sur le rez-de-chaussée, et trois chambres à coucher bien aérées au-dessus, au lieu de la hutte de boue qui existait autrefois, avec ses deux chambres au niveau du sol. De quelque façon que ce soit, le prix d'une telle maison n'est pas moindre de 280 livres; et comme la location n'est que de 5 livres par an, il est évident que le propriétaire subit une perte. S'il veut se rattraper de son déficit, il peut le faire sur le loyer payé par son fermier et l'avantage pour ce dernier est d'avoir son laboureur près de la ferme, et que celui-ci est bien portant au lieu d'avoir une faible santé.

Quittons maintenant la demeure du laboureur telle qu'elle existe actuellement, et voyons ce qui se passe immédiatement autour. Nous l'avons déjà vu occupé de la culture de son jardin ou de son lopin de terre, ou bien y jetant le dimanche un coup d'œil complaisant. Nous devons dire tout d'abord que par rapport à la valeur relative pour le paysan, du jardin et du lopin de terre, les opinions diffèrent. L'évêque de Manchester étant membre de la Commission de l'agriculture de 1867, exprimait l'opinion qu'avec un jardin de trente perches de terre ordinaire, le laboureur se souciait à peine de posséder un morceau de terre située presque toujours à une certaine distance de son cottage. « Il a le jardin, dit-il, juste sous ses yeux, et lorsqu'il a dix minutes de loisir, il peut les lui consacrer. Il est facile à fumer, et il y a entre le jardin et le toit à porc un rapport très étroit : le jardin entretient à moitié le porc, et par contre celui-ci entretient plus qu'à moitié le jardin. » D'un autre côté, il est hors de doute que la possession d'un lopin de terre a eu d'excellents résultats, et surtout dans certains districts. Dans le Dorsetshire, où les gages ont été toujours très peu élevés, les laboureurs cultivent une étendue de terre qui suffit pour donner de l'emploi à toute la famille. Le trait particulier de la vie rurale y est la quantité de terre tenue par la classe ouvrière; car en vérité, les gages seraient à peine suffisants pour vivre. Une chose est absolument certaine, c'est qu'étendu au delà de certaines limites, son champ est une source de danger et de perte pour le paysan, et créerait dans la pratique le mal auquel il est appelé à remédier. Dans certaines partie de l'Angleterre, ce qu'on appelle «Fergus O'connor's Act » a encore force de loi. Là où c'est le cas, comme par exemple dans l'ouest de l'Angleterre, près de Yeovil, on peut voir une rangée d'une demi-douzaine de cottages à chacun desquels sont attachés deux ou trois acres de terre. Créés en faveur de l'ouvrier agricole, ils sont au contraire presque tous occupés par des petits commerçants. Si ce champ est juste assez grand pour occuper seulement les moments de loisir d'un homme, c'est un avantage immense; si d'un autre côté, il s'y dévoue entièrement, il pourra réussir pour une saison, mais il ne tardera pas à voir qu'il ne peut arriver à se soutenir, et bientôt il regrettera amèrement les gages, payés régulièrement le samedi. Lorsque l'on parle de créer une race de paysans propriétaires telle qu'elle existe en France, on oublie ou on ignore que le paysan anglais n'est pas comme le paysan français, qu'il n'a pas la même faculté innée d'épargner, et qu'il ne peut supporter le même régime de sobriété. De même, la terre pour produire, demande du fumier, et le laboureur n'a pas le moyen d'acquérir cet élément artificiel de fertilisation. Même dans une ferme en miniature de deux ou trois acres, il est impossible de faire alterner les différents produits du sol, par conséquent la terre s'épuise, tandis que même si le villageois réussit à lui faire produire une quantité raisonnable de légumes, il lui sera impossible de trouver un nombre suffisant de consommateurs réguliers. Le villageois qui veut vivre entièrement de son champ ne peut espérer de réussir, comme l'indique l'expérience, que d'une seule manière, c'est d'avoir sa résidence dans le voisinage immédiat d'une ville, où il peut vendre ses produits, et un certain nombre de jardins à entretenir, et toutes sortes d'autres petits travaux.

Il nous reste à examiner encore certaines circonstances qui affectent à un certain degré la condition des ouvriers agricoles. A la fin du chapitre nous parlerons de leurs gages, mais il n'est pas inutile de dire ici quelques mots de leur mode de paiement. Dans le Northumberland, ils sont payés en nature. Généralement, les laboureurs ne voudraient pas renoncer à leur privilége de recevoir une partie de leurs gages en bière et en cidre. L'anecdote suivante montre l'empire que la boisson peut arriver à exercer sur l'esprit d'un homme : Un laboureur qui avait gagné à un travail quelconque une somme d'argent considérable, disparut pendant quelques jours, et durant ce temps, ne cessa de boire. Un beau matin, après qu'il eût dépensé tout son argent, il partit pour finir son ouvrage à environ 3 milles de chez lui. En arrivant à l'endroit, il enleva sa veste et la jeta à terre, mais en tombant, une pièce de six pence oubliée sauta de sa poche. Il se rhabilla alors, et refit les 3 milles qu'il venait de parcourir pour manger les six pence avant de se remettre au travail.

Quoique que ce soit aux remèdes secondaires tels qu'une conception plus élevée de son propre intérêt, et la création dans l'esprit public d'un courant défavorable à ce vice, qu'il faut recourir comme seule et unique garantie efficace contre l'ivrognerie, il est certaines mesures primaires qu'on devrait bien mettre en pratique. A-t-on assez répété que les débits sont évidemment autorisés à se multiplier au-delà des besoins légitimes de la société? La police constate que les cabaretiers licenciés sous le nouveau système, c'est-à-dire, chez qui la bière ne peut être bue sur le comptoir font plus de mal que ceux chez lesquels les consommateurs peuvent aller et boire.

Donner aux magistrats le pouvoir d'accorder des licences est une thèse en faveur de laquelle il y aurait beaucoup à dire. Si l'accise continue à l'exercer, il faudrait élever les conditions nécessaires aux contribuables qui signent la pétition pour la licence, de façon à représenter quelque chose comme une garantie de moralité. En même temps, il est bon de remarquer que les fermiers eux-mêmes, quoiqu'ils condamnent pour la plupart le système des cabarets, encouragent, avec les meilleures intentions du monde, le goût de leurs hommes pour les liqueurs, en payant leurs travaux supplémentaires en boisson et en remplaçant en partie les gages par du cidre et de la bière.

Les femmes et le laboureur ordinaire sont loués à la journée et généralement payés une fois par semaine. Les gages des femmes sont fixés ordinairement à tant par journée de travail, mais ceux des hommes, lorsqu'ils sont employés à la journée, à tant par semaine.

La journée de travail est la même pour une femme et un enfant : neuf heures avec une heure et demie pour les repas. L'opinion presque unanime chez les laboureurs est que si les parents peuvent se suffire avec ce qu'ils gagnent, un garçon ne doit pas aller à l'ouvrage avant douze ou treize ans. Les médecins n'approuvent généralement pas l'emploi des enfants dans l'agriculture. Exposer un enfant de dix ou douze ans à nos vents anglais si aigus est le sûr moyen de développer chez lui toute maladie dont il peut avoir le germe. Dans quelques parties de l'Angleterre, il est d'usage de louer les familles entières. Dans ces cas, lorsqu'un ouvrier est loué pour un an, le patron se livre à un examen approfondi de la taille de sa famille et de la vigueur de sa femme et de ses enfants. Naturellement beaucoup d'abus résultent de l'emploi de femmes dans les champs, mais ce système n'est pas de ceux sur lesquels il faut passer condamnation absolue. L'évêque Fraser prétend non seulement que cela enlève aux femmes le caractère de leur sexe sous le rapport du costume, des manières et du caractère et les rend semblables aux hommes, mais aussi qu'il les rend impropres aux travaux du ménage. Quiconque, cependant, a visité le Northumberland et qui a vu les femmes dans les champs et dans leur intérieur, acceptera difficilement cette appréciation.

Dans ce comté, le plus prospère de l'Angleterre, le travail des femmes, qui consiste à nettoyer la terre, enlever les pierres, sarcler les herbes, biner les navets, faire les foins et la moisson, et l'ouvrage dans les granges avec les machines à battre et à vanner, est considéré comme absolument essentiel à la culture de la terre, et cependant, au point de vue physique, les femmes du Northumberland sont une splendide race. Leur travail dans les champs est à juste titre considéré comme avantageux pour la santé : « Je serais content, écrit M. Harley, au sujet de ceux qui tiennent le travail des champs pour dégradant, qu'ils visitassent ces femmes dans leur intérieur, après qu'elles sont devenues épouses et mères de famille. Ils seraient reçus avec une courtoisie et une prévenance naturelle qui les étonnerait.

» Que le visiteur demande alors à visiter la maison, on la lui montrera tout entière, en s'excusant beaucoup de la lui montrer un peu en désordre. On lui offrira alors une chaise au coin d'un bon feu, pendant que la maîtresse de la maison continue son travail, boulangeant, cuisinant, nettoyant, etc. Il n'entendra pas un mot de plainte ; mais on lui dira, que, quoique ouvriers ils ne sont pas pauvres ; et un regard jeté sur la vaisselle, les quartiers de jambon, pendus au-dessus de sa tête, les différents gâteaux et le pain exposés sur le garde-manger, les provisions de beurre et de fromage qui existent dans la maison, le convaincront de la vérité du fait. S'il s'enquiert alors des enfants, on lui répondra que, quoiqu'ils n'aient pas grand'chose à leur donner, les parents considèrent comme leur devoir le plus sacré de leur procurer la meilleure instruction possible, et qu'ils sont déterminés à la leur faire avoir. Le visiteur quittera ce cottage avec la conviction que le travail des champs n'a pas d'effets dégradants, mais qu'il a eu devant lui une femme soigneuse, satisfaite de sa position et désintéressée ». Le docteur Cahill, de Berwick-on-Tweed, constate « d'après sa connaissance de la population de la ville et de la campagne que « les femmes » de la campagne sont beaucoup plus saines que les femmes de la ville, et dix fois moins sujettes aux maladies des femmes. Il considère que le travail des champs les dispose à être de bonnes « porteuses d'enfants » ; que la force de la population est sauvegardée par elles, et que le surplus de la population agricole qui entre dans les grandes villes maintient le niveau de force et de santé par le mariage avec les habitants des cités populeuses.

Certains fermiers généreux se croient liés à garder

leurs hommes tel temps qu'il fasse, sec ou humide; mais d'autres plus serrés et d'un esprit plus étroit, ne craignent pas de renvoyer un laboureur un jour où il pleut s'ils n'ont pas un travail immédiatement rémunérateur à lui donner. Si un laboureur est loué à la semaine, il est évident qu'on est tenu de l'employer toute la semaine. Le système de louage au mois n'est usité que pendant le temps de la moisson. Ceux qu'on appelle spécialement domestiques de ferme, c'est-à-dire ceux sans les services desquels la ferme ne pourrait pas aller un seul jour, tels que charretier, berger, garçon de charrue, laitière sont la plupart du temps loués à l'année. L'époque habituelle de louage est le printemps, ou plus communément l'automne, et, partout où ces coutumes existent, la transaction se fait à la foire « aux actes » (statute fair). Les engagements sont généralement verbaux, mais ce qui a le plus de poids dans l'esprit de la nouvelle recrue est le schilling qui passe de la main de son nouveau maître dans la sienne et qu'on peut regarder comme le « sacrement agricole ». Ces engagements à l'année réussissent généralement mal. Le « statute fair » qui en est l'accompagnement obligé est une cause de démoralisation qui, quoiqu'elle florisse dans certains districts, tend de plus en plus à disparaître.

Après avoir décrit quelques-uns des détails les plus importants de la condition des classes agricoles, il nous reste à dire quelques mots des relations générales entre les patrons et les employés, et, en passant, de la nature de notre système agricole.

Ce qu'on appelle « Acts of Husbandy » (actes agricoles) varie suivant les différentes parties de l'Angleterre selon la nature du sol. L'usage est de régler la proportion suivant laquelle le fermier prenant doit payer les moissons semées, le travail et le labour faits par le fermier quittant. Dans toutes les parties de l'Angleterre on fait alterner régulièrement les différentes récoltes ; la proportion est moitié grain, moitié racines : ainsi la première année, des navets ; la seconde année de l'orge ; la troisième, des carottes, la quatrième du blé. C'est aussi une coutume universelle en Angleterre, que tout ce qui est produit dans la ferme, pouvant servir à fumer la terre, est destiné au sol. Comme on peut le supposer, le développement de l'agriculture, implique nécessairement une série de perfectionnements frappants dans les procédés agricoles. On pourrait aussi bien comparer, en effet, le système agricole de l'Angleterre contemporaine à celui d'il y a cent ans, qu'à celui des anciens Italiens chanté par Virgile dans ses Géorgiques. Le fermier, pour réussir maintenant, doit se servir des méthodes scientifiques, ou il n'arrive à rien ; et le danger vient plutôt maintenant du trop gros capital que l'on emploie pour la terre que du contraire. Son matériel ressemble autant à celui de ses prédécesseurs que ces cités flottantes qu'on appelle dés vaisseaux cuirassés ressemblent aux anciens vaisseaux en bois. Il a appris à se servir des machines à moissonner et à faucher, dont chacune fait le travail de dix hommes, des charrues à vapeur, coûteux appareils, que les petits fermiers ne peuvent pas se permettre, qui font le travail de dix hommes et de vingt chevaux ; et de différentes autres machines à vapeur pour battre le blé, couper la paille et le foin et autres travaux similaires. De plus, le secours de la chimie, les fumiers ammoniacaux et phosphatiques ont rendu le fermier à peu près indépendant du système des récoltes alternatives et M. Caird calcule que ces moyens de fertilisation artificielle permettraient de faire produire à la Grande-Bretagne une récolte additionnelle de froment égale à ce que nous fournit la Russie, et cela sans trop forcer notre système agricole. Et des progrès non moins considérables ont été réalisés, quoiqu'aucun principe nouveau n'ait été découvert pour tout ce qui concerne le drainage, la construction des bâtiments de ferme, et la nourriture des bestiaux. Le système actuel a plus d'un demi-siècle d'existence, mais son extension et son développement sont relativement récents. Le bien qui a résulté pour la masse de tout ceci consiste en ce qu'il y a trente ans, un tiers du peuple ne consommait pas de nourriture animale plus d'une fois par semaine ; presque tous maintenant en ont une fois tous les jours, sous forme de viande, de fromage et de beurre. Ajoutez à cela l'accroissement de la population, et on peut estimer que la consommation totale de la viande a triplé dans les trente dernières années.

La surface totale de la Grande-Bretagne est de 76,300,000 acres, dont 26,300,000 consistent en montagnes pâturages, et landes, et 50,000,000 sont occupés par des cultures de différentes natures, des prairies, naturelles et artificielles, et des bois et des forêts. La plus grande partie de ces terres est dans les mains des grands propriétaires ; plus d'un cinquième, représentant plus d'un onzième du revenu annuel est possédé par les nobles au nombre d'environ six cents ; un quart est possédé par 1,200 personnes, chacune d'elles ayant 16,100 acres en moyenne ; un autre quart par 6,200 personnes à raison de 3,150 acres en moyenne par personne ; un autre quart par 50,770 personnes à raison de 380 acres et enfin le reste est aux mains de 261,830 personnes à raison de 70 acres en moyenne. Nous ne comptons pas dans ces nombres, ceux qui sont propriétaires de moins d'un acre. Cette terre est principalement cultivée par les fermiers tenanciers, qui sont au nombre de 561,000 dans la Grande-Bretagne, à raison de 56 acres en moyenne pour chacun d'eux.

Les gros propriétaires tendent à concentrer toute cette terre dans leurs mains en la rachetant aux petits.

C'est ainsi que le petit *squire* est en train de disparaître graduellement tandis que les *yeomen* ou petits propriétaires cultivant leur propre terre, n'existent plus du tout. On peut juger combien les anglais sont rapidement devenus un peuple manufacturier d'agricole qu'ils étaient, par ce fait qu'il y a cinquante ans un cinquième de la population ouvrière était occupée aux travaux de l'agriculture, tandis que maintenant, il n'y en a plus qu'un dixième.

Nous avons déjà vu quelques uns des principes généraux suivant lesquels les grands estates sont administrés. La hiérarchie agricole comprend généralement trois, ou si nous comptons le land agent, quatre degrés : les propriétaires et leurs agents, les fermiers et leurs laboureurs; chacune de ces classes varie sans cesse dans sa composition. La propriété foncière, change de mains continuellement, les baux des fermiers se font au « Lady day » ou à la Saint-Michel, tandis que les laboureurs sont beaucoup plus nomades qu'avant et acquièrent sans cesse de nouvelles connaissances qui les portent à s'en aller au loin. Une bonne partie de ces derniers s'adonne aux autres industries du pays ou s'en va aux colonies ; et le résultat de ces faits est l'affaiblissement du lien qui rattache l'ouvrier agricole à la paroisse où il est né.

Le seul point de contact entre l'État et notre système agricole est le « Enclosure Office », dont le principal devoir est d'améliorer la condition des communes suburbaines en y ordonnant le drainage des terres, la plantation d'arbres d'ornement et d'abri, et l'amélioration des pâturages, le tout sans empêcher le public d'en jouir. L'exécution du « Drainage et Land Improvement Acts », (Lois sur l'amélioration de la terre et des égouts) rentrent dans les attributions des commissaires de l'Enclosure Office. L'objet de ces lois est de permettre aux propriétaires fonciers d'emprunter de l'argent pour faire des améliorations permanentes. Ces dettes sont liquidées par des paiements annuels, au moyen desquels, au bout d'un certain nombre d'années, capital et intérets sont amortis. Les commissaires sont encore autorisés à conclure des échanges et des partages de terres, et par leur entremise, deux propriétaires peuvent rectifier à très peu de frais les limites irrégulières de leurs propriétés respectives, ou même échanger leurs propriétés entières. Les conditions nécessaires pour obtenir la sanction des commissaires sont d'abord que l'échange sera évidemment avantageux pour les deux propriétés ; deuxièmement, que les terres échangées soient d'égale valeur et que l'échange soit fait de bonne foi ; troisièmement, qu'il soit dûment affiché et que l'ordre d'échange ne soit sanctionné qu'après trois mois.

Si l'on considère que la production du pain et de la viande a pour ainsi dire atteint ses dernières limites ; d'un autre côté, la culture des potagers et des jardins s'étend tous les jours. La campagne, en effet, a maintenant moins l'aspect d'une ferme que celui d'un jardin.

Cependant, la population s'accroît de 350,000 âmes par an, près de mille par jour. La consommation de nourriture devient prodigieuse, et représente maintenant une importation de cent millions sterling. Dans vingt ans d'ici, au lieu de trente millions, nous aurons peut-être quarante millions de personnes à nourrir, et, naturellement, il s'ensuivra un accroissement proportionnel de l'importation des vivres. Savoir si l'avantage d'être sur les lieux permettra au fermier de payer les impôts envers l'État et la Commune, et son loyer à son propriétaire, et à quel degré il pourra le faire, est une question de l'avenir. L'importation des grains d'Amérique, et en dernier lieu, celle moins importante, il est vrai, de la viande, mettent ses profits en danger. Mais le fermier peut abandonner sa ferme, tandis que le propriétaire est obligé de rester et de résoudre le problème. Le reméde spéculatif proposé pour combattre les pertes des fermiers, est la création d'une classe de petits propriétaires. Outre qu'en Angleterre, on n'éprouve généralement pas un grand désir de posséder la propriété foncière, il est plus que douteux que ses avocats eux-mêmes croient à l'efficacité de ce projet. Ainsi, il est admis par beaucoup de personnes qui en sont les partisans déclarés, qu'il serait indispensable pour les tenanciers, si ce système venait à être établi, de former des associations coopératives pour profiter de beaucoup des procédés les plus coûteux de l'industrie. Pendant que nous sommes sur le sujet des relations générales des propriétaires et des fermiers, on peut observer que, quoique nous ayons dit dans le chapitre sur l'organisation des estates, que la même méthode d'administration est observée dans les propriétés possédées par un seul individu ou une corporation, cependant la position occupée par le fermier n'est pas précisément la même dans les deux cas. Dans le premier cas, le propriétaire individuel, qu'il soit pair ou membre de la chambre des Communes, s'intéresse à son pouvoir politique, et directement ou indirectement influence les votes de ses tenanciers aux élections générales ; au contraire, les corporations n'ont aucune influence politique, et le fermier qui tient sa terre d'une corporation a conscience d'une certaine supériorité sur le tenancier d'un seul propriétaire. D'un autre côté, comme les corporations sont impersonnelles elles n'ont pas d'empêchements d'argent ; elles ont toujours les fonds nécessaires pour les réparations, et l'une des conséquences de cela est que la position de l'ouvrier agricole est souvent meilleure sur l'estate d'une corporation que celui d'un seul propriétaire ; où, lorsque ces cottages ont besoin d'être élevés ou réparés, l'argent manque généralement toujours pour le faire.

Dans les temps prospères, la moyenne des gages de l'ouvrier agricole est un peu moins de 18 shillings par semaine, variant de 13 shillings dans le Sud, à 18 shillings dans l'Est, et 20 et 21 shillings dans l'extrême Nord, où non seulement le taux est élevé par la compétition des manufactures et du commerce, mais où aussi l'ouvrage est considéré comme mieux fait. Ces gages de la semaine sont loin de représenter la totalité des gains d'un actif et capable travailleur, encore muni de sa famille, si ses enfants sont d'âge à travailler. Nous avons déja vu qu'à l'époque des foins et de la moisson, il travaille plus longtemps et touche des gages plus élevés. Dans le centre et le sud de l'Angleterre, il y a une foule de travaux supplémentaires, tels que ceux qui consistent à tailler les haies, nettoyer les fossés, drainer, qui lui rapportent autant. Si on ajoute à cela que le charretier, le bouvier, le berger et tout autre travailleur qui, chargé de la surveillance du matériel vivant (live stock), de la ferme, comme on dit, n'est jamais affranchi de son devoir, est souvent possesseur d'un cottage et d'un jardin libres de redevance, on verra que l'ouvrier agricole ne manque pas de ressources sérieuses (1). L'introduction des machines pour faire la moisson, comme on pouvait s'y attendre, n'a pas fait baisser le taux des gains du laboureur. « Dans

---

(1) Dans le Northumberland, le laboureur a généralement une vache que lui entretient son patron moyennant £ 8 par an. « Aussi longtemps, dit M. Little, que ses enfants restent à la maison, il peut leur fournir presque continuellement une nourriture animale, et j'attribue la force et la pureté du sang de ces beaux hommes du Nord à ce régime fortifiant.

les districts marécageux du Cambridgeshire, un homme se regardera comme mal payé s'il ne gagne pas 9 ou 10 shillings par jour à suivre la moissonneuse, et 7 à 8 shillings à rentrer le blé. » C'est ainsi que dans l'automne de 1877, une famille composée de l'homme, de la femme, d'une fille âgée de seize ans, d'un garçon âgé de quatorze ans, et de deux autres enfants âgés l'un de onze et l'autre de neuf ans, gagna, dans cette partie de l'Angleterre, juste 25 livres sterling pendant l'espace de cinq semaines. En y ajoutant seize boisseaux de blé glané par la femme et deux des filles, et estimé 5 shillings le boisseau; nous arrivons à un total de 30 livres sterling. En temps ordinaire cet homme gagnait 15 shillings par semaine. En fin de compte, en travaillant quarante-sept semaines sur cinquante-deux, il se fit une moyenne de 17 shillings par semaine, et les gains totaux de sa famille entre la Saint-Michel 1877 et la Saint-Michel 1878 montèrent à la somme de 97 livres sterling, 9 pence 1/2.

M. Clare Sewell Read faisait un jour la remarque à l'auteur qu'une belle journée de travail rapporte sa valeur en argent dans toute l'Angleterre. L'opinion de M. Little est semblable, car il dit : « Je croirai sans peine à l'assertion, que, règle générale, la moyenne des gages payés pendant une semaine dans la campagne, peut être pris comme un indice assez exact de la quantité de travail fait dans ces districts. Si les gages d'une semaine sont de 13 shillings ou de 18 shillings, la quantité de travail accompli peut supporter une comparaison relative avec ces chiffres. »

Mais on peut objecter que, depuis 1876, et même depuis 1877, le taux des gages agricoles a beaucoup baissé. C'est pour cette raison que l'auteur eut un jour l'idée d'entreprendre de dresser un état exact des gages payés dans les différentes localités de l'Angleterre durant la semaine finissant le 1ᵉʳ février 1879. Nous avons été à même de le faire, grâce à l'obligeance d'une personne qui a des facilités exceptionnelles pour avoir de tels renseignements. La question posée à plus de soixante fermiers, dans les différents comtés, fut celle-ci : « Quels gages hebdomadaires donnez-vous la semaine courante à un laboureur ordinaire de votre ferme? » Les réponses suivantes furent données, auxquelles on peut accorder une confiance entière :

Dans la dernière semaine de janvier 1879, les gages d'un ouvrier agricole ordinaire peuvent être estimés dans l'Essex, le Suffolk et le Norfolk, à raison de 12 et 13 shillings par semaine; dans les comtés de Hertford, Bucks, Berks et Oxford, 12 et 14 shillings; dans le Cambridgeshire, 13 shillings; dans les comtés du centre et du Bredfordshire en remontant vers le nord, de 13 à 15 shillings ; dans le Nottinghamshire et Lincolnshire, 15 shillings; dans l'Yorkshire, ils ont varié de 16 à 17 shillings dans le sud et 18 shillings dans le nord; dans le Durham la moyenne a été de 19 à 21 shillings, et dans le Northumberland, à peu près 20 shillings par semaine.

Dans le Cumberland, le taux a été de 20 shillings par semaine, et dans les environs des mines d'Hématite (1), dans le Cumberland et le Lancashire, de 24 shillings par semaine.

Dans le reste du Lancashire et dans les districts manufacturiers et près des grandes villes, le taux varie beaucoup suivant la population employée. Dans les parties agricoles du Cheshire, la moyenne a été de 15 shillings; dans le Staffordshire et le Salop, de 14 à 25 shillings; dans le Worcestershire, de 13 à 14 shil-

---

(1) Minerai de fer rouge.

lings, et dans le Herefordshire, 12 shillings par semaine. Dans le Dorsetshire et le Wiltshire, on peut l'estimer à 12 shillings par semaine et dans certains cas à 11 shillings; dans le Sommersetshire, 13 à 14 shillings ; dans le Devonshire, 12 shillings.

Le long de la côte sud, dans le Tlant et le Sussex, la moyenne a été d'environ 14 shillings; dans le Kent, elle a varié de 14 dans le Weald à 17 et 18 près de Rochester et Sittingbourne.

Dans le commencement du siècle, les gages payés pour les travaux agricoles étaient en moyenne de 9 shillings par semaine; le blé valait 3 livres sterling, 13 shillings, 7 deniers, le quart (huit boisseaux), le prix d'un boisseau représentant neuf journées et demi de travail, et la viande 9 pence la livre. En 1878, la moyenne des gages a été calculée à 15 shillings; le quart de blé était à 2 livres sterling 7 shillings, le boisseau était gagné par le produit de deux jours un tiers de travail, et la viande était à 6 pence 3/4 la livre. A ces 15 shillings il faut ajouter les gages supplémentaires gagnés pendant la moisson, et les allocations de bière ou de lait. De plus, on doit se rappeler que les loyers sont moins élevés, et que tous les articles de subsistance et de vêtement sont infiniment meilleur marché qu'ils ne l'étaient il y a seulement quarante ans.

Qu'on détruise l'ivrognerie, qu'on inculque pratiquement le goût de l'épargne, qu'on encourage l'émigration, et l'ouvrier agricole ne devrait jamais être endetté du berceau à la tombe. L'ivrognerie, il est vrai, tend à disparaître, tandis que pour l'épargne il y a raison de croire qu'elle passera dans les mœurs au fur et à mesure du développement de l'instruction et de la prospérité. Après tout, le manque d'épargne et l'accroissement des dépenses pour le confort matériel de la vie ne sont point des maux particuliers à une classe, mais ils sont communs à toute la société ; et il y a des raisons de douter que l'ouvrier agricole soit relativement moins économe que l'artisan et le commerçant. Il y a, dans sa maison, il est vrai, plus de dissipation et de préjugé contre l'économie que dans l'échelon social immédiatement au-dessus de lui ; une répugnance certainement plus grande pour expérimenter des aliments nouveaux et économiques ; moins de peur qu'on pourrait s'y attendre de la vieillesse et du paupérisme, et d'être obligé de dépendre de la bonté des autres. Mais alors rappelons-nous quels sont les agents et les influences dont l'ouvrier agricole dépend. Cela ne provient pas uniquement de ce que sa vie dans le sud de l'Angleterre, où il n'est la plupart du temps que l'instrument passif des ordres du bailli ou du fermier, ne développe aucune de ces facultés mentales et de cette initiative que possèdent à un si haut point les bergers du Nord. « La vie solitaire de ces hommes, écrit M. Little, a tant développé la réflexion et la méditation sur tout ce qui a rapport à la vie de chaque jour et à l'accomplissement de leur devoir, qu'il serait peut-être difficile dans aucune contrée de trouver une classe douée d'une plus grande intelligence et d'une plus grande sagacité naturelles. »

A l'heure présente, le laboureur dans l'Angleterre, est en général la victime d'une législation et d'usages vicieux, qui ont rendu héréditaire sa dégradation relative. Il y a cent ans, comme nous l'avons démontré plus haut, les salaires étaient bas et le prix des denrées élevé. Les grandes guerres dont nous sortions à peine avaient entièrement disloqué et paralysé le système industriel et commercial de notre pays, et l'immense majorité de la population ne pouvait trouver de travail dans l'agriculture. La société agricole, représentant la masse de la nation, mourait à peu près de faim. On imagina pour la soulager, de libérer le paysan des impôts, sans s'inquiéter s'il travaillait ou non. Ceci ne fut rien moins qu'un système de paupérisme forcé, et d'encouragement direct à abandonner toute prudence, tout courage et tout esprit d'économie. Les revenus de paroisses entières furent distribués à leurs pauvres, et on vit certains cas où les propriétaires des estates restèrent sans un shilling de leurs revenus, qui furent tous employés à cette dépense malsaine. En 1834 vint la nouvelle loi des pauvres qui créa les unions des districts, etc., et intéressa les habitants de tout un district, au lieu de ceux seulement d'un petit village, à faire échec au paupérisme. D'autres causes, également favorables aux paysans anglais, faisaient sentir leurs effets. Les manufactures et autres industries se développèrent dans le sud de l'Angleterre, aussi bien que dans le nord, et l'introduction et l'extension des chemins de fer permit aux paysans de transporter leurs denrées d'un endroit où on n'en avait pas besoin à un autre où elles étaient demandées. Et encore la condition du paysan s'améliora dans le Nord beaucoup plus vite que dans le Sud, et dans l'Ecosse les salaires étaient de 18 et 20 shillings par semaine, alors que longtemps après dans le Devonshire et le Dorset, ils ne dépassaient pas 10 shillings. Cependant, dans le Sud, l'agriculture était loin d'être stationnaire ; elle faisait au contraire des progrès marqués, et la raison pour laquelle les gages ne s'élevaient pas en proportion est que dans le Sud il y avait plus de travail à payer, et que ce travail était plus mal fait que dans le Nord.

Jusqu'à cette époque le fermier avait été absolument maître de la situation. Il réglait le taux du salaire journalier de ses laboureurs suivant le prix du blé sans s'inquiéter du prix des autres nécessités de la vie.

Cependant lorsque le libre-échange eut généralement réduit le prix du blé, cette méthode devint impossible. Jusque là, il n'y avait aucune espèce d'organisation parmi les ouvriers agricoles anglais, tandis qu'au contraire, les fermiers, pour résister efficacement à leurs propriétaires, correspondaient avec les unions ouvrières qui s'étaient développées dans les industries urbaines. Une grande innovation se préparait cependant. Fondée en 1871, l'Union des travailleurs agricoles couvrit bientôt le royaume entier de son organisation. Du premier coup elle fit monter les salaires, mais changea généralement les relations entre les ouvriers agricoles et les fermiers. Les années 1872, 1873, 1874 furent une période de lutte ardente dans le monde agricole. Ces dernières années furent marquées dans l'Est de l'Angleterre par une vigoureuse résistance aux demandes de l'Union qu'on peut considérer comme un immense mécanisme pour l'encouragement des grèves. Cependant tout considéré, l'Union des travailleurs agricoles a accompli une bonne partie de son programme. Elle a stimulé l'émigration soit aux colonies, soit aux districts manufacturiers, et en 1875 a fait élever le taux des gages de 30 0/0.

Coïncidant avec l'extension de la littérature à bon marché et la vulgarisation des journaux, elle a favorisé l'accroissement des relations entre la ville et la campagne, et a puissamment stimulé l'activité mentale de l'ouvrier. Elle ne nous menace pas d'une révolution immédiate, mais elle a rendu les classes ouvrières dans les districts ruraux plus aptes à prendre soin d'elles-mêmes qu'elles ne l'étaient avant. Si elle a diminué la confiance puérile et absolue des ouvriers dans la justice et la générosité de leurs patrons, on ne peut pas dire qu'elle ait envenimé d'une façon appréciable les rapports entre eux.

Ce n'est pas, la plupart du temps, contre le fermier tenancier que les ouvriers agricoles ont des griefs dans l'Ouest de l'Angleterre, dans ces districts où leur condition est déplorablement mauvaise, où les cottages ne valent guère mieux que des huttes de boue et où la saleté et la crasse sont indescriptibles, ces malheureux paysans reconnaissent que le taux peu élevé de leurs gages ne provient pas du fermier. « Les propriétaires sont durs », tel est le refrain de leur conversation.

L'Union a des désavantages évidents. Leurs maîtres politiques inculquent souvent aux ouvriers des principes faux et malsains d'économie, prétendant, par exemple, que les propriétaires de la terre jouissent en matière d'impôt, de privilèges qui sont refusés aux manufacturiers. La vérité est que les plus lourdes taxes foncières sont payées par les comtés producteurs de blé, et les plus légères par les districts manufacturiers et miniers du Nord. On a objecté aussi que l'Union a fait baisser la qualité de l'ouvrage du laboureur. Elle est certainement opposée au travail à la tâche, qui est le seul moyen d'élever le travail inférieur à un niveau plus élevé. En insistant pour l'unification des salaires et la diminution des heures de travail, elle a mis les meilleurs ouvriers au rang des plus mauvais. « Dans cette ferme de 420 acres, située dans un comté de l'Ouest, écrit un agronome bien connu, je paie annuellement plus de 1,000 livres (25,000 fr.) pour le travail manuel, sans compter les employés spéciaux, les charrues, la moissonneuse à vapeur que je loue et encore mon ouvrage est-il mal fait et toujours en retard. Je ne puis avoir aucun ouvrage fait à la tâche, à moins que je ne sois présent pour y forcer mes ouvriers, et encore tout est-il gâché ».

« Le jour est venu, dit M. Little, pour le laboureur s'il veut s'élever dans l'échelle sociale, de commencer par faire attention à lui-même. Si, dans les temps passés, les lois semblaient faites contre lui, il n'en est plus de même maintenant. Il est un homme libre, exempt de conscription, ou service militaire obligatoire, et l'égal de tous ceux qui sont autour de lui. La loi a fait de son mieux pour lui et ses enfants. Il jouit de la liberté d'aller où il trouvera la meilleure rémunération de son travail. Il est en réalité le seul homme de la société qui ne soit pas soumis aux impôts, depuis qu'il peut, s'il le veut, en s'en abstenant, éviter les impôts sur la bière, les spiritueux et le tabac. Il n'y a que pour le thé qu'il continue à payer une petite redevance ». Une éducation admirable et pratique est donnée à ses enfants. Cette éducation, lorsque les résultats auront pu s'en faire sentir, ne tardera pas sans doute à nous donner une nouvelle classe de paysans.

Et ce n'est pas là le seul mécanisme en jeu qui actuellement améliore sa position et étend l'horizon de ses vues. Pendant que les concours de labourage, les récompenses pour le drainage, la taille des haies, l'entretien des fossés, l'ameulonnage et les autres travaux de la culture, les expositions des produits de son jardin et autres institutions semblables tendent à en faire un meilleur laboureur, les tendances générales de l'époque sont toutes dirigées vers l'amélioration. On peut presque citer ces beaux vers du songe de Gérontius du docteur Newman :

> Il a accompli sa tâche, âge par âge,
> Et pas à pas a commencé
> Lentement à dépouiller son apparence sauvage
> Pour redevenir un homme.

L'ouvrier agricole sent que lui aussi, comme son frère des villes, est un homme. Il a acquis une conscience de son pouvoir, un sentiment élevé de son perfectionnement intellectuel, une perception plus large de ses droits et de ses devoirs. dont on pourra se servir comme de puissants leviers pour son amélioration future. Parlez au travailleur campagnard d'aujourd'hui, et vous ne trouverez plus l'être triste et désespéré qu'il était il y a dix ans, dont les vues et les connaissances ne dépassaient pas les limites de sa paroisse, ou le champ dans lequel il accomplissait sa tâche. Ses sens ont été animés, et son intelligence et sa nature morale ont reçu le souffle de vie.

CHAPITRE XII

PAUPÉRISME ET ÉPARGNE

Coup d'œil sur les « workhouses » et leurs hôtes. — Pauvres en promenade. — Composition de la classe indigente. — La tendance au paupérisme n'est pas particulière aux basses classes de la population. — Secours à domicile. — De ses difficultés. — Conséquences sociales et morales de ce système d'assistance. — Relations entre le secours à domicile et le paupérisme. — Remèdes contre ce mal social. — Des effets du système de secourir les pauvres à domicile sur les salaires et le caractère de la population indigente. — La loi des pauvres et le socialisme. — Doit-on maintenir et étendre les workhouses ? — Antidotes contre le paupérisme. — Associations mutuelles. — Sociétés de bienfaisance. — Rôle et devoirs de l'Etat vis-à-vis des sociétés mutuelles. — Petites caisses d'épargne. — Institutions ayant pour but de provoquer à l'épargne. — Coopération. — Notice complémentaire.

Dans le dernier chapitre nous avons fait pressentir les causes du paupérisme. C'est surtout dans les grandes villes et les districts des comtés que son existence se révèle dans toutes ses manifestations. Voyez ce bâtiment qui s'élève dans cet enclos, il est dénudé de toute architecture ; ses fenêtres sont étroites ; ses murs sont gris ; c'est le « workhouse » ou maison de refuge. Tout semble démontrer que c'est là l'asile de la misère, du besoin et du malheur : l'herbe de la pelouse est fanée ; les arbres sont rabougris ; dans les parterres, jamais aucune graine de fleur n'a été semée ; c'est le spectacle de la désolation. Dans cette triste demeure, les « guardians » (administrateurs) examinent et jugent les suppliques d'une troupe en haillons ; ces malheureux viennent demander l'aumône ; il leur est accordé trois shillings, et trois morceaux de pain par semaine ; à la tombée de la nuit, des individus des deux sexes sans feu ni lieu, viennent frapper à la porte de fer ; ils demandent asile pour la nuit. Les autorités ci-dessus mentionnées de la maison les passent en revue dans une salle commune. L'aspect repoussant de cette bande est loin de provoquer la sympathie. Aussi commencent-ils leur inspection avec cette prévention qu'ils ont affaire à des imposteurs, des vagabonds, qui tantôt mendient, tantôt volent, selon l'occasion, ce qui malheureusement a pour effet de comprimer les élans de la charité. D'où venez-vous ? Telle est la première question qu'ils leur adressent, évidemment c'est pour la forme car ils n'ont aucune confiance dans la réponse. Quelle est la date de votre dernier séjour ici ? Telle est la seconde. Il faut avouer que le plus souvent ces charitables hôtes ont quelque raison d'avoir une opinion aussi mauvaise de leurs clients : le mendiant de profession n'est souvent qu'un vagabond, digne de figurer à côté des brigands de grand chemin. D'un autre côté, il y a des exemples fréquents dans les temps difficiles où un honnête ouvrier ou artisan, qui n'a pas de quoi prendre le chemin de fer, se transporte d'un centre industriel à l'autre à pied ; à la tombée de la nuit, n'est-il pas forcé de chercher un refuge quelque part ? Heureux encore s'il trouve à se reposer sous le toit des malheureux. Mais aux yeux des maîtres du logis il ne saurait y avoir de distinction de personnes. Honnêtes ou malhonnêtes, vertueux ou vicieux, sobres ou ivrognes, travailleurs ou vagabonds tous sont confondus pêle-mêle, tous sont relégués au même plan, et soumis à la même règle. La discipline intérieure et l'organisation varient selon les différentes maisons; mais en général, pendant tout le temps que dure son séjour, l'hôte passager est employé à des travaux plus durs peut-être que dans certaines prisons galériennes.

Quels sont donc les hôtes habituels de cette maison? Si nous pénétrons dans cette enceinte, nous y trouverons des hommes et des femmes de tout âge et de conditions autrefois bien différentes. Nous y verrons aussi des enfants, encore à la mamelle, dont les mères sont tombées dans la honte ou le péché, ou dans le plus affreux dénûment. Cependant, il est peut-être préférable pour ces enfants d'être élevés dans un workhouse que dans ces ruelles pestilentielles où le soleil ne pénètre jamais, et où ils auraient appris le crime et la honte. Là au moins ces épaves de l'humanité, ces déshérités de la fortune ne grandiront pas dans l'ignorance et le mal. Dès que leur jeune intelligence s'éveille, ils sont envoyés à l'école du workhouse, et dès que leurs mains peuvent tenir un instrument de travail, on leur enseigne les principes d'une profession qui doit les aider à gagner honorablement leur vie. Si nous tournons maintenant les yeux vers les groupes d'hommes et de femmes, quels contrastes! La plupart sont avancés en âge, ou frappés d'une vieillesse prématurée, portant au front les stigmates de la débauche; ils peuvent à peine se traîner dans la cour du workhouse. Ces pauvres résident dans la communauté; ils peuvent visiter leurs parents et amis dans les environs; toutefois ils ne partent pas sans recevoir auparavant de la part de ceux qui les gardent, les plus sérieuses recommandations; ils ne doivent ni mendier ni entrer dans un public house; l'infraction à cette règle a pour sanction l'expulsion. C'est là un des mauvais côtés de notre civilisation. Ces malheureux en aucune façon ne devraient être là. Ne devraient-ils pas au contraire avoir mis de côté un morceau de pain pour la vieillesse? Ne devraient-ils pas être soutenus par des enfants reconnaissants? Ou tout au moins que les derniers jours de leur existence se passent sous des latitudes où la vie soit plus facile et moins dure à supporter? Il n'en est pas ainsi. Pour le moment ils sont là et continueront encore quelque temps peut-être à y résider. Leur voisinage, quelques tristes que soient les réflexions qu'il suggère, n'inspire aucun sentiment de dégoût à ceux qui vivent près d'eux; on est habitué à les voir; on ne se trompe pas à leur identité. Les hommes portent la semaine un veston et un pantalon de futaine et un chapeau de feutre bas; le dimanche, un habit et un pantalon de drap marron ou de velours. Les femmes ne sont pas moins reconnaissables : Une robe de coton bleu foncé, chapeau de paille, un mince châle de laine jeté sur l'épaule : tel est leur costume.

Il est curieux d'observer combien quelques-uns de ceux qui avaient paru infirmes, sans ressources devant les autorités de la maison, et qui avaient peine à se traîner dans le workhouse, marchent relativement d'un pas rapide et montrent une agilité plus ou moins grande quand ils se trouvent hors de vue. En général cependant, les pauvres des deux sexes s'avancent lentement, les yeux baissés, se tenant sur le bord du trottoir le plus près possible du ruisseau, en marmottant des paroles inarticulées. Ils agissent ainsi dans un double but. D'abord la bonne fortune peut leur faire heurter du pied quelque chose de précieux; on a vu des gens traîner leur canne dans les ruisseaux et reconnaître au son seulement la présence du cuivre ou de l'argent. Ensuite, il leur arrive fréquemment de trouver çà et là sur le chemin quelques bouts de cigare ou quelques miettes de tabac; fumer et chiquer, c'est pour eux une suprême jouissance dont ils sont privés. Aussi ne sont-ils pas dégoûtés de les ramasser au milieu de la boue et des immondices.

Parmi ces malheureux qui vivent aux dépens des contribuables, forcés par la loi à donner, quelques-uns ont gravi plus ou moins rapidement la pente qui les conduit au paupérisme. Élevés dans la malpropreté, le besoin, le dénûment, le vice, ils ont été habitués dès leur enfance à regarder le « workhouse » comme la dernière étape légitime de leur existence; et jamais ils n'ont fait d'efforts sérieux pour éviter la nécessité d'y entrer. Ils ont travaillé par boutades, irrégulièrement, dépensant leurs salaires en débauches au cabaret. La maladie les a visités, ou bien ils n'ont pas eu d'ouvrage, ou bien encore ils n'ont pu payer leurs taxes; et aucun ami pour les aider. D'abord, ils ont vécu de l'aumône que les « guardians » leur donnaient toutes les semaines, sans résider sous le toit du workhouse. Mais la hideuse infirmité grandissait à vue d'œil; fils, filles, parents, tous ont fermé leurs portes au malheureux; il ne lui reste plus qu'à choisir entre entre le workhouse et le vagabondage. En revanche, quelquefois parmi les hôtes âgés du workhouse, il y en a qui non seulement ont vu de plus beaux jours, mais encore ont été élevés dans le luxe, l'abondance et la prospérité.

Il y a peu de villages en Angleterre dans lesquels on ne trouverait quelques familles pour lesquelles le workhouse ne soit le but fatal; à leurs yeux, c'est un rocher contre lequel elles ne peuvent éviter d'échouer. Entrons, par exemple, dans une chaumière, où règne la misère; hommes, femmes et enfants sont là étendus; ils se sont laissés aller au découragement, au désespoir; ils n'ont pas eu l'énergie de réagir contre l'action énervante du besoin, ils ne savent quand viendra la seconde bouchée de pain ; ils restent insensibles et indifférents à cette horrible incertitude. C'est là une des sources de la pauvreté. Les effets de l'ivrognerie sont également connus. Dire que la boisson conduit à la mendicité et au crime est un lieu commun. C'est une des causes les plus fréquentes du paupérisme ; mais il y en a un autre moins bien déterminée et définie, mais non moins fréquente. Dans tous les phases de l'existence, on rencontre des gens qui, depuis leur enfance sont impuissants à se suffire à eux-mêmes. Ils sont mal organisés, au point de vue moral : l'énergie, l'intelligence, l'ambition leur manquent. Tant qu'ils ne sont pas forcés de gagner leur pain à la sueur de leur front, il ne leur arrive rien de fâcheux. Mais une catastrophe vient-elle les frapper, une entreprise, dans laquelle ils ont engagé leurs capitaux, vient-elle à s'effondrer, ils sont sans ressources. Ils vivent alors aux dépens d'amis et de parents s'ils en ont, ou s'ils n'en ont pas, ils disparaissent de la scène où ils ont brillé. Malheureusement ce caractère se rencontre également dans la classe ouvrière. C'est l'héritage funeste des générations et il est légué de père en fils. Il n'est pas l'apanage d'une classe exclusive de la société ; il appartient à toutes indistinctement. La seule différence, c'est que dans les régions plus élevées de la société, on parle de ces malheureuses créatures avec une pitié dédaigneuse ; on leur applique l'épithète « de peu chanceux ; » dans la basse classe, ce sont des pauvres.

En résumé, de ce qui précède, il résulte que le paupérisme se compose de deux sections : la première comprend ceux qui sont tombés dans le besoin sans qu'il y ait de leur faute ; la seconde, ceux qui ont choisi la pauvreté comme une vocation dans le monde, grâce à la loi des pauvres (Poor law), qui leur permet de vivre sans travailler. Pour les premiers « le Poor Law » serait un secours, le workhouse un lieu de refuge, s'ils devaient y entrer ; pour les seconds le workhouse devrait être un lieu de punition. C'est cette dernière considération qui a dicté la discipline en vigueur dans beaucoup de maisons et fait adopter le régime du travail. Mais ce qui est fâcheux, c'est que tous ceux qui sont tombés dans le malheur, poussés par une destinée irrésistible, y sont indistinctement soumis. Avant que le paupérisme n'ait été l'objet d'une loi d'État, le soin de soulager les infortunes était laissé à la charité privée ; des dons et des legs, munificences des générations passées ont servi à aider les plus nécessiteux de la classe pauvre. Peu à peu ces libéralités ne firent qu'augmenter le nombre des indigents dans les classes ouvrières. Des milliers d'hommes et de femmes ont été détournés du droit chemin et de l'honneur, en participant à ces aumônes ; ils ne travaillent plus. Ce furent les progrès du paupérisme dans la basse classe qui ont rendu nécessaire l'intervention du pouvoir législatif. Ce dernier, en voyant la classe pauvre refuser absolument de travailler, s'en est ému, et pour enrayer le mal, il a fait une loi, qui a emprunté beaucoup de ses dispositions disciplinaires et coercitives au but qu'on voulait atteindre.

D'un autre côté, il y avait une seconde raison pour le vote de cette loi des Pauvres : le désir de venir en aide à ceux qui éprouvent les coups du sort. De la fusion de ces deux motifs est sorti un système qui est une anomalie. Tant que le workhouse sera à la fois une maison de correction pour les pauvres obstinés et endurcis, et un asile, une infirmerie, pour les vieillards, les infirmes, ou les victimes de catastrophes soudaines et inattendues, l'organisation du paupérisme laissera à désirer. Le problème à résoudre (et jusqu'ici sa solution n'est pas encore donnée) doit être ainsi posé : Tout en ne refusant pas secours et assistance à ceux qui ont réellement besoin et qui en sont dignes, selon la morale chrétienne et les lois économiques, comment doit-on s'y prendre pour extirper le paupérisme nuisible et par suite moralement criminel ?

Une des questions, qui au premier chef doit attirer l'attention des Conseils des Gardiens (Board of guardians), a été indiquée dans un chapitre précédent (Chapitre IV). Rappelons-la ici. La résidence dans le workhouse doit-elle être une condition essentielle de l'assistance des contribuables ou non? Sur ce sujet examinons quelques-unes des raisons qui militent en faveur de telle ou telle décision. En d'autres termes nous avons à étudier les avantages et les inconvénients que présente le système de secours à domicile. Est-il préférable d'instituer un établissement spécial, de pourvoir aux frais avec quelques shillings par semaine, et de l'offrir comme asile aux familles nécessiteuses afin qu'elles puissent avoir un toit, un foyer et du pain, que de détruire cet asile commun, et de soutenir ces familles aux frais des contribuables de la taxe des pauvres? Au point de vue humanitaire et économique il paraît impossible d'hésiter entre ces deux propositions. Comment pourrait-il y avoir hésitation, lorsque la charité chrétienne et les calculs humains sont d'accord? Si l'humanité est une vertu, qui ne serait pas bannie du cœur des Boards of guardians, pourquoi hésiteraient-ils à adopter l'une ou l'autre de ces alternatives, entre la destruction d'un côté du foyer de famille (home) avec de plus grandes dépenses, de l'autre sa préservation à un taux moins élevé? Mais quoi qu'il en soit, cette hésitation est manifeste. Il existe même parmi eux une tendance de plus en plus prononcée pour la mesure la plus radicale et apparemment la moins humanitaire. Toutefois, à moins que les administrateurs n'aient perdu tout sentiment d'humanité, nous sommes fondés à croire qu'il y a dans une question aussi primordiale, matière à hésitation, qui ne saurait s'expliquer au premier abord.

S'il était avéré que les secours à domicile sont accordés seulement à ceux qui sont dans l'indigence et dans le plus absolu dénûment, par suite de maladie, d'infirmités ou de quelque autre calamité, ce système n'aurait pas été attaqué avec tant de véhémence, quoique sur ce terrain il y ait matière à discussion. Si nous adoptons les secours à domicile, nous devons nécessairement admettre parmi les indigents indistinctement ceux qui sont tombés dans la misère pour causes indépendantes de leur volonté et ceux qui le seraient devenus par leur propre faute, par suite de débauches, ivrognerie et imprévoyance. Théoriquement il devrait y avoir une ligne de démarcation entre ces deux catégories de pauvres. Mais en pratique, quoique ce tracé ne soit pas impossible, on a rarement recours à ces investigations. Il y a trois autorités chargées de l'enquête : le commissaire des pauvres, le médecin et les Gardiens des pauvres. Les fonctions du premier sont multiples. Aussi à peine peut-il se rendre compte des détails des différents cas, qui se présentent à son examen. Accaparé par plusieurs centaines de personnes, remarque le professeur James Bryce dans une note lue dans une conférence sur le Poor Law à Northampton en janvier 1876, accablé de demandes, préposé aux recettes hebdomadaires, il n'a pas le temps le temps de s'informer de la qualité de chaque personne en particulier, de leur famille et parenté, de leurs ressources ni de s'enquérir si elles ne reçoivent pas des secours secrets d'un autre quartier, si leurs maisons sont tenues proprement, si leurs enfants vont à l'école, etc. Le docteur est souvent trompé, de plus il se laisse volontiers forcer la main dans un intérêt professionnel. Les Gardiens, quelque soit leur zèle, n'ont aucun moyen de contrôler les assertions des pauvres. Si l'un d'entre eux appuie la demande d'un indigent de son voisinage, ses collègues sont disposés à y accéder, et souvent c'est un mauvais précédent. « C'est pourquoi, ajoute le professeur James Bryce, un examen rigoureux de chaque individu tel qu'il se pratique à Elberfield et à Boston, est plus équitable et plus fécond en résultats que le système pratiqué dans les workhouses ».

En disant qu'il y a en Angleterre environ 710,175 indigents, c'est-à-dire 3 0/0 de la population, nous ne serions pas loin de la vérité. De ce nombre, 224,553 reçoivent des secours à domicile. Nous n'y comprenons pas les infirmes et les aliénés. Le budget du paupérisme pour ceux qui recevaient l'hospitalité des workhouses s'élevait en 1877 à £ 7,400,034, et à £ 2,092,190 pour ceux qui étaient secourus par la taxe.

Quelles conséquences devons-nous tirer de ces faits pour le bien-être matériel et moral du pays ? Quels commentaires ces chiffres nous suggèrent-ils pour la condition de la classe ouvrière ?

Avant de nous livrer à l'examen de cette question, disons quelques mots du système des secours à domicile. Un Gardien, par exemple, peut être d'avis que le système des secours à domicile, possède des avantages au point de vue de l'économie ; de plus, ce système permet de soulager des infortunes cachées qui ne le seraient pas sans cela. Chaque famille, calculera-t-il, dépense dans le workhouse 10 shillings par semaine ; au dehors, la dépense se trouverait réduite à 5 shillings. Donc, conclura-t-il, il y a bénéfice clair pour la taxe aussi bien que pour la communauté des citoyens de plus de 50 0/0. Mais l'expérience a prouvé que cette manière de raisonner n'était rien moins que spécieuse. Le Gardien opposé au système précédent soutient avec raison que, contraindre les indigents à s'adresser aux workhouses, c'est les stimuler à travailler et à s'aider eux-mêmes. Les résultats de ce système sont aussi avantageux au point de vue économique que salutaire au point de vue moral. En effet l'expérience prouve que dans le nombre de ceux qui demandent des secours les neuf dixièmes refusent de les recevoir dans l'intérieur du workhouse. D'un autre côté, c'est également une observation générale, qu'un grand nombre d'indigents dans les classes ouvrières, auxquels le stigmate du paupérisme paraît intolérable lorsqu'ils résident dans les workhouses, se montrent solliciteurs sans pudeur des secours à domicile. M. Doyle, dans un de ses rapports sur le Poor Law, a attiré l'attention sur ce fait que sur 647 demandes de secours à domicile, 27 seulement acceptèrent de résider dans les workhouses ; d'où il est permis de conclure que la plus grande partie des solliciteurs n'était pas absolument dans l'indigence et la détresse. Ce qui s'est passé à Whitechapel n'est pas moins significatif ; dans l'espace de cinq ans, les secours hebdomadaires délivrés à domicile se sont réduits de 2,556 à 209. A Saint-George-in-the-East, le chiffre de 1,200 est tombé à 85. Est-il possible de supposer que cette diminution porte principalement sur les pauvres honteux ? Si les chiffres changent, les faits restent-ils toujours les mêmes, le nombre de ceux qui souffrent toujours aussi grand et aussi effrayant ? A cette objection, nous répondrons que si le cri de misère des pauvres ne parvient pas jusqu'aux oreilles des gardiens, il sera du moins entendu par le public. Sans doute le paupérisme ne pourrait diminuer que sous l'influence de certaines dispositions spéciales, et grâce à des efforts personnels de ceux qui sont chargés de le soulager.

D'abord, chaque commissaire des pauvres devrait avoir, comme dans les deux paroisses que nous avons nommé plus haut, un district suffisamment restreint pour qu'il puisse être à même de faire des enquêtes plus minutieuses sur ceux qui s'adressent à lui. En second lieu, les enfants des veuves, qui forment 30 0/0 du chiffre des pauvres de la métropole, devraient être envoyés dans les écoles de districts ; c'est ce qui se pratique sur une grande échelle à Whitechapel et à Saint-George. Enfin en troisième lieu, il devrait y avoir une coopération plus intime entre les diverses sociétés qui toutes se proposent un but humanitaire, par exemple, les sociétés de bienfaisance, les sociétés de patronage des apprentis, les sociétés d'émigration, etc. Reste à nous demander ce que l'on ferait dans le cas où la résidence dans le workhouse étant une condition *sine quâ non* de secours, les indigents refuseraient, alléguant qu'ils se laisseraient plutôt mourir de faim dans la rue que d'y entrer. Nous emprunterons la réponse au révérend S. A. Barnett, un clergyman d'une grande expérience, chargé d'une paroisse à l'Est de Londres : « Ils ne refuseront pas, disait-il, lorsqu'ils sauront qu'en dehors du workhouse, il n'y a pas de secours ». De plus, si l'on objectait que le workhouse entraîne la séparation cruelle et violente des parents d'avec leurs enfants, nous répondrons que les enfants sont beaucoup mieux, sous tous les rapports, dans le workhouse et les écoles de district que dans les chambres enfumées et nues des quartiers populeux.

Comme les faits précédemment énumérés le prouvent, le système de secours à domicile semble dégénérer à la longue en constituant pour ainsi dire une prime à la paresse et en supprimant toute énergie, tout courage, toute indépendance de caractère. Il suit de là que tout ce que l'on peut objecter à une loi organique sur le paupérisme, s'applique également à ce système. Renforçons encore notre argumentation par un autre exemple.

Le district de l'East-End de Londres va nous le fournir. Dans ce quartier, aussi longtemps que les veuves étaient secourues par les taxes, elles étaient à même de lutter avec les couturières avec avantage; mais cette concurrence était absolument ruineuse pour les dernières. Depuis que le secours à domicile est devenu l'exception, les salaires de cette classe intéressante en faveur de laquelle le chansonnier Hood a provoqué un grand courant de sympathie par la « chanson de la chemise » (song of the shirt), ont augmenté dans des proportions notables. Ce fait a donné lieu à une demande générale d'une loi sur la matière. Des rapports successifs du Local government Board ont démontré que le « relief in aid of wages » (secours ou augmentation des salaires) a eu pour conséquence d'exposer les personnes qui vivent de leur propre travail à une compétition injuste sur le marché avec celles qui tiraient une partie de leur subsistance de la taxe des pauvres. Ces dernières pouvaient produire une main-d'œuvre à meilleur compte que les premières.

Comme l'a démontré M. J. R. Pretyman dans un traité remarquable sur ce sujet, intitulé : « Dispaupérisation », ce sont là les résultats que nous devons attendre à priori de la mise en pratique d'un tel système. « Si, dit-il, la réglementation des salaires, devait entièrement dépendre des deux parties contractantes, le patron d'un côté avec ses besoins, l'ouvrier de l'autre avec les siens, sans qu'il s'interpose entre eux quelque élément de discorde tel que la taxe des pauvres ou autre impôt fiscal, les salaires seraient plus élevés. Les ouvriers agricoles en particulier, ne peuvent espérer raisonnablement, voir leurs gages s'élever, grâce à la taxe des pauvres; car la terre, qui doit à la fois fournir le salaire et la taxe, ne peut supporter de charges que jusqu'à concurrence d'une certaine somme; de plus elle a trois parties à rémunérer : le propriétaire, le fermier, les laboureurs. Le propriétaire en général, ne tire de la terre qu'un revenu de deux ou trois pour cent, taux ordinaire des rentes. Le fermier, qui a engagé son capital dans l'agriculture, n'en retire que l'intérêt commercial ordinaire ; ses bénéfices paraissent même inférieurs à ceux des négociants ; car on trouve rarement un fermier riche, et on enregistre peu d'exemples dans lesquels les propriétés agricoles aient atteint les chiffres élevés auxquels sont estimées celles des négociants et industriels et qui figurent tous les jours dans les journaux. Enfin une troisième portion du revenu des terres est affectée aux salaires et à la taxe des pauvres. En conséquence, si le propriétaire doit avoir son intérêt et le fermier son bénéfice, tout ce qui est payé par la terre en taxe des pauvres représente autant de diminution sur les salaires. Si un plateau de la balance est plus chargé, l'autre nécessairement s'élèvera ».

Les conséquences à posteriori ne sont pas moins concluantes. La confiance des classes ouvrières dans la taxe des pauvres, produit des effets analogues à ceux qui résultent pour un fils prodigue, de l'indulgence d'un père riche et faible. Compter sur l'amour-propre d'un journalier, sur sa répugnance à dépendre de la taxe, l'exciter à se faire affilier à une société mutuelle de secours, afin d'être indépendant de ses concitoyens et de passer la tête haute parmi eux, c'est trop présumer de la nature humaine ; ces théories ne résistent pas à la pratique ; et la réponse des prolétaires à ces excellents conseils est souvent identique à cette remarque que Sir Stafford Northcote a placé une fois dans la bouche d'un pauvre endurci : « Il ne saurait y avoir de société mutuelle aussi excellente que la taxe ; celle-ci vous donne tout et en retour elle ne vous demande rien ». L'instruction, l'éducation politique et autres moyens salutaires peuvent modifier les vues qui prévalent dans les classes ouvrières sur ces matières. Ainsi à notre époque, la faculté de vivre sur les taxes et particulièrement la possibilité d'avoir des secours à domicile entrent pour beaucoup dans les calculs de milliers d'Anglais, qui veulent se marier ou qui ont quelque tendance à se laisser aller à la boisson. Ils escomptent par avance les avantages de leur future destinée ; semblables à des capitalistes qui possèdent quelques bonnes actions de sociétés financières et industrielles, et qui espèrent d'excellents dividendes. L'idée qu'il trouvera un jour un appui dans les taxes, pousse l'ouvrier des villes comme celui des campagnes à mal agir et à se marier trop tôt sans aucunes ressources. Le paupérisme ne peut engendrer que le paupérisme ; on s'endurcit dans la pauvreté comme dans le crime et l'ivrognerie. La misère qui se montre sur le seuil de leur habitation finit par l'envahir toute entière ; de là naît une nouvelle génération d'indigents. Pendant que le taux du salaire diminue, les besoins de la vie augmentent et les prix des denrées haussent. Non seulement le salaire décroît, mais aussi l'aptitude pour le gagner. Ces faits tôt ou tard seront manifestes pour les classes ouvrières elles-mêmes. « J'ai raison de croire, disait M. George Houlton, luimême Gardien dans une conférence sur le Poor Law, tenue à Leicester, en novembre 1875, que les meilleurs ouvriers qui ont émigré du North Lincolnshire ont pris cette détermination plutôt dans le but de se soustraire à la taxe qu'ils étaient obligés de payer en vertu de la loi des pauvres que pour mécontentement au sujet du travail. Un de ces hommes qui ne gagnait pas moins de 3 shillings par jour dans le dernier hiver, me quitta au printemps, en me disant qu'il était résolu à abandonner un pays où la loi forçait ceux qui voulaient travailler à soutenir ceux qui pourraient travailler mais qui ne le veulent pas ».

Avant la législation de 1834, le rapport entre la taxe des pauvres et le salaire était encore plus scandaleux. D'après l'exposé des motifs de cette loi, il était clairement démontré que la taxe a pesé d'une façon si lourde sur la terre, que la culture en a été abandonnée. Dans la paroisse de Lenham, comté de Kent, par exemple, la taxe des pauvres sur 420 acres de terre, s'élevait à £ 300 par an. D'un autre côté, la réduction des « poor-rates » a été le signal de la hausse des salaires. Malgré cette amélioration, le mal est toujours le même et aucun remède n'a encore été apporté.

Nombreux sont les faits qui démontrent le cynisme avec lequel les classes ouvrières se conduisent envers ceux qui les assistent. Le révérend G. Portal de Burghclerc (Hants), racontait à ses auditeurs, dans une conférence récente sur la loi des pauvres, une anecdote assez caractéristique. Un indigent se trouvant dans un « workhouse », demanda avec instance un bain chaud. On le lui refusa. « J'en référerai, s'écria-t-il aussitôt, à l'autorité supérieure, et vous verrez que j'aurai mon bain chaud. Veuillez me donner votre nom; j'écrirai au gouvernement local. » Si l'indigent audacieux avait le droit de faire cette réclamation, on ne peut le blâmer d'avoir demandé qu'on exécutât la loi. Mais souvent ces exigences dépassent les limites légales. Ainsi, parmi les femmes qui reçoivent des secours à domicile, la plupart sont séparées de leurs maris. Après enquêtes faites, on a découvert que très souvent le mari et la femme étaient d'accord pour se dire séparés. En voici un exemple, tiré du rapport de

M. Wodehouse, de 1871-72, et cité par M. Pretyman :
« A Plymouth, les femmes abandonnées recevaient des secours à domicile. Un des administrateurs m'informa un jour qu'il y avait parmi ces femmes un certain nombre dont le mari n'avait pas quitté la ville. » D'autres, ajoutait-il, tout en recevant des secours de l'administration, ne sont pas du tout abandonnées de leurs maris. Ceux-ci leur envoyaient des ressources, à l'insu des administrateurs. » La porte est ainsi ouverte à une foule de fraudes, et une administration faible ne fait en somme qu'encourager la paresse et l'oisiveté, et favorise le mensonge et l'imposture. Grâce à un tel système, la notion du devoir et de la responsabilité mutuelle parmi les membres d'une même communauté disparaît ; l'individu se dégrade, s'endurcit et devient semblable à la brute. « La charge de soutenir un parent infirme ou âgé, observe le docteur Magee, évêque de Peterborough, dans une conférence sur le « Poor Law », tenue en 1875, est vivement ressentie par les enfants ; aussi, à une demande de secours, répondent-ils : « Adressez-vous à la taxe des pauvres. » Cette assertion peut être vraie, mais le docteur Magee aurait dû ajouter ce qu'a fait remarquer le révérend S. A. Barnett, qu'en Angleterre l'affection filiale était plus forte que parmi les compatriotes du docteur Magee. L'Irlandais ne brille pas par sa générosité.

M. Pretyman cite un autre exemple de cette tendance ; il est tiré du rapport des inspecteurs de la taxe des pauvres au gouvernement local de 1874-75 : « Un jour que j'assistais à une réunion de Gardiens du « West Firle Union », une demande fut faite dans les circonstances suivantes : C'était une famille, composée d'un vieillard âgé de soixante-sept ans, dans l'impuissance de travailler ; sa femme, plus jeune de dix ans, gagnant 4 shillings par semaine ; un fils non marié, vingt-trois ans, demeurant avec ses parents et gagnant 13 shillings 6 deniers par semaine ; un second fils, âgé de dix-sept ans, demeurant aussi avec ses parents et gagnant 10 shillings par semaine, et enfin deux enfants au-dessous de huit ans. Il m'a semblé, disait l'inspecteur, que le cas était suffisamment intéressant pour qu'on offrit les secours du « workhouse », et si l'offre était acceptée des mesures légales devaient être prises relativement au fils aîné. Les Gardiens toutefois ne pensèrent pas de même. Une gratification de 2 shillings par semaine et de 2 mesures de farine lui fut donnée. Je fus surpris de voir que dans plusieurs autres bureaux, les administrateurs étaient prêts à agir de la même manière si un cas semblable venait à se présenter. » Tel est le récit de l'inspecteur. Mais remarquons que si des mesures légales avaient été prises contre le fils aîné, qui demeurait avec ses parents et qui gagnait 13 shillings 6 deniers par semaine, il se serait soustrait aux dispositions de la loi en se mariant ou en plaidant l'impossibilité de venir en aide à ses parents.

Voici le témoignage du révérend chanoine Willes, qui confirme le précédent récit. « Je connais plusieurs exemples, dit-il, de personnes qui se sont récriées lorsqu'elle sont été contraintes à supporter ceux qui leur avaient donné le jour, comme si en remplissant ce devoir filial, elles en éprouveraient un préjudice. On m'a raconté l'autre jour que dans un de nos grands centres manufacturiers, il y a actuellement une association formée dans le but de faire rapporter la loi qui oblige les enfants à venir en aide aux auteurs de leurs jours comme injuste et cruelle. » La législation des pauvres a été introduite en Écosse en 1845. Comment a-t-elle fonctionné dans cette contrée ? Donnons la parole à M. Mac Neil Caird. « Les paysans, dit-il, qui autrefois se faisaient une gloire de n'avoir aucun membre de leur famille à la charge de la paroisse, réclament à présent trop souvent des secours en argent de celle-ci, sur un ton très exigeant, bien que la maison des pauvres (poor house), soit toujours à leurs yeux une maison déshonorée. » Ecoutons cet autre témoignage : « Le changement, dit un ancien inspecteur des paroisses situées à l'est de Londres, qui s'est produit dans les mœurs et les habitudes du pauvre depuis qu'il reçoit l'aumône de la paroisse, est fort remarquable. Il est à tout jamais démoralisé. » Il semble maintenant que cette démoralisation ait quelque tendance à être héréditaire. « Les solliciteurs qui frappent aux portes sont toujours les mêmes, continue le même auteur, ils appartiennent à une même famille ; la maladie passe de père en fils. Qu'ils travaillent ou qu'ils ne travaillent pas, une fois que la misère s'est assise au foyer d'une famille, elle y demeure ; un miracle seul pourrait la déloger. »

Ainsi, selon des observateurs très-autorisés, le « poor law » est loin d'être une institution féconde en heureux résultats. Elle est nécessaire peut-être, en ce sens que nous la subissons comme un mal nécessaire ; car elle ne saurait être considéré sous un autre aspect. Cependant, la loi des pauvres compte des défenseurs. A les en croire elle aurait des avantages politiques et sociaux. « Nous sommes convaincu, lisons-nous dans le *Spectator* du 15 juin 1878, que si les campagnards anglais sont restés spectateurs impassibles au milieu de l'agitation du socialisme, qui régnait dans d'autres pays, c'est grâce à l'existence d'une loi des pauvres. Le prolétaire la trouve pour ainsi dire au seuil de sa porte ; elle lui tend une main amie et le détourne de la route misérable dans laquelle il n'aurait trouvé que l'horrible perspective de mourir de faim. » Ceux qui sont de cet avis ajoutent encore que le « poor law » est une concession aux nécessités sociales. Elle est pour ainsi dire le trait d'union qui réunit les deux classes opposées d'une même société. En créant entre elles un rapprochement sous l'égide de la charité, cette institution a puissamment contribué à neutraliser les effets pernicieux de certaines doctrines politiques qu'elle semblait sanctionner en apparence. Mais ne pourrait-on pas substituer à la charité de l'État la charité privée? Au lieu de contraindre chacun à donner à ses concitoyens indigents une aumône sous forme de contribution forcée, ne pourrait-on pas organiser un système de secours qui n'aurait pas le caractère coercitif? Nous ne croyons pas, quant à nous, que dans une grande agglomération de peuple, le « poor law » soit un instrument efficace pour faire vibrer dans les cœurs les cordes de la charité et de la commisération chrétiennes. Son action sur les esprits est faible et ne saurait provoquer des élans de générosité.

Mais que le « poor law » soit en principe mauvais ou salutaire, il n'est pas probable que nos législateurs veuillent l'abolir. Quant au système de secours à domicile, il est condamné par des moralistes et des économistes de grande autorité. Partout où on l'a aboli, le paupérisme a diminué, et dans l'avenir, nous sommes fondés à croire qu'il finira par disparaître entièrement. Mais pour le moment présent, l'abroger radicalement serait impopulaire et inopportun. Comme le fait remarquer avec juste raison M. Stansfeld : « Si, dit-il, vous rendrez le « workhouse » accessible à tous, vous verrez que toutes les catégories de pauvres y auront recours sans aucune hésitation. En effet, sans le système actuellement en vigueur, ce n'est que grâce à la distinction qu'il fait entre plusieurs espèces de paupérismes, en n'offrant l'hospitalité de la maison qu'aux indigents les plus besoigneux, que beaucoup se retirent, regardant cette hospitalité comme déshonorante. Puisqu'il en est ainsi, continue M. Stansfeld, les solliciteurs demandent des secours à domicile; s'ils réussissent, c'est bien ; s'ils échouent, ils hésitent longtemps avant d'accepter l'asile de la maison ; ce qui les classerait parmi les gens que la société stigmatise. » Remarquons que l'argument de M. Stansfeld serait logique dans le cas où la taxe des pauvres serait administrée d'une manière stricte et satisfaisante. C'est grâce à la faiblesse de l'administration, à la négligence des administrateurs eux-mêmes et de leurs préposés, que les secours à domicile deviennent un abus. Notons, en effet, que les adversaires les plus acharnés des secours à domicile, ont avoué que le « workhouse », s'il était sévèrement réglementé et les demandes consciencieusement examinées, pourrait fonctionner au grand avantage du public.

Les principaux antidotes contre le paupérisme sont l'organisation d'un système d'assistance publique volontaire et l'institution d'une caisse d'épargne. En France, en Allemagne et autres contrées où la loi des pauvres n'existe pas, on a établi des bureaux de bienfaisance. Des associations mutuelles et des sociétés de prévoyance tiennent lieu en Angleterre de caisses d'épargne. Quant à l'action des bureaux de bienfaisance, elle est identique à celle de la loi des pauvres. Comme cette dernière, ils encouragent la paresse et ne sont point favorables aux sociétés de prévoyance. « Bien que les sociétés mutuelles, écrit sir Henry Barron, secrétaire de légation à Bruxelles, aient fait de grands progrès en Belgique, il est fort difficile de persuader au travailleur belge de mettre de côté une somme pour l'avenir ; les bureaux de bienfaisance y sont un obstacle ; car ils semblent lui assurer une certaine provision pour la vieillesse. » « Il est remarquable, lisons-nous dans les rapports des consuls de Copenhague, que le paupérisme croît à mesure qu'augmentent les ressources destinées à le soulager ; ce sont les provinces les plus riches qui ont le plus de pauvres. »

Selon les calculs, les sociétés de prévoyance font faire aux contribuables du Royaume-Uni une économie de 2 millions de livres sterling. Ce sont les clubs du village : elles tiennent des séances périodiques de comptes rendus; elles ont leur fête annuelle. Elles jouent pour les populations ouvrières des villes et des campagnes le rôle de sociétés d'assurance sur la vie et les accidents. Mais là ne s'arrêtent pas leurs fonctions. Outre les assurances sur la vie, elles donnent aussi une certaine somme en cas de maladie. Ainsi, un nouvel élément entre dans les calculs de celui qui fixe le taux de la prime de la police. Il doit faire entrer en ligne de compte non seulement les chances de mort, mais aussi celles de maladie, d'accident, d'incapacité de travailler. Les calculs doivent être basés sur des probabilités rigoureusement exactes ; l'existence de la société en dépend. De plus, les sommes qu'elle encaisse doivent être placées d'une façon judicieuse et rémunératrice. Ainsi, les grandes compagnies d'assurance sur la vie à Londres ne seraient pas aussi prospères si elles avaient placé leur argent dans le « Post Office Savings Bank », au taux de 2 1/2 0/0 ou sur des consolidés à 3 0/0. Chaque penny, en fait, doit être productif. Ces placements et les dépenses doivent être soumis à un contrôle périodique. D'après le « Friendly societes act de 1875 », ce contrôle doit avoir lieu tous les cinq ans. Cette loi a donné au gouvernement le droit de faire examiner les livres, le passif et l'actif de la société, par des inspecteurs spéciaux qu'il nomme à cet effet. Elle leur a assuré une rétribution, mais en la laissant à l'arbitraire des sociétés. Les clubs sont libres de choisir leurs administrateurs et contrôleurs, et ils usent de cette latitude d'une manière abusive, de sorte que ce contrôle quinquennal est devenu lettre-morte. D'après les tableaux dressés par la commission chargée par le trésor du contrôle des écritures (Actuarial commission of the Treasury), un versement de 1 livre sterling 8 shillings 6 deniers par an, ou 7 deniers par semaine, serait suffisant pour assurer à un ouvrier qui commencerait à faire partie d'une société mutuelle à l'âge de vingt-trois ans, une somme de 10 shillings par semaine pendant les jours de maladie, jusqu'à l'âge de soixante-dix ans ; puis, à cette époque de la vieillesse, il aurait une pension de 6 shillings par semaine, et enfin 10 livres sterling seront allouées à sa famille après son décès. Avec un versement de 1 livre sterling 18 shillings par an ou 9 deniers 1/2 par semaine, il profite des mêmes avantages, mais la retraite au lieu de commencer à soixante-dix ans, est fixée à soixante-cinq ans. M. Macdonal, membre du Parlement, le défenseur des classes laborieuses, a soutenu que les associations mutuelles sont utiles pour enseigner aux ouvriers à se dispenser de recourir à la taxe. Il n'y a pas bien longtemps, dans le Somersetshire, des ouvriers mineurs refusèrent de faire partie d'une association mutuelle, disant qu'ils préféraient « l'obole de la paroisse ». S'ils avaient à choisir entre l'association et le « workhouse », leur choix eut été encore moins douteux ; les contribuables auraient supporté ce qu'il plaisait à ces derniers de leur faire subir. Sans doute à l'État incombe le soin d'encourager et de stimuler les classes ouvrières à entrer dans les associations mutuelles, sans toutefois que cette intervention puisse porter atteinte à la liberté individuelle ; sans doute il appartient aussi à l'État de prendre toutes les mesures qui doivent avoir pour résultat de réduire la charge des contribuables de la taxe ; mais dans cette tâche il doit être aidé par les patrons eux-mêmes. En Autriche, ces derniers se réunissent pour créer une caisse de secours pour leurs ouvriers, et en Angleterre, plusieurs chefs de maisons ont fait de même de leur propre mouvement. La compagnie des chemins de fer du Sud-Est a établi une société mutuelle pour procurer des secours aux associés en cas de maladie et assurer du pain à leurs familles. Elle compte plus de trois mille membres. Le principe de la mutualité est encore reconnu et appliqué dans d'autres professions. Les services militaires et civils de l'Inde desservent une pension aux soldats et fonctionnaires. Mais tous sont obligés d'y contribuer au prorata de leur grade. S'il en est ainsi, pourquoi ne forcerait-on pas les classes ouvrières à verser leur obole aux sociétés mutuelles? Pourquoi le patron ne ferait-il pas de la qualité de membre de l'une de ces associations une condition d'entrée dans son établissement? Il est permis de croire tout d'abord qu'aucun chef de maison ne voudrait consentir à faire quelque chose de ce genre ; car, s'il était forcé de se soumettre à une telle obligation ou d'agir selon ce principe, il se trouverait infailliblement dans l'embarras et éprouverait un sérieux dommage. D'un autre côté, si l'État insistait sur cette condition, il faudrait nécessairement qu'il garantît aussi la solvabilité de la société mutuelle. Enfin, si les prérogatives de l'État s'étendaient sur des questions de ce genre, ce serait une atteinte portée à la liberté individuelle, dont les Anglais sont si jaloux ; de plus, cette ingérence aurait pour résultat d'enlever aux ouvriers toute initiative et toute indépendance.

Il a été question autrefois de placer les sociétés mutuelles sous le contrôle des Gardiens des pauvres. Cette idée soulève les mêmes objections que celle de la garantie de l'État. En outre elle donne lieu à de nouvelles objections. Il est incontestable jusqu'à un certain point que le but de ces associations est de rendre leurs membres indépendants des taxes; et tel est leur résultat final. Mais il est non moins certain que placer ces associations sous l'égide de la loi des pauvres serait détourner d'elles un grand nombre d'ouvriers pour les jeter dans les bras du paupérisme et les réduire à une condition misérable.

L'attitude de la loi vis-à-vis des sociétés de prévoyance est digne de remarque. En cette matière, il y a une exception à la règle générale. En effet, depuis 1793, il y a bientôt un siècle, les sociétés mutuelles ont été réglementées par le Parlement lui même. A part quelques détails, les principes fondamentaux ont peu varié. L'« act » de 1793 a déclaré l'enregistrement facultatif. Celui de 1819 a maintenu cette faculté. Il a en outre décidé qu'il ne serait plus permis aux juges des Cours trimestrielles de comté de viser les statuts des sociétés, sans que ceux-ci aient été préalablement approuvés par deux hommes d'affaire ou contrôleurs de profession. En 1827 cette question fut de nouveau portée devant la chambre des Communes. L'« act » de 1829 fit quelques changements ; le contrôle était enlevé aux autorités locales, et transmis au barrister (avocat) préposé au visa des règlements des caisses d'épargne. Toutefois les « magistrates » jugeaient toujours en dernier ressort ; ils confirmaient ou rejetaient les statuts de la société. Ce ne fut qu'en 1846 qu'on créa le poste de greffier des sociétés mutuelles, et qu'on établit un système de centralisation. Cependant l'enregistrement était toujours facultatif. Souvent, même lorsque les statuts étaient enregistrés et visés, ils n'étaient pas exécutés. Les annales des sociétés mutuelles sont pleines de faits qui le prouvent. Beaucoup de familles qui y avaient placé leurs économies ont été ruinées de la façon la plus absolue par suite de leur mauvaise administration.

L'« act » de 1845 rémédia quelque peu aux désastreux résultats provenant de la mauvaise gérance de ces institutions. Enfin il y eût en 1875 un dernier « act ». En parlant de celui-ci une autorité compétente le Rév. W. Edwards dans le Contemporary Review (1870) s'exprime ainsi : « Quoiqu'on lui ait prodigué beaucoup de louanges anticipées, en réalité il fit peu ou presque rien pour la solution des questions difficiles. » En fait, on s'est placé comme autrefois sur le terrain facultatif ; l'enregistrement n'est pas obligatoire et plusieurs des dispositions de l'« act » ne sont sanctionnés par aucune amende. Les sociétés doivent agir d'une façon ouverte vis-à-vis de leurs membres et du public ; c'est un principe de loi sur cette matière sans doute admirable ; mais si nous considérons qu'un quart de la population de l'Angleterre, c'est-à-dire plus de huit millions d'individus est intéressé dans ces sociétés, et que 32,000 sociétés dont 12,000 non enregistrées, autrement dit non sujettes à aucun contrôle de l'État, ont à leur disposition une somme de £11,000,000 sterling, ne trouverons-nous pas que l'on doit faire quelque chose de plus ? A l'exception de la caisse d'épargne des Postes (Post Office Savings Bank) ces sociétés, ne l'oublions pas, sont les seules banques où l'ouvrier puisse déposer son argent. En cas de maladie elles lui accordent un petit revenu et à son décès, elles aident la veuve à se frayer une nouvelle voie dans la vie. Si l'État lui offrait un autre moyen de faire son placement, ce serait différent. Mais jusqu'ici la taxe de pauvres est la seule alternative. Ainsi l'État le pousse dans la route du paupérisme, puisqu'il ne l'encourage pas à l'épargne. En France il y a des facilités pour le placement de petites sommes en actions ou en biens fonds. Il en est pas ainsi en Angleterre.

Dans les districts campagnards, un ouvrier ou une ouvrière qui ont un shelling ou deux à mettre de côté, doivent faire trois ou quatre milles avant de trouver une caisse d'épargne des postes. Cette distance à parcourir est loin de stimuler le sentiment de l'économie. Si l'État se déclarait incompétent dans les questions relatives au bien-être de l'ouvrier, on comprendrait le refus de tous les Gouvernements qui se sont succédé à contraindre les sociétés mutuelles à faire enregistrer leurs statuts. Et cependant une telle contrainte entraînerait-elle une responsabilité plus grande (si responsabilité il y a) que celle qu'il a déjà endossée en matière d'assurance sur la vie, en exigeant préalablement à toute opération un cautionnement de £ 20,000 ? De plus, l'État n'intervient-il pas habituellement dans les matières de ce genre ? Ne défend-il pas à un homme d'employer sa femmes et ses enfants dans les fabriques pour l'aider ? Ne le force-t-il pas à envoyer ses enfants à l'école ? Ne prohibe-t-il pas la vente de certaines liqueurs qui produisent l'intoxication ? Ne punit-il pas enfin la falsification des denrées alimentaires ? Sur quel terrain pourrait-on se placer pour contester à l'État le droit d'intervenir pour empêcher des spéculateurs malhonnêtes d'exploiter l'ouvrier ? Pourquoi ne prendrait-il pas en mains les intérêts des basses classes de la société, comme il l'a fait de ceux des classes bourgeoises ?

Dans l'État de New-York, dit M. Edwards, les compagnies d'assurance sont sous la surveillance du gouvernement. Et au sujet des sociétés de bienfaisance il indique les quatre réformes suivantes à introduire dans la législation actuelle sur cette matière. Elles portent sur quatre points différents : 1° Enregistrement obligatoire ; 2° Adoption pour chaque compagnie d'une limite dans les bénéfices comme dans les dépenses; 3° Nomination d'un contrôleur par le gouvernement, qui examinerait les comptes et l'état de la caisse; 4° Suppression de toute société qui se trouverait dans une position d'insolvabilité sans espoir d'amélioration. Ces réformes sont urgentes. On peut en juger par cet exemple. Il existait à Manchester une société appelée « Unity of old Fellows ». Elle jouissait de la faveur populaire et était partout proposée pour modèle. En 1871, les Old Fellows firent arrêter les comptes de l'actif et du passif. On découvrit un déficit de £ 1,350,000 sterling. Heureusement que cette société était à même d'éteindre ce passif.

L'affluence qui se porte vers les petites caisses « Penny Banks » d'épargne montre combien réel est le désir des classes ouvrières d'économiser et combien cette institution était nécessaire. Dans une de ces caisses d'épargne le nombre des déposants s'était élevé en 1877 à 71,802; les sommes déposées à £ 187,911. Quarante-quatre succursales furent créées; et on en aurait établi un plus grand nombre pour répondre aux besoins, si les statuts de la société n'avaient fixé des limites pour le périmètre de chaque succursale. Pour donner une idée du grand développement des opérations et de l'importance des affaires, quoiqu'elles portent sur de petites sommes, prenons les chiffres : Dans l'espace de douze mois, il y eût 791,873 déposants; le montant total du dépôt s'élevait à la somme de £ 650,714, ce qui donne en moyenne un peu moins d'un souverain par personne. Certes, si ces institutions n'avaient pas existé, ces petites sommes auraient été englouties dans les cabarets; elles peuvent être considérées comme un des leviers de l'économie et de l'épargne; elles stimulent les classes ouvrières à mettre de côté le surplus de ce qui est nécessaire pour leurs besoins. Elles contribuent puissamment à diminuer et à éteindre le paupérisme. Mais pour produire des résultats aussi complets, il faut que l'esprit de l'épargne ait pénétré plus profondément dans les masses ouvrières. Et cet esprit ne peut s'y acclimater que par l'exemple venu d'en haut. En effet, les ouvriers anglais ont des dispositions singulières pour marcher sur les traces de leurs supérieurs sociaux. Non seulement ils imitent, mais encore ils surchargent. Dans les sujets économiques comme dans les autres, l'homme reproduit les extravagances du maître; la servante, celles de la maîtresse; l'ouvrier celles de son patron. Est-ce à dire que les classes ouvrières en Angleterre ne sont pas aussi économes que toute autre portion de la population? En supposant que cette assertion soit juste et méritée, ne peuvent-elles pas invoquer le bénéfice des circonstances atténuantes? Les tentations, les occasions ne sont-elles pas plus grandes ici qu'ailleurs? Ce qui encourage le plus à faire des économies c'est la perspective d'une récompense future, en compensation des privations du moment; et cette perspective consolante de l'avenir n'a pas encore suffisamment frappé les yeux dans la classe ouvrière anglaise.

Mais ne sommes-nous pas déjà engagés sur la route des réformes? La coopération, que nous étudierons dans le chapitre suivant, bien qu'elle soit encore dans la période de l'enfance, a déjà produit de meilleurs effets. L'économie que fait réaliser le système coopératif, s'élève de 10 à 20 0/0, et ce chiffre ne présente qu'une partie des avantages de ce système, qui, comme nous le verrons plus en détail, assure des avantages moraux en même temps que matériels.

Note. — Il serait intéressant de rapporter, comme supplément à ce que nous avons dit de l'épargne et des tendances à la prodigalité dans les classes ouvrières, quelques faits et quelques chiffres d'un grand intérêt et d'une haute importance, donnés par une autorité incontestable et d'un grand poids, M. George Howell, dans un article du Nineteenth Century, intitulés : « Les classes ouvrières sont-elles imprévoyantes ? » Pour juger sainement, remarque l'auteur, si le reproche fait à la classe ouvrière de n'avoir aucune précaution pour l'avenir est fondé ou non, il faut préalablement poser quelques données comme bases de nos critiques. Prenons les salaires que perçoivent les ouvriers, et déduisons de ce chiffre le montant des dépenses pour les besoins de la vie, les jours de chômage, les temps de crise, etc. Demandons-nous donc ce que gagne un ouvrier? Supposons qu'il gagne £ 2 par semaine; s'il travaillait toute l'année à ce taux, il gagnerait par an £ 104 ; mais il faut admettre certains accidents qui réduiraient ce chiffre à £ 96. C'est peut-être encore trop élevé. En tenant compte de l'augmentation progressive des salaires depuis les trente dernières années et en même temps de la variation correspondante du prix des denrées et autres nécessités de la vie, nous serons plus près de la vérité en disant que le gain de l'ouvrier est de £ 91. La famille d'un ouvrier, supposons-le, se compose de cinq membres ; il faut donc compter la nourriture, le logement, l'entretien, le chauffage, les visites médicales les et médicaments pour cinq personnes. L'ouvrier est ainsi amené à dépenser 5 s. 10 d. par semaine pour le logement, ou £ 15, 3 s. 4 d. par an; 1 s. 8 d. par semaine pour le charbon; 6 d. par semaine pour l'école ; et 1 s. par semaine pour la société mutuelle ou le club : ce qui fait en tout 9 s. En les déduisant de 35 s. il reste 26 s. Il faut maintenant se nourrir et se vêtir : Comptons pour l'homme 10 s., la femme 6 s., et 3 s. pour chacun des enfants ; il reste 1 s., par semaine pour dépenses imprévues. Comme on le voit d'après ces chiffres, l'ouvrier ne saurait être prodigue, puisque déduction faite des dépenses nécessaires, il se trouve en possession d'un seul shelling.

Quant à l'épargne et la provision pour l'avenir, la statistique suivante prouve d'une façon éloquente que le peuple anglais n'est pas aussi dissipateur qu'on se plaît à le dire : 1° Il y a 26,087 sociétés mutuelles enregistrées et non enregistrées; elles comptent 3,404,186 membres, et les fonds accumulés s'élèvent à £. 9,336,949; 2° Sociétés de prêts, 373; membres, 30,048; fonds accumulés, £. 155,065 ; 3° Sociétés de constructions, 396 ; fonds, £. 12,580,013 ; 4° Sociétés de de prévoyance, 1,163; membres, 420,034; fonds, £. 6,199,266; 5° Trade Unions enregistrées 215 ; membres, 277,115; fonds, £. 391,595; 6° Banques de Dépôts, 463; déposants, 1,493,401 ; dépôt £. 43,283,700. Caisses d'épargne de la poste, 5,480; déposants, 3,166,136; dépôt (y compris les intérêts), £. 26,996,550, 10 s. 3 d.; Caisses d'épargne des chemins de fer, 9; déposants, 9,893; dépôt, £. 153,512. Ces dernières n'admettent que les employés des voies ferrées. Le total général montre qu'il y a environ 10,121,694 déposants et que les fonds accumulés s'élèvent à une somme non inférieure à £. 100,705,055 sterling.

CHAPITRE XIII

LA COOPÉRATION

La coopération à Londres et en province. — Victoria street et Toad Lane, Rochdale. — Comparaison générale entre l'administration des divers établissements coopératifs. — Sentiments auxquels la coopération fit primitivement appel dans les classes ouvrières en Angleterre. — Nature de l'enthousiasme qu'elle excita. — Principes avancés au premier congrès coopératif, 1852. — Société coopérative générale. — La coopération dans les classes moyennes et les classes élevées. — « The civil service supply association, » son origine, son organisation, ses progrès. — Autres sociétés coopératives; leur développement. — « The civil service cooperative society. » — « The Army and Navy cooperative society. » — Effets de la coopération sur le travail. — Avantages généraux, sociaux et moraux de la coopération. — Influences du mouvement sur l'instruction. — Jusqu'à quel degré la coopération est applicable à la production aussi bien qu'à la consommation. — Succès exceptionnel de l'Essai d'Assington. — Vue générale de la marche et de la situation de la coopération.

Les deux scènes, dont nous allons être témoins maintenant, sont liées l'une à l'autre par un lien étroit. Les conditions sociales et locales peuvent être différentes dans chaque cas, mais le principe est le même. A peine pourrait-on trouver un plus grand contraste, si l'on s'en tient aux apparences, entre Victoria Street, Westminster, et Toad Lane, Rochdale.

De même, les personnes que fréquentent les deux maisons, où nous allons entrer, n'ont aucune ressemblance entre elles, soit dans l'extérieur, soit dans la manière de vivre. Cependant, les patrons de chacune d'elles sont animés par un même mobile, et savent que le but commun peut être atteint par des méthodes presque identiques. La meilleure est celle de la coopération, et quoique la façon dont elle est appliquée varie dans la capitale, et dans cette ville manufacturière du Lancashire où elle représente peut-être un avantage social plus considérable, et plus d'enthousiasme moral qu'à Londres, les différents aspects de l'entreprise peuvent être placés, sans trop de désavantages à côté de l'autre. Il est à peu près trois heures de l'après-midi, et, en se promenant de Victoria Station au palais du Parlement, le long d'une rue longue, étroite, bordée d'immenses maisons à plusieurs étages, contenant des bureaux d'hommes de lois, ou d'agents coloniaux et parlementaires, on remarque des voitures et des fiacres sur deux ou trois lignes, arrêtés devant un bloc de belles maisons. Toutes les espèces de voitures qu'on peut acheter ou louer à Londres sont là : depuis le barouche ouvert ou le brougham fermé avec leurs chevaux de sang, jusqu'à la voiture de remise louée au mois ou à l'heure, et au cab hansom ou hackney. Les valets de pieds et les cochers stationnent à l'entrée des portes, par lesquelles passent et repassent des dames et des gentlemen, les uns venant faire leurs achats, les autres ayant fini leurs acquisitions qu'ils font porter par les domestiques dans leurs voitures.

L'établissement n'est pas seulement un magasin, mais un lieu de plaisir et de bavardage, autant que d'affaires. En entrant, on trouve des guerriers grisonnants assis à une table, en train de dresser, dans une méditation profonde, une liste de leurs achats projetés.

Tout près de là est une jeune dame, tout neuve encore dans le ménage, dont le mari vient de recevoir sa promotion, et qui cherche à aller aussi loin que possible avec une somme d'argent limitée. Tout autour, allant et venant, sont des groupes d'acheteurs bien mis, qui viennent donner des ordres pour tous les articles dont ils ont besoin pour leur ménage ou leur salon. Il y en a aussi qui n'achètent rien, ou qui, après avoir fait leurs emplettes, restent là à flaner sans autre but apparent que de voir leurs amis et de discuter avec eux les nouvelles ou les scandales du jour. Les mêmes scènes se passent depuis le premier jusqu'au troisième ou quatrième étage. Les marchandises varient suivant l'élévation du comptoir au-dessus du niveau de la rue. A chaque étage ce sont les mêmes acheteurs, le même échange de compliments, les mêmes recommandations aux caissiers de faire vite les notes. Il y a aussi une salle de rafraîchissements pour l'usage des habitués qui désirent faire un léger lunch ; ou, si c'est l'après-midi, comme nous le supposons, ils peuvent prendre une bonne tasse de thé, comme ils sont habitués à le faire à cinq heures tous les jours. L'établissement, en effet, a beaucoup des avantages d'un club pour dames et pour hommes ; il permet de combiner à la fois le plaisir et les affaires, et donne la satisfaction aux habitués des magasins de savoir qu'en même temps qu'ils voient leurs amis, ils achètent leurs marchandises, que ce soit une pendule en bronze doré ou un flacon de pickles, meilleur marché et de meilleure qualité que partout ailleurs.

Transportons-nous maintenant à Toad Lane, à Rochdale. Il est sept heures du soir, et nous sommes au samedi. Des groupes d'ouvriers de filatures, avec leurs enfants, passent et repassent d'un magasin dans un autre, car à Toad Lane, ce n'est pas comme à Victoria

Street, une concentration de plusieurs boutiques en une seule. Toutes cependant, appartiennent à la même société et les « Pionniers » de Rochdale font des affaires aussi vastes dans leur genre que les membres de la société de coopération navale et militaire à Londres. On ne voit à Rochdale, ni voitures luxueuses attendant sur le trottoir, ni domestiques poudrés ou non poudrés, ni sentinelles en faction aux portes, pas plus que des commissionnaires pour appeler les fiacres. Quoique ici, comme à Victoria, la conversation soit générale entre les acquéreurs, ils ne s'amusent pas à flâner çà et là, et il est aisé de voir que l'esprit dominant de la place, est l'esprit des affaires. Au comptoir d'une boutique, des garçons sont occupés à donner de la mélasse, à ficeler les paquets de sucre ou à regarnir les tablettes vides; dans la rue au dehors, une douzaine de personnes au moins sont en train d'attendre leur tour; et ce spectacle se répète à peu d'intervalles près dans toute la rue. Juste en face des magasins d'épiceries est un magasin de nouveautés, où des femmes d'âges différents sont en train de choisir les articles dont elles ont besoin, et à côté de celui-ci est une boutique plus grande dans laquelle d'énormes morceaux de viande sont découpés et vendus; tandis que dans une autre partie de la même maison, on détaille la farine, les pommes de terre et le beurre. Tout près, les tailleurs et les cordonniers attendent leurs clients. Dans la maison près du boucher est un club d'ouvriers, et tout auprès du club la bibliothèque, dont les employés sont très occupés à échanger, à renouveler et à délivrer des livres. Un trait significatif de la valeur de l'institution est le nombre d'enfants qu'on y voit. Les ouvriers n'envoient que rarement des enfants faire des courses dans des magasins d'une certaine importance, parce qu'ils craignent que l'on n'abuse de leur ignorance et de leur inexpérience. Pour ce qui est des magasins de la société coopérative, ils ont confiance, sachant qu'on n'y fait pas de distinction de personnes.

Il y a beaucoup de points de différence, autres que ceux relatifs au personnel de leurs patrons, entre les établissements coopératifs de Londres et de Rochdale. Même à Londres, les magasins coopératifs ne sont pas administrés sur un principe uniforme. Quoique les affaires faites par les magasins de l'armée et de la marine, dans Victoria Street, ne soient pas aussi considérables que celles faites pas le « Civil Service Supply Association » (Association d'approvisionnement du service civil), dans le premier cas il y a plus du système commercial ordinaire que dans le second. Toute personne peut devenir membre de l'association de Victoria Strett. Mais maintenant, aucun nouveau venu dans la « Civil Service Supply Association », s'il n'appartient pas au service civil, ne peut obtenir de jouir de tous les privilèges qui y sont attachés; et on peut même dire qu'il est difficile pour toute personne d'y entrer, à moins qu'elle ne soit présentée par un actionnaire. Il existe à Londres d'autres magasins qui s'intitulent coopératifs, et qui n'ont aucun droit à ce titre. Ce sont simplement des entreprises individuelles ou des compagnies qui croient que le nom de coopération est fait pour appeler les clients, et qui l'emploient comme synonyme de Bon Marché. Il n'est pas douteux que la coopération n'ait contribué à amener le bon marché dans des magasins qui n'ont rien de tel. L'effet produit par les magasins coopératifs, sur les commerçants, n'a rien que de très avantageux pour toutes les classes d'acquéreurs. Ils ont introduit un nouvel élément de concurrence, et ont forcé les commerçants à réduire considérablement leurs prix pour les acheteurs au comptant.

Tandis que chaque négociant dans les magasins de Rochdale est en même temps actionnaire, il y a beaucoup de membres dans ceux de Londres, qui n'ont aucun intérêt pécuniaire engagé dans l'affaire. Ils ont acheté leur ticket d'admission sur la recommandation d'un ami qui est souvent lui-même actionnaire, et le seul désavantage auquel ils se trouvent exposés est qu'ils ne peuvent réclamer aucune part dans les bénéfices, et n'ont aucun droit au transport gratuit à domicile de leurs acquisitions. Une autre distinction très importante entre les sociétés coopératives, telles que celles que nous venons d'esquisser à Londres, et d'autres telles que les « Equitable Pioneers », est que ces derniers n'excitent pas forcément un antagonisme inévitable entre le magasin et le commerçant ordinaire, comme les premières. A Londres, le but du magasin coopératif est de vendre à plus bas prix que le commerçant. A Rochdale, au contraire, et partout ailleurs dans les provinces, il n'existe rien de la sorte. La société ne cherche qu'à vendre au prix-courant des commerçants voisins, et l'avantage qu'elle offre est de donner d'abord, la meilleure qualité possible pour l'argent dépensé ; deuxièmement, d'encourager l'épargne. Par exemple, les magasins de Rochdale, ne sont pas seulement un assemblage de magasins bien fournis et bien administrés, mais en même temps de vraies caisses d'épargne. Chaque membre étant actionnaire, a droit à une part égale dans les bénéfices, et le seul dividende qui, à la fin de l'année, reste à distribuer, est précisément la part à laquelle chaque actionnaire a droit. Il s'ensuit qu'à Rochdale et à Halifax, il y a plus d'intérêt à une organisation économique qu'à Londres. Dans chacune de ces villes, chaque pièce de six pence dépensée en plus pour les salaires et les gages, représente une augmentation d'autant sur l'article acheté. Il en est ainsi à Londres, sans doute, mais, comme à Londres tous n'ont pas droit à une part sur les bénéfices réalisés en dehors des frais généraux, il n'est pas possible d'appliquer ce principe aussi strictement.

La meilleure manière de montrer la différence entre la coopération dans les hautes et basses classes est celle-ci : Dans le premier cas, elle représente les principes de commodité et d'économie, et rien de plus ; dans le second cas, elle est intimement associée à un très grand progrès matériel dans la condition des classes ouvrières et en est en même temps le symbole. L'officier de l'armée de terre ou de mer, le fonctionnaire civil, le noble, le fonctionnaire public et cette foule de gentlemen, qui pendant la saison, partagent leur temps entre leurs bureaux, leurs clubs et autres endroits d'affaires ou de plaisirs, vont aux magasins, parce qu'ils croient, ou du moins disent qu'ils croient y faire leurs acquisitions d'une façon agréable et meilleur marché qu'ailleurs. La doctrine qu'ils professent ainsi est simplement une idée de convenance personnelle, et ils n'y mettent pas plus d'ardeur morale qu'ils n'en mettent à calculer les résultats d'un débat de parti à la chambre des Communes, par exemple. A l'établissement de la « civil service supply association », on peut dire que l'idée économique domine ; aux « Army et Navy Stores » (magasins de l'armée et de la marine) dans Victoria Street, qu'il y a en même temps un grand foyer d'attraction sociale.

Dans les deux cas, on ne peut douter que les magasins ne soient protégés par beaucoup de personnes, principalement par les Dames, qui aiment réellement l'excitation et l'occupation données par des achats faits dans des conditions exceptionnellement agitées.

D'autres, il est vrai, ne trouvent aucun charme à

tout ce bruit et à toute cette foule, mais elles vont au magasin, parce qu'elles savent qu'en faisant leurs achats elles-mêmes et payant comptant, elles n'auront pas à payer l'intérêt du crédit qu'on leur ferait chez les autres commerçants, et les étrennes qu'ils donnent aux domestiques à Noël. Mais même parmi les laborieux fonctionnaires civils de la couronne, il n'y a rien de pareil à cet enthousiasme ardent qui est l'âme du mouvement coopératif parmi les classes ouvrières. La vérité est que, la manière dont la coopération fonctionne dans les deux cas, varie suivant la position sociale de ses partisans. Vivre proprement, honnêtement et sobrement est, de l'aveu de tout le monde, regardé comme une marque de distinction dans les classes ouvrières. Lorsqu'on monte dans l'échelle sociale, cette distinction n'existe plus. Il en est ainsi de la coopération, de l'épargne et de la bonne conduite personnelle. Pour les classes élevées, ce ne sont pas des vertus exceptionnelles, ou, si elles en sont, il est poli de l'ignorer. Pour l'ouvrier, il est admis par son patron qui pourrait quelquefois être son élève, qu'elles constituent un titre à une bienveillante admiration.

Rien n'est plus nécessaire maintenant que d'indiquer les principes fondamentaux du mouvement coopératif et les principaux épisodes de son histoire, qui existe d'ailleurs dès maintenant (1).

En examinant l'influence exercée par la coopération en Angleterre, il est nécessaire de se rappeler qu'elle eut son origine dans un sentiment semblable au fanatisme, et que ses premiers apôtres présentèrent à leurs premiers disciples un idéal trop chimérique pour nos idées actuelles. Ce sont ces associations historiques

(1) *The history of cooperation*, histoire de la coopération par M. James Holyoake; ouvrage très remarquable, auquel je suis redevable de beaucoup de renseignements pour ce chapitre.

qui ont donné au mouvement ce degré d'élan moral sans lequel il n'eût peut-être pas réussi. Si la coopération n'avait pas pour origine d'autre motif que l'économie, et si elle n'avait fait appel auprès de ses partisans qu'à des considérations pratiques sur l'offre et la demande, elle n'aurait jamais pu acquérir autant de force sur les classes ouvrières.

L'Anglais éprouve pour toute grande cause populaire un enthousiasme fanatique ou tout au moins exagéré; le fanatisme passe, mais il reste un grand fonds d'énergie. Bien avant que les « Equitable Pioneers » « Pionniers Equitables de Rochdale » eussent ouvert leur magasin dans Toad Lane, en 1844, avec la valeur de £ 20 de marchandises, Owen avait déjà fait un essai, et cette expérience fut généralement considérée comme un échec. Mais si on estime l'influence qu'elle a exercé, on verra que ce ne fut en aucune façon un échec, car elle engendra réellement l'enthousiasme sans lequel la coopération n'eût jamais réussi. Les doctrines que prêchait alors Owen, et qu'il essayait de mettre en pratique, étaient destinées à produire une moisson posthume.

De même que dans la nature humaine, l'égoïsme et la sympathie sont les deux principes qui se compensent naturellement, de même la coopération a agi dans la société civile comme le contre poids du « Trade Unionism ». La concurrence, était-il dit, dans le journal le *Leader*, il y a trente ans, telle qu'elle se développe en Angleterre, doit arriver à détruire à la fois la vie de famille et la prospérité industrielle. Ce fut cette appréhension, qui tout autant que cette doctrine économique, facile à comprendre qu'il est de l'intérêt des classes ouvrières d'acheter leurs approvisionnements le meilleur marché possible, qui poussa plusieurs gentlemen et plusieurs clergymen de l'église d'Angleterre à encourager énergiquement le mouvement. Ils demandèrent de l'appui en le représentant comme rien moins que l'application pratique des doctrines du christianisme aux principes du commerce et de l'industrie. Dans les rapports officiels des premiers meetings de la Société centrale coopérative, Société d'encouragement des associations industrielles et de prévoyance, on trouve des résolutions exprimées dans un langage, dont la sincérlté est au-dessus de tout soupçon et qui atteste l'élévation du but moral poursuivi. C'est ainsi qu'à la conférence sur la situation de la société, tenue dans le « Great Castle Street, » à Londres, en juillet 1852, il fut unanimment résolu par ses délégués « que la société invite tous les établissements coopératifs.... à vendre tous les articles selon leur qualité, et à s'abstenir.... de vendre des articles qu'ils connaîtraient pour être falsifiés, même si leurs clients les leur demandaient ». L'année suivante, il fut formellement déclaré que les principes de l'association étaient : « Que la société était un corps composé de beaucoup de membres, et non une collection d'atomes se combattant. Que les vrais ouvriers doivent être des camarades de travail et non des rivaux. Qu'un principe de justice et non d'égoïsme, doit régir les échanges ».

Ceci n'empêcha pas des sujets plus prosaïques et plus pratiques, d'être examinés et discutés avec toute l'attention qu'ils méritaient. Parmi ceux-ci, le plus important fut le paiement des employés et des ouvriers de l'association. La résolution fut votée « que le principe de donner une part dans les bénéfices à ceux qui avaient participé dans le travail était essentiellement juste », et que si cela n'était pas fait, le caractère essentiel des sociétés coopératives disparaissait. Ce fut à ce sujet, qu'à une fête qui suivit la conférence, le président, feu le docteur Maurice, observa « que la nature humaine, le christianisme et la coopération, enseignaient ensemble que les hommes doivent être régis par la loi morale, et que jusqu'à ce que ce principe fût reconnu, le combat continuel de l'homme contre l'homme, de l'employé contre l'employé ne cesserait jamais. Si cette loi était proclamée et observée, aussitôt les hommes s'aideraient les uns les autres, vivraient l'un pour l'autre, et ainsi la société serait gardée par un pouvoir plus fort que l'égoïsme, et les associations industrielles seraient les instruments de l'éducation morale en transportant ces principes dans la vie pratique. » Douze ans plus tard, le mécanisme de la coopération fut complété par l'établissement de « The Wholesale cooperative Society » (Société coopérative générale) à laquelle il fut convenu qu'on ajouterait des magasins spéciaux qui détailleraient aux clients les articles dont ils auraient besoin.

Commençant avec un capital de £ 999, elle fit une légère perte de £ 39, la première année, suivie l'année suivante par un bénéfice de £ 306. Les résultats de ses quatorze années de commerce, montrent que le 15 janvier 1878, il y avait 844 sociétés provinciales qui étaient ou sont en compte avec la Société générale coopérative. Ces sociétés achetaient dans le dernier trimestre de 1877, £ 680,811 de marchandises pour les trois départements en lesquels la société est maintenant divisée, c'est-à-dire, épicerie et comestibles, draperie, bottes et souliers et ameublements. L'argent comptant reçu dans la même période de toutes les sources se montait à £ 1,415,530, et les affaires faites dans l'année entière à £ 2,827,052. De plus, en 1864, deux ans après sa fondation, la Société générale établit des maisons d'achat à Tipperary, à Killmacock en 1868, à Limerick en 1869, à New-York en 1876, et à Cork en 1877. Outre l'établissement de Manchester, il existe des succursales principales à Londres, Newcastle, Liverpool, une fabrique de biscuit à Crumpsall, une manufacture de chaussures à Leicester, et une savonnerie à Durham. Le « Wholesale Society » est devenue la tête du mouvement, et est un exemple frappant de la capacité des ouvriers pour conduire leurs affaires. Ce fut à l'époque où cette société fut fondée, qu'un mouvement coopératif dans une autre direction se produisit, et que la tentative dont nous avons parlé, fut faite pour organiser la consommation des classes moyennes et riches d'après les mêmes principes.

Le « Civil service supply Association » (Société d'approvisionnement du service civil) qui fait maintenant les affaires les plus considérables avec les classes moyennes et les classes élevées du pays, fut établie en 1866. Son origine fut simple, et jusqu'à un certain point, le résultat d'un hasard heureux. Le prix excessif du thé vendu au détail, donna l'idée à un gentleman employé au « Post Office », d'en acheter une caisse au prix du gros. Il la garda dans un cellier derrière l'Office, et en distribua le contenu, selon leurs besoins, à quelques-uns de ses amis personnels de son département. La comparaison de la qualité et du prix, fut non seulement suivie par une demande plus forte que ne pouvait y satisfaire un moyen aussi primitif, mais aussi démontra clairement les avantages de ce système si on l'étendait. En conséquence, quelques employés s'associèrent pour fonder le « Post office supply Association » (Société d'approvisionnement du Post-Office) dont les membres furent strictement limités aux employés des postes.

Les résultats furent si heureux, qu'on se détermina bientôt à les étendre à tout le service ; et en février 1866, le « Civil service supply Association » (Limited) fut établia sous le régime de « The industrial and provident societies Act 1862 » (Loi de 1862 sur les sociétés industrielles et de prévoyance). Le capital fut limité à £ 2,250, divisé en 500 parts de 10 shillings chacune, et quoique des modifications aient été souvent admises, le montant du capital primitif reste le même. Depuis son commencement, la société a rapidement progressé. Les ventes, qui pendant la première année (1866), s'élevèrent à £ 21,322, montèrent dans l'année suivante à £ 83,405, en 1877, dépassaient £ 1,000,000, et en 1878, atteignaient £ 1,390,000, et ce rapide développement ne subit pas un arrêt appréciable à cause du départ dans la première année, de deux directeurs, qui fondèrent avec un certain succès un autre magasin. Sur cette grande échelle, le bénéfice brut (c'est-à-dire la différence entre le prix payé au producteur et celui demandé au consommateur) atteint 8 1/2 0/0. Sur cet intérêt, 6 1/2 à 7 0/0 vont dans les frais généraux, laissant 1 1/2 à 2 0/0 de bénéfice aux actionnaires.

Les frais généraux, calculés pendant l'exercice de 1878, ne montent pas à moins de £ 90,000 ; mais, comme les salaires payés aux employés pendant cet exercice s'élevèrent à près de £ 70,000, on peut se faire une idée de cette vaste organisation et de l'économie qui y préside. On peut ajouter, à ce sujet, que non seulement toutes les transactions se font argent comptant, mais aussi qu'on traite toujours directement avec le producteur. Ce système combiné avec le système de distribution des bénéfices cité plus haut, donne naissance à certaines anomalies. Les producteurs de certains articles, connus dans le monde entier, quelque désireux qu'ils soient de faire toutes les concessions de prix possibles à la société en raison de l'étendue de ses transactions, stipulent que leurs marchandises ne seront pas vendues au-dessous d'une certaine cote. De là vient qu'un bénéfice énorme est fait sur ces marchandises, et que le prix des autres articles est baissé de façon à égaliser le tant pour cent perçu dans tout le département. D'un autre côté, il y a d'autres marchandises bien connues qui ne peuvent être vendues à des prix inférieurs à ceux fixés par les commerçants au détail, qui vendant ces articles sans bénéfice, cherchant à faire croire à leurs clients que leurs prix, en général, sont au même niveau que ceux des magasins coopératifs. Par exemple, l'usage habituel de vendre du sucre au prix de revient ou au-dessous, n'est pas adopté par la société qui est obligée de vendre cette denrée relativement cher. Mais pour tous les articles de nourriture, l'acheteur aux magasins coopératifs a le grand avantage de la garantie de pureté. C'est un trait particulier à ces institutions, que tout y est analysé, par un chimiste spécialement chargé de cela.

Dans le total des ventes annuelles dont nous avons parlé plus haut, nous n'avons pas compris les ventes faites par les commerçants affiliés à la société qui vendent directement aux sociétaires, leur donnant sur tous leurs achats un escompte variant de 10 à 15 0/0. On a calculé que celles-ci se montent de £ 3,000,000 à £ 4,000,000 par an, dans 400 maisons de commerce ainsi affiliées, dont quelques-unes ont vendu individuellement jusqu'à £ 60,000 de marchandises dans l'année. La disposition des boutiquiers à se faire recevoir de la société ne fait qu'augmenter ; mais parmi les nombreuses demandes d'admission sur la liste de la société, on ne prend que ceux capables de subir une enquête sérieuse sur leur solidité, et, règle générale, plus de la moitié des solliciteurs sont rejetés. On doit, il est vrai, ajouter que quelques-unes des principales maisons de commerce du West End, n'ont montré aucun désir de participer à ce mouvement.

Les directeurs sont au nombre de quinze, et reçoivent chacun 200 guinées par an. Ils sont exclusivement tirés du service civil, et prennent généralement une part active à l'administration des magasins, où ils viennent à peu près toutes les après-midi, et se divisent eux-mêmes en plusieurs commissions, chacune ayant son but. Au secrétaire, qui remplit aussi les fonctions d'administrateur général, incombe la surintendance générale, et il a directement sous lui et sous sa responsabilité les directeurs de départements, ces derniers étant toujours des hommes très compétents, payés à raison de 300 à 600 livres sterling par an. Il est évident que le capital originel de la société serait complètement insuffisant pour des affaires d'une telle importance, où tout se paie comptant. Les fonds nécessaires sont fournis par les accumulations des bénéfices. Au mois d'août 1874, le fonds de réserve s'élevait à la somme de 93,205 livres sterling, et au mois de juin 1878, le fonds de garantie à la somme de 103,865 livres sterling. En ajoutant à ces deux sommes le capital primitif, on arrivera à un total de près de 200,000 livres sterling, dont la moitié est représentée par les bâtiments, et l'autre moitié sert de capital mobile. La question de diviser tout ou partie de ces bénéfices parmi les actionnaires a toujours été et est encore une difficulté. Le fonds de réserve existant au mois d'août 1874, fut mis de côté, comme on l'a déjà vu plus haut, parce que l'opinion du conseil d'administration fut qu'on ne pouvait pas le distribuer. Dans l'état actuel de la question, il sert à créer des parts additionnelles complètement libérées, qui représentent le montant des accumulations qui revient à chaque actionnaire. Les parts originelles de 10 shillings sont transférables à des personnes réunissant les conditions requises, comme des actions ordinaires, et conséquemment ont une grande valeur, qui augmentera considérablement lorsque la question pendante sera résolue, et que les profits courants seront distribués sous forme de dividende.

Naturellement l'association a eu de nombreux imitateurs dans la voie qu'elle avait tracée. Les opérations de ces associations, même les plus prospères, n'ont pas empêché les progrès de la société originelle, qui comptait le 31 décembre 1878, 36,000 membres, dont 23,000 paient annuellement 2 shillings ou 5 shillings, tandis que le reste est formé des actionnaires ou de leurs représentants spéciaux. La « Civil Service Cooperative Society » fut fondée par quelques-uns des directeurs de la « Supply Association » qui quittèrent cette dernière société. Ses bureaux sont dans Hay-Market, et son organisation est en tous points semblable à celle de la société dont elle provient. Dans la première année, le chiffre de ses comptes monta à 15,000 livres sterling et dans la deuxième à 505,000 livres sterling. Le nombre de ces membres est à présent de 13,000, et il est bon de remarquer, qu'actionnaires ou non, ce sont seulement des fonctionnaires civils qui en font partie. Le capital primitif, comme dans l'autre société, est très limité. Il est nominalement de 5,000 livres sterling, dont 2,000 livres sterling seulement de versées, et les fonds de roulement proviennent de la même façon, des bénéfices accumulés. Le 1er décembre, ceux-ci, placés dans le fonds de réserve, se montaient à la somme de 76,000 livres sterling, dont une petite portion, relativement, se trouve employée dans les bâtiments. Le but de la société originelle a été en partie atteint par celle-ci. Le fonds de réserve a été divisé proportionnellement en parts égales parmi les actionnaires, mais jusqu'ici, il est bon de le dire, le payement des intérêts de ces nouvelles actions a été seulement mis à l'étude. Le bénéfice moyen est le même que celui réalisé par la « Supply Association » ; les frais généraux sont plus élevés, mais pas aussi excessifs qu'on pourrait s'y attendre de l'administration d'affaires plus limitées.

Les progrès de « l'Army and Navy Cooperative Society » ne sont pas moins rapides, toute proportion gardée. Les ventes pendant la première année de son existence s'élevèrent à la somme de 130,280 livres sterling ; pendant la septième année, celle qui finissait le 1er janvier 1879, elles dépassèrent 1 million et demi de livres sterling. Au résumé, durant cette période septennale, les ventes dépassèrent de beaucoup 5 millions de livres sterling, et le gain des membres de l'association peut être évalué à plus de 1 million de livres sterling. Le dividende payé aux actionnaires de cette société s'élève seulement à 5 0/0, et le surplus des fonds est employé à une réduction constante des prix. Si nous considérons les résultats produits par cette société et celles similaires, non seulement sur leurs membres, mais aussi dans la société en général, deux choses sont claires : d'abord l'argent employé n'est pas perdu pour la circulation, mais se répand par d'autres canaux, qui, souvent, il est vrai, sont moins productifs ; deuxièmement, le travail est aussi demandé sous le régime coopératif que si le monopole des commerçants n'avait pas été attaqué. Beaucoup des plaisirs et des luxes de la vie n'étaient pas à la portée de ceux qui avaient un revenu fixe, tant qu'ils payaient à crédit les choses nécessaires à la vie, et maintenant ils peuvent y prétendre et mettre de côté quelque argent pour leurs plaisirs, tels que les théâtres, les concerts, les voitures, etc. Au sujet des relations entre les magasins coopératifs et l'industrie nationale, ceux-là lui fournissent un travail considérable. Les directeurs et les contre-maîtres des magasins, s'ils n'y étaient pas entrés, se seraient sans aucun doute établis pour leur compte, et un grand nombre d'entre eux même ont été commerçants. Bien plus, ces associations coopèrent non seulement pour la consommation, mais aussi pour la production. Depuis longtemps la « Civil Service Supply Association » fabrique elle-même les drogues, les produits chimiques et quelques autres articles. « L'Army and Navy Coopérative Society » a été bien plus loin dans cette direction, et a de grands ateliers pour la fabrication des porte-manteaux, valises, bourses et autres articles en cuir, articles d'étain, articles de laque, commodes, etc. En tout, elle emploie ainsi à peu près deux mille ouvriers. « La société, dit le secrétaire, a été amenée à adopter cet expédient par la difficulté, et, dans quelques circonstances, la presque impossibilité de se procurer des articles réellement bons, pouvant être donnés en toute confiance aux membres de la société. Les résultats ont dépassé toutes les attentes. Les prix ont été réduits, les membres sont satisfaits, et les ouvriers, dont beaucoup comptent parmi les plus habiles dans leurs métiers respectifs, sont très contents. » Comme preuve de cela, on peut citer ce fait d'un directeur causant avec l'un d'eux et lui demandant un jour s'il aimait son emploi. « Beaucoup, lui fut-il répondu. — Et pourquoi, demanda-t-il alors. — Parce que, monsieur, j'ai un travail régulier ; avant de venir ici, je faisais des valises que je vendais à un commissionnaire. Il commençait par prélever dessus un gros bénéfice en les vendant à un marchand, de sorte qu'avant d'arriver aux vrais clients, mes prix étaient plus que doublés. Souvent j'avais deux ou trois jours de chômage de suite, faute de pouvoir vendre mon ouvrage. Mais maintenant, en raison du léger bénéfice que retirent les magasins, cent valises se

vendent, je suppose, où on n'en vendait que dix avant, et j'ai toujours un travail régulier et pas de chômage.
— Mais, continua le directeur, ne trouvez-vous pas mauvaise la règle qui interdit de prendre de la bière dans les ateliers. — Dans le commencement, il est vrai, je ne l'aimais pas trop, mais maintenant j'y suis habitué, et elle m'a épargné une quantité d'argent. »

Cependant la question a une autre face, quoique la manufacture coopérative assure l'avantage immense d'une qualité uniformément excellente, cependant les moyens dont disposent les gros manufacturiers, leur expérience et leur intérêt personnel les mettent à même de produire des marchandises qui souffrent peu la concurrence.

Indépendamment des grands bienfaits économiques dont les sociétés coopératives de consommation ont fait profiter les classes ouvrières, elles ont de même apporté avec elles des avantages moraux, intellectuels et politiques de la plus grande valeur. Elles ont appris aux ouvriers à s'associer, à différer sur les détails sans se diviser sur les principes, à être d'une opinion contraire sans se séparer mutuellement, et en dépit de nombreuses divergences d'appréciation, à se concerter ensemble avec un but commun pour objectif. Les meetings périodiques des actionnaires de ces magasins, sont souvent agités par des débats tumultueux, mais la discussion finit par une séparation bien moins souvent que par la reconnaissance pratique de cette vérité que la tolérance est une nécessité de la vie. De plus, comme tous les efforts pour se reformer et se perfectionner soi-même, tendent à élever le moral, la coopération, comme appartenant à cette classe d'entreprises, a élevé les vues de la population ouvrière, et lui a donné une saine ambition.

« L'amélioration de la condition de nos membres,

écrit l'un des principaux chefs du mouvement coopératif, se manifeste dans leurs habits, leur maintien et la liberté de leur langage. On croirait à peine au changement amené entre eux par leur invitation à une société coopérative ». « Partout règne une atmosphère d'honnêteté, dit M. Holyoake. Ceux qui servent, le font sans désordre, sans essayer de tromper et sans flatterie ; ils n'ont aucun intérêt à chicaner. Ils n'ont qu'un devoir à remplir, donner bonne mesure, bon poids et bonne qualité ». Les teetotalers (1) reconnaissent que la société coopérative est un agent d'une valeur incalculable pour enseigner les vertus de la sobriété. Les maris qui n'avaient jamais su ce que c'était que d'être sans dettes, et les femmes qui n'avaient jamais une pièce de six pence en avance dans leurs poches, vont maintenant au marché, qui est leur propriété, avec des bourses bien remplies, et avec la croyance qu'ils sont d'eux-mêmes capables d'augmenter leur bien-être. « Beaucoup de femmes mariées, continue M. Holyoake, deviennent membres de la société, parce que leurs maris ne veulent pas s'en donner la peine, et d'autres pour tâcher d'empêcher leur époux de dépenser leur argent à boire. Beaucoup de femmes célibataires ont des fonds accumulés dans le magasin, et donnent ainsi une preuve de leur valeur conjugale, et les jeunes gens en quête de bons partis, estiment que consulter les livres du magasin est la meilleure façon de diriger leur choix ». En un mot, une part dans une société coopérative, est regardée comme donnant à son possesseur la conscience de quelque but défini dans la vie. Chaque membre de la société a quelque chose d'un capitaliste ; l'action a une valeur mercantile dé-

---

(1) On appelle *teetotalers* ceux qui ont fait le serment de tempérance.

finie ; et, en plus de cela, il y a les dividendes payés trimestriellement sur les bénéfices.

Le mouvement coopératif a aussi appris aux classes ouvrières en Angleterre ce que la confiance mutuelle peut faire. A part très peu d'exceptions, les affaires se font dans ces magasins d'après les principes les plus stricts de paiement au comptant. Lorsque les sociétés ont fait crédit, elle ont souvent sombré, et il serait difficile de décrire le mal que ces chutes ont fait au mouvement entier.

Nous avons vu déjà quelques exemples frappants et quelquefois pathétiques de la confiance que les ouvriers mettent dans les magasins coopératifs. M. Holyoake raconte l'histoire d'un négociant qui vint trouver une femme, membre des « Equitable Pioneers » « Pionniers Equitables » pour l'avertir de retirer £ 40, qu'elle avait dans cette société, parce qu'elle allait tomber. La réponse fut : « Eh bien ! si elle tombe, elle tombera toute entière ; tous mes bénéfices ont été mis de côté, c'est elle qui m'a donné tout ce que j'ai. »

Pour ce qui regarde l'instruction publique, ces magasins possèdent une valeur non seulement morale et sociale, mais aussi intellectuelle et littéraire. Tout en unissant les classes ouvrières en efforts généreux pour leur propre amélioration, elles leur ont donné une idée nouvelle de leurs devoirs de citoyens, et ont servi à donner à leurs membres une instruction élevée au plus haut degré. Aux salles de lecture et aux bibliothèques telles que celles que nous avons vues dans le cours de notre visite aux « Equitable Pioneers » de Toad Lane, ont été ajoutés des cours de français, de science et d'art. Cependant, dans quelques cas seulement, ces sociétés s'occupent spécialement de l'éducation, et il est permis de douter qu'elles puissent revendiquer une part dans la formation de ces nombreuses sociétés d'instruction telles que sociétés de lecture, instituts et associations pour l'instruction des femmes, telles qu'elles existent à Leeds et à Birmingham.

Quant à l'avenir de la coopération en Angleterre, il y a deux courants d'opinions distincts. D'un côté il est admis qu'elle ne peut plus rendre aucun service nouveau ; qu'après avoir fourni aux classes ouvrières, aussi bien qu'à leurs supérieurs sociaux, un mécanisme extraordinairement efficace pour leur procurer économiquement les nécessités et même le superflu de la vie, elle a fait tout ce qu'on pouvait raisonnablement attendre d'elle, et qu'en ajoutant à ces avantages celui d'avoir inculqué avec succès les vertus d'économie et de frugalité, on a entièrement épuisé la liste de leurs bienfaits. D'un autre côté, des enthousiastes expérimentés, tels que M. Thomas Hughes et d'autres qui ont fait de la coopération leur étude spéciale, sont persuadés que le mouvement, s'il n'est plus dans son enfance, n'est pas encore mûr, et qu'il est appelé à rendre de grands services.

La première question est de savoir si le principe de la coopération peut être appliqué avec autant d'avantage à la production qu'à la consommation. L'expérience a été souvent faite, mais pas avec un succès suffisant dans un nombre assez considérable de cas pour justifier l'assertion que le principe coopératif est destiné à résoudre le problème du travail contre le capital. La défiance mutuelle qui est trop souvent le signe caractéristique des classses ouvrières, et qui dans les premiers temps offrait de sérieux obstacles au fonctionnement satisfaisant des magasins coopératifs, n'a pas encore disparu pour ce qui regarde la production coopérative. Un jour de bonne paie pour un jour de bon travail, est leur devise, et l'ouvrier préfère travailler pour un patron qu'il regarde comme responsable de sa paie, et dont il est sûr d'être payé aussitôt sa journée de travail finie, à s'aventurer avec ses semblables sur l'espoir que le succès couronnera leurs efforts, et, dans un temps plus ou moins éloigné, les mettra à même de se rétribuer eux-mêmes largement. C'est pour cela que des filatures coopératives ayant été établies, où chaque ouvrier avait droit à une part dans les bénéfices, elles ont fini par se transformer en compagnies par actions, dans lesquelles le nombre des actionnaires était très limité.

Dans une circonstance qui mérite d'être notée, le principe coopératif a été appliqué avec les plus heureux résultats à l'agriculture. Quatorze ans avant le commencement de l'entreprise des « Rochdale Pioneers », un squire de Suffolk, M. Gurden, d'Assington, choisit 60 acres de terre de qualité moyenne, y bâtit une ferme, et les loua à une société dont tous les membres furent pris dans la classe des ouvriers de ferme, qui mirent chacun £ 3 dans l'affaire, tandis que M. Gurden, avança £ 400 sans demander d'intérêt. En 1867, le nombre des sociétaires s'était élevé de quinze à vingt-et-un, l'étendue de terre cultivée, de 60 à 130 acres, et chacune des parts valait £ 50. En plus de cela, la société avait rendu à M. Gurden tout son argent, et le matériel et les bestiaux de la ferme, dont le nombre s'élevait à 6 chevaux, 4 vaches, 110 moutons, 30 ou 40 cochons, étaient la propriété exclusive des sociétaires.

Le revenu de la terre était de £ 400 par an, et le bail de la ferme était fait pour une durée de quarante-et-un ans. L'administration était et est encore entre les mains d'une commission de quatre membres, dont quelques-uns ne savaient pas lire, mais la direction pratique de la ferme reste aux mains du bailli, sociétaire lui-même, qui reçoit un shilling par semaine en plus du salaire ordinaire.

En admettant même que le succès de la tentative d'Assington, soit dans la nature des choses, exceptionnel et que la production coopérative sur une large échelle soit impraticable, de telles entreprises ont au moins ce mérite d'avoir une tendance bienfaisante, et sont nécessairement calculées pour provoquer une amélioration dans les relations entre le capital et le travail. Les ouvriers qui y prennent part, acquièren l'habitude d'étudier les problèmes industriels au point de vue des patrons, s'aperçoivent graduellement que dans le commerce et l'industrie il y a des difficultés auxquelles ils sont jusqu'ici restés étrangers, et qu'il y a toujours deux faces aux problèmes, tels que le travail aux pièces, heures supplémentaires, heures de travail. De cette façon, la production coopérative, non moins que la consommation, comme nous l'avons déjà vu, peut être considéré comme le principe compensateur de l'unionisme.

Au résumé, nous devons plutôt considérer le bien produit par la coopération que celui que des visionnaires enthousiastes la croient appelée à accomplir. Il suffit de savoir qu'elle a organisé et élevé la vie des masses, qu'elle a immensément amélioré leur position sociale, implanté en elles les germes d'une moralité nouvelle et des dispositions pleines de promesses pour les relations futures du capital et du travail. De plus, la coopération dans le cours de vingt-cinq années, a rendu la lutte pour l'existence plus facile, et l'existence elle-même plus heureuse et meilleure pour un demi-million d'Anglais.

Une somme de plus de £ 5,000,000 de capital, forme le fonds des sociétés coopératives ouvrières. Ces sociétés, non seulement vendent des marchandises de bonne qualité, à des prix raisonnables, mais, dans beaucoup de cas, comme nous l'avons vu, ont été accompagnées de l'institution de bibliothèques, de banques et sociétés commerciales, de conférences et de congrès, et d'établissements productifs. Il est bon de se rappeler, que depuis 1852, époque où la première loi sur les sociétés industrielles et de prévoyance fut votée, tout ce développement a été parfaitement naturel et spontané, a pris place ouverte dans le marché, et a été soumis à toute la concurrence des autres établissements industriels. S'il y en a qui croient qu'une institution qui a tant fait, a bien plus encore à faire, l'illusion est à tout le moins pardonnable, et si on leur donne le nom de fanatiques, il faut se rappeler que ce fut avec des fanatiques que la coopération commença.

CHAPITRE XIV

DE LA JUSTICE CRIMINELLE EN ANGLETERRE

Définition du crime. — Difficultés d'arriver à une évaluation exacte du nombre des criminels et des crimes. — Les chiffres peuvent induire en erreur ; cependant les crimes ont beaucoup diminué depuis cent ans. — Direction et réformes. — Prisons, police. — Les réformes qu'elles demandent. — Catégories de criminels. — Crimes au point de vue du vice originel. — Hauts exploits des voleurs modernes. — Criminels de profession. — Mesures préventives contre la perpétration des crimes. — Criminels d'occasion. — Grands criminels. — Organisation de la police, ses défauts. — Réformes récentes. — Système d'enquête. — Détails sur le nouveau système de Londres. — Mesures auxqu'elles sont soumis les malfaiteurs après leur arrestation. Emprisonnement. — Prisons locales et description de leur nouvelle organisation. — Travaux forcés. — Description des prisons de convicts. — Prisonniers libérés. — Difficultés qu'ils rencontrent à se réhabiliter dans la société. — Sociétés de protection des prisonniers libérés. — Résultats probables.

C'est avec juste raison qu'on a comparé le crime dans la société à un mal mystérieux qui serait invétéré dans le corps humain. L'étendue et les ramifications de ce mal sont de nature à défier tout diagnostic médical. Aussi sur ce sujet statisticiens, philanthropes, sociologistes, divergent-ils d'opinion. Ils ne peuvent tomber d'accord sur l'origine du crime, ils discutent des résultats que les chiffres semblent rendre indiscutables ;

ils ne peuvent s'entendre sur le mode de traitement à lui appliquer, et chacun d'eux possède un remède souverain dont il vante les effets salutaires. Les uns considèrent le crime comme un mal héréditaire, incurable. A leurs yeux l'inclination au mal et la perversité se transmettent de génération en génération, et pour les faire disparaître, nous devrions disperser les classes dangereuses, et réduire en elles la puissance de reproduction. D'autres se bornent à attaquer chez l'enfant ce crime héréditaire dans l'espoir de le déraciner avant qu'il ne soit développé, en soustrayant ce petit être aux influences pernicieuses au moment où il est encore susceptible d'amélioration. Les autres enfin (et ils forment une école nombreuse), ne désespèrent pas de faire changer le criminel, lors même qu'il a grandi et qu'il s'est endurci dans le mal; ils ont confiance dans les effets des influences morales, et déclarent hautement qu'ils espèrent voir diminuer le nombre des crimes, grâce à l'application d'un bon régime pénitentiaire. Les statistiques actuelles du crime ont fait naître une foule d'opinions diverses. L'homme de gouvernement se contente pour établir ses convictions, des chiffres publiés dans les colonnes parlementaires. D'innombrables colonnes de chiffres soigneusement alignés et compilés, prouvent que malgré l'accroissement régulier de la population du royaume, il n'y pas augmentation proportionnelle dans le nombre des crimes. D'un autre côté, beaucoup de gens nient l'excellence de la situation. Les chiffres, ils sont prêts à le reconnaître, ne peuvent mentir; mais ils peuvent induire en erreur. Il ne suffit pas de démontrer que le nombre des délits poursuivis par la justice diminue d'année en année; il faut encore prouver que tous les délits ou tous les crimes ont été découverts et que tous les criminels ont été remis entre les mains de la justice. N'est-il pas vrai que maints coupables échappent à la justice? Que de crimes commis restent longtemps ignorés après leur perpétration? N'est-il pas aussi incontestablement vrai que beaucoup d'honnêtes gens préfèrent subir sans résistance l'injustice et le pillage, plutôt que de s'exposer à payer par la suite de grosses sommes, pour des poursuites dont les frais (on peut le soutenir), devraient tomber à la charge de l'État.

Au milieu de vues et d'opinions si diverses et si contradictoires, il pourrait sembler difficile d'arriver à une conclusion quelconque sur la question générale. Mais si nous pouvons nous débarrasser une bonne fois de toutes les complications de détails, et, avec un esprit impartial, entreprendre un examen calme et approfondi de la question, nous arriverons à un ensemble de faits, qui facilitera grandement notre tâche. Les mesures employées actuellement pour combattre le crime ne sont pas absolument satisfaisantes. Cependant, on ne peut nier que depuis le commencement du siècle, la législation criminelle a fait de grands progrès. Il se peut que les mesures pour prévenir le crime, éloigner les tentations et étouffer les instincts pervers dès qu'ils commencent à se montrer, ne se soient point encore élevées à la hauteur d'une science, que les mesures qu'on emploie pour découvrir le crime soient imparfaites et d'un succès douteux; que la théorie et la pratique de la répression, les peines et les châtiments nécessaires pour le maintien de la majesté de la loi continuent, en dépit des efforts les plus constants faits pour se rendre compte de leur efficacité, à être illogiques et incomplets, soit; mais il est toutefois vrai que dans toutes ces matières, nous avons fait des progrès énormes dans ces dernières années. Notre Code pénal a perdu son ancien caractère de sauvagerie et de cruauté. — Il n'y a pas longtemps encore que le vol d'une cuiller suffisait pour faire pendre un homme et qu'après chaque session d'assises les gibets étaient chargés de victimes pour les fautes les plus légères. Un peu moins barbare était notre système de répression du second degré, appliqué à ceux qui échappaient à la peine capitale édictée par la loi. Il était basé sur le même principe d'extermination du mal. La transportation au-delà des mers fut établie dans le but de débarrasser la société de ses criminels, pour un temps aussi long que possible, peut-être pour toujours. Jamais mode de répression plus anormal et plus inconséquent ne fut inventé. Il était le plus inégal dans ses effets. Certains condamnés enduraient des souffrances cruelles, tandis que d'autres devenaient rapidement millionnaires. En outre, le châtiment infligé, comme il l'était à de si grandes distances de la mère-patrie, cessait d'agir comme menace sur les malfaiteurs restés dans le pays. Aujourd'hui avec le développement qu'ont pris les moyens de communications, la peine du bannissement cesse d'être efficace; enfin les colonies elles-mêmes sont arrivées à la richesse matérielle et à la prospérité, de sorte qu'on voyait ce spectacle étrange: des artisans honnêtes émigrant de leur plein gré pour se rendre dans des contrées où les malfaiteurs étaient relégués en punition de leurs forfaits. De telles anomalies ont aujourd'hui disparu. Les travaux forcés ont remplacé la déportation et les résultats obtenus par le système de l'emprisonnement et le régime pénitentiaire montrent ce qu'il y a d'assuré et de réellement efficace dans ce mode de répression. Tout aussi remarquables ont été les modifications et les réformes dans l'organisation de la police. Le système aujourd'hui adopté dans toute l'étendue du royaume, emploie dans l'Angleterre et le pays de Galles seuls, environ trente mille individus; ce qui entraîne une dépense de deux millions de livres à l'Etat chaque année ; il n'a que cinquante années d'existence. Ceux qui ne considèrent pas comme une excellente institution l'organisation actuelle de la police, qui dispose d'une véritable armée, pourraient la comparer avec celle qui existait autrefois, l'ancien Charlie ou le coureur de Bow Street (Bow Street runner), du temps passé. On n'a plus besoin de poursuivre les criminels à cor et à cris pour les amener devant le juge, les soldats ne sont plus employés à la recherche des voleurs, et il est rare que le pouvoir civil les appelle à son aide. Les mesures préventives à prendre contre le crime peuvent présenter un problème difficile à résoudre, mais les efforts les plus louables ont été faits dans cette voie pendant les dernières années. On commence à comprendre plus généralement qu'on doit attaquer le mal dans sa racine. Il est prouvé qu'il est presque impossible d'amener à s'amender des coupables endurcis, mais leurs enfants, Grâce à quelques soins, peuvent être préservés des influences contagieuses et ramenés dans le droit chemin. Beaucoup a été fait de ce côté. Des écoles industrielles et des maisons de correction (Reformatory schools) dont le nombre s'accroît tous les jours, ont été instituées. grâce à elles, il est déjà possible de supprimer la source qui nourrit, et entretient la grande armée du crime qui existe encore au milieu de nous; une multitude énorme de malfaiteurs luttent constamment contre la société, remportent quelques succès, subissent maints revers, mais montrent une vitalité aussi déplorable que tenace.

Cette armée est composée de la façon la plus étrange et se recrute aux sources les plus diverses. Il existe une foule de catégories de criminels. Quelques-uns sont criminels d'origine ; d'autres contractent l'habitude du crime; d'autres enfin sont poussés au crime. Des enfants malheureux, qu'ils soient orphelins ou qu'ils aient encore leurs parents, sucent la propension au vol avec le lait de leur mère. De bonne heure ils apprennent à considérer les classes honnêtes comme leur proie. On leur enseigne a regarder le coquin heureux comme un homme glorieux, et à mépriser le policeman, le copper, comme ils le nomment dans leur argot. C'est leur ennemi naturel. — Leur éducation au point de vue intellectuel et moral est complètement négligée. L'enfant en grandissant, acquiert des idées sur le bien et le mal aussi fausses que si on lui disait que le bien et le mal n'existent pas. A peine peut-il remuer ses doigts ou marcher seul qu'il se joint à la troupe d'un moderne Fagin (1), ou s'enrôle dans la compagnie de l'Artful Dodger, passe rapidement par tous les grades, et choisit, après les avoir acquis, la carrière qu'il mènera pendant le reste de sa vie. Il se familiarise vite avec tous les succès et les déboires de sa profession précaire. Il peut jouir pendant quelque temps de l'impunité ; il peut rester inconnu de la police, exerçant son négoce avec une bonne fortune constante ; il peut passer une année et même plusieurs sans rien faire, jouissant d'un confort relatif dans une opulence illicite. A cette époque de la vie aventureuse, il unit son sort avec son sosie de l'autre sexe et forme alors une association quasi-matrimoniale. De cette union naissent des enfants qui, à moins d'une faveur spéciale de la Providence suivront les traces de leur père. Tôt ou tard il tombe « dans le malheur, » suivant son expression imagée. Il peut arriver aussi que son mauvais génie l'amène à se familiariser, dès sa plus tendre jeunesse, avec l'intérieur des prisons. Pendant longtemps, il peut y échapper, mais tôt ou tard il est certain de tomber

---

(1) Personnage d'un roman de Dickens (Oliver Twist) chef d'une bande de voleurs.

dans les griffes de la police, et une fois devenu pilier de prison, il y restera jusqu'à la fin de ses jours.

Des sociétés, des maisons de refuge et d'autres institutions en grand nombre, travaillent courageusement sans bruit ni éclat au milieu de nous. Toutes ont pour but d'arrêter ces infortunés ismaélites dès leurs premiers pas. C'est un but digne de tous éloges. Il est impossible de dire exactement dans quelle mesure le succès viendra couronner leurs nobles efforts. Mais il est indubitable que les écoles professionnelles et les sociétés d'éducation rendent de grands services à la société. Grâce à elles, chaque année des milliers de garçons e de filles, autrefois vagabonds, et sur lesquels on ne pouvait fonder la moindre espérance, ont été débarrassés de leurs instincts pervers et sont rentrés dans la bonne voie. Devenus honnêtes, ils cherchent à gagner leur pain quotidien par le travail et la conduite. Leur nombre cependant est bien faible en proportion du nombre des criminels du milieu desquels ils ont été arrachés. La grande majorité, abandonnée à elle-même continue à descendre la pente fatale et tombe de mal en pis. Les pick-pockets et les rôdeurs de nuit (area sneak), qui forment le gros de l'armée du crime, s'ils ont des aptitudes se lancent bientôt eux-mêmes dans des entreprises plus hardies. Cette astuce si étrangement développée, leur esprit fertile en expédients et l'agilité de leurs doigts, qui sont comme la marque caractéristique de cette classe dangereuse, les servent lorsqu'ils se trouvent engagés dans des opérations plus importantes, jouant gros jeu et risquant à chaque coup de dés de se voir privés de la liberté pour longtemps. Les soins patients et minutieux avec lesquels le voleur de profession combine ses plans d'escalade seraient dignes d'un grand général préparant et conduisant une véritable campagne. Il approche de la place par des chemins détournés ; recueille des informations de toutes sources dignes de foi, corrompt insidieusement l'honnêteté ou s'assure hardiment de la coopération des domestiques de l'établissement sur lequel il a jeté son dévolu. Il ne cherche pas à cueillir la pomme avant qu'elle soit mûre et pendant ce temps il étudie tous ses plans avec le plus grand soin. A-t-il pris une décision sur le meilleur plan à suivre pour perpétrer son forfait, si la besogne est de quelque danger pour lui, il s'assure du concours de quelque adroit chenapan comme lui, moins connu dans le quartier. Une voiture légère (tax-cart), avec un poney rapide est prête pour transporter le butin, du théâtre de l'action, en un lieu reculé où la piste se perd et où les soupçons ne sont pas encore éveillés. Avant tout, un compère ou un receleur est prévenu du coup, son creuset est prêt à convertir l'argent en lingot; ses émissaires n'attendent que ses ordres pour disparaître avec les bijoux dont on ne peut se débarrasser qu'à Vienne ou à Amsterdam. Ainsi, toutes les les combinaisons qui ont précédé le vol, l'adresse déployée dans son exécution, les ruses que ses auteurs ont mises en œuvre pour en faire disparaître les traces et dévoyer la poursuite, tout a été combiné de main de maître avec une habileté d'artiste. C'est cette habileté consommée qu'on remarque dans les plans ourdis par les voleurs modernes; grâce à cette habileté, ils ont réussi sur une vaste échelle, à dévaster toute une contrée en certaines saisons, à piller les hôtels et les maisons de campagne avec une impunité et sous les yeux mêmes de la police impuissante. Dans Londres même, en plein jour, dans les quartiers populeux, au centre des affaires, on a vu d'audacieux voleurs entrer et mettre au pillage des maisons d'habitation à la barbe de leurs propriétaires; on a vu dernièrement l'écrin d'une grande dame enlevé sous les yeux de ses domestiques et de ses gens dans une grande gare de la métropole. Enfin, on a vu un tableau fameux connu du monde entier disparaître d'une galerie de peinture au centre même du West-End, malgré une surveillance active et une garde nombreuse.

Mais ce n'est pas seulement comme voleurs de grand chemin, comme chefs ou comme membres d'une vaste association, que les plus grands criminels de nos jours opèrent avec succès. Il est d'autres moyens de s'élever au pinacle de ce commerce abominable. Bien que chassés et traqués continuellement par la police, maints habiles coquins tout en restant à l'écart parviennent à faire des spéculations lucratives en exploitant l'activité néfaste d'autres coquins ayant moins d'expérience qu'eux. Ce sont eux qui emploient les pick-pockets et les crocheteurs de portes pour tirer les marrons du feu. Le recéleur d'objets volés de toutes espèces — mouchoirs de poche, boites à lait, faux billets de banque etc. fait plus pour entretenir le crime que ceux qui le commettent réellement. Mais quoique infiniment plus criminel, il se tire souvent d'affaires sain et sauf, (franc d'écot). La justice peut à la longue, le saisir, mais pas avant qu'il n'ait trouvé l'occasion d'amasser une fortune considérable. Chaque fois que leurs méfaits sont découverts et mis à nu, on voit avec habileté et sur quelle immense étendue ces experts dans la science du crime ont tendu leurs vastes filets. On y découvre alors que quelque esprit vraiment supérieur a ourdi et combiné des plans sur une échelle gigantesque. Dans une affaire qui fit grand bruit et qui occupa l'attention publique en 1877, celle de Long Firm, on trouva une association comptant des individus des deux sexes et ayant des ramifications dans toutes les parties du royaume. Les opérations de cette bande étaient conduites sur une vaste échelle, par des coquins très-habiles dans les affaires. Aussi pendant plusieurs années consécutives, leur trafic prospéra-t-il dans l'ombre sans être inquiété. La même ampleur de vues dans la conduite de l'opération, la connaissance approfondie du sujet jointe à une habileté consommée dans les détails, furent déployées par les faussaires de l'autre bord de l'Océan, qui, en 1873, imitèrent les billets de la banque d'Angleterre. S'ils n'avaient pas été découverts, ils auraient fait subir à cet établissement une perte de plusieurs centaines de mille livres sterling.

Mais il n'est pas donné à tous de réussir, bien qu'on puisse citer un certain nombre d'exemples de grands malfaiteurs, ayant eu du succès. Ce sont les leaders, les généraux; restent maintenant, le gros de l'armée du crime, les simples soldats qui n'ont pas eu le talent de s'élever, ou qui, par leur mauvaise fortune ou leur maladresse n'ont fait que végéter et s'enfoncer dans le crime, et dont les méfaits sont d'un caractère plus vulgaire et plus prosaïque. Généralement leurs vols et leurs brigandages, quand ils opèrent pour leur propre compte, sont toujours d'une importance secondaire; s'ils poursuivent un but plus important, ce n'est qu'en qualité d'outils et d'instruments dans la main d'un autre, et, dans ce cas, ils ne reçoivent que rarement plus d'un dixième du butin, tandis qu'ils ont souvent à supporter tout le poids de leurs mauvaises actions, quel que soit le degré qu'ils occupent dans l'échelle du crime; ceux-là appartiennent tous à la classe des criminels de profession. Le nombre des malfaiteurs qui appartiennent à cette classe est véritablement alarmant. Il existe environ 40,000 voleurs ou maraudeurs en liberté; sur les 23,000 personnes accusées chaque année sous l'inculpation de faits qualifiés crimes, dont 14,000 environ sont condamnées, la moitié à peu près appartient à cette catégorie. C'est de cette race de réprouvés que se compose principalement la population de nos prisons et de nos établissements de convicts. Ce sont eux qui sont l'objet de l'incessante surveillance de la police, soit qu'ils vivent dans l'abondance dans les quartiers suburbains, soit qu'ils végètent dans les bouges à voleurs d'East-End. Il sont tous plus ou moins connus de la police, de sorte que si « on les demande » on peut les amener sans délai. C'est à cause d'eux, pour faciliter la vérification de leur identité que ces immenses registres connus sous le nom de registres des criminels de profession sont tenus avec un soin si scrupuleux et si admirable au ministère de l'intérieur et affiché jour par jour. Dernièrement encore on a pris les dispositions les plus énergiques contre ces gens qui se sont ainsi mis hors la loi. Les législateurs se sont émus de cet état de choses et la loi connue sous le nom de « Prevention of Crimes Act » est principalement dirigée contre les habitués du crime ; non-seulement elle porte que la récidive rend celui qui la commet passible des peines applicables aux criminels de profession, mais elle établit une surveillance subséquente qui peut s'étendre à tous les vagabonds et les tenir en échec. Si ces mesures n'ont pas encore diminué d'une manière sensible le nombre des délits, c'est que la loi n'a pas encore produit tous ses effets, vu le court espace de temps qui s'est écoulé depuis sa mise en vigueur. Il est encore trop tôt de porter un jugement définitif sur sa valeur.

Quoique les catégories précédentes de criminels entrent pour une large part dans le nombre total, il reste encore une classe nombreuse de malfaiteurs chez qui le vice n'est ni originel ni habituel, mais qui représentent des types distincts d'un mal particulier à notre époque. Ce sont les malfaiteurs d'occasion, la plupart du temps malfaiteurs involontaires ; ou aussi ceux qui ont eu le malheur de débuter avec un sens moral peu développé et qui ont ensuite succombé peu à peu à la tentation pour tomber ensuite de mal en pis. Cet esprit de folle rivalité sociale qui se glisse même au milieu des plus basses classes moyennes, et qui se montre avec une ostentation ridicule et une coupable extravagance, a été le point de départ de la misère et de beaucoup de délits. Tels sont l'employé à petits appointements, le commerçant gêné, qui, harcelés par leur femme ou leurs filles ambitieuses d'éclipser leurs voisines, mènent une existence au-dessus de leurs moyens. Quand arrivent les mauvais jours, entourés de difficultés, harassés par les réclamations importunes, ils se laissent entraîner malheureusement avec trop de facilité à des actions déshonnêtes. Ils peuvent faire des efforts désespérés pour rétablir leur fortune par quelques spéculations hasardeuses. S'ils peuvent capter la confiance d'un agent de change ils se lanceront dans les opérations de bourse sur une petite échelle. Mais le plus souvent ces malheureux mettront leur confiance dans les Book-makers, plaçant toutes leurs espérances de fortune sur le mérite d'un cheval. Comme ces dangereux expédients les plongeront selon toute vraisemblance de plus en plus profondément dans le gouffre, pour en sortir ils s'approprieront le bien d'autrui, recourant aux faux, à la fraude, à l'abus de confiance vis-à-vis de leurs patrons ou de leurs amis ; leur ruine devient alors inévitable. Les eaux se referment sur eux, le torrent les emporte, et il y a mille chances contre une qu'ils ne parviendront pas à regagner le bord.

Les criminels de cette catégorie sont aussi à plaindre qu'à blâmer. Mais on ne doit pas faire profiter de tels sentiments d'autres malfaiteurs que l'on rencontre seulement et trop souvent aujourd'hui dans les basses classes de la société. Les crimes les plus barbares et les plus atroces ont parfois été perpétrés dans une certaine classe : l'ouvrier, le mineur, l'homme de peine, à qui une nouvelle élévation de salaires a procuré tout à coup une opulence inespérée, et qui se livrent à l'ivrognerie. Ce vice, qui commence à gagner des classes plus élevées, que leur position pourrait faire supposer au-dessus de ces tentations, a pris l'importance d'une calamité nationale. La proportion des crimes et des vols dont ces bandits dénaturés et abrutis par la boisson se rendent coupables, va sans cesse en augmentant. L'ivrogne s'en retourne hébêté à sa maison, triste et morne d'avoir dépensé son argent pour assouvir sa soif artificielle. Il s'ensuit de durs propos, des querelles, de mutuelles récriminations entre lui et sa malheureuse femme. Celle-ci, dans sa misère, n'a d'autre consolation à chercher qu'en s'avilissant par le même moyen. A la fin, le sexe fort aveuglé, emporté par la furie, prouve la supériorité de sa force et de sa lâcheté par les coups qu'il assène avec le premier objet qui tombe sous sa main, un couteau, une paire de bottes etc... et les journaux du soir insèrent dans leurs colonnes un article ayant pour titre « meurtre d'une femme par son mari »; quelquefois les enfants eux-mêmes sont victimes du même crime, d'autre fois une rixe suit une querelle de cabaret, et la victime est un camarade de l'ivrogne, ou même un spectateur inoffensif, qui essaie de se poser en pacificateur et attire sur lui-même la rage meurtrière des deux combattants. Les malheureux qui ont été ainsi transformés, par la boisson, en véritable brutes, ne sont pas des criminels de profession. Ils appartiennent plutôt à la classe des malfaiteurs d'occasion qui ont été poussés au crime par la facilité avec laquelle ils se sont laissés entraîner par leurs mauvaises habitudes.

La peinture du crime dans notre Angleterre ne serait

pas complète si nous n'y joignions le portrait de ceux qui ont, pour ainsi dire, contracté l'habitude du crime. Le criminel qui a reçu de l'éducation, qui est aussi habile qu'audacieux, qui jouit d'autant de confiance qu'il est fourbe, qui souvent est issu d'une bonne famille entourée de l'estime générale, et qui néanmoins poursuit pendant de longues années l'accomplissement systématique, sur une vaste échelle, d'une série d'actes déshonnêtes, celui-là est essentiellement un produit de ces derniers temps. Il est un exemple remarquable de cette tendance à l'exagération qui est un des caractères de l'époque. Les noms de ces héros du crime sont familiers à tous. Les Redpaths et les Robsons, qui existaient il y a quelques années sont les premiers types de ces hommes qui aujourd'hui les surpassent par leur honteuse dépravation. L'immense extension qu'ont prise dans les dernières années, les entreprises commerciales et le développement des opérations financières modernes ont fourni à ces génies du mal l'occasion que rencontrèrent rarement leurs devanciers. Ils ourdissent leurs plans criminels avec tant d'habileté qu'ils arrivent ordinairement à s'assurer pour longtemps les jouissances de la prospérité. Quand la catastrophe arrive, tout le monde en est surpris. Cependant quand on connait le fond des choses, on trouve que tous ont procédé de la même façon. Toujours le même déploiement d'un luxe dont on ignore la source, le même défaut de surveillance, la même confiance aveugle de la part des directeurs ou patrons, qui a fait accepter des chiffres frauduleux et des arrêtés de compte incomplètement apurés.

La plus grande analogie existe dans l'histoire de ces grands commerçants criminels et celle de l'un peut être prise comme le type de toutes les autres. La scène s'ouvre dans une maison de change ou de banque, dans laquelle un jeune employé subalterne, le futur prince de la friponnerie, déploie de tels talents incontestables pour les affaires, que bientôt il s'attire des éloges. L'avancement s'ensuit, mais vraisemblablement cet avancement est trop lent pour son esprit ardent et ambitieux et son imagination fertile commence à combiner des plans pour arriver plus vite et d'un seul coup par la fraude à ce qu'un travail patient et prolongé lui aurait fait obtenir avec honneur. Il se peut que ses plans soient favorisés par la confiance que ses patrons ont en lui, ou par la négligence qu'ils ont de prendre les plus simples précautions à son égard; il se peut qu'il se heurte à maints contre-temps et que ses succès soient entravés ou arrêtés; mais s'il est de véritable race, il triomphe de toutes les difficultés. Il a assez de génie pour s'ouvrir un chemin. Peut-être s'appuie-t-il sur des chiffres falsifiés, peut-être commet-il des faux, peut-être fabrique-t-il ou met-il en circulation de fausses valeurs; peu importe, par un chemin ou par un autre il arrive rapidement à la fortune et jouit de l'estime générale. Aussitôt que sa barque est lancée sur la pleine mer du crédit, il donne de l'extension à ses opérations, devient connu de tout le monde, et prend un plus grand nombre de dupes dans ses filets. Alors aussi, il commence à jouir de la vie. Il a maison de ville et maison de campagne; il a un yacht, une meute, un lac; ses écuries sont remplies de voitures et de chevaux de prix. Il aspire à être le Mécène moderne; il patronne les beaux-arts; il est en haute estime parmi les artistes et les Académiciens. Souvent il prend les dehors de la religion, comme la meilleure sauvegarde contre le soupçon. Il souscrit généreusement aux œuvres de charité, il est même du conseil de fabrique; on le voit souvent sur la plateforme d'Exeter Hall et on le cite comme un flambeau parmi les Révitalistes et les Saints du dernier jour. La surprise qu'un si excellent homme aurait pu transgresser est un des premiers sentiments qui se font jour au milieu de la stupeur qui accompagne la découverte subite de ses forfaits. On ressent généralement pour lui au début des sentiments de regrets et de commisération jusqu'à ce que de nouvelles révélations viennent montrer toute l'étendue de ses pratiques coupables et combien sa chute entraîne de personnes innocentes dans la ruine et la misère. Alors se produit une explosion d'indignation contre tout ce qui a pu favoriser sa longue impunité.

On ne peut préciser exactement le bien qu'a fait la police depuis son nouveau système d'organisation. Il est des gens qui nient qu'elle ait obtenu de grands succès ; quelques-uns protestent contre la tendance nouvelle qu'on a de se reposer en tout sur la police, prétendant que cette tendance fait perdre l'indépendance personnelle et la confiance en ses propres forces. Ce esprit est souvent poussé jusqu'à l'animosité contre les représentants de la force publique. Tout événement malheureux est coté à son passif. Ses membres sont quelquefois accusés d'abus de pouvoir, d'autres fois de faiblesse. Le plus souvent on accuse la police de négliger la piste des auteurs d'actes odieux et d'autres crimes, et de les soustraire ainsi à la justice. Tout dernièrement la révélation du fait déplorable que quelques detectives que la ville de Londres honorait de sa confiance, avaient fait cause commune avec les ennemis de la société, a fait planer sur tout le corps des constables de très graves soupçons. Néanmoins il serait souverainement injuste de méconnaître tout ce que la police a fait et fait encore. Elle a incontestablement contribué à réprimer et à subjuguer le crime ; son existence est un rempart contre ce dernier, une constante menace contre les malfaiteurs, une preuve évidente que la loi est e entend rester maîtresse. Le fait que quelques crimes passent sans qu'on en découvre le coupable, prouve que l'organisation de la police est imparfaite, mais non pas qu'elle a failli. Aux crimes qui déconcertent tous les efforts pour arriver à en découvrir l'auteur, on peut opposer ceux qui, grâce à l'intervention active ou passive de la police n'ont jamais été commis. Le constable dans sa tournée est comme la sentinelle qui veille au repos et à la sécurité d'une ville endormie. Il est toujours sur ses gardes et donne le signal de l'alarme à l'approche du danger. D'un autre côté, on ne peut nier que nos détectives obtiennent moins de succès que ceux de nos voisins du continent. Ceci tient surtout à la répugnance qu'on éprouve dans un pays libre, pour tout ce qui approche de l'arbitraire et de l'espionnage, sentiment qui exige plus qu'un simple soupçon pour permettre qu'on porte atteinte à la liberté d'un sujet. Cette entrave circonscrit naturellement l'action de la police et paralyse ses efforts en les rendant souvent stériles. Cependant, on ne peut guère trouver de défauts au système, tel qu'il est constitué. Dans toutes les villes populeuses, il existe une organisation policière qui fonctionne avec la précision d'un mouvement d'horlogerie. Prenons Londres, par exemple, où l'organisation de la police a été récemment révisée d'un bout à l'autre, sous les yeux du nouveau chef mis à la tête du département qu'on appelle : « Département des Recherches criminelles. » Le siège de cette administration est à Scotland Yard, quartier-général bien connu des détectives. Ce lieu est le point central où se rendent tous les fils de cet immense réseau qui couvre toute la métropole et ses environs. De bonne heure on reçoit au quartier général le rapport de toutes les stations excentriques sur les crimes qui ont été commis pendant la nuit. Un fonctionnaire responsable est chargé d'examiner ces rapports à l'instant. Si sur la liste de ces crimes, il s'en trouve quelques-uns d'un caractère et d'une gravité inaccoutumés, un rapport détaillé en est télégraphié sur-le-champ au chef de la police ; s'il est au lit, une sonnette électrique placée près de lui l'avertit et il peut lire, sur le télégraphe même, les nouvelles à mesure qu'elles arrivent et répondre en donnant les instructions nécessaires. Tous les rapports sont imprimés immédiatement. Dans l'espace d'une heure, le tirage en est fait et ils sont envoyés par des estafettes de la police dans de léger tax-carts à tous les bureaux de police de la métropole. Ces « informations » contiennent les détails complets des crimes, avec un signalement exact de leurs auteurs et le document est lu en entier à haute voix par les constables à uniforme bleu, qui se mettent en campagne. On répète la même chose quatre fois par jour ; de nouveaux rapports sont faits sur de nouvelles informations, de sorte que chaque policeman est averti de tous les méfaits commis sur la vaste étendue de trente milles carrés. Quand le cas est plus grave, après les rapports du matin, Scotland Yard entre immédiatement en communication par la voie du télégraphe avec tous les chefs des détectives des stations de l'intérieur, qui eux-mêmes préviennent leurs subordonnés immédiats de se tenir sur leur garde. Si le cas est urgent, le chef se rend en personne sur les lieux ou se met en communication par le télégraphe. Les experts placés sous ses ordres (les chefs des détectives ont chacun leur spécialité), ont été appelés à Scotland Yard pour conférer ensemble. Le chef du département se joint à eux, écoute leurs avis, discute toutes les éventualités et décide la marche à suivre. Peut-être le coup est-il l'œuvre spéciale d'un individu, peut-être de plusieurs? Il peut arriver que tous les ressorts de la machine soient mis en mouvement et que le cri d'alarme se répande au-delà des limites de la ville et qu'on entre promptement en communication avec les chefs de la police dans les ports de mer et les grandes villes de province. A mesure que le jour s'avance, on reçoit de nouveaux détails qui sont à l'instant transmis aux limiers qui battent le couvert. La piste s'échauffe d'un côté ou d'un autre; un limier l'a éventée, et sa voix transmise par le fil est empaumée par la meute; avant longtemps, si tout va bien, les chiens de tête quittent la piste et chassent à vue, et avant la nuit la bête sera aux abois et forcée.

Quand un grand crime a été commis dans la province, on suit la même marche. Supposons qu'un palais épiscopal ait été dévalisé, qu'une grande quantité d'argenterie ait été dérobée. Le constable du lieu communique immédiatement par télégraphe avec la police de la capitale, il décrit les objets volés, donne le signalement du voleur, qui a été observé au moment où il quittait le palais. Peut-être est-il culbuté dans les escaliers ou bien est-il tombé par une fenêtre; on a lieu de le supposer blessé : « Recherchez un homme de petite ou de grande taille avec un bras ou une jambe cassée. » Telle est la consigne expédiée de Scotland Yard. « Recherchez dans les boutiques de prêteurs sur gages et les recéleurs connus, les objets précieux qui s'y trouvent. » Suit une courte description. Une heure ou deux après, l'information imprimée est envoyée comme nous l'avons déjà dit. Tous les hôpitaux et hospices sont visités; note est prise des nouveaux-venus blessés ou ayant un membre cassé. Le chef des détectives de Londres a un long colloque par télégraphe avec le chef constable du lieu du crime : « Pouvez-vous me donner de plus amples détails ? Comment s'est fait le coup ? Quels instruments ont été employés ? Par où le voleur est-il entré? Comment est-il sorti ? » Les réponses à ces questions sont autant d'indices pour l'habile chef des détectives de la capitale. Un des vieux chefs des détectives appelé pour conférer avec ses collègues, dit immédiatement : « C'est la manière d'opérer de Blustering Bob (le fanfaron) ou : « je jurerais que c'est le modus operandi de Jemmy le tinman (l'homme d'étain) » ou encore : Blackfaced Poacher (Poacher le nègre) a mis la main dans cette affaire, j'en réponds. » Une heure après, le détective, muni de ces précieuses informations, est sur la trace de son ancien ami. Bob le fanfaron ou Jemmy le tinman, est « demandé ». Ces informations sont télégraphiées de tous côtés; les bouges que ces gens fréquentent sont fouillés, et, avant la fin de la journée, le coupable est découvert, avec l'anneau épiscopal dans la poche de son gilet et le bras en écharpe.

Naturellement, la poursuite ne réussit pas toujours immédiatement. Mais il est au moins certain que le système a été grandement perfectionné, depuis le fameux procès où Klurr et Benson firent connaître leurs complices et que l'attention publique fut arrêtée sur l'insuffisance de la police d'enquête. Jusqu'au jour où la nouvelle organisation fut introduite, le département du Scotland Yord était fermé de minuit à dix heures. L'œil d'Argus de la loi était fermé, tout le mécanisme était arrêté et ne recommençait à fonctionner qu'à onze heures. C'est pourquoi le bandit qui opérait pendant la nuit, était toujours certain d'avoir quelques heures devant lui et savait parfaitement qu'on ne se mettrait à sa poursuite que pendant les heures réglementaires. Nous sommes loin de ce temps-là. Un officier supérieur reste de service pendant toute la nuit. Il a des pouvoirs discrétionnaires. C'est un linguiste qui peut, au besoin, communiquer avec toutes les capitales de l'Europe; il est autorisé à faire lever le chef de la police à toute heure de la nuit ; on l'attend pour mettre les myrmidons en campagne, pour donner des ordres aux bureaux de l'extérieur, pour établir un service spécial à toutes les têtes de lignes des chemins de fer, pour télégraphier à Liverpool, Douvres, Folkestone, Southampton et autres grands ports d'embarquement pour les pays étrangers. Les différentes unités qui forment l'armée des détectives, sont ainsi mieux tenues sous la main. Chaque homme est tenu de consigner dans un journal un rapport détaillé de tous ses agissements de la journée, heure par heure. Si dans le moment il est engagé dans quelque affaire (et il en est rarement autrement), il doit décrire ses opérations, ses déplacements, le chemin qu'il a suivi dans ses recherches. Ces journaux quotidiens sont compulsés semaine par semaine, par l'inspecteur divisionnaire et le surintentendant, et chaque mois, ils sont soumis à l'examen du chef lui-même. Des mesures très sévères sont prises, pour empêcher les employés subalternes de succomber à la tentation. Les personnes victimes d'un crime, pour lesquelles on fait des recherches criminelles, ne peuvent plus donner elles-mêmes de récompenses. Tout l'argent est remis entre les mains du chef du département, où il reste, pour être distribué, comme celui-ci l'entend, à ceux des employés qu'il considère comme les plus méritants. Par exemple, dans le cas où la victime d'un méfait est riche, la récompense offerte peut être considérable, tandis que dans un autre, où la justice est elle-même intéressée, il se peut qu'il n'y ait pas de récompense.

Dans le système actuellement en vigueur, on constitue un fonds commun qui est administré avec tout le soin voulu, par le chef responsable du département, et la porte se trouve ainsi fermée à beaucoup d'injustices et de chicanes qui pouvaient se produire lorsque les subordonnés avaient affaire directement au public.

Après avoir ainsi indiqué brièvement la façon employée pour poursuivre et traquer le criminel, suivons maintenant ce dernier à travers les différentes catégories d'épreuves qui lui sont infligées par la loi, non seulement en punition de son méfait, mais aussi pour servir d'avertissement salutaire aux autres. L'arrestation est faite, en vertu d'une autorisation donnée après dénonciation faite sous la foi du serment, et après sa capture, le malfaiteur est enfermé, si cela est nécessaire pour s'assurer de sa personne, dans une cellule au bureau de police, puis, retiré de là pour être dirigé aussitôt que possible sur une des prisons de Sa Majesté. Il est ensuite traduit à la cour de police ou à l'audience sommaire devant un ou plusieurs juges, qui prennent connaissance de l'affaire et prononcent. Si l'affaire ressortit de leurs attributions, les juges l'instruisent sommairement, si le cas est plus grave et semble requérir une punition exemplaire, le coupable est renvoyé pour être jugé devant la cour d'assises. Mais presque toujours, à moins d'acquittement, il est condamné à une plus ou moins longue période de détention dans l'une ou l'autre des prisons. Si le temps de l'incarcération est de deux ans ou seulement d'une semaine ou de quelques jours, la sentence est appliquée dans ce qu'on appelait, avant 1878, les prisons du district ou du bourg (borough), qui sont disséminées çà et là ; si le crime mérite une peine plus sévère, cette peine est celle des travaux forcés, dont la durée ne peut être moindre de cinq ans et peut s'étendre au reste de la vie ; elle est subie dans les prisons de convicts. Ces dernières ont toujours été administrées par le gouvernement ; mais les autres, sont restées jusqu'à l'année dernière, sous le contrôle de la magistrature locale, et, leur entretien retombait en grande partie à la charge du budget local. Mais depuis le vote de l'Act des prisons, en 1877, entré en vigueur au premier avril 1878, toutes les prisons ont été soumises à la surveillance directe de l'État ; elles sont entretenues aux frais du trésor impérial, et à l'exception de ce qui a trait à la protection et aux punitions disciplinaires des criminels qui y sont enfermés, leur administration a été remise entre les mains d'un corps d'employés, qui ont reçu le nom de commissaires des prisons. Ils occupent, avec leurs inspecteurs et leurs auxiliaires, une partie du ministère de l'intérieur, et, agissent sous les ordres immédiats du secrétaire d'Etat.

Bien que cette mesure n'ait pas été adoptée sans opposition, elle était basée sur des principes si justes que même ses adversaires n'ont pu lui trouver un côté faible au point de vue sentimental. Le système qu'elle était appelée à remplacer prêtait le flanc à une trop juste critique. Les différentes prisons étaient administrées différemment ; dans un comté les règles étaient sévères ; dans un comté voisin, elles étaient déplorablement relâchées. Ici le prisonnier passait la moitié de son temps à tourner la roue ; là, il ne faisait absolument rien. Le régime de la nourriture était tout à fait différent ; il pouvait dans cette prison faire le double du travail qu'il eût fait dans celle-là. En outre les lieux où se trouvaient situées les prisons étaient souvent le résultat du hasard ; leur nombre ne suivait pas celui de la population, mais elles restaient là où elles avaient d'abord été installées il y a longtemps. Certains districts avaient trop de prisons, d'autres pas assez. Ici l'autorité avait à louer des bâtiments cellulaires à distance, et à supporter les frais de transport des prisonniers d'ici là, tandis que la prison de cette région était ordinairement vide. Que la prison fût pleine ou non, on avait à entretenir le même personnel ; comme l'arrivée des prisonniers était incertaine, on ne pouvait se dispenser du service des agents. Il en résultait que dans quelques petites prisons on trouvait cinq employés pour un prisonnier. De plus la répartition des frais d'entretien était injuste, n'étant assise que sur la propriété foncière, tandis que les autres revenus étaient entièrement exempts de ce même impôt, tout en profitant de la protection que les prisons sont supposées donner. En outre, maintenant que les voyages se font si rapidement, un district avait à supporter les frais d'incarcération de malfaiteurs appartenant à un autre district. Il y avait toutes sortes de raisons pour laisser les dépenses des prisons à la charge du trésor public, plutôt que de les laisser à la charge du budget local. Pour les auteurs de la loi ainsi que pour ceux qui, depuis son adoption, ont été chargés de l'appliquer, le premier but poursuivi été de rémédier à ces anomalies par l'établissement d'un système uniforme. La vie des prisonniers, depuis le premier jusqu'au dernier, est aujourd'hui partout la même dans les prisons de Sa Majesté. On lui fait prendre un bain et on le nettoie à son arrivée ; puis le médecin dit à quel genre de travail il peut être employé ; le chapelain prend note de ses antécédents, de son éducation et de son instruction religieuse. On le fait alors passer dans la prison, où on l'enferme dans une cellule ; puis le règlement lui est appliqué et on lui donne la tâche qu'il a à faire. Il ne quitte plus cette cellule pendant un mois si ce n'est pour se rendre à la chapelle ou pour prendre de l'exercice, soit dans les préaux, soit en tournant la roue. Pendant ce mois on lui fournit des couvertures, mais pas de matelas ; sa nourriture est restreinte et il est occupé pendant dix heures, aux travaux qu'on appelle de première classe. A la fin de ce mois, on lui permet de passer au travail de 2me classe ; il peut, si sa conduite a été bonne, sortir quelquefois de sa cellule pour travailler avec les autres détenus de sa catégorie, mais en gardant un silence absolu. Après les trois premiers mois, il peut voir ses amis une fois, et leur écrire une fois; sa nourriture devient plus abondante et plus variée; il peut facilement gagner une somme de quelques shillings pour le jour de son élargissement. Pendant ce temps cependant il est susceptible de perdre tous les privilèges qu'il s'est acquis et subir des peines disciplinaires pour sa conduite. Il peut être enfermé pour quelques heures dans un cachot et se voir réduit soit au pain et à l'eau pendant deux ou trois jours, ou un plus grand nombre, soit à la demi-ration, dont la farine des Indes (Indian meal) et les pommes de terre forment la base principale. On prend grand soin de sa santé ; il est pesé souvent, s'il dépérit ou s'il souffre de quelque indisposition, on prescrit son admission à l'hôpital. On s'occupe également de sa santé morale ; tous les jours il doit assister au service religieux ou aller à l'école et recevoir dans sa cellule les exhortations du chapelain. Si à l'époque de son élargissement il est dans le dénûment, on l'habille décemment, on pourvoit à sa nourriture et on lui délivre un laisser passer sur les chemins de fer pour se rendre à son domicile, s'il est éloigné. Cette manière d'agir sous le nouveau régime ne diffère pas au point de vue général de ce qui se faisait sous l'ancien ; mais au moins elle est aujourd'hui uniforme partout. Le prisonnier condamné dans le Northumberland subit à Morpeth et à Newcastle exactement le même genre de punition que le détenu de Bodmin ou d'Exeter, que celui de Coalbirth Fields. Carnarvon, Maidstone ou Carlisle. Les heures de travail sont partout les mêmes; le genre de travail le même, la nourriture, les punitions pour mauvaise conduite, les marques gagnées par l'industrie et les bons de caisse qui suivent les marques sont également les mêmes. On peut attendre d'autres avantages de l'unité d'administration. Il y a économie par suite de la fermeture de presque la moitié des prisons, et la concentration des détenus dans celles qui restent ; pendant nombre d'années, le nombre des prisonniers était inférieur à celui des cellules et le matériel se dégradait. Par suite des réformes actuelles, grâce à une répartition mieux entendue du travail, à la facilité de concentrer les fournisseurs des prisons et au développement donné à l'instruction professionnelle, le régime des détenus a été amélioré.

Dans ces dernières années, il y a eu des changements non moins accentués dans la manière d'appliquer la peine des travaux forcés, mais le système en est néanmoins peu connu, et il se trouve des gens qui parlent encore de pontons et de déportation, comme si ces anciens exutoires du crime existaient encore. Il est cependant un fait certain, c'est que pas un convict (c'est le nom spécialement donné aux condamnés à la peine capitale et aux travaux forcés) ne quitte le royaume que par l'intervention du bourreau. La peine des travaux publics est subie dans les grands établissements de convicts. Le convict est, aussitôt que possible, tiré de la prison du district où il est resté depuis les assises en attendant d'être transféré à Millbank ou Pentonville. Là il est soumis au même régime que dans les prisons de district ; mais au bout de neuf mois de séjour, sur l'avis du médecin, il passe dans un établissement de travaux publics, à Chatham, Dartmoor, Portsmouth, Portland ou quelque autre semblable. Arrivé là il est employé, avec des centaines de détenus, aux travaux de fortifications, de constructions de brise-lames, d'agrandissement de docks ou autres. Ceux qui ont visité les ouvrages exécutés par les convicts dans

ces lieux peuvent juger de la valeur de leurs travaux.
La vie des convicts n'est certainement pas toute de
rose. Le travail commence dès le point du jour, et se
continue jusqu'au coucher du soleil ; il n'est interrompu
que pour le dîner ; la nourriture quoique d'excellente
qualité, n'est pas en excès. Une soumission absolue, le
renoncement complet à sa volonté personnelle, une
obéissance passive, la propreté et le bon ordre, ne sont
pas les moins pénibles assujettissements auxquels le
criminel est soumis. Mais point de sévérité inutile ; la
discipline est dure, mais jamais arbitraire. Le bien être
du prisonnier et la protection contre les abus sont assurés
par la surveillance constante et l'inspection des autorités
supérieures. Toute source d'espérance n'est pas entièrement tarie. Le « mark system » qui a été en vigueur
pendant les quatorze dernière années, permet à tout
détenu d'apporter, par sa propre industrie, certains allégements à sa peine. La supériorité des ouvrages faits
dans les prisons, (dans la taille des pierres, les travaux
compliqués de charpente et de serrurerie, l'emploi des
convicts comme boulangers, peintres, conducteurs de
machines, scieurs de long, ajusteurs, etc.) montre de
quel aiguillon puissant est cette mesure pour pousser
ces hommes à déployer toute leur adresse et toute leur
énergie. Une preuve plus frappante peut-être en est
dans la valeur en argent que ces ouvrages obtiennent.
D'après le livre bleu de l'année dernière, les gains
actuels d'environ 8000 Convicts, ont été, d'après des
calculs exacts, de 6,250,000 francs.

Il est une autre phase de l'existence par laquelle
passe le criminel. C'est l'espace de temps qui s'écoule
entre le moment où il achève de subir une condamnation pour recommencer trop souvent à en subir une
autre. Cette période, où il est tout à coup rendu à la
liberté, objet de ses rêves pendant le jour et pendant la

nuit; le jour de l'élargissement est pour le prisonnier, ce que le port de la mère patrie est, pour le marin, mais mille fois encore plus désiré, par suite de l'impatience de l'attente. Les longues heures d'angoisse sont enfin écoulées. Sa barbe et ses cheveux ne sont plus rasés par le barbier de la prison, qui les coupe tous les deux avec les mêmes ciseaux. Il a enfin traversé le gouffre qui l'a séparé si longtemps du reste de la société ; il reprendra bientôt la place qu'il occupait autrefois pour lutter pour son propre compte, être battu par la tempête, sans doute, et peut-être seulement pour sombrer encore.

L'attitude de la société vis-à-vis de lui, une fois qu'il est rendu à la liberté est peut-être un peu trop répulsive et inexorable. Ce n'est pas assez que sa photographie et son signalement aient été distribués à tous les agents de la police, qu'il soit soumis à l'inspection sous le contrôle du détective, et à la surveillance de la haute police pendant vingt ans ; c'est avec une extrême difficulté qu'il gagnera sa vie honnêtement malgré le désir qu'il peut en avoir. Ses anciens compagnons (s'il en a quelques-uns) l'éviteront; les chefs d'ateliers ne voudront pas l'employer de peur de porter ombrage à leurs autres ouvriers. Toutes les portes se fermeront devant lui ; il est frappé de suspicion ; qu'y a-t-il d'étonnant qu'il tombe de nouveau? S'il le fait moins souvent qu'autrefois, on le doit en grande partie aux efforts philanthropiques des sociétés de patronage des prisonniers libérés, à celle de Londres notamment, qui fait beaucoup de bien. Cette société s'occupe exclusivement des anciens convicts sortant des prisons, mais il en existe d'autres en province, qui s'occupent beaucoup, avec la même bonne volonté, des prisonniers sortant des prisons de district. A Londres, peu de temps avant qu'un convict soit élargi, son dossier est soumis à la société, qui l'étudie avec soin. S'il est accepté, (et c'est généralement ce qui arrive, sauf pour quelques criminels trop connus, sur lesquels tous les bons offices ne gagneraient absolument rien), quand le jour de la mise en liberté arrive, le prisonnier libéré est conduit, convenablement vêtu, au bureau de la société, où on lui procure un emploi, soit comme ouvrier, soit comme homme de peine, selon ses aptitudes. Le patron qui l'emploie et la société sont ordinairement seuls dans le secret ; la société en répond vis-à-vis de la police; elle le surveille; il n'est donc plus besoin de le soumettre à l'inspection habituelle ; l'ex-détenu ne conserve par conséquent aucun stigmate flétrissant; il est mis dans le droit chemin et c'est généralement sa faute s'il retombe de nouveau. Cette excellente méthode n'est certainement pas la moins efficace parmi les différentes mesures qui ont contribué à diminuer le nombre des crimes. De-ci de-là les maisons de correction et les écoles industrielles peuvent convertir une mauvaise nature, avant qu'elle ne soit complètement pervertie; les améliorations à l'organisation de la police peuvent assurer de plus en plus la sécurité de la propriété et rendre l'accomplissement des crimes moins facile; mais ce sont là des résultats éloignés; tandis que les sociétés de protection, cherchant à réhabiliter nos frères déchus en les remettant dans la bonne voie et en leur fournissant de nouvelles facilités pour gagner honnêtement leur vie, obtiennent tous les jours au milieu de nous, les résultats les plus heureux et les plus satisfaisants.

CHAPITRE XV

COMMENT ON VOYAGE EN ANGLETERRE

Aperçu général sur le système des chemins de fer anglais. — Le Block system. — Etendue et dépenses des lignes de chemins de fer. — Vitesse et confort. — Waggons Pullman. — Un voyage de Londres au nord de l'Angleterre. — Commissaires des chemins de fer. — Buffets. — Diligences (Coach). — Différentes espèces de diligences.— Vélocipèdes.— Les hôtels en Angleterre. — Disparition des petits hôtels. — Types des habitués des hôtels. — Hôtels qui ont survécu. — Avantages problématiques de leur installation.

On peut parcourir aujourd'hui l'Angleterre dans toute sa longueur pour trois livres sterling moins quelques pence. Le prix d'un billet simple de troisième classe de Londres à John O' groat's, de King's cross à Wick ou Thurso Station, est de 74 francs 15. La distance est, aussi exactement que possible, de 1045 kilomètres 850 mètres. La durée du trajet est de vingt-cinq heures moins quelques minutes, et le voyage lui-même est accompli, quelle que soit la classe qu'ait choisie le voyageur, avec relativement peu de fatigue. Sous tous les rapports l'administration des chemins de fer est excellente. La rapidité de la marche est grande. Où il y a quelque encombrement, les employés des compagnies, bien que souvent accablés de besogne sont pour la plupart polis; et si en dépit des affiches portant qu'il est défendu de donner quelque chose aux employés, ceux-ci attendent leur « tips » les porteurs de bagages se montrent très satisfaits du plus modeste pourboire. Les plus grands ennuis que le voyageur éprouve sur les chemins de fer anglais sont le fait de compagnons de voyage désagréables.

Cependant pour un qui se trouve dans ce cas, combien y en a-t-il, quelle que soit la classe où ils se trouvent, qui ne sont pas des gens dont on ne peut pas seulement se plaindre, mais encore des compagnons très agréables? Supposons un voyage avec un grand nombre de bonnes et respectables personnes peu fortunées, bons agriculteurs, membres du bas clergé; que le voyageur choisisse la troisième classe, il sera bien infortuné s'il ne se trouve dans une société qui puisse lui convenir. Il y a sans doute bien des gens qui aiment le tapage (rowdyism) mais les tapageurs aiment par essence à se rassembler. Ils ont une tendance à se rassembler dans une partie spéciale du train Chaque locomotive qui part pour un long voyage traîne à sa remorque une espèce Alsatia (1), qui grâce à Dieu a une étendue strictement délimitée. Le père de famille n'a que faire de se préoccuper du choix de la première ou de la seconde classe pour ne pas encourir le risque ou plutôt la forte probabilité de se rencontrer, dans l'une ou dans l'autre, avec une nombreuse société peu convenable et peu honorable. Les gardes des chemins de fer jugent promptement des caractères, beaucoup d'entre eux devinent l'humeur et l'esprit des voyageurs avec tout autant de flair et de perspicacité que les conducteurs des anciennes diligences; et on peut

(1) Alsatia, nom d'un quartier de Londres dans le genre de l'ancienne Cour des Miracles. Dans son roman, les Aventures de Nigel, Walter Scott en a donné une description très complète.

dire qu'ils évitent aux voyageurs honnêtes, qui prennent les voitures de troisième classe, le danger de se trouver exposés à de bien graves ennuis. On peut ajouter que le flegme britannique qui apparaît dans toute sa beauté dans les voitures de première classe tend à disparaître dans celles de seconde et de troisième.

Le réseau complet des chemins de fer en Angleterre et dans le pays de Galles embrasse une longueur totale de 12,000 milles de lignes (19,308 kilomètres), dont les deux tiers sont entre les mains de six grandes compagnies. — Le Great Western, 2,059 milles (3312 kilomètres.) London and North Western 1,632 milles (2625 kilomètres.) North Eastern 1,429 milles (2299 kilomètres.) Midland 1,238 milles (1991 kilomètres.) Great Eastern 759 milles (1382 kilomètres.) Great Northen 640 milles. (1039 kilomètres.) La fusion de ces différentes lignes est devenue il y a très peu de temps à l'ordre du jour et cette question tend à prendre de la consistance ; bien qu'elle ne puisse se résoudre sans l'intervention du Parlement. Le centre de ce système est Londres, et toute compagnie qui le peut, ne manque pas de prolonger sa ligne jusqu'à la capitale.

Au début de l'exploitation des chemins de fer, il n'existait aucun système de signaux établis systématiquement, et ce n'est qu'en 1832 qu'on en fit un code régulier. Aujourd'hui le Sémaphore qu'on avait établi à la tête et au bout de la ligne, l'est également à toutes les stations et embranchements. Quand le bras est élevé dans toute son étendue, la ligne est fermée ; s'il ne fait qu'un angle de quarante-cinq degrés le conducteur doit se tenir sur ses gardes ; quand il est au repos il sait qu'il peut marcher à toute vitesse. Pendant la nuit la lumière blanche indique que la voie est libre ; la lumière rouge, qu'il y a danger ; la lumière verte, que le machiniste doit se tenir sur ses gardes. Le « Block system » empêche que deux trains puissent se trouver en même temps sur la même voie dans l'espace qui sépare deux de ces signaux; ces signaux se trouvent espacés l'un de l'autre depuis l'espace de deux à trois milles (3,218 mètres à 4827 mètres,) jusqu'à celui de 6 ou 8 milles (9654 mètres à 12872 mètres). On peut voir ce système dans toute sa perfection sur le Mid Land et on ne peut en donner une meilleure description que celle de M. Parsloe. Supposons que A, B, et C, représentent trois de ces postes de signaux, et qu'on les fasse fonctionner. A l'approche d'un train de A, l'homme de poste, l'aiguilleur, appelle l'attention de celui du poste B, par le signal « *Be Ready* » « prenez garde », au moyen de la cloche et du signal propre à annoncer un train au moyen du disque. L'aiguilleur de B, après s'être assuré que la voie est libre pour le passage du train, doit répéter les signaux, et quand il a reçu l'avis que les signaux qu'ils a répétés sont exacts, il doit mettre l'aiguille sur l'indication « voie ouverte » Aussitôt que le train a dépassé A, l'aiguilleur de ce point fait connaître à B, au moyen de la sonnette, que le train est sur la ligne; l'aiguilleur de B donne avis qu'il a compris le signal et manœuvre l'aiguille. L'aiguilleur de A doit alors donner à B le signal du disque « Train sur ligne »; et lorsque l'aiguilleur de B a fait connaître qu'il a reçu l'avis de A, d'une manière correcte, il amène l'aiguille au signal de « voie fermée », et alors appelle l'attention de C, et lui donne les signaux « prenez garde » et « train approche »; quand le train a dépassé le point, B fait connaître à A, par le signal convenu, que la voie est ouverte au passage des trains; celui-ci lui fait connaître qu'il a reçu le signal, et ainsi de suite sur toute la ligne.

La somme totale des frais d'exploitation de toutes les

lignes ferrées du royaume s'est élevée en 1876 au chiffre de £ 33,535,509 livres sterling, et le chiffre total des recettes de toutes natures, à 62,215,757 livres sterling. Le montant des dépenses d'exploitation n'atteint donc que la moitié environ du chiffre des recettes, mais on a souvent affirmé que le transport des matières minérales entraînait de bien plus grandes dépenses que celui des voyageurs. Le nombre de milles parcourus par les trains a été 215,711,379. En dehors des trains de plaisir, le nombre des voyageurs de première classe a été de 44,859,066 ; celui des voyageurs de seconde de 66,478,195, et enfin celui des voyageurs de troisième classe de 426,950,034. Le capital autorisé s'élève à la somme de £ 741,802,527. Le matériel roulant consistait en : 12,994 locomotives ; 27,191 voitures pour voyageurs; 10,485 wagons pour chevaux ; 356,121 wagons pour marchandises et bestiaux. Le total des trains par jour était de 1,010 ; 160,000 signaux étaient donnés par vingt quatre heures par 13,000 employés; 1,245 personnes ont été tuées et 4,724 blessées dans les catastrophes et accidents survenus en 1876 ; la plupart étaient des employés des chemins de fer.

Sur le nombre total des voyageurs il y en a eu un de tué sur 3,872,570 et un blessé sur 385,867. La proportion des employés tués a été de 1 sur 116 et celle des blessés de 1 sur 86.

Nous avons obtenu pour la vitesse de locomotion, sinon pour le confort un degré que nous ne dépasserons probablement jamais. Il y a entre Bristol et Aberdeen une distance de 1,248 kilomètres, qu'on ne pouvait parcourir autrefois en moins de dix jours ; aujourd'hui cette distance est franchie en dix-huit heures; la distance de Londres à Holyhead qui est de 418 kilomètres, est parcourue en six heures quarante minutes ; celle de Londres à Plymouth, 397 kilomètres, en six heures un quart.

La vitesse moyenne des trains express les plus rapides, sur chacune des grandes lignes, est de 76 kilomètres 823 mètres à l'heure. Sur deux lignes cette moyenne est dépassée. Sur le Great Northern le train qui part de Londres à dix heures arrive à Péterborough à onze heures trente, ayant franchi une distance de 132 kilomètres, 686 mètres, avec une vitesse de 82 kilomètres 052 mètres à l'heure; sur le Great Western, le Flying Dutchman, quitte Paddington à onze heures quarante-cinq, atteint Swindon distant de 134 kilomètres 295 mètres, sans un seul arrêt, à une heure douze, marchant avec une vitesse uniforme de 83 kilomètres 679 mètres à l'heure. Le trajet sur cette ligne jusqu'à Bath est certainement celui qui se fait avec la plus grande vitesse connue. La distance est de 106 milles 3/4 (171 kilomètres 765 mètres), cet espace est franchi en deux heures treize y compris dix minutes d'arrêt à Swindon. La durée de la marche est donc de deux heures trois minutes, et la vitesse d'un peu plus de 83 kilomètres à l'heure; quant au confort et à la commodité, la qualité et le nombre des voitures de première et de seconde classes ne laissent rien à désirer sur le Great Eastern. Les voitures Pullman furent introduites en Angleterre il y a juste cinq ans, mais les essais qui ont été faits n'ont pas été aussi satisfaisants qu'on l'espérait. Ces voitures furent d'abord employées sur le Midland; elles ont salons et chambres à coucher. Dans les premières se trouvent dix-huit fauteuils, qui peuvent tourner sur un pivot de façon à faire face soit à la fenêtre, soit au centre de la pièce : dans les secondes se trouvent seize lits dans le compartiment principal et six dans deux compartiments particuliers. Ces appartements sur rails, sont décorés avec un goût vraiment artistique et si l'on appuie simplement sur un ressort placé sur le côté, une table se dresse sur laquelle les voyageurs peuvent prendre un repas. Que le voyageur accorde sa préférence aux wagons Pullman, à cause de la société qu'on y rencontre, ou aux wagons anglais ordinaires pour la solitude relative qu'on y trouve, il ne peut manquer de reconnaître la plus grande douceur, pendant la marche, des ressorts Pullman.

Un voyage, de l'extrême sud à l'extrême nord du Royaume-Uni, tel qu'il a été décrit au commencement de ce chapitre, donnera une idée claire au voyageur de l'organisation de notre système de chemins de fer, et de son mode d'exploitation, il le familiarisera avec les nombreuses différences de vitesse qui existent, entre les trains, dès qu'on a dépassé la zône suburbaine de la capitale, cet immense labyrinthe de maisons, de rues et de corporations municipales qui couvrent la contrée, le train marchera avec la rapidité de la flèche. Il sera emporté en avant avec la même rapidité vertigineuse. Un seul arrêt entre Londres et York, à Grantham, où les machines font de l'eau et du charbon, et où les voyageurs peuvent prendre des rafraîchissements s'ils le désirent. Après York on marche droit sur Newcastle, sans autre arrêt. Quand le convoi arrive sur le sol de l'Ecosse, il marche avec circonspection. Lorsqu'il est arrivé au cœur des déserts et des montagnes de l'Ecosse, sa marche est plutôt lente que circonspecte. Bientôt commence une série d'arrêts qui n'ont rien à faire avec les stations, jusqu'à ce que le conducteur serre le frein, et que le train reste immobile, sans autre motif apparent que le besoin qu'éprouve le mécanicien d'allumer sa pipe. Ce sont les incidents inévitables d'un voyage en chemin de fer dans l'extrême nord de la Grande-Bretagne, et si l'on n'a pas une hâte fiévreuse d'arriver, ils donnent du pittoresque et de la variété au voyage. Prenez-les en bloc, vous trouverez bien peu de sujets de blâme dans l'organisation de nos compagnies de chemins de fer. Il n'est pas une autre contrée au monde où les trois grandes conditions pour faciliter les voyages en chemins de fer, aient été aussi complètement réunies, multiplicité des lignes, concentration des communications et vitesse ; quant à l'exactitude, ce point laisse à désirer surtout sur les lignes du sud. Qu'il se produise un léger surcroît de trafic, et un train anglais sera sûrement en retard. Cela est dû probablement à l'habitude que l'on a, de ne pas se conformer exactement aux règlements établis pour les heures, afin d'éviter des accidents inévitables, et par suite de la nécessité d'être toujours en garde pour éviter les trains de marchandises. Ce dernier inconvénient disparaît graduellement sur les parties les plus encombrées d'un grand nombre de réseaux où l'on a recours, pour l'éviter, aux moyens dispendieux, à la pose d'une voie supplémentaire.

Le public n'a pas obtenu ces avantages du bon vouloir des compagnies de chemins de fer. Endossant d'immenses responsabilités et jouissant de monopoles à peu près incontestés, les compagnies de chemins de fer en Angleterre ont dû naturellement être soumises à une législation spéciale pendant le cours des quarante premières années. On a créé un code complet de lois relatives aux chemins de fer qui est rempli d'anomalies et d'absurdités ; en 1878, il y avait plus de 4,000 « acts » spéciaux du parlement, ayant trait aux chemins de fer, dans lesquels « acts », et dans leurs extraits affichés dans chaque station, on peut trouver les chiffres des tarifs que chaque compagnie est autorisée à appliquer. Le premier de ces « acts » a plus d'un siècle, il porte la date de 1758, autorisant un chemin de fer qui n'était pas exploité avec la vapeur, naturellement pour le transport des charbons à Londres, tandis que le premier chemin de fer pour voyageurs (celui de Stockton à Darlington), fut autorisé par un acte qui ne date que de 1825. Pas un ces documents n'est relatif à une compagnie dans son ensemble, car, à peine a-t-on parcouru quelques milles que tout à coup on change de juridiction. En 1844, un comité, fut nommé sous la présidence de M. Gladstone, pour étudier l'état légal des compagnies : à la suite du rapport dressé par ce comité on a adopté une loi autorisant l'Etat à racheter les lignes de chemins de fer, après une période de vingt années, imposant à toute compagnie de chemins de fer l'obligation d'établir un train sur chaque ligne, qui, une fois par jour au moins, devait transporter les voyageurs à raison de un penny par mille au plus. Dix ans plus tard, M. (aujourd'hui Lord) Cardwel, fit adopter une loi dont les dispositions principales avaient trait à l'obligation légale pour les compagnies rivales de s'entendre jusqu'à un certain point, pour satisfaire aux besoins du public, et de déterminer la responsabilité des compagnies en cas de dommages causés ou de perte de marchandises. Quatorze ans plus tard, passa un « act » ordonnant que les tarifs des places seraient affichés dans un lieu apparent dans toutes les stations ; que dans tous les trains de voyageurs se composant de plus d'un waggon de chaque classe, il y aurait un compartiment pour les fumeurs ; et que toutes les compagnies seraient tenues de fournir, sur demande, leurs tarifs particuliers pour le transport des marchandises, afin que le public puisse se rendre compte du coût relatif des transports et du poids.

Mais le document le plus important de la législation des chemins de fer est l'« act » de 1873, qui crée un tribunal spécial, muni de pouvoirs spéciaux, pour connaître d'une certaine catégorie de cas particuliers aux chemins de fer ; non des demandes de compensations pécuniaires qui peuvent être dirigées contre les compagnies, mais de celles où l'on veut obtenir qu'une compagnie soit tenue de faire un acte particulier au profit du demandeur, ou de cesser de procurer un avantage injuste à une personne. On a trouvé que les tribunaux ordinaires du pays n'avaient pas qualité pour forcer les compagnies à faire passer à l'occasion l'intérêt du public avant le leur, et c'est l'idée de cette incompatibilité qui trouva son expression dans le rapport de 1872, lequel concluait à la nomination des commissaires des chemins de fer. Ce tribunal, dont un des membres doit avoir une connaissance spéciale en fait d'administration de chemins de fer (ce fut M. Price, ancien directeur du Midland Railway qui occupa le premier cette charge, avec un autre jurisconsulte, M. Macnamara, très versé dans la connaissance du droit), n'eut primitivement que les pouvoirs que lui accordait le « Lord Cardwell's Act; » mais aujourd'hui il a beaucoup d'autres prérogatives d'une importance secondaire, mais tendant au même but, c'est-à-dire le contrôle en ce qui concerne les intérêts du public, des effets du monopole qu'ont acquis les compagnies de chemins de fer. Cette commission est, en fait, un tribunal technique pour appuyer les griefs du public; sa juridiction s'étend à l'Irlande et à l'Écosse. A cause des frais considérables qu'entraînent les contestations en matière de chemins de fer, il fut introduit un article spécial dans la loi, qui autorisa les municipalités et les autres corporations à se pourvoir devant ce tribunal.

Les commissaires eux-mêmes, néanmoins, n'ont pas le droit d'initiative, et, sur un point important (l'exécution des tarifs,) il n'y a qu'une compagnie de chemins de fer, ou les propriétaires d'un canal, qui puissent faire agir les commissaires.

Les pouvoirs des commissaires sont aussi étendus que spéciaux. Ils ont un droit d'intervention plus large qu'aucun autre corps, quand la vie et le bien-être du public sont menacés. Ils ont le droit d'arbitrage, quand un conflit s'élève soit entre deux compagnies, soit entre une compagnie et le public. Le droit de telle ou telle ville de réclamer l'établissement d'une salle d'attente dans de meilleures conditions, des plates-formes, etc, les protestations d'un commerçant qui se plaint des abaissements de tarifs ou des facultés plus grandes qu'on accorde à un autre ; la demande d'autorisation faite par une compagnie de se servir de la ligne d'une autre compagnie, sont autant de cas où l'on a recours à l'intervention de la Commission. Ainsi le rapport fait l'année dernière par cette commission nous apprend : que pendant l'exercice 1877-78, quatorze jugements distincts ont été rendus par les commissaires. Trois de ces jugements sont relatifs à des réclamations locales faites pour obtenir d'autres avantages, (conveniences) de compagnies de chemins de fer. Dans six cas, la commission eut à connaître des demandes intentées par les sociétés manufacturières contre des compagnies. Dans cinq, il s'agissait de conflits entre compagnies. Ici nous avons trois classes distinctes de questions qu'il vaut infiniment mieux voir tranchées sans l'intervention des tribunaux. Quand une question de droit s'élève, les commissaires sont tenus de déclarer que l'affaire ressortit d'un tribunal ordinaire, bien qu'ils soient chargés eux-mêmes de la délicate mission de décider si une question particulière est une question de droit ou non. D'ailleurs on ne pourrait donner une meilleure preuve de la valeur des décisions des commissaires que ce fait, que presque toutes les affaires jugées par eux et qui ont été frappées d'appel, ont été confirmées.

Mais la question importante n'est pas tant de savoir si la juridiction des commissaires des chemins de fer, doit être étendue, mais si l'État doit prendre en mains le contrôle tout entier. « Nos chemins de fer, écrit M. Parsloe, sont entre les mains d'un certain nombre de compagnies en rivalité d'intérêts, chacune d'elles cherchant, comme dans toutes entreprises purement commerciales, à payer les plus forts dividendes possibles à ses actionnaires. Nombre de compagnies se font ouvertement concurence, il en résulte beaucoup plus de perte que de profit grâce à ces rivalités (Parsloe. « Our Railway system » p. 261). Par exemple, un train express venant du nord doit arriver à Glocester à 6 heures 48 ; le train du Great Western pour le district de Swindon part à 6 heures 45, de sorte qu'il n'y a pas d'autre train avant minuit 20. C'est pourquoi, ce qui est presque inévitable, un voyageur qui manque le train, doit attendre pendant environ six heures. Dans ces conditions, il n'y a pas de doute que le public est à la merci des compagnies de chemins de fer.

Il est indiscutable aussi que le développement qu'a pris la concurrence entre chemins de fer au lieu de nous donner une organisation uniforme et régulière, n'amène que la confusion et le chaos entraînant de grandes dépenses d'argent et d'énergie en pure perte ; si nous voulons avoir un système d'exploitation régulier et vraiment économique de nos chemins de fer ceux-ci doivent être soumis à un contrôle central. Admettons que toutes les compagnies consentent à être fusionnées et unifiées entre elles, tout ce qu'on aura obtenu par ce moyen sera d'avoir substitué à plusieurs monopoles un monopole unique, colossal, dont le principal but sera encore de chercher, non les commodités du public, mais de mettre de l'argent dans la poche de ses actionnaires. Si l'on admet que l'état de transition dans lequel se trouve en ce moment notre système de chemins de fer doit prendre fin un jour, par la mise en pratique d'un projet de fusion complète ; il est certain que cela ne pourra se faire que par l'institution du contrôle de l'État. On cite comme précédent à ce grand projet, le succès de l'administration par le Gouvernement du Post-Office et du Télégraphe ; si l'administration des chemins de fer par l'État devait donner d'aussi beaux résultats il est évident qu'elle serait infiniment plus efficace et plus économique. En 1865, Monsieur Stewart, qui a été pendant vingt-cinq ans secrétaire de la « London and North Western Company », constatait dans sa déposition devant la commission royale, que si tout le trafic du pays était mis à l'unisson, on réaliserait du même coup une économie de 20 p % sur les dépenses. En outre, avec le contrôle du gouvernement, la plus grande partie des frais légaux et parlementaires qui en 1875 dépassaient de beaucoup 250,000 livres sterling, serait économisée. En troisième lieu, le nombre des stations pourrait être considérablement réduit : les villes qui ont en ce moment deux stations l'une à côté de l'autre, n'en auraient plus qu'une. Dans les villages de la province, les gares, les bureaux de poste et de télégraphe pourraient être réunis, et une seule personne pourrait en cumuler les emplois ; et enfin il serait possible de réduire dans une large mesure les appointements des directeurs de chemins de fer. En attendant l'accomplissement de ces changements radicaux dans notre système de chemins de fer, il en est d'autres, d'une importance moindre, qui pourraient être effectués sans amener de perturbations. Nos commissaires de chemin de fer pourraient diriger leur attention, plus qu'ils ne ne l'ont fait jusqu'ici, sur l'organisation de nos buffets, en particulier. Rien d'agréable comme les goûters tous préparés (luncheon baskets) qu'on trouve à l'occasion, moyennant un prix modéré, sur le Midland et quelques lignes du sud de l'Angleterre. Il existe d'excellents buffets à Derby, Crewe, Leicester, York, et autres grands centres de chemins de fer; à l'un ou à l'autre desquels on peut trouver quelque chose de substantiel, pourvu bien entendu qu'on arrive à ces stations aux heures où les voyageurs sont attendus ; ils pourront alors être servis immédiatement. Mais l'infortuné voyageur qui arrive en retard, et qui vient par un train de petite vitesse est souvent obligé de se rejeter sur les viandes froides. S'il a quitté Londres sans dîner à cinq heures quinze du soir, et qu'il arrive à York entre dix et onze heures, où, dit-on, on a vingt minutes pour se restaurer, sa position est véritablement critique. Il trouve une salle à manger monumentale mais mise au pillage. Pas de garçons dans la salle pour le servir. Ceux qui se montrent marchent avec l'air de gens qu'on vient de tirer d'un profond sommeil ; ils s'enquièrent machinalement de ce que veut le voyageur affamé, et se mettent à tailler automatiquement dans la carcasse bien nettoyée d'un poulet qui se trouve sur la table. Le voyageur, s'il est prudent, évitera ces soupers sommaires, et se contentera de manger un sandwich ou des œufs dans un coin de la buvette, s'il est assez heureux pour y pénétrer à travers les groupes de jeunes gens de la localité qui s'y trouvent, et qui en font le but favori de leurs flâneries. La carte est en outre d'une monotonie désespérante ; le génie inventif du cuisinier des buffets est on ne peut plus borné. Ici on peut avoir un potage (de l'eau bouillante qui vous emporte le palais, et détruit la sensibilité du goût pour longtemps) ; mais, après cette soupe, on a peu de chance de trouver autre chose que l'éternelle tranche de jambon, les sandwichs au bœuf, le pâté de porc, le saucisson, le biscuit desséché, et des gâteaux antédiluviens. Mais point de ces mets appétissants qui vous réjouissent la vue en arrivant à Amiens, à Dijon, à

Mâcon, ces petits pains frais délicatement fendus et contenant une côtelette froide ou une tranche de galantine. Des oranges sures pour tout fruit, des spiritueux malfaisants ou de la bière anglaise pour tout rafraîchissement. Les demoiselles de comptoir à l'œil hagard vous font à peine l'honneur de vous servir. En outre les prix sont exorbitants. On doit engouffrer la nourriture à la hâte, au milieu des cris : « Voyageurs pour la ligne du Nord en voiture », et du tintement retentissant de la cloche. Pas un voyageur avisé ne voudra affronter aujourd'hui les ennuis du présent, et les indigestions futures qu'il rencontrerait en se hasardant dans les buvettes et buffets de chemins de fer. Il préférera se charger de tout ce dont il a besoin en quittant la maison.

Mais il existe en Angleterre d'autres modes de voyager que la vapeur. Il est à remarquer que c'est seulement ici que fleurit le Hansom-Cab ; aussi est-ce avec quelque justesse que Lord Beaconsfield l'appelait la « gondole de Londres ». A New-York, où les rues sont parfaitement droites on n'emploie pas le hansom, et les voitures de tramways en tiennent lieu. Peut-être un jour Londres sera-t-il témoin de quelque chose de semblable et quoique la Cité de Londres s'oppose avec une rigueur inflexible à l'introduction de toute loi de ce genre, chaque session du parlement voit s'accroître le nombre des lois accordant des concessions de nouvelles lignes de tramways.

Pendant ce temps, quoiqu'on n'ait pu encore trouver un mode de passage parfait (l'asphalte étant trop glissant pour n'être pas dangereux), le roulement de nos véhicules sur leurs roues quand les ressorts sont de bonne qualité, est presque aussi doux, sur les rues actuelles de Londres, que si ces véhicules roulaient sur des rails ; et à Londres comme dans les grands chefs-lieux de province, les omnibus et les cabs sont aussi satisfaisants que confortables, eu égard au prix des places. Le *coach*, le mail-coach existe encore à l'état d'institution. Le nord de l'Angleterre, l'Ecosse, le pays de Galles et l'ouest de l'Angleterre, sont les contrées où l'usage du *coach* s'est le mieux conservé. Il y a dix ans, le trajet de Thurso à Golspie (environ cent milles), ne se faisait qu'en diligence (*coach*). Il existait dans ces régions, un fameux Jéhu, du nom de Tom Brown, dont le « Burr » doit encore tinter dans l'oreille de maints touristes qui ont visité l'Ecosse. Il conduisait ses chevaux d'une façon vraiment artistique, et il ne se trouvait jamais sans un bon attelage. Les routes, quoique souvent en pentes rapides, quelquefois de vrais précipices, dans le voisinage de Helmsdale, étaient la plupart du temps, parcourus à grande allure. Des relais, composés de chevaux de sang, bien dressés, attendaient le voyageur, et tout était en rapport avec les difficultés de l'étape à parcourir.

Chaque étape de plusieurs milles, sur une route presque plane (aussi bonne que n'importe quelle grande route royale du sud de l'Angleterre), était parcourue avec un attelage de quatre chevaux, presque pur sang, qui n'eussent point été déplacés pour un drag de Hyde-Park, pendant la saison. Le choix des voitures comme celui des chevaux qui les traînaient, était irréprochable. Les harnais brillants, polis et soignés jusque dans leurs moindres détails. Le postillon n'était point un de ces conducteurs en guenilles, perché derrière la voiture, qui tire d'un cornet à bouquin, des sons faibles et criards comme un homme qui ne connaît pas son instrument, mais un postillon qui avait étudié scientifiquement sa musique. Il n'existait pas un tel équipage dans les écuries d'une compagnie de transport ou celles d'un négociant, entre les quatre mers.

Mais vint l'époque des chemins de fer. Il ne fut plus nécessaire d'aller affronter sur les grandes routes, en traversant le « Ord of Caithness », les brises piquantes de la mer du Nord, qui vous déchirent la figure, et la plupart des véhicules qu'on décore aujourd'hui du nom de *coach*, n'en remplissent plus l'office qu'en de bien rares circonstances. Il serait plus vrai de dire, que ce ne sont plus de véritables *coach*, mais qu'ils ont plutôt l'apparence de maisons roulantes, qui, dans des jours meilleurs, avaient figuré dans les parades des compagnies de cirques ambulants.

Dans une grande partie du pays de Galles, on fait encore usage d'une espèce de *coach*. Mais dans les contrées où il n'est plus considéré que comme un pis-aller pour le touriste, où il cesse d'être un organe essentiel de trafic d'un district, où surtout il a perdu la dignité officielle de convoyeur des dépêches de Sa Majesté, vous savez ce qui l'attend. A l'intérieur, il n'est ni trop propre, ni trop rembourré. Les voyageurs y grimpent comme ils peuvent; aussi n'y a-t-il plus grand prestige à occuper le siège du postillon. Celui-ci, n'est plus un cocher, mais un conducteur d'occasion ; l'attelage ne se compose plus que de chevaux dépareillés, et conducteurs et voyageurs, ne se piquent plus de l'honneur de les diriger. Il arrive généralement que les *coach*, comme un coup d'œil au guide Bradshaw le prouve suffisamment, qui annoncent le service pour des distances plus ou moins longues dans les différentes parties de l'Angleterre, appartiennent aux compagnies de chemin de fer qui, ne sont pas encore parvenues à établir leurs lignes jusqu'aux points extrêmes, où les touristes se rendent, parce qu'il existe quelques obstacles, dont toute la science des ingénieurs modernes n'a pu triompher, de sorte, qu'il semble en résulter que les *coach* n'ont survécu dans ces endroits, que pour attester que la puissance de la nature, a mis des bornes aux entreprises du genre humain. La distance qui sépare Bideforth-in-Devon et Bude-in-Cornwall, constitue une bonne étape pour un service de diligence bien installé.

Le *coach* qui fait ce service sur toute sa longueur est un spécimen du genre qui peut rivaliser avec tous ceux que possède l'Angleterre, et il n'y a guère d'autres *coachs* qui le vaillent, bien qu'ils soient assez communs dans le North Devon et le West Somerset. Ils ont disparu; ou bien obéissant à cette loi de destruction qui semble la destinée réservée aux voitures publiques, ils ne servent plus qu'à transporter les touristes pendant la saison des excursions, et ne commencent que là où finissent les locomotives. Nous ne voudrions pas cependant nous montrer si cruels envers ceux qui professent toujours leur admiration pour le régulateur idéal et le Quicksilver Mail, que d'oublier les *coaches* ou soi-disant coaches, qui font le service des diligences à l'île de Wight. Ces derniers peuvent s'insurger contre le sort qui les relègue dans la catégorie des omnibus et des voitures de transport. Mais leur extérieur les trahit, et ils restent comme preuve décisive que le *coach* n'a plus longtemps à conserver l'indépendance de son existence ; qu'il soit *coach*, ou quelque chose qui affecte d'en prendre le nom, et qui fasse de vaines démonstrations pour perpétuer ses traditions, il est cependant utile au voyageur pour terminer sa route ; mais il n'est qu'un accessoire, et ne fait plus partie essentielle d'un programme de voyage. Peut-être n'est-il pas inutile de dire à ceux qui désireraient voir un vrai *coach*, et non une plate reproduction de *coach* artistique de l'ancien régime qu'ils n'ont qu'à aller à White Horse Cellars, à Picadilly pour satisfaire leur curiosité. Rien de plus agréable que d'aller pendant un jour de congé, en été, s'asseoir sur un des siéges extérieurs de ces véhicules conduis par sir Henry de Bathe, le capitaine Candy ou quelque autre amateur, et faire une promenade à Dorking, Saint-Albans, Leatherland, Sevenoaks ou Windsor. De gais compagnons, un attelage de chevaux vigoureux, changé tous les dix milles; la campagne couverte de feuilles et de fleurs pourront faire regretter à maints esprits modernes le mode de voyager des temps passés. Les lacunes de notre réseau de chemins de fer procurent dans différentes parties de l'Angleterre, aux entrepreneurs de voitures, l'occasion de faire d'excellentes affaires; et il est des villes et des villages, où la qualité des chevaux qu'on peut se procurer, est de nature à causer à juste titre de la surprise aux voyageurs. Dans le voisinage d'un lieu où habite une grande famille, on peut être assuré de trouver une excellente chaise de poste à un cheval, ou une voiture ou deux dans la cour de la station du chemin de fer. Le propriétaire de ces voitures fait de très bonnes affaires pendant l'époque des visites. Le plus aimable des hôtes en Angleterre est capable de mettre en avant un excellent motif de se dispenser de faire sortir ses chevaux de l'écurie pour aller chercher ses invités. Dans une ville de province qui a dans son voisinage la résidence d'un grand seigneur, et d'autres gentlemen de qualité, il y a toujours en été un certain nombre d'entrepreneurs de voitures qui viennent de Londres; et les maîtres de poste se font souvent un point d'honneur d'y entretenir une écurie bien montée pendant cette saison. On peut dire la même chose des hôtels qui se trouvent au milieu des contrées qui attirent les touristes. Côte à côte avec ces entreprises nous trouvons une autre institution, qui s'est popularisée à un haut degré : le Driving Tour. Mais il n'est pas donné à tout le monde d'en jouir, et il se trouve une foule de voyageurs, qui tiennent essentiellement, à cette époque de l'année, à jouir autant qu'ils le peuvent des plaisirs de la route dans les spacieuses « barouches » ou autres voitures découvertes, qu'on trouve à louer dans les hôtels et dans les remises. Ce n'est pas à la vérité un plaisir dispendieux, mais les jours de congé n'arrivent qu'une fois l'an. L'Angleterre peut offrir pour les voyages en voiture plus de confort et plus d'agréments qu'aucun autre pays du monde, et la manière dont nous combinons ce mode de transport aussi ancien que la civilisation avec celui qui date de l'invention de la vapeur, nous assure une variété et un pittoresque auxquels celui qui voyage pour son plaisir, renoncera difficilement.

Le « Bicycle » occupe une place trop importante pour que nous puissions l'omettre, dans cette étude sur les différents modes de transports en Angleterre. Il est quelques districts dans la province, où le facteur postal s'en sert pour faire ses longues et ennuyeuses tournées, et le receveur des contributions pour aller passer son inspection. Il est le véhicule favori des jeunes gens de notre classe moyenne, si mêlée et si prospère, pour aller visiter toutes les parties du Royaume-Uni ; les excursions en vélocipède sont devenues si populaires, que beaucoup d'auberges sur le bord des routes, dont les affaires étaient devenues assez précaires dans les derniers temps du règne des coaches, et que les chemins de fer avaient privé de leurs clients, ont commencé à revivre grâce à l'adoption de ce nouveau mode de locomotion. Il y a des clubs de vélocipédistes dans tous les coins de l'Angleterre; ils ont leurs réunions périodiques. Un de leurs rendez-vous favoris, dans les environs de Londres, est Bushey-Park, où, pendant les beaux jours, se trouvent réunis un millier de vélocipédistes.

De même pendant l'été, au cœur de la Cité, quand les affaires sont terminées, les rues libres, on peut être souvent témoin, à la lumière des becs de gaz, d'une scène des plus animées. Près de la Banque et de la Bourse, l'asphalte est couvert d'une nuée de vélocipédistes décrivant une série d'évolutions fantastiques sur leurs roues de fer.

Depuis quelques années la modeste auberge anglaise s'en va disparaissant peu à peu. Les chemins de fer ont beaucoup contribué à ce changement. Le type de l'hôtel anglais d'aujourd'hui est un immense caravansérail, comme celui de Charing-Cross, ou de Saint-Pancras-Railway-Station situés presque toujours près d'une gare, et quelquefois la gare et l'hôtel se confondent. Les petits hôtels, derniers survivants d'un époque antérieure, arrivent avec peine à soutenir leur existence précaire. Les signes caractéristiques des nouveaux hôtels sont les garçons d'origine allemande, qu'on rencontre partout, et la monotonie des menus. Ils ont à leur crédit deux qualités d'un haut prix. D'abord, ils sont tous bien aérés et propres ; en second lieu, les chambres à coucher, les lits, les draps sont irréprochables, enfin il est toujours possible d'obtenir, en les demandant, des lotions à l'éponge. Bien qu'en Angleterre on ne trouve rien qui ressemble à la vie d'hôtel, telle qu'elle est organisée à New-York, il existe cependant certains types distincts d'habitués dans les hôtels anglais. Ainsi, à Londres, certains établissements subsistent en grande partie grâce à une clientèle régulière, entre les membres de laquelle on remarque certains liens d'amitié, et l'existence d'une espèce de franc-maçonnerie sociale. L'élément militaire se rencontre souvent dans ces hôtels surtout dans les villes de garnison. Une autre institution appartenant à la même classe (cette espèce d'hôtel qui tient le milieu entre l'ancienne taverne qui n'existe plus et le club d'aujourd'hui) est le lieu favori du dandy américain et de l'opulent étranger. On trouve aussi l'hôtel des diplomates, tout aussi bien que les hôtels fréquentés spécialement par les membres des municipalités qui viennent à Londres pour s'occuper des affaires de leurs villes respectives ; les avoués (solicitors) de province, ceux du nord spécialement, descendent dans les vieilles hôtelleries de Covent-Garden. Dans les provinces les artistes et les sportsmen affectionnent les petits hôtels ; tandis que les hôtels plus considérables ont pour clients une succession de jeunes gens de famille qui, avant de se créer un foyer domestique, désirent voir un peu le monde, et c'est dans les hôtels qu'ils aiment à le voir ; les célibataires entre deux âges, qui se consolent de leur célibat par les voyages, loin des soucis du ménage ; les hommes et femmes sans enfants, ou ayant des enfants qu'ils voient heureusement lancés dans la vie ; et surtout des veuves riches qui se plaisent au milieu des émotions des voyages. On trouve naturellement le voyageur de commerce dans toute espèce d'hôtels suivant ses goûts, mais principalement dans ceux où il règne en maître.

La vie d'hôtel n'est pas encore acclimatée parmi nous. Nous avons dit adieu à l'ancien régime sans nous être complétement accoutumés au nouveau. Très peu d'Anglais et d'Anglaises aiment à vivre de cette existence tumultueuse qu'on rencontre au milieu du brouhaha des arrivées, des départs, et des tables d'hôte. Le système de la table d'hôte pratiqué sur une certaine échelle, s'accommode difficilement au caractère anglais. C'est bien assez de prendre nos repas à a table commune où après un intervalle de silence embarrassé et pénible, ou quelques mots échangés par saccades, nous commençons par voir que notre voisin le plus près de la porte, est un homme comme nous, et que nous n'avons point commis un oubli impardonnable contre les convenances en liant conversation avec lui. Il y a cependant de bonnes raisons de conserver la vieille habitude de réserve anglaise, dont on a tant médit. La plupart d'entre nous comprendront qu'en engageant conversation avec un étranger on court un terrible risque. Il n'y a pas lieu de craindre naturellement d'être insulté, ou d'avoir ses poches dévalisées ; mais il est possible qu'on sonde vos sentiments. L'étranger peut avoir des idées diamétralement opposées aux vôtres ; être conservateur tandis que vous êtes libéral ; bavard tandis que vous n'aimez pas à prêter l'oreille ; surtout il peut être indiscret et essayer de sonder vos opinions que vous ne prenez pas soin de cacher, votre vie privée est ainsi divulguée ; vous vous trouvez vous-même disant à table, au milieu d'un silence de mort, que vous n'aimez pas les haricots blancs, ou que vous adorez la petite bière. Ce sont là des raisons capitales pour fermer la bouche à beaucoup de gens, en compagnie d'étrangers, surtout à une table d'hôte. Et s'il en est ainsi au moment du dîner, ce sera mille fois pire à neuf heures du matin. Nous Anglais, nous n'aimons pas à déjeuner en compagnie. La tentative d'organiser le déjeuner anglais à la façon du déjeuner français, serait une entreprise d'une sagesse douteuse. L'Anglais qui apprendrait que le premier repas lui serait servi entre huit heures et demie et onze, trouverait qu'on entrave sa liberté. Il n'est pas non plus, à cette heure matinale, la plus sociable des créatures. Il n'a pas encore dépouillé une sorte d'enveloppe morale rugueuse (goose-skin), chair de poule. Souvent il n'est qu'à moitié éveillé, et fort peu disposé à lier conversation avec le premier venu. Il est, pour tout dire, un peu maussade et fort préoccupé. Il peut avoir acquis un grand appétit pour le jambon, les œufs, les soles frites et les tranches de lard, mais il désire éviter les questions de son voisin pendant qu'il se restaure. Il a ses lettres du matin à digérer, et son plan de campagne pour la journée devant les yeux. Mais au sujet de l'institution de la table d'hôte, si nous éprouvons quelques difficultés et quelques désagréments pour arriver à une transition, elle fournit à celui qui étudie la nature humaine, mille occasions de s'instruire et de s'amuser ; qu'il entre dans le salon d'un hôtel, il découvre une compagnie fort mélangée, dont chaque membre fait son possible pour paraître parfaitement à son aise. Ici c'est un couple de jeunes mariés affectant de prendre un grand intérêt à la lecture des journaux du jour, mais trahissant par un rire étouffé la fausseté de son attitude. Là, c'est une famille, le père, la mère, les deux filles et les fils, chuchotant ensemble. Plus loin ce sont deux vieilles filles se demandant, l'une à l'autre, d'un ton respectueux, s'il fera beau demain. Puis voilà le plus vieil habitant de l'établissement ; qui parle, d'une voix retentissante mais visiblement embarrassée néanmoins dans le but de faire voir qu'il est tout à fait chez lui. Enfin on voit nombre d'autres gentlemen et dames, qui tout en ne faisant rien cherchent à paraître indifférents à tout ce qu'on fait autour d'eux. On annonce le dîner ; le vieil habitant de l'hôtel, qui est une sorte de doyen de la maison, et prend la place d'honneur du même droit que le plus ancien des ambassadeurs, dans une capitale d'Europe, préside une conférence, ouvre la marche. Tout ce qui ressemble à une avalanche de confidences est exceptionnel à table, où prévaut une attitude raide et presque la maussaderie décuplée par une profonde méfiance. Les hommes et les dames, assis près les uns des autres se trouvent dans un pénible embarras et se demandent s'ils ont le droit de se dire quelque chose. Même quand la glace est rompue, qu'on a dit : « Auriez-vous la bonté de me

· passer le sel? » qu'on a fait des remarques sur le temps qu'il fait et sur le temps qu'il fera le lendemain, les interlocuteurs n'ont pas encore secoué entièrement les influences naturelles du soupçon et de la contrainte.

CHAPITRE XVI

DE L'ÉDUCATION EN ANGLETERRE

Passé et présent. — Lois de 1870 et 1876 sur l'éducation. — Quels résultats ont donné les lois, et comment le peuple anglais les a accueillies. — Système d'éducation en vigueur en Angleterre avant les lois. — Réveil progressif du besoin d'instruction. — Fonctionnement du School Board. — Une visite à une école nationale élémentaire. — Caractère général de l'enseignement. — Passage des écoles primaires aux écoles secondaires. Écoles dotées. — Influence qu'a exercée sur elles la législation nouvelle. — Résultats sociaux et moraux du nouveau système. — Écoles publiques, anciennes et nouvelles. — Effet de la concurrence. — Inspection des écoles. — Les écoles publiques et les services publics. — Écoles et universités. — Réformes académiques accomplies et pendantes. — Travail national opéré par les universités. — La profession du maître d'école. — Mauvais résultats donnés par les écoles secondaires, remèdes proposés. — Est-il nécessaire d'avoir un plus grand nombre d'inspecteurs? — Devoirs des parents. — Notre système d'école publique. — L'écolier anglais. — Perfectionnement général de l'écolier. — Éducation féminine. — Revue générale des questions de l'avenir.

On peut dire que le mécanisme de l'instruction nationale, actuellement en vigueur en Angleterre, date de 1870. Avant cette époque, des enfants intelligents et laborieux, nés dans de basses conditions, devenaient des hommes puissants et distingués, et étaient d'autant plus respectés qu'ils étaient les auteurs de leur propre fortune; mais l'État ne contribuait en rien à leur procurer l'instruction et l'éducation qui devaient les conduire à ces résultats. Leur succès provenait soit de leurs propres efforts, soit de l'assistance privée et volontaire que leur avaient procuré leurs talents et leur persévérance. C'était un enfant d'une vivacité d'esprit remarquable, qui, fils d'un cultivateur, avait à l'école du village attiré sur lui l'attention du curé, du seigneur ou de quelques personnes de qualité, ou des uns et des autres. Si son intelligence venait à être connue, un patron philanthrope s'intéressait à lui. Si c'était un membre du clergé, il instruisait quelquefois le petit prodige, en lui donnant chaque semaine au presbytère quelques leçons de latin, de grec, d'histoire, ou de mathématiques. Peu à peu venait le temps où il était désirable que l'enfant sentît l'aiguillon de l'émulation, ou que le jeune élève reçût un enseignement plus vaste et plus élevé que celui que pourrait lui donner le pasteur. Ce brave homme gagnait à son protégé les sympathies de ses amis, lui obtenait une bourse dans une de nos grandes écoles, ou entreprenait, de concert avec d'autres, de subvenir aux besoins de son éducation. Le jeune homme gagnait en faveur et en savoir : il passait rapidement par les degrés successifs de l'école, obtenait une bourse et devenait à Oxford ou Cambridge le lauréat des étudiants de première année ; sa fortune était alors assurée. Il pouvait à partir de ce moment se passer de l'aide de ses bienfaiteurs, et même s'engager à leur rendre par la suite l'argent qu'ils avaient dépensé pour lui. Il pouvait alors en terminant ses études devenir Fellow (1), entrer dans les ordres, se faire un nom comme éditeur classique. Peut-être entreprenait-il de s'élever par une longue route de travaux au siège épiscopal, ou embrassait-il l'étude du droit, afin de justifier l'assistance que lui avaient donnée ses amis, et les espérances

(1) Agrégé.

qu'ils avaient fondées sur lui, en finissant ses jours comme lord chancelier ou juge.

D'un autre côté, si notre jeune villageois n'avait point attiré l'attention de quelque patron perspicace et généreux, ou qu'à son intelligence il n'avait pas joint un amour ardent du travail, il aurait probablement mené une vie obscure, et s'il eût été reconnu pour plus intelligent que ses camarades, il eût été aussi connu pour avoir une plus mauvaise conduite. Ce n'a donc été que grâce à un hasard, que le fils intelligent du fermier s'est élevé du rang que son mérite l'appelait à remplir, et ce qui était vrai pour le fils du cultivateur, l'était aussi pour le fils de l'artisan de la ville. A la ville comme à la campagne, il y avait des écoles, à la vérité, que pouvaient fréquenter ceux qui le désiraient, ou qui en avaient les moyens ou le loisir, mais l'enseignement n'était point national, ni organisé d'après un plan général. L'organisation scolaire n'était soutenue ni garantie par aucune législation semblable à celle que nous possédons aujourd'hui, laquelle trouve presque sa justification dans l'honneur qu'a le fils d'un paysan ou d'un ouvrier, de porter peut-être une mitre d'évêque ou une toque de juge dans sa sacoche d'écolier. Les enfants étaient envoyés à l'école, ou soumis prématurément à un travail pénible qui les écrasait, ou encore abandonnés à leurs jeux en attendant qu'ils devinssent pick-pockets et voleurs, ne redoutant que l'autorité du constable.

Faisons la comparaison de ce qui existait alors avec l'ordre de choses en vigueur aujourd'hui. Au coin d'une rue, dans quelque allée étroite ou quelque cour empestée, une demi-douzaine d'enfants sont à jouer, quand tout à coup un homme convenablement vêtu, à la tournure grave, s'avance et pose aux enfants une question qui les fait s'enfuir de tous côtés, non pas toutefois avant que cet homme ait pu attraper un de ces gamins mal peignés et généralement débraillés, qu'il maintient sous sa griffe.

Puis, il continue son chemin à travers un labyrinthe de petites ruelles, regardant aux portes des taudis misérables qui bordent son chemin des deux côtés, et s'arrête à l'une d'elles, où il voit deux ou trois enfants en bas âge, malpropres et déguenillés. Il interroge leur mère, ou la femme qui en a soin, et notant les réponses sur son carnet. Ce gentleman est un inspecteur spécial nommé par le Board (1), dans le district duquel se trouvent les enfants paresseux et vagabonds.

Si cette femme lui répond que l'enfant va à l'école du Board, il ne doute pas de sa véracité, il se contente de demander pour quelle raison il est absent. Si l'établissement n'est pas sous la juridiction du Board, c'est probablement une école publique élémentaire, et dans ce cas, il n'ajoutera rien. Si d'un autre côté, on a donné au hasard le nom d'une école privée qui n'existe pas, et de l'existence de laquelle il y a de sérieuses raisons de douter, une enquête est faite; mais en fait, il est bien rare que la mère donne le nom d'une école au hasard et inutilement. Le mécanisme employé pour faire exécuter les lois coërcitives est bien simple.

Chaque School Board, emploie un certain nombre d'inspecteurs qui ont tous une liste de tous les enfants du district en âge d'aller à l'école. Le devoir de ces inspecteurs est de s'assurer que tous les enfants, garçons et filles, dont il a les noms, vont régulièrement à l'école; s'il apprend que quelques-uns n'y vont pas, il fait un rapport au comité spécialement chargé de ces sortes d'affaires. Il s'ensuit une enquête, et le père reçoit d'abord un avertissement (A), l'avertissant à envoyer

(1) School Board, Conseil des Écoles.

son garçon ou sa fille à l'école, si celui-ci n'en tient pas compte, un second avertissement (B), l'invite à venir expliquer les raisons de sa négligence devant le comité divisionnaire, dont les membres ont reçu le premier rapport. Si le père allègue son extrême pauvreté, on prend des renseignements, et le Board peut ordonner qu'une partie des dépenses lui seront fournies; si après le second avertissement, le père n'en tient pas compte, il est cité devant le magistrat, qui peut le condamner à une amende, qui ne doit pas excéder 6 francs 25 centimes, y compris les frais.

Cette loi en un mot, est et doit être telle, que d'un côté par le bon sens du School Board, et de l'autre, surtout par le respect inné pour la loi que professe le peuple anglais, elle fonctionne sans trop de frottement.

Le principe de coërcition admis implicitement par la loi sur l'éducation et proclamé ouvertement depuis ; les School Boards et les comités surveillant la fréquentation des écoles, était un principe sinon nouveau en théorie pour le peuple anglais, mais un principe qui avait été condamné en pratique et par anticipation, par des gens qu'on pouvait considérer comme experts en la matière. La coërcition il est vrai, existe jusqu'à un certain point dans les ateliers d'apprentissage, mais l'adoption générale du principe de la coërcition avait été déclarée impraticable par un nombre considérable de membres bien connus et experimentés du Parlement et un inspecteur des écoles déclarait qu'à son avis « si on essayait de mettre ce principe en pratique, on produirait une agitation nationale non moins dangereuse que celle qui surgirait de l'établissement d'une capitation. » En outre un magistrat des comtés du centre déclarait que « si le principe de l'obligation de fréquenter les écoles passait à l'état de loi, il se refuserait de l'appliquer. » Qu'arriva-t-il ? La loi sur l'éducation de 1870 fut mise en vigueur un an après son adoption ; celle de 1876 commença à être appliquée en 1877. Ces deux mesures avaient déjà couvert le pays d'un réseau de School Boards et de comités. Ces derniers nommés par les municipalités des villes dans les districts suburbains, et par les boards et les administrateurs du bien des pauvres dans les districts ruraux. Les comités reçurent les mêmes pouvoirs coëcitifs que les School Boards et bien que leur intervention ne fût pas aussi efficace que celle de ces derniers, ils parvinrent en 1878, en vertu de l'obligation légale à forcer plus de deux millions d'habitants à envoyer leurs enfants à l'école. En résumé en 1878, les deux tiers de la population de l'Angleterre et du pays de Galles obéissaient au principe de l'éducation obligatoire. On doit toujours se rappeler que l'acte de 1870 n'était pas comme l'acte de réforme de 1867, la mise en pratique à nouveau d'une législation qui avait déjà porté ses fruits ; mais qu'il était par son étrangeté et sa nouveauté pour le peuple anglais, complètement révolutionnaire et en opposition directe avec son amour inné et traditionnel pour l'indépendance personnelle, et qu'en outre il entraînait une augmentation considérable du chiffre des impôts. La loi de 1870 était l'application à la libre et indépendante Angleterre de la théorie, et jusqu'à un certain point, de la pratique du système d'éducation par l'État, institué en Prusse. Jamais tel système d'intervention entre l'enfant et les parents, jamais telle ingérence dans les affaires privées, que l'Anglais a l'habitude de conserver si religieusement pour lui-même, n'avaient été tentés dans le pays. Jusqu'à l'adoption de cette loi, non-seulement l'État n'avait pas tenté de régulariser l'étendue et la nature de l'instruction que recevaient les enfants, mais encore il avait refusé de reconnaître les écoles, excepté quand on lui demandait son aide pécuniaire ; alors, mais seulement alors, l'État envoyait ses agents s'assurer que les conditions qu'il avait imposées en prêtant son assistance, n'étaient pas violées. Non seulement les fondements de l'édifice scolaire, mais l'édifice tout entier, étaient l'œuvre d'entreprises particulières et privées. La *Christian Knowledge Society* avait établi des écoles depuis plus d'un siècle ; la société nationale avait encouragé l'éducation du pauvre d'après les principes de la religion d'État depuis 1811 ; la société des écoles anglaises et étrangères, qui reconnaît toutes les sectes, opérait depuis 1814 ; les non-conformistes, les catholiques Romains, les protestants et particulièrement les Wesleyens, avaient leurs écoles dirigées suivant leurs principes, par des comités spéciaux. Ajoutez à cela les écoles privées (Private Adventure Schools), les écoles publiques pour les hautes classes, et les écoles de la Ragged School Union pour les plus basses, et vous aurez un tableau complet de tout le mécanisme de l'enseignement avant 1870.

Il est vrai qu'un essai de John Forster, en 1819 « sur les maux de l'ignorance populaire » fit appel par ses arguments et ses révélations aux sentiments de crainte dans l'esprit des hommes d'État, et à la philantropie des gens de bien. Lord Brougham prêta tout le poids de son éloquence et de son influence à la même cause et parvint à faire nommer une commission connue sous le nom de « Brougham's commission ». Le rapport qui suivit l'enquête faite par cette commission, ainsi que les révélations qu'elle fit sur l'ignorance et la dépravation, jetèrent le trouble et l'alarme au milieu de la nation. Brougham, en faisant la peinture de la dégradation sociale du pays, en montrant le mauvais emploi et le gaspillage des fonds destinés à l'instruction, et en prouvant que l'éducation était la meilleure garantie de l'ordre et de la tranquillité, réussit à réveiller l'autorité, qui jusque-là s'était montrée hostile, indifférente ou sceptique en fait d'éducation. Douze ans encore s'écoulèrent avant que le flot en faveur de l'éducation ne se mît en mouvement. Des hommes d'État se montrèrent hostiles à ce mouvement.

Lord Melbourne « mit en doute les avantages de l'éducation publique pour arriver à la connaissance de l'univers, puisque l'humanité avait bien vécu sans elle. » L'évêque de Durham prétendit que l'instruction ne pouvait pénétrer dans les classes pauvres; et l'évêque d'Exeter, affirma que si le pasteur établissait une école dans sa paroisse, les enfants se moqueraient du seigneur.

Pour la première fois en 1833, des sociétés privées reçurent des subsides de l'État, l'année suivante une commission parlementaire fut nommée pour faire une enquête sur les affaires scolaires. En 1839 on forma le comité de l'éducation dans le conseil privé. Le gouvernement accorda seulement son appui depuis lors, sous des conditions posées par lui, mais il se trouva des hommes haut placés qui prétendirent que toute tentative de centralisation générale en Angleterre en matière d'instruction, trouverait une barrière infranchissable dans les différences de religions et les jalousies populaires. On fit cependant par la suite, des progrès vers l'obtention de ce résultat, auquel on arriva finalement en 1870 ; d'abord par les manifestations multiples mais vaines de l'opinion publique et du parlement en 1847 ; en second lieu, par le moyen du vieux code du comité du conseil; enfin par l'établissement du nouveau code de 1861 ; mais aucun pas en avant ne fut fait vers l'affirmation des droits qu'a l'Etat d'intervenir entre l'enfant et les parents.

On peut esquisser en peu de mots les résultats obtenus sous l'empire de la loi de 1870 sur l'instruction, loi qui représente le régime scolaire sous lequel nous vivons aujourd'hui, et dont le règne paraît devoir se perpétuer durant de longues années.

Toute l'Angleterre au sud de la « Tweed » est couverte par un réseau de districts scolaires. Parmi ces districts, les uns relèvent des School Boards, et les autres des comités de surveillance. Même dans les districts qui relèvent des School Boards, il existe un grand nombre d'écoles admettant le principe de liberté, et dans tous ceux qui n'en relèvent pas, règne ce principe. Les School Boards ont, sauf l'approbation du comité du conseil et la sanction royale, des pouvoirs presque illimités ils ; peuvent rendre la fréquentation de l'école obligatoire ou facultative décider de la valeur des excuses.

Les School Boards ont le droit de prescrire avec l'assentiment du département de l'instruction, l'introduction de matières étrangères au programme qui doit être enseigné, et de juger s'il y a lieu de donner une instruction religieuse quelconque. A Birmingham il s'est élevé un puissant courant d'opinion opposé à tout enseignement religieux autre que la simple lecture de la Bible. Dans la capitale il existe ce qu'on appelle le compromis de Londres, qui est identique en principe à la règle de la société des écoles anglaises et étrangères, laquelle permet la lecture de la Bible, et les instructions qu'on en tire, ainsi que la récitation des prières et le chant des hymnes. Le président du School Board de Londres, constatait en 1876, que sur 126,000 enfants qui fréquentaient les écoles, 124 seulement refusaient d'entendre l'explication de la Bible ; plus de 83 p. % des School Boards de l'Angleterre entière ont admis la lecture de la Bible avec des explications générales. En théorie, l'instruction n'est pas gratuite, bien que les School Boards puissent faire remise des frais aux enfants très pauvres ou que les frais puissent être payés volontairement par les administrateurs du bien des pauvres. Le School Board local a des rapports fréquents avec l'autorité centrale du département de l'instruction, à Whitehall, qu exerce sur lui un contrôle continuel. Aucun Schoo Board n'a le droit de construire de nouveaux bâtiments avant que d'abord le projet général n'ait reçu l'approbation du département. La seconde formalité à remplir est de faire admettre les plans des bâtiments à construire. Ces formalités remplies, le départemen peut admettre la demande d'autorisation faite par le Board, d'emprunter de l'argent, aux commissaires de la dette des travaux publics. Enfin, le School Board ne peut appliquer un règlement coërcitif qui n'a pas reçu la sanction du Whitehall.

Il nous reste à dire au sujet du département de l'instruction, dans quelles conditions les écoles doivent se trouver pour recevoir des allocations du Trésor. Ces allocations sont accordées aujourd'hui, à toutes les écoles, Board ou autres, qui remplissent certaines conditions, ces écoles d'après le langage législatif, sont les écoles publiques élémentaires dans le sens de la loi. D'abord l'enseignement religieux n'y est pas obligatoire pour tous les enfants; en second lieu, si cet enseignement y est professé pour tous, il doit être donné, soit au commencement, soit à la fin des heures de classe ; enfin l'entrée de l'école est toujours ouverte aux inspecteurs de Sa Majesté. Ces allocations sont distribuées d'après les bases suivantes : Les directeurs d'écoles peuvent réclamer cinq francs par an pour tout garçon ou fille qni a assisté aux classes le nombre de fois voulu; 1 fr. 25 c. leur est alloué en plus si le chant fait partie de l'enseignement ordinaire, plus 1 fr. 25 c. si la discipline et la direction ont été reconnues satisfaisant tes. L'allocation peut s'élever au-dessus de ces chiffres lorsque la moyenne des notes obtenues par les enfants aux examens est suffisamment élevée. Il y a six notes moyennes différentes qui correspondent approximativement à l'âge des élèves, de 7 à 12 ans. La taxe à payer dans les Board Schools (1) est ordinairement de 0,10 à 0,60 c. par semaine en moyenne, et le School Board ne permet jamais de demander plus de 0,90 c.

Entrons dans un de ces Board Schools, et voyons fonctionner le mécanisme de l'enseignement. Le bâtiment de belle apparence est spacieux; il fait partie de ces milliers qui sont parsemés sur toute l'étendue du pays. Tout à côté se trouve la maison du maître et de la maîtresse d'école, tous deux ayant leurs brevets, recevant respectivement 5,000 francs et 3,750 francs par an. La cloche sonne, et un essaim d'enfants se précipite dans la salle de classe. Peut-être en entrant dans la grande salle centrale du bâtiment, trouverez-vous un ou deux ministres de religions différentes, qui viennent donner pendant la demi-heure qui précède la classe, l'instruction religieuse aux garçons et filles de parents qui professent la religion dont ils sont les ministres.

Vous entendrez un vacarme de pupitres qui se ferment, d'ardoises qu'on remue, tout le tapage enfin que font deux ou trois cents garçons et filles. Ces dernières sont réunies dans un autre local tout-à-fait contigu, et s'asseyent à leurs places. Les enfants des deux sexes sont si propres et si bien vêtus, qu'on a lieu d'en être surpris, quand en se rappelant qu'à de rares exceptions près, ils appartiennent tous à des familles d'ouvriers. Si sous ce rapport le soin des parents y contribue pour beaucoup, on doit aussi reconnaître que la surveillance de l'institution y est pour quelque chose.

Un maître d'école qui possède l'habitude de l'ordre

(1) Ecoles relevant des Boards.

fera naître bientôt parmi ses élèves le goût de la décence et de la propreté, et vous pourrez distinguer tout de suite l'école bien dirigée de celle qui l'est mal, non seulement par les résultats des examens, mais par l'aspect général et par les manières des enfants.

Les leçons commencent d'après le plan indiqué sur un tableau. C'est un programme complet des matières à enseigner dans les différentes divisions de la classe, placé dans un endroit apparent ; ce tableau est approuvé par le département de l'instruction de Londres, et par l'inspecteur du district. Il est possible que dans la journée, cet inspecteur vienne faire visite à l'improviste ; son but est de se rendre compte si les règlements sont appliqués, si les principes d'instruction donnés aux garçons et aux filles sont moraux, et si la discipline est suffisamment observée. Il mettra peut-être à l'épreuve l'intelligence générale des enfants en leur posant des questions, non sur ce qu'ils viennent d'apprendre, mais plutôt sur des matières tirées de l'objet des études, ayant trait aux cartes coloriées, aux diagrammes et illustrations des phénomènes de la vie animale et végétale, qui pendent le long de la muraille, il essaiera de se rendre compte de la façon dont ils comprennent le sens des mots qu'ils emploient. C'est par des épreuves de cette nature qu'il jugera de la qualité de l'enseignement qu'on appelle dans nos écoles élémentaires « object lessons ». C'est par ce moyen qu'il s'apercevra probablement que les élèves ont acquis beaucoup moins d'idées qu'ils n'ont appris de noms. Les jeunes garçons et les jeunes filles, en entendant répéter les explications et les formules pour ainsi dire stéréotypées du professeur, peuvent arriver à donner une description conventionnelle de certains objets ou de certains animaux, mais de façon à montrer qu'ils les considèrent moins comme des choses existantes, que comme de pures abstractions. Il se peut que l'inspecteur faisant lui-même le portrait d'un animal, d'un oiseau, ou de quelque production du sol, obtienne de l'enfant des explications qui s'appliquent à quelque animal ou à quelque phénomène tout-à-fait différent. Quant au manque de l'intelligence facile du sens des mots, l'inspecteur n'a pas raison de s'en plaindre, c'est le fruit naturel des connaissances enseignées dans des manuels qui lui paraissent trop souvent laisser à désirer. Les manuels de lecture, par exemple, contiennent souvent des histoires plus ou moins niaises et extravagantes, au lieu de contenir, comme il pourraient le faire, la narration de faits ayant de l'importance et un intérêt réel. La note dominante qu'on trouve dans les rapports périodiques faits par les inspecteurs est l'accord unanime avec lequel ils se plaignent du manque d'intelligence qu'ils rencontrent dans tout le système, — manque d'intelligence de la part de l'élève, et manque d'intelligence dans la façon d'enseigner.

Il résulte clairement de ces documents officiels, qu'il reste beaucoup à faire encore, tant au point de vue du choix des matières à enseigner, qu'au point de vue de la manière de les enseigner. En dehors des examens sur les matières élémentaires, il se présente une proportion toujours croissante d'enfants aux examens de grammaire, géographie, histoire, littérature, physiologie, botanique, algèbre, économie domestique, français, allemand et latin. Il y a là, semble-t-il, un grand danger d'embrasser trop de choses à la fois. Ces matières sont bonnes en elles-mêmes, mais sont choisies sans discernement par les enfants. Ainsi on nous a cité l'exemple d'une école où pas un des élèves, qui s'étaient présentés à l'examen de géographie physique, ne subit cet examen avec succès, et où, sur trente qui se présentèrent à l'examen de physiologie, deux seulement purent répondre d'une façon intelligente. En outre, les examens de grammaire et de géographie furent bons; celui d'histoire, il est vrai, fut très pauvre. L'histoire n'est apparemment pas populaire. La qualité des réponses en géographie était peu satisfaisante, les élèves savaient bien leur définition de mémoire, mais il n'y avait pas chez eux la moindre idée dénotant la connaissance du sujet. « Dans une classe, on vous citera le Jourdain comme un fleuve, mais il est fort douteux qu'on vous parle de la Tamise. » On enseignera la grammaire avec plus de succès que la géographie. La lecture est un simple exercice mécanique, et, dans ces conditions, il est évident que l'intelligence et l'expression y font défaut. L'écriture a encore besoin de faire des progrès. Les élèves épellent bien, mais négligent presque toujours la ponctuation. Les compositions sont mauvaises. On connaît les premiers principes de l'arithmétique, mais les connaissances des poids et mesures laissent beaucoup à désirer. Les travaux d'aiguille sont montrés avec soin dans la plupart des écoles, et avec beaucoup de succès dans quelques-unes, mais l'économie domestique, sujet d'une importance aussi grande que le précédent, y est très négligé.

Cette lacune de l'instruction, suggère des considérations fort importantes. Le grand défaut des classes laborieuses, en Angleterre, est le discrédit dans lequel se trouve auprès d'elles tout ce qui est relatif à l'économie domestique. La grande cause de leur gaspillage vient de leur ignorance, ainsi, il n'est pas sans exemple de voir la femme d'un cultivateur jeter au chat un morceau de mouton en état d'être mangé, pour la seule raison qu'elle ne sait pas le faire cuire, et le seul moyen de faire oublier aux parents la perte qu'ils subissent en ne tirant pas de bénéfice du travail de leurs enfants, c'est de faire appel à leur générosité contre leur égoïsme en les convainquant, si c'est possible, que si la fréquentation des écoles, par les enfants, les appauvrit, en fin de compte, leurs enfants en seront plus riches. Mais dans les districts agricoles, il y a peu de chose dans le programme des écoles élémentaires de nature à faire comprendre aux parents que leurs enfants tirent un profit de leur présence à la classe. Ils peuvent admettre la nécessité d'apprendre à lire et à écrire, mais, pour eux, tout le reste est superflu. On peut admettre qu'il y a quelque chose de fondé dans cette opinion. L'obtention des allocations faites par le Parlement, est naturellement le but suprême vers lequel le maître d'école dirige tous ses efforts, et ce n'est qu'en enseignant tout ce que contient le programme donné par le département de l'instruction qu'il y arrive. L'enseignement laisse ainsi trop souvent de côté des connaissances ayant une relation intime avec les travaux qui attendent les enfants au sortir de l'école ; cet enseignement n'est pas en un mot calculé de façon à faire prendre aux enfants un grand intérêt à leur travail, et par conséquent à en faire de bons ouvriers.

Autant que les statistiques peuvent prouver quelque chose, elles nous montrent une diminution considérable dans le nombre des crimes, depuis qu'on a fait des efforts méthodiques pour instruire le peuple, non seulement dans les écoles, mais en leur enseignant les bonnes manières, la politesse et l'humanité. Dans l'espace de temps qui s'est écoulé de 1800 à 1841, la population s'est accrue dans la proportion de 79 0/0, et pendant la même période le nombre des criminels a sextuplé, c'est-à-dire a atteint la proportion de 482 0/0. Comparons avec les trente et quelques années comprises dans la période ci-dessus, premièrement, le temps qui s'est écoulé entre 1842 et 1855, et secondement celui, entre 1855 et 1878. Dans la première de ces périodes, l'accroissement de la population a été de 2,500,000 âmes, mais il n'y a pas eu d'augmentation dans la proportion du nombre des crimes ; pendant la seconde, le nombre des habitants s'est accru de 4,475,000, tandis qu'il a été commis 2,298 délits de moins ; que le nombre des condamnations à l'emprisonnement a diminué de 1140, et celles aux travaux forcés de 935. Le contraste deviendra encore plus frappant, si nous prenons les deux années 1843 et 1873. L'accroissement de la population, entre les deux dates, a été de 41, 46 0/0, tandis que les crimes les plus graves, après le meurtre, ont diminué dans la proportion de 66, 73 0/0. Cette période, il faut se le rappeler, de 1843 à 1873, a été celle des trois décades qui coïncide avec l'époque où l'on a favorisé d'une façon plus marquée la culture morale, et les récréations honnêtes parmi les masses : églises, bibliothèques publiques, théâtres, parcs, écoles.

La relation entre le crime et l'ignorance a été discutée, et on a remarqué que la moins grande proportion du nombre de crimes se trouvait souvent dans deux districts où l'ignorance est plus générale, le Lancashire et le pays de Galles. La réponse à cette objection est celle-ci : le pays de Galles paraît peut-être le théâtre de moins de crimes, non pas parce que l'ignorance y est plus générale, mais parce qu'il jouit d'autres conditions qui favorisent la rareté des crimes, telles qu'une population clair-semée, un petit nombre de villes d'une grande étendue, peu de propriétés accumulées, qui ne soient protégées. Lorsque ces conditions, font défaut l'immunité pour le crime disparaît dans le pays de Galles. Ainsi, le Glamorganshire, qui a quelques villes considérables, et une population de 400,000 habitants, fournit à peu près un nombre de crimes égal à celui du reste du pays de Galles, qui possède 800,000 habitants. D'un autre côté, les statistiques montrent que dans le Lancashire, dans une année donnée, il se commet un crime ou délit par 251 habitants, tandis que dans le Cardiganshire, la population est d'un crime par 3,338 habitants : la population est aussi ignorante dans l'une que dans l'autre de ces deux contrées.

En outre, il a été démontré que de 1838 à 1848, sur 333,429 personnes accusées, 304,772, soit plus de 90 0/0 étaient complètement illettrées, que 9 0/0 savaient bien lire et bien écrire. En 1874, sur 157,780 accusés 95,8 0/0 étaient illettrés et 3,7 0/0 savaient bien lire et bien écrire. On a donc droit de conclure que tandis que l'instruction s'est répandue depuis 1848, la classe criminelle est aujourd'hui plus profondément ignorante qu'elle ne l'était alors.

Ce serait trop oser que d'affirmer que notre nouveau système d'enseignement soit parfait, ou que les principes sur lesquels on a essayé de le faire fonctionner soient uniformément bons ; nous avons vu que dans les écoles primaires existait une tendance de la part des professeurs, à s'occuper plus de la chose enseignée que de la manière de l'enseigner, ou bien de l'influence que l'enseignement de cette chose devrait produire sur l'esprit. Le dernier rapport officiel nous fait connaître « le nombre considérable d'enfants qui sont inconnus dans les écoles, » le petit nombre même de ceux-là qui les fréquentent, ne le font qu'avec une assiduité relative ; enfin un grand nombre de ceux qui ne se présentent point devant les inspecteurs pour passer les examens, et les maigres résultats obtenus aux examens par beaucoup de ceux qui les subissent. Nous y lisons en outre que sur 1,335,118 élèves ayant passé l'examen, 655,435 ayant plus de dix ans auraient dû obtenir des notes moyennes de 4 à 6 mais que 264,800 seulement ont obtenu ces notes, tandis que 390,575 n'avaient obtenu que les notes moyennes des enfants de 7, 8, et 9 ans.

Évidemment, nous n'avons point tout dit sur ce qui nous restait à faire. Mais si nous voulons établir un vaste système d'enseignement gratuit en Angleterre, cela équivaudrait à augmenter nos dépenses dans une proportion immense. En 1878 l'État payait 11,000 livres sterling comme allocation aux écoles élémentaires pour l'enseignement de matières supplémentaires, telles que français, allemand, latin, sciences physiques. Ce que nous avons dit plus haut à propos de l'enseignement dans les districts agricoles, dont les enfants tireraient vraisemblablement profit, lorsqu'ils auraient appris leurs professions, s'applique certainement ici; et si l'on devait maintenir l'enseignement supplémentaire, on devrait le rendre autant que possible professionel. Le train dont nous allons, en fait de dépenses pour l'instruction, est d'une rapidité qui peut causer des alarmes chez certaines personnes. En 1839, où l'on donna une première allocation pour l'instruction, cette allocation était de 20,000 liv. st., en 1879, le budget portait une allocation de 2,000,000 et demi. Mais tandis que les dépenses ont progressé à raison de 167 0/0, le nombre des élèves ne s'est augmenté que dans la proportion de 80 0/0. La progression des dépenses semble donc l'emporter. Il y a dix ans, on estimait à 30 shillings la dépense annuelle que chaque élève coûtait à l'État. Aujourd'hui on ne doit pas estimer cette dépense à moins de 2 liv. st. « Le School Board, disait le vice-président du conseil à la chambre des communes, en 1878, dépense 3 2/3 fois plus qu'il ne reçoit comme allocation. Si l'on faisait la somme totale des taxes seules, elle s'élèverait à 6,750,000 liv. st. Sans discuter si cette augmentation des dépenses provient de la tendance qu'ont les Board Schools à absorber les écoles libres, il est certain que les taxes pour l'instruction ont doublé à Londres en trois ans. Elles étaient de 0,30 en 1876, et elles sont de 0,60 en 1879.

Que deviennent les jeunes garçons et les jeunes filles après avoir passé leurs quatre ans dans une école élémentaire, — Board School ou autre, — c'est-à-dire après leur quatorzième année. L'énorme majorité d'entre eux, dans l'un et l'autre sexe, cherchant à gagner leur vie le mieux qu'ils peuvent, les filles entrent en condition, les garçons apprennent un état dans une manufacture ou entrent dans le commerce. Mais comme parmi les filles il n'y en a qu'une infime minorité qui deviennent institutrices et s'en aillent dans les écoles supérieures; de même, parmi les garçons, il n'y en a que deux ou trois qui, par leurs talents, parviennent à s'élever au-dessus de la condition où ils sont nés. De ce côté, il reste évidemment beaucoup à faire. Dans quelques écoles primaires, des bourses ont été fondées par des personnes généreuses, aussi bien que par la munificence de compagnies de Londres, lesquelles, on doit le faire remarquer, ont aussi fait beaucoup pour aider le développement de l'enseignement technique et professionnel. Ces bourses sont mises au concours chaque année, et elles permettent aux concurrents heureux de passer dans les écoles secondaires, d'y compléter et d'y perfectionner leur instruction. Dans quelques villes, comme à Bedford, par exemple, il y a un système gradué d'écoles, et un élève peut naturellement passer de la plus basse classe d'une école, laquelle se trouve au dernier degré de l'échelle, à la plus haute classe de l'école la plus élevée, et de là il peut passer à l'Université, avec un plus grand bagage scientifique que maints jeunes gens de la société n'en auraient obtenu à Eton, après avoir dépensé 1,500 liv. st. à leurs parents.

Dans la plupart des villes et dans beaucoup de localités, qui ne sont guère que des villages, existent des écoles qui ont reçu des dotations, écoles de grammaire ou autres de différents degrés, et si un élève peut donner plus de temps à son instruction, il pourra s'y faire admettre. Les écoles dotées de troisième degré sont au niveau des écoles élémentaires de la province ; on apprend le latin aussi bien que les premières notions du grec dans les écoles du second degré, en y restant jusque vers seize ans. Les jeunes gens reçoivent la plus haute instruction libérale qu'on reçoive en Angleterre dans les écoles du premier degré, et y restent jusqu'à 18 ou 19 ans. Chacune de ces institutions est aujourd'hui aussi vraiment nationale que la Board School elle même. Ce n'est cependant que dans ces dernières années qu'elles ont acquis ce caractère : avant l'époque de la nomination de la commission des écoles dotées, et les lois que s'en suivirent, en 1869 et 1873, ces institutions faisaient fort peu de choses et les dotations étaient généralement accaparées par les membres de l'Église d'Angleterre. L'effet de la législation fut de les rendre indépendantes des croyances religieuses au double point de vue de la participation aux dotations et de la nomination des professeurs, toutes les fois du moins que leurs fondateurs avaient expressément défendu ce changement dans l'acte de fondation. En outre de ce qui a été dit relativement à l'enseignement des sciences naturelles et des langues modernes, la réorganisation de ces écoles par le gouvernement, sur de nouveaux plans d'enseignement, a amené une révolution dans cette partie, qui ne le cède en importance qu'à celle qu'amena la loi de 1870 sur l'instruction élémentaire. Cette réorganisation, on peut le dire, a créé une école intermédiaire entre l'enseignement rudimentaire du pays et le plus haut enseignement académique.

Le gouvernement a fait aussi, pour les distinguer, ce qu'il avait fait par un acte du Parlement, pour les institutions désignées sous le nom d'écoles dotées. Une commission spéciale fut nommée en 1861, pour faire une enquête sur les neuf écoles largement dotées de Winchester, Westminster, Charterhouse, Saint-Paul, MerchantTailor, Harrow, Rugby et Shrewsbury. L'acte relatif aux écoles publiques n'a trait exclusivement qu'à ces dernières tandis que les autres qui sont en tout au nombre de plus de mille, sont régies par les actes relatifs aux écoles dotées, basés sur les rapports de différentes commissions d'enquête. On a nommé des conseils d'administration pour les neuf écoles citées plus haut, aussi bien que pour les autres ; les maîtres et les élèves, aussi bien que le grand corps de parents, les universités et les corps savants y sont représentés. Dans le cas où une contestation s'élève entre le professeur et le directeur, le premier a toujours le droit d'en appeler à ce conseil. Les conseils d'administration ont aussi le droit de changer les conditions d'âge et d'instruction requises pour l'admission d'un élève dans l'école, d'accorder des bourses, de dispenser de l'enseignement religieux et d'empêcher l'influence cléricale de peser sur les directeurs et les professeurs. Les nouvelles relations qui se trouvèrent ainsi établies entre les conseils d'administration, les directeurs et leurs subordonnés ne furent pas de prime abord excellentes; partant, la transition entre l'ancien régime et le nouveau fut marquée par des tiraillements et des conflits ; il survint des troubles à Rugby, il y eût des contestations moins graves, il est vrai, à Eton. Heureusement tout cela semble aujourd'hui appartenir à l'histoire ancienne ; les écoles fonctionnent admirablement, et les maîtres, les élèves et les parents s'habituent au changement de conditions.

Les grandes écoles publiques ont ressenti le mouvement d'impulsion du moment, en ce qu'elles ont reconnu la supériorité de l'État dans la réorganisation de leurs conseils d'administration. Dans ces trente dernières années, il s'éleva dans tout le pays une foule de prétendants aux honneurs et au prestige que les neuf écoles publiques se partageaient entre elles. Malborough, Cheltenham, Leamington, Brighton, Bath, Malvern et Clifton, sont devenus des centres d'enseignement dont la réputation les élève presque au même niveau que les écoles publiques. Les nouveaux sièges de l'instruction doivent en partie leur grandeur à l'immense développement de la classe moyenne, dont on a été témoin dans ces dernières années, et en partie au développement de la concurrence dans les examens. Cette rivalité est due, en grande partie, aux efforts et aux réformes faits par les directeurs de nos anciennes écoles publiques, et au développement qu'on a donné à l'étude des mathématiques, des langues modernes, et des sciences physiques.

Quelques années après l'établissement de l'examen d'admission pour l'armée, et des concours libres et sans limites ou modifiés, pour entrer dans les services civils de la métropole ou des Indes, tout le travail de la préparation des candidats à ces fonctions était passé entré les mains de professeurs particuliers, mieux connus sous le nom générique de « crammers (1). » Un nouveau programme a été, il est vrai, élaboré, dans lequel on a pris un soin spécial des langues modernes, des mathématiques et des sciences physiques; mais l'enseignement de ces matières a été généralement fait par des hommes négligents, et l'expérience qui en a été

___

(1) Les « crammers » correspondent à ce que nous appelons vulgairement en France des *fours à baccalauréats.*

faite au début n'a été que médiocrement satisfaisante. Le « crammer » était reconnu comme un auxiliaire nécessaire du professeur. Des jeunes gens qui étaient destinés à entrer dans l'armée se montraient d'une paresse obstinée à l'école, parce qu'ils savaient ou espéraient intérieurement pouvoir réparer les lacunes de leur instruction, fruit de leur paresse, en passant six mois ou un an sous la direction du crammer. La tendance d'un pareil état de choses était d'amener la scission la plus malheureuse entre les écoles publiques et les services publics; les effets de cette scission existent encore, bien qu'on ait essayé de les faire disparaître par plusieurs moyens, et de pousser de plus en plus les jeunes gens à se rendre aux universités au sortir de l'école, au lieu d'aller chez les crammers. C'est ainsi qu'aujourd'hui des privilèges spéciaux sont offerts aux candidats aspirant à entrer dans les services civils aux Indes, qui ont pu se faire recevoir à Oxford ou à Cambridge, et un certain nombre de brevets dans l'armée sont réservés annuellement aux sous-gradés de ces universités. En outre on a essayé d'attirer les élèves qui se destinent aux services civils des Indes, directement au sortir des écoles, en leur offrant des dispenses d'âge. La plupart des grandes écoles du pays se sont aussi mises à la hauteur de la situation qui leur était créée par là, d'ouvrir des cours spéciaux pour les candidats qui se destinaient aux services civils des Indes, et depuis que les services civils de la métropole ont été réorganisés, les fonctions les plus lucratives ont été offertes aux concours. Mais on pense qu'il n'y a rien à faire de ce côté tant que les crammers n'auront pas disparu. Les idées du moment sont favorables aux spécialités et aux experts, et le crammer est simplement un praticien qui a fait sa spécialité de certaines matières des examens, absolument comme les médecins spécialistes qui ont concentré toutes leurs pensées et leur expérience sur certains genres de maladies.

Le fait est, cependant, qu'on a beaucoup fait dans le but de mettre les grandes écoles d'Angleterre en mesure de répondre aux exigences spéciales des examens institués par l'État. C'est une tentative d'organisation dont on ne peut attendre le succès immédiat, un effort honorable pour créer un important mécanisme qui n'existait pas avant nous. D'un autre côté aussi, on peut reconnaître la marque des efforts qui ont été tentés dans le but d'amener notre enseignement supérieur à un système uniforme. Les deux universités ont institué un comité d'examen qui, moyennant une redevance relativement minime est prêt à aller constater le progrès des élèves de toute école qui prend des arrangements avec lui. Les élèves qui ont subi les examens avec succès devant ce comité, sont reçus par l'université d'Oxford pour en subir d'autres. Mais ce n'est là, en ce qui concerne les universités qu'une des preuves qui montrent leurs efforts et le souci qu'elles prennent pour se mettre à la hauteurs des changements de condition qui viennent de s'opérer à notre époque. Les collèges ne restent pas non plus dans l'inaction ; ils remanient leurs statuts dans le sens qui peut leur être indiqué par les commissaires, dotant de nouvelles chaires sur leurs propres fonds, et ont en quelques cas, aboli les restrictions établies en faveur du clergé en ce qui concerne leur direction. On a même été plus loin. On a établi en 1870 pour les classes moyennes des examens dirigés par des membres des universités d'Oxford et de Cambridge, à la suite desquels les élèves qui les ont subis avec succès reçoivent le titre d'associés des arts (associate of arts). Depuis lors plusieurs collèges ont fondé des bourses auprès des deux universités d'Oxford et de Cambridge pour les candidats qui ont subi ces épreuves avec le plus de succès, afin de les pousser à se rendre à l'université. Il y a dix ans, l'institution des étudiants libres fut établie et des jeunes gens dès lors ont pu s'enrôler comme étudiants libres sur les cadres de l'université sans faire partie des collèges. Cette institution qui fut recommandée dès le début par des motifs d'économie, a donné depuis des résultats admirables comme pratique. Les collèges eux-mêmes ont beaucoup aidé à cette tentative. Ils ont dans mainte occasion ouvert leurs salles de lecture aux étudiants libres, et ils se sont souvent montrés prêts à les admettre dans leur sein, et les ont inscrits sur leurs livres à des conditions exceptionnellement favorables. De même que les universités ont beaucoup fait en adoptant les distinctions qu'elles accordaient aux nécessités de la vie pratique, et en fondant de nouveaux examens sur des sujets tels que l'histoire et le droit modernes, les sciences physiques et la théologie. Ces collèges ont élargi le cercle de leur enseignement en combinant le personnel de leurs professeurs, de façon à embrasser toutes matières qui font partie de l'ensemble des études.

Oxford et Cambridge ont étendu leur sphère d'action bien au-delà des circonscriptions géographiques, et d'un bout à l'autre de la Grande-Bretagne. Ce mouvement d'extension de l'université gagne du terrain tous les jours. Comme à la suite des examens subis à la sortie des classes moyennes les jeunes gens qui n'avaient pas l'avantage d'être admis à Oxford ou Cambridge, se rejetaient sur le certificat d'excellence académique qu'il était en leur pouvoir d'obtenir, ces deux universités ont essayé de faire sentir leur influence à ceux dont les études avaient été interrompues prématurément. Dans presque toute les grandes villes d'Angleterre, il est fait périodiquement, par des hauts gradés d'Oxford et de Cambridge, des cours ou lectures dont le programme embrasse non seulement le latin, le grec, l'histoire, la philosophie et la littérature, mais aussi l'économie politique et les différentes branches des sciences physiques. Ces cours sont suivis d'examens; et il n'est pas sans exemple qu'on ait trouvé à Sheffield ou à Birmingham un ouvrier qui, vêtu de ses habits de travail possédait un diplôme d'économie politique de l'université d'Oxford ou de Cambridge.

On peut observer, dans les nouvelles relations créées entre les écoles anglaises et les universités, par le comité d'examen dont nous avons parlé, la trace des efforts faits par les professeurs. Car c'est aux professeurs, aussi bien qu'aux autorités universitaires auxquelles ce nouveau système doit son existence, de s'assurer une position mieux définie. Il y a à la vérité deux traits caractéristiques dans les relations qui se sont développées dans ces dernières années, entre professeurs, comme corps, d'un côté; et les écoles, au point de vue de leurs rapports avec les universités, de l'autre côté. Les écoles se sont de plus en plus posées comme des sortes de clientes des universités, et les professeurs se sont de plus en plus concertés dans le but d'arriver à un mode d'enseigner uniforme, et de parvenir à faire entendre leur voix sur tout ce qui touche à l'enseignement. Les conférences périodiques des directeurs d'écoles ont fait, dans ce sens, un grand pas en avant. Ces sortes de congrès ont dix années d'existence et dans ces deux ou trois dernières années, les simples professeurs s'y sont vus admis. On étudie le moyen d'avancer plus avant dans cette voie, et on a proposé d'établir des congrès de l'instruction, où seraient admis tous les professeurs et examinateurs des écoles de premier et second degré, ainsi que tous les professeurs des universités. On doit beaucoup aussi au collège des précepteurs, association qui a pour but d'augmenter la valeur des professeurs principalement dans les écoles de classe moyenne, qui délivre des diplômes aux maîtres d'école qui ont étudié dans les universités et qui ont subi l'examen spécial du collège, au point de vue de la théorie et de la pratique de l'enseignement. Elle délivre aussi des diplômes aux institutrices. Ces examens ont lieu deux fois par an depuis 1854, et sont subis chaque année par deux ou trois mille professeurs, de l'un et l'autre sexe. Les délégués de ces corps examinent des écoles tout entières. Le principal caractère de ce collège est qu'il a pour but de développer le savoir des professeurs eux-mêmes. Ils étudient l'enseignement en lui-même et font des cours sur l'enseignement, comme science et comme art. Pendant longtemps ce collège a essayé d'obtenir l'enrôlement par le gouvernement des professeurs de toutes les écoles. Ce qui équivaudrait à une disposition légale déclarant que personne ne pourrait être admis à enseigner s'il ne possède un certificat émanant de quelque comité d'examen reconnu.

De tous côtés des plaintes se sont élevées contre l'insuffisance et la médiocrité de l'instruction reçue dans les classes moyennes de nos écoles secondaires. M. Matthew Arnold a proposé, pour rémédier à cet état de choses, d'organiser un système d'inspecteurs, sous le contrôle de l'Etat, tel qu'il en existe un aujourd'hui pour nos écoles primaires, et de créer de nouveaux examens que les élèves subiraient dans les universités et dans quelques unes de nos écoles publiques. Ce serait peut-être trop espérer que de compter, que le mode d'inspection proposé déracinerait le mal.. Sans doute l'état de choses signalé dans les rapports des délégués locaux d'Oxford et de Cambridge, comme existant dans nos écoles de grammaire et autres, est assez peu satisfaisant. « Les résultats des examens consignés sur les registres, écrivent ces délégués, démontrent que l'instruction des garçons est insuffisante dans les écoles anglaises ; que leur ignorance ne porte pas seulement sur les matières classiques de l'enseignement, mais qu'elle est aussi complète en ce qui touche les mathématiques. Il résulte de là qu'il est nécessaire qu'une autorité supérieure intervienne à l'appui des parents des élèves de classe moyenne ; et un ministre de l'Instruction peut seul le faire, en envoyant des inspecteurs, pour s'assurer de la manière dont l'instruction est donnée, non seulement aux élèves intelligents qui marchent à la tête des classes, mais à ceux plus nombreux qui viennent après eux, et pour faire des réformes sérieuses. » Admettons comme véridiques les rapports faits par les délégués et par d'autres sur l'état de choses actuelles, et que les parents soient en droit de se plaindre de l'enseignement insuffisant dans les classes de grammaire du Royaume-Uni ; doit-il s'ensuivre que nous ayons besoin d'une nouvelle législation et d'un plus grand nombre d'inspecteurs ?

Le rapport de la commission des Écoles dotées, a, en maintes circonstances, attiré l'attention sur le manque de soin systématique et l'imperfection de l'enseignement dans les classes moyennes des écoles secondaires. Le public n'avait pas besoin, néanmoins, de connaître à fond tout le contenu des ces volumes, pour s'apercevoir qu'un certain nombre de professeurs manquaient du zèle, du goût et des capacités nécessaires pour l'état qu'il avaient embrassé. Quelquefois le pédagogue était un type parfaitement réussi du clergyman anglais, du gentleman aimant le monde et la chasse, du causeur agréable et même du vrai dilettante. Il jouait un rôle actif dans le club local des amateurs de jeu de crosse (cricket-club) ; il avait contribué à ressusciter une société toxophile. C'était un des plus aimables convives qui soient au monde pour prendre une place vacante dans un pique-nique ; son répertoire de chansons était varié ; il chantait avec goût et à propos ; mais pour son malheur et celui des autres, il était entré dans l'enseignement. Quand il a été nommé à cette place par les gouverneurs, — les corps d'administration n'existaient pas encore, — son école avait véritablement beaucoup à faire. Les externes abondaient, et le nombre des pensionnaires était considérable. Il ne lui manquait, pour assurer ses succès à l'avenir, que de l'ordre, de l'amour du travail et de l'énergie. Ces qualités, ni lui, ni sa femme ne les possédaient. Au point de vue social, ils étaient l'un et l'autre une bonne acquisition ; mais ce qui convenait le moins au monde à ce couple, comme il le reconnaissait lui-même, c'était la tâche pénible, l'espèce d'esclavage que lui imposait la responsabilité continuelle des enfants qu'il avait sur les bras. Les résultats étaient, naturellement, tels qu'on pouvaient les attendre. L'école baissait, les élèves n'apprenaient rien, ne pouvaient subir leurs examens avec succès, et finalement le maître d'école jugeait prudent d'accepter une petite position pour vivre.

A une époque, ces exemples abondaient dans la province en Angleterre ; souvent le maître d'école était plus qu'un homme de plaisir. C'était un homme studieux, possédant des aptitudes sérieuses pour les sciences physiques, l'archéologie, la métaphysique. Mais le penchant incontestable qu'il avait à suivre ces aptitudes ne remplissait pas, en pratique, le but auquel on le destinait. L'éducation des enfants était négligée ; le renom et le succès de l'école périclitaient et disparaissaient rapidement. Il y aurait trop de choses à dire sur ce sujet, lesquelles sont aujourd'hui complètement hors de saison. Ces maîtres sont certainement moins nombreux qu'ils n'étaient, et il est non moins certain qu'il est beaucoup plus aisé aujourd'hui qu'il y a dix ans, pour les parents, de procurer à leurs enfants une instruction solide et plus étendue. Naturellement tous les sujets de plaintes des parents n'ont pas disparu. On peut douter toutefois qu'il soit nécessaire, ou même bon, de faire intervenir un acte du Parlement pour les faire disparaître. Il est et il restera même après ce chapitre, tout aussi impossible de perfectionner de mauvaises écoles et un système d'enseignement défectueux, — ou un système d'enseignement qui, en réalité n'est pas un système d'enseignement du tout, — en augmentant le nombre des inspecteurs d'écoles qui sont aujourd'hui disséminés à la surface du Royaume-Uni, que d'extirper de l'esprit des basses classes les penchants criminels, en multipliant le nombre des agents de police. Il y a deux espèces d'inspection des écoles, l'inspection directe et l'inspection indirecte. La dernière est ou devrait être aussi efficace que la première, et pourrait être mise en vigueur dans tous les cas où la première n'existe pas ; — c'est-à-dire dans toutes les écoles qui sont d'un degré ou deux au-dessus des écoles primaires. Il existe à Oxford et Cambridge, des examens pour les classes moyennes. Il y a des examens périodiques que font passer des jurys réguliers d'examinateurs d'Oxford, qui dispensent, comme nous l'avons dit plus haut, les candidats qui les ont passés avec succès, des examens d'admission sur les rôles de l'Isis (1). Il y a d'innombrables examens pour entrer dans les services civils, dans l'armée, dans les offices d'écrivains de Ceylan ; pour obtenir des bourses sur les dotations ou autres, pour les universités du Royaume. Chacun de ces examens ne tient-il pas lieu

(1) Isis, rivière qui passe à Oxford. Par métaphore, l'université d'Oxford elle-même.

d'un inspecteur indirect; et si le père tient à avoir, comme il peut y tenir avec raison, la preuve certaine ou presque certaine de la valeur de l'enseignement d'une école, il n'a qu'à voir ce que ses représentants, ou en d'autres termes, ses enfants, répondent à leurs examens. Là tout père de famille pourra trouver des données pour baser son appréciation, et ces données sont à la portée de tous ceux qui veulent se donner la peine d'y puiser. La moyenne des notes est une base sur laquelle le maître d'école ne peut trouver injuste qu'on appuie le jugement qu'on porte sur l'établissement qu'il dirige. Il peut quelquefois avoir le malheur de posséder dans sa classe une réunion d'enfants exceptionnellement inintelligents ; mais le principe des moyennes est toujours bon ; et dans une longue liste, les enfants intelligents et les enfants inintelligents dans une école, suivent toujours la même proportion.

La vérité est que ce sont les parents eux-mêmes qui décident du degré et de la nature d'éducation à donner à leurs enfants. L'argent fera beaucoup ; mais il est certaines choses qu'il est à désirer, par exemple que le paiement fait par le père, d'une somme d'argent souvent considérable, ne le relève pas de l'obligation qui lui incombe de se rendre compte par lui-même des progrès que fait son fils, ni des influences mentales et morales auxquelles il est soumis en grandissant.

Si on enseigne à l'école des choses qu'on n'a pas en honneur chez son père, sous prétexte qu'elles sont de peu d'utilité pratique et ne récompenseraient pas les efforts de l'enfant, est-il vraisemblable que ce dernier leur donnera toute son attention? Ce sont là des idées que le projet d'une inspection des classes de grammaire suggère naturellement aux maîtres d'école. Un maître d'école disait un jour : « Un père me questionnant il y a quelques jours au sujet de son fils, garçon assez intelligent, mais craignant énormément le travail, me quittait en me disant : je ne me soucie pas que mon fils devienne un fou. Je ne tiens pas à ce qu'il travaille beaucoup. Il n'en a pas besoin, il sera riche plus tard. » — Très bien, peut répondre le maître d'école. A qui un inspecteur voudrait-il adresser des reproches pour l'ignorance de cet enfant ? Le père dont il vient d'être question appartenait sans doute à cette classe de parents qui envoient leurs enfants à l'école pour faire des connaissances. Les parents donnent beaucoup trop de portée sociale à la vie de collège devant leurs enfants. Et quoique nous entendions parler beaucoup plus d'éducation aujourd'hui qu'aux premiers temps de notre histoire, il faut toujours se rappeler qu'il existe aujourd'hui beaucoup d'enfants extrêmement paresseux. On jouit d'un bien plus grand prestige populaire pour aller jouer à la onzième université ou manier la rame à la huitième que pour avoir remporté un diplôme de première classe ou le titre de fellow à Trinity, ou à Balliol (1).

On peut définir le principe général sur lequel repose l'administration des grandes écoles publiques ; premièrement la reconnaissance et la direction des tendances naturelles des jeunes gens ; secondement : l'appel à leurs bons sentiments et à leur honneur. Chacune de ces idées trouve son expression dans ce qu'on appelle le système d'instruction au moyen des moniteurs et des préfets. Ce système est en réalité celui d'un gouvernement par le gouverné, et tel que l'a établi le Docteur Arnold, il est le trait caractéristique des écoles publiques. Il est naturel et inévitable, avons nous dit, qu'un grand garçon ait de l'autorité sur un petit, et un système bien organisé prévient les abus de cette autorité. Secondement, c'est une partie de l'édu-

(1) Trinity collège et Balliol collège : deux collèges d'Oxford.

cation d'apprendre à gouverner. Troisièmement, c'est une grande perte de puissance que de ne pas utiliser l'instinct de commandement des jeunes gens les plus âgés pour obtenir ce qu'il peuvent obtenir aussi bien sinon mieux, que des maîtres salariés. Nous avons ainsi trois lignes de conduite distinctes; d'abord celle du directeur; secondement celle des professeurs, troisièmement, celle des élèves. Il était impossible d'empêcher la domination des faibles (fagging) par une loi. La nature humaine portait les plus forts à exercer une autorité qui était souvent despotique, sur les faibles. La question, en conséquence, qu'avaient à résoudre les directeurs était de régulariser cette autorité parmi les jeunes gens, de manière à empêcher qu'elle ne dégénérât en taquinerie et d'établir quelques principes compensateurs de cet axiôme « la raison du plus fort est toujours la meilleure » (might is right.) C'est pourquoi nos directeurs d'écoles ont officiellement reconnu l'autorité que un ou deux élèves ont sur les autres. Parce moyen ils ont réussi en grande partie à changer les penchants à l'oppression en un moyen de discipline. Le directeur a reconnu officiellement la juridiction de l'élève le plus grand sur le plus petit, et en compensation de ce droit, le premier est reponsable vis-à-vis du directeur de n'exercer sa puissance que d'une manière modérée, et par réciprocité il est tenu de faire respecter l'ordre et la discipline dans toute l'école. Ce système n'est sans doute pas sans quelques inconvénients. Les enfants, dira-t-on, ne choisissent pas leur chef d'après le même principe que le directeur choisit ses préfets; il y a ainsi danger que le dépositaire de l'autorité du directeur ne soit pas celui qui jouit de l'autorité parmi ses condisciples. Ensuite, ajoutent quelques critiques, cette concentration exclusive de responsabilité sur un nombre limité de têtes, fait que le reste des élèves qui composent l'immense majorité, ignorent complètement qu'ils ont aussi une responsabilité.

Dans son ensemble, néanmoins, le fagging et l'autorité des moniteurs fonctionnent d'une manière satisfaisante dans nos écoles publiques. Il se produit de temps à autre des scandales, mais les plus grands ne se produisent pas dans les écoles où la juridiction des préfets ou moniteurs est ouvertement reconnue, et où le fagging (droit du plus fort) est officiellement sanctionné, et bien plutôt dans celles où le droit du premier a des limites, et celui du second est très restreint. A Eton, où le système des préfets n'a pas été reconnu officiellement, on attend du leader, dans chaque pension, qu'il maintienne le bon ordre, principalement en donnant le bon exemple. Des élèves de sixième année sont généralement chargés de maintenir l'ordre, et ils ont le droit de fag. Dans presque toutes les écoles où existe le système des préfets, ceux-ci ont le droit de se servir de la canne. A Winchester, un préfet peut se servir de la canne sous sa propre responsabilité ; mais dans des cas sérieux, le leader de l'école est consulté. A Harrow, aucune faute grave n'est punie par châtiment corporel ou autre, sans la réunion des leaders de pensions, et leur approbation pour la mesure prise. A Westminster, un moniteur ne peut faire usage de la canne ou infliger n'importe quelle autre punition hors de la présence et sans l'approbation du leader ou de l'école tout entière, selon la nature de la faute. Dans tous le cas, le délinquant peut en appeler au directeur de l'école; un moniteur ne peut punir pour une injure personnelle. Le moniteur est investi de son pouvoir par le directeur, sur sa promesse écrite d'en user de bonne foi. A Malborough, l'appel au directeur est également institué; deux préfets doivent être présents pour l'application du châtiment par la canne, et cette punition ne comporte pas plus de douze coups. A Shrewsbury les châtiments par la canne ou autres, ne peuvent être appliqués sans qu'ils aient été approuvés par l'assemblée des préfets.

Tel est en quelques mots, le système de l'enseignement en Angleterre. Quels sont ses résultats ?

La première chose qui frappe dans un écolier d'aujourd'hui, est qu'il possède un aperçu bien plus étendu de la vie que l'écolier d'autrefois. Il semble être plus en rapport avec les soucis et les responsabilités de la vie. Il a la même ardeur, la même vigueur pour les plaisirs salutaires, mais il pense évidemment que l'existence a ses charges, et que ces charges, il sera tôt ou tard appelé à en prendre sa part. Son caractère insouciant, la croyance vague que tout réussira, sont plus ou moins tempérés, parce que son intelligence pressent combien ses succès dépendront de lui-même. Le jeune homme commence à réfléchir aux chances que présente une carrière, aux chances de ses camarades qui préparent leurs examens ou au mérite de ceux qui ont obtenu une position. On peut voir en tout ceci, le résultat du système des concours. Si les concours n'avaient fait que faire pénétrer complètement dans l'esprit du jeune Anglais, le sentiment de la nécessité des efforts individuels prolongés, ils auraient déjà obtenu un immense résultat. Ils peuvent quelquefois être injustes dans leurs résultats, ils peuvent manquer souvent de nous donner les qualités qui nous font défaut ; mais ils ont plutôt révolutionné toutes les idées de l'écolier sur la vie qu'ils ne les ont modifiées. Maintes autres choses, tendant au même but, agissent sur l'écolier anglais. Comme le concours pour l'obtention des bourses, l'admission dans les services civils, dans l'armée et autre part, lui ont donné de nouveaux aperçus sur les responsabilités qui l'attendent dans la vie, de même les études qu'il a faites pour ses concours, ont immensément élargi son expérience intellectuelle. L'histoire moderne, l'histoire ancienne, la littérature anglaise, la littérature française sont autant de sujets qu'il envisage sous un nouveau jour. Il comprend à la fin, qu'il y a quelque signification pratique en eux, et qu'ils ont un rapport défini, palpable avec les circonstances et la conduite dans la vie. Mais l'impulsion ne vient pas seulement d'en haut. L'écolier moderne anglais, contribue beaucoup lui-même au développement de son intelligence. Il y a toujours eu de jeunes politiciens, de jeunes philosophes, mais ce furent toujours des espèces de phénomènes, de prodiges. Jusqu'à ces temps derniers, les écoliers n'avaient déployé, pour la plupart, que de l'indifférence pour l'histoire contemporaine, telle qu'on peut l'apprendre dans les journaux et dans la conversation. Chaque école, chaque pension a maintenant sa bibliothèque et sa table de lecture. Les enfants eux-mêmes, quoique aussi loin d'être les conspirateurs (prigs), que tout jeune Anglais ne sera jamais, du moins c'est à espérer, ont leur parlement en miniature, et discutent les affaires du jour. Leurs arguments peuvent n'être pas très solides, mais dès lors que ces arguments se produisent, que telles discussions existent, ils prouvent, au point de vue de l'éducation, un fait d'une grande valeur, — que l'éducation, dans le sens le meilleur, le plus vrai de tous, fait des progrès graduels, se fortifiant, exerçant des facultés qui autrefois seraient restées enfouies faute d'emploi.

Le système de l'école publique, est devenu une institution aussi nationale que le vote au scrutin. On peut conclure que cette institution est adaptée au génie anglais en voyant l'accueil fait aux nouvelles écoles pu-

bliques. On peut juger par les chiffres qui vont suivre,
de l'influence énorme que les universités et les écoles
publiques exercent sur l'esprit anglais et dans quelle
étendue cette influence pèse sur le choix des hommes
chargés de l'administration du pays. Sur 656 membres,
la Chambre des communes, après l'élection de 1874,
comptait 236 élèves d'Orford et de Cambridge et 180,
ayant appartenu aux écoles publiques, sur lesquelles,
Eton pourrait en revendiquer 100 et Harrow plus
de 50.

L'éducation des femmes en Angleterre a aussi fait
de grands progrès dans ces dernières années, parmi
les classes moyennes et supérieures. Il existe des collèges de femmes, non seulement à Cambridge, mais
dans la plupart des grandes villes du Royaume-Uni. Il
existe une organisation soignée, de cours de toute espèce pour les femmes. Il y a des écoles supérieures
pour les jeunes filles, où l'on étudie avec ardeur les
sujets les plus divers. Mais, tandis qu'il est incontestable que dans maintes circonstances, les jeunes personnes développent leur intelligence et deviennent des
femmes instruites, nous faisons l'expérience des désavantages d'une ère de réforme à haute pression et que
l'éducation féminime dans les écoles supérieures à
la mode, est souvent beaucoup plus superficielle que
solide. Nous avons parlé des écoliers anglais ; disons
quelques mots de leurs sœurs, les jeunes pensionnaires
anglaises, dont nous pouvons avoir à parler souvent. La
jeune écolière a une connaissance parfaite des mémentos
et des manuels. Elle peut répondre à une foule de
questions de détail sur une foule de petits faits relatifs
aux grands événements historiques et noyés au milieu
d'eux. Mais, quant aux causes de ces événements eux-
mêmes, à leur enchaînement avec ceux qui les ont pré-
cédés, à leur portée et à leurs conséquences, elle n'en

a pas la moindre idée. De même, elle sait assez bien, quels sont les produits végétaux et les produits minéraux des différentes parties du Royaume-Uni, peut-être des différentes parties du monde; mais les raisons pour lesquelles ces districts ont été, à une époque, célèbres dans les fastes nationaux, de quels grands événements politiques, ils ont été le théâtre, ou pourquoi exactement les mêmes choses, tant au point de vue civil, qu'au point de vue politico-religieux, ne se produisent pas dans chacune des provinces de l'Angleterre, — sont autant de questions, qu'elle semble ne pas toujours bien comprendre.

Est-il étonnant que ces jeunes filles, instruites de cette façon, grandissent, deviennent femmes et mères, modèles de leur sexe, mais restent avec une intelligence imparfaitement développée, ou point du tout? Elles ont reçu de l'instruction, mais non pas de l'éducation, on n'a pas essayé de leur en donner, si ce n'est à certains points de vue particuliers, la musique, la danse, par exemple. Elles ont, en un mot, été « crammed », elles ont étudié la lettre du manuel, on ne leur a pas fait connaître le fond du sujet. Tant que les parents se contenteront de ces résultats, tant que ces examens que subissent périodiquement les jeunes filles, — et leurs succès sont cités par la directrice de l'école comme preuve concluante de l'excellence de son enseignement, — seront subis, d'après la méthode actuelle, prouvent qu'un livre a été appris de mémoire, mais non que les jeunes filles ont de l'intelligence générale, tels continueront à être les résultats. Malheureusement, presque aucun avantage ne vient contrebalancer les inconvénients de ce système, dont la jeune pensionnaire de nos jours est trop souvent victime. Bien que son esprit soit enrichi d'aperçus philosophiques et historiques, il n'est pas nécessairement tourné pour cela vers la théorie et la pratique de l'administration domestique.

Nous pouvons terminer notre revue sur l'état de notre enseignement. Ce n'a guère été qu'un aperçu sommaire des points les plus brillants, l'historique des changements qui sont en voie de s'opérer, plutôt que des réformes accomplies. Il a souvent révélé des tendances plutôt que des résultats. La note dominante du système tout entier, soit au point de vue des élèves, est « organisation »; meilleure condition pour les écoliers, garantie plus efficace que les professeurs seront à la hauteur de leurs fonctions, et qu'ils auront l'occasion de prouver leur mérite au public. Il en est de même de l'éducation et de la question du travail et du capital, du paupérisme et de la coopération. Le système n'est pas complet, les devoirs imposés aux parties en cause ne sont pas encore définis, le point de raccord entre ces différentes parties n'existe pas encore. D'un autre côté, les vides d'autrefois sont comblés, par un mécanisme complexe, et plus ou moins heureux. La loi assure à chaque sujet de la Grande-Bretagne un minimum d'instruction; elle ne garantit point à chaque enfant qui mérite un tel avantage ou qui serait capable d'en profiter, qu'il s'élèvera par une série d'étapes au degré le plus haut de l'enseignement académique; mais avec un appoint tel que celui que reçoit notre système scolaire des entreprises privées et libres, il devient extrêmement improbable qu'un élève, dans ces conditions, ne puisse arriver à la place qu'il mérite. Nous avons fait pour notre instruction à peu près la même chose que pour nos industries manufacturières, nous avons économisé la force. Le grand mécanisme pour le perfectionnement de l'humanité, a enfin été mis franchement en mouvement; ces différents organes peuvent ne pas être assemblés d'une manière aussi parfaite que nous les trouverons un jour, et que l'échelle sur laquelle ils fontionnent pourra être élargie ; mais, dans les conditions actuelles, les masses de la nation ont entre les mains les moyens de s'élever elles-mêmes, et nous voyons grandir autour de nous une nouvelle génération qui ne ressemblera point aux générations précédentes, ou qui, du moins, aura été soumise à des influences inconnues à ces dernières. Écoles élémentaires, écoles secondaires, écoles publiques, universités, professeurs particuliers, sociétés publiques et privées font aujourd'hui leurs plus grands efforts, et beaucoup d'entre eux travaillent avec unité et accord : mais ce serait trop prétendre que de dire que les principes fondamentaux d'un système complet d'enseignement national sont entièrement posés. Il est réservé à l'avenir de nous montrer si l'État reconnaîtra l'obligation de dispenser, à tous les enfants, aux frais des contribuables, l'instruction à tous ses degrés ; en un mot, si le programme de l'éducation gratuite sera réalisé. Enfin, il reste encore à discuter combien de temps durera le compromis entre ce système d'enseignement laïque et l'enseignement privé « denominational » tel qu'il a été compris dans l'acte de 1870. Chaque allocation donnée par l'État à une école religieuse pour l'enseignement des sciences profanes, implique le principe de dotation « denominationale », et il reste encore à voir si, dans le cours des années, ce principe sera sanctionné formellement ou définitivement condamné.

FIN DU PREMIER VOLUME

INDEX

A

Absenteeism (état d'absence) : du squire, 15 ; du recteur, 24-26 ; ses inconvénients dans l'administration rurale, 71.

Accidents de chemins de fer, 403.

Administration des grands estates, 45-63 ; de plus petits estates en général, 62-63 ; avantages du contrôle d'un agent supérieur, 63 ; administration commerciale, 201-215. (Pour l'administration intérieure, du commerce, etc., voyez différents titres).

Agricole (aire) de l'Angleterre, 296 ; différentes cultures dont elle se compose, *ibidem.*

Agricole (système) de l'Angleterre, 295 ; opinion de M. Caird sur ce sujet, 295.

Agricole (l'ouvrier) : sa nature méfiante, 21-22 ; le cottage moderne 268 ; le lopin de terre, *ib.* ; heures de travail, 269 ; son régime, 269-273 ; sa carrière comme jeune garçon, 270-272 ; sa connaissance de la nature, 271 ; influence du School Board, 271 ; sa carrière comme homme, fonctions ardues du berger, du charretier, du laitier, 272 ; travail du laboureur ordinaire, 272-276 ; occupation de sa journée, 273-275 ; sa paye dans le temps de la moisson, 275 ; ses récréations, 276 ; braconniers et vauriens, 277-278 ; influence du cabaret,

278 ; son habillement, 278-279 ; avantages du magasin coopératif, 279-280 ; effet de la lecture des journaux, 280-281 ; réformes encore nécessaire, l'encombrement des maisons, inconvénients au point de vue sanitaire, 283-285 ; exemple frappant de l'influence de la boisson, 290-291 ; la foire aux engagements (statute fair), ses inconvénients, 294 ; sa disparition graduelle, 294 ; femmes employées aux travaux des champs, 292-294 ; opinion du docteur Fraser à ce sujet, 293 ; exemples pris dans le Northumberland, 293-294 ; système de louage de familles louées entières, curieux exemple, 293 ; gages des ouvriers agricoles, 300-303 ; calcul moyen des gages agricoles pour un jour de travail donné dans toute l'Angleterre, 301-303 ; régime des ouvriers agricoles du Northumberland (note), 300 ; amélioration de la condition de l'ouvrier agricole, 301 ; bon marché des nécessités de la vie, 302 ; décroissance de l'ivrognerie, *ibid.* ; intelligence du paysan du Northumberland, 304 ; effets bienfaisants de la loi des pauvres de 1834, 305 ; l'union agricole, 306 ; son effet sur les relations entre le fermier et le laboureur, *ibid.* ; avenir du paysan et effets de l'éducation, 307-308 ; succès de l'union coopérative agricole d'Assington, 365.

Agricoles (*unions*) : reproches qu'on peut faire à ces institutions, 31 ; questions imprudentes adressées à leurs membres par M. G. Mitchelli, 31 ; leur action et leurs désavantages, 306-307.

Aire agricole de l'Angleterre, 296.

Aldermen : leurs devoirs, 97 ; aldermen provinciaux, 107.

Allotment, divisions de la terre en petits lots que cultivent les paysans, 288 ; opinion du docteur Fraser, 288 ; avantages d'un jardin sur ce système, *ibid.* ;

Arbitration (*effets bienfaisants de l'*), 258-261 ; exemples pris dans le Cleveland, 259 ; M. Mundella, avocat de l'arbitration, 258 ; grève des maçons de 1877, 260.

Armée et de la Marine (la société coopérative de l') : son aspect et ses opérations 343-345 ; comparée avec les magasins de Rochdale, 343-348-349 ; ses progrès, 359 ; ses manufactures et bénéfices qu'elle en retire, 360-361.

Artisan (l') : politique des hommes politiques anglais à leur égard, 113-114 ; prédominance des ouvriers dans les grandes villes, 132-133 ; l'Eleusis Club et la propagande révolutionnaire, 220 ; types d'artisans, 221 ; nombre des bons ouvriers, 221 ; vertus et vices de l'artisan, 222 ; son instinct conservateur, 223 ; son opinion à l'égard des émoluments des hommes d'Etat, 223 ; comparaison de l'artisan anglais avec son confrère français et américain, 223-224 : contraste qu'il y a entre ses relations avec l'Etat et les relations de ces derniers, 224-225 ; sa modération, 254 ; Trades Unions et leur influence, 256-260 ; effets bienfaisants de l'arbitration, 258-261 ; grève des maçons en 1877, 260 ; questions politiques qui agitent l'artisan, 261-262 ; son désir de former un parti ouvrier au Parlement, 262 ; comparaison entre l'artisan de Londres et l'artisan de la province, principalement au point de vue religieux, 263 ; ses habitudes et ses plaisirs, 264 ; difficultés de lui inculquer les principes de la coopération, 264 ; d'où vient cette difficulté, 264-265 ; le dîner du dimanche, 265.

Assainissement : fonction importante des gardiens, 75-77 ; encombrement des cottages ruraux, 282-286 ; indifférence des classes ouvrières à cet égard, 283 ; défectuosités du Sanitary Act, 284 ; opinion du docteur Fraser à ce sujet, 284-285.

Assington (succès de l'essai de coopération tenté à), 365.

Auberge (l') : son absorption par les grands hôtels, 418.

Actes locaux du Parlement : leur nombre, 93 ; leur but, 94.

B

Bains de mer (stations de), 167 ; attractions nécessaires, 168-169 ; le constructeur de villes de bains de mer, 168 ; patronage de la classe moyenne, 169 ; aspects communs à toutes les stations, 170 ; Scarborough, 170.

Bourse : ses opérations, 181 ; son aspect, 181-182 ; placement de fonds, 183 ; spéculation, 183-184 ; émission d'un emprunt étranger, 185-186 ; façon dont le public est dupé à cette occasion, 184-186.

Bradford (voyez Yorkshire).

Briqueteries : nécessité d'une législation réglementant cette industrie, 232 ; récit de M. Georges Smith au sujet des abus qui s'y commettent, 232.

Bristol, 158-159.

Brougham (lord) : ses efforts en faveur de l'éducation nationale, 437 ; opposition qu'ils soulevèrent, *ibid.*

Bureaux de bienfaisance : leurs opérations, 331-332.

Burial Board (bureau des pompes funèbres), 85.

Buxton : restrictions mises à la permission d'y bâtir par le duc de Devonshire, 60 ; comme ville d'eaux, ses attractions spéciales, 170.

Beaux-Arts : leur culture dans les villes d'affaires, 126-127.

Baux (conditions générales des) dans les grands estates, 61-62.

Braconnier (le) de village, 277.

Bailli (le) ou Land-Agent : fonctions de l'intendant général du duc de Northumberland, 52-54 ; division de la propriété du duc en Bailiwicks et agents qu'on y rencontre, 54 ; avantages du contrôle d'un agent supérieur, 63.

Banque d'Angleterre : ses opérations ordinaires et ses

opérations exceptionnelles, 176-177 ; ses relations avec les banques privées, *ibid.*

Bath : beauté de la ville, 161.

Bedford (duc de) : coutumes féodales, existant encore il y a peu de temps, à Woburn Abbey, 46.

Bicycle (vélocipède à deux roues) : ses avantages, 418 ; courses de bicycles à Bushey Park, *ibid.*

Birmingham : coutumes particulières à cette ville, 151-152 ; comparaisons entre Birmingham et Manchester, 152-153 ; universalité de ses produits, 153 ; rénovation sociale entreprise par les dames de Birmingham, 153.

Block system sur les chemins de fer (le) : explication de son fonctionnement, 402.

Board of Guardians (voyez Guardians).

Board School (voyez School Board).

Borough Magistrates (voyez Magistrates).

C

Cabs de Londres, 413.

Céruse (manufactures de blanc de) : manque de lois réglementant cette industrie, 242.

Commission (maisons de) : leur aspect, 208 ; sortes d'affaires qui s'y traitent, 209 ; fonctions des associés, 209-210 ; l'administrateur délégué, 210 ; l'administrateur chargé de la partie financière, *ibid.* ; organisation de la maison de commission, sa division en différents départements, 211-212 ; comparaison d'une maison de commission (banking house) avec une banque, 212 ; fonctions de la première, 213 ; estimation du capital employé, 212 ; nécessité de suivre les mouvements de la politique, 214-215.

Contrée noire (la) : abus qui y subsistent encore, 247.

Cahill (docteur) : son témoignage sur l'emploi des femmes dans les champs, 293.

Canaux (absence de législation réglementant les personnes qui vivent sur les), 235.

Canterbury, 160.

Capital (estimation du) employé dans une grande maison d'affaires, 212-213.

Cathédrale (ville) : son aspect, 155 ; l'enclos de la cathédrale et ses habitants, 157 ; la vie sociale dans cet enclos, 158.

Chambres de Commerce : influence exercée sur elles par les membres du Parlement, 111-112.

Charité : examen des suppliques charitables par les grands propriétaires fonciers, 43-44.

Cheltenham, 161.

Corporation de la cité, 116.

City Guilds : grandes corporations de la cité, leurs estates et de leur administration, 62.

Civil service cooperative society (société coopérative du service civil) : son origine, son développement, son organisation, 358.

Civil Service Supply Association (société d'approvisionnement du service civil) : difficulté d'y entrer, 347 ; son origine et son développement, 354 ; son organisation, 355-356 ; emploi des bénéfices, 357.

Cleveland (duc de) : organisation de ses estates à Darlington, 54-55 ; à Raby Castle, 55-57 ; description de ses propriétés, 55 ; transformation graduelle et avantageuse en pâturages, 55 ; ateliers à Raby Castle, 56 ; administration de ses mines, 58.

Clifton, 161.

Club : vie de club à Liverpool et à Manchester, 145-146.

Commerciale (administration) : centralisation de l'autorité dans l'administration commerciale, 202 ; quel ques exemples typiques, la filature de coton, procédés de fabrication, 203 ; acquisition du coton brut, 203-205 ; vente de l'étoffe manufacturée, 203 ; organisation de la manufacture, 203 ; de la maison de vente, *ibid.;* l'administrateur délégué : ses fonctions, 204-205 ; son contrôle, 204-205 ; l'usine métallurgique : son aspect, 205 ; organisation de l'usine, 205-206 ; organisation du travail dans les mines, *ibid. ;* « le puddler », 209 ; vente du fer, 206-207 ; l'administrateur délégué : ses fonctions et son contrôle, 207 ; une maison de commission, 208 ; sortes d'affaires qui s'y traitent, 209 ; fonctions des associés, 208-210 ; l'administrateur délégué, 210 ; l'administrateur chargé de la partie financière, 210 ; organisation de la maison de commission, 211-212 ; contraste entre une banque et une maison de commission (banking house), 212 ; opérations qui se traitent dans cette dernière, 213 ; estimation du capital employé, 212 ; habitude de déléguer l'autorité à un associé, 214-215 ; nécessité de surveiller les événements politiques, 214-215 ; avantages des grandes maisons, 216 ; leur développement, 217.

Commerciale (l'Angleterre) : Londres, le centre du commerce, 174 ; causes des fluctuations du commerce, 175-197 ; développement du commerce international, 175 ; ramifications du commerce, 174-176 ; le commerce, cause principale de la prospérité, 187 ; nos avantages dans tout ce qui demande de l'énergie et un travail intelligent, 187 ; avantages d'avoir de gros capitaux à sa disposition, 189 ; bénéfices produits par les manufactures, 188 ; l'industrie textile, 189 ; relations étroites entre la banque et le commerce, 190-191 ; prospérité passée et dépression actuelle, 191-193 ; production trop considérable, 192 ; excès des importations, 192 ; cause de cet état de choses, 193-195 ; enseignements qui y sont contenus, 192-193 ; nouvelle théorie des importations, 194 ; nécessité de s'arrêter dans cette voie, 195 ; accroissement du luxe, 196 ; nouveaux champs d'entreprises, 197 ; effets du cabaret, 197-198 ; valeur, mais non quantité du commerce décroissant, 198 ; compétition probable des Etats-Unis, 198 ; de l'Inde, 198 ; maux produits par la falsification, 198 ; nécessité d'abandonner cette pratique, 199 ; capitaux engagés dans le commerce, 212-213 : nécessité de surveiller les événements politiques, 214-215.

Chemins de fer (*recettes et dépenses des*), 402-403.

Commerciales (*villes*) (voyez villes d'affaires).

Commun (*sens*) : tact, sa nécessité dans les matières religieuses, 29.

Concurrence dans le commerce : concurrence de l'Amérique, 198 ; de l'Inde, 198.

Concours scolaires, 446-447 ; le « Crammer » 447 ; avantages assurés aux gradués des écoles, 447.

Comptall (*Cheshire*) : spécimen d'un village manufacturier, 136.

Conservatisme : instinct conservateur de l'ouvrier, 221-222.

Coopération : le magasin coopératif du village, 279 ; ses avantages, 279 ; exemple typique, 279-280 ; bénéfices qui en résultent pour les acheteurs, 280 ; encouragement qu'elle apporte à l'épargne, 339 ; Rochdale et Londres : les Rochdale Pioneers, 343-345 ; Army and Navy stores, 344-345 ; contrastes entre les magasins de Londres et de Rochdale, 347-348 ; Civil Service Supply Association, difficulté d'y entrer, 347 ; son origine, son développement, son organisation, 354-355 ; commerçants sociétaires, 356 ; extension de ses opérations, 356 ; ses bénéfices, 357 ; « The Cooperative Wholesale Society » (société coopérative générale), 353 ; « The Civil Service Cooperative Society » (société coopérative du service civil), 358 ; « The Army and Navy Cooperative Society » (société coopérative de l'armée et de la marine), 359-361 ; son développement, ses manufactures, ses opérations, 359-361 ; sociétés n'ayant de coopératif que le nom, 356 ; avantages de la coopération dans les classes élevées, 350 ; pour les classes ouvrières, 349-351 ; 362-363 ; opinion de M. Holyoake sur ce sujet, 350, 363 ; effet de l'enthousiasme sur le mouvement coopératif, 351 ; échec de la tentative d'Owen et raisons de cet échec, 351 ; valeur de la coopération pour tout ce qui touche à l'instruction, 361 ; avenir de la coopération, 362-363 ; bienfaits généraux du mouvement, 364-365 ; l'essai de coopération agricole à Assington et son succès, 365.

Cooperative Wholesale Society (opérations de la), 353.

Cottage moderne (le), 268 ; l'encombrement des maisons par suite du nombre trop restreint de cottages, 283 ; bas prix des loyers des cottages, 288.

Coton (description d'une filature de), 136-139 ; une journée de travail dans une filature, 138-139 ; procédés de fabrication, 203 ; achat du coton brut, 203-205 ; vente de l'étoffe manufacturée, 203 ; organisation de la manufacture, 203 ; de la maison de vente, *ibid.* ; l'administrateur délégué : ses fonctions, son contrôle, 204-205 ; estimation du capital employé, 212-213.

« *Crammer* » *(the)*, 447.

Crime (le) : difficulté d'expliquer son origine et son étendue, 370-371 ; amélioration de la législation criminelle, 371-372 ; inconvénients de la transportation, 372 ; de la prison préventive et de ses dangers, 373 ; bienfaits des maisons de correction et des écoles industrielles, 373 ; carrière d'un jeune criminel, 374 ; du criminel adulte, 374-375 ; du voleur de profession, 375-377 ; recéleurs et immunité fréquente dont ils jouissent, 376-377 ; criminels sortant des classes moyennes et causes qui les ont fait tomber dans le crime, 379-380 ; crimes amenés par l'abrutissement, 380-381 ; les princes du crime, 381-382 ; leur carrière, 381-382 ; leur similarité entre eux, 380 ; opération de la police, 383, 386 ; mérites et défectuosités de cette institution, 383 ; le détective, 384-387 ; son perfectionnement, 385 ; comment un prisonnier est jugé, 387-388 ; effets du « Prison Act (loi sur les prisons de 1877, 390-391 ; traitement du prisonnier ordinaire et du convict (condamné aux travaux forcés), 392-393 ; sociétés de secours aux prisonniers libérés, 394-397 ; décroissance du crime par l'instruction, 439 ; statistiques, 439-440.

Conseil local (Local Board) : relie l'administration rurale et l'administration municipale, 89 ; ses fonctions, 89-90.

Cabaret : ses effets sur la dépression du commerce, 197 ; mauvais effets du cabaret de village, 274-275.

Chemins de fer : excellence de leur administration, 399-400 ; les voyageurs de 3ᵉ classe, 400 ; étendue des chemins de fer anglais, 401 ; signaux : le sémaphore, 401 ; signaux de nuit, 401 ; M. Parsloc (notre système de voies ferrées), 501 ; le « Block system », explication de son fonctionnement, 401-402 ; recettes et dépenses, 402-403 ; accidents, 403 ; vitesse atteinte, 403-404 ; les « Pullman's Cars », 404; manque de ponctualité et difficultés d'y arriver, 405-406 ; contrôle et lois de l'Etat, 406-408 ; les « Railway Commissionners » et leurs fonctions, 408-410 ; inconvénients d'une action indépendante, 409 ; avantages du contrôle de l'Etat, insuffisance des buffets, 409-412.

Commissaires des chemins de fer (Railway Commissionners) : leurs fonctions (voir ci-dessus) 408-410.

Contribuables de la paroisse (Ratepayers) : leurs privilèges relativement à la nomination des guardians, 68 ;

impuissance relative du contribuable de Londres, 114-115.

Correction (maisons de) : réformatories : leurs effets bienfaisants, 373-375.

D

Devonshire (duc de) : ses ateliers à Chatsworth, 58 ; coutumes prédominantes sur les Devonshire estates, 58-59 ; fermes louées à l'année, réévaluation et renouvellement du bail, 59 ; fixité comparative de la tenure, 59-60 ; organisation de la tenure, 61 ; restrictions apportées aux bâtisses à Buxton and Eastbourne, 61-62.

Diligence : l'ancienne et la nouvelle. 413-416 ; diligences d'amateurs, 416 ; Whitehouse Cellars, 416.

Diversité des classes ouvrières : garantie d'ordre, 219-220.

Durham : 159.

Dissidents (voir non-conformistes).

E

Ecoles (voyez aussi School Board) : l'école du village et ses avantages, 267-268 ; nécessité d'établir des écoles secondaires, 443-451 ; Grammar Schools (écoles primaires), 443 ; avantages qu'elles offrent dans certaines villes, 443 ; Endowed Schools Act (loi sur les écoles dotées), 444.

Ecoles secondaires (voyez Secondaires écoles).

Enfants : protection exercée sur eux par l'Etat, 226 ; enfants nés dans les Workhouses, 313 ; carrière du jeune criminel, 374 ; l'enfant intelligent : son instruction laissée à son initiative seule sous l'empire de l'ancienne loi, 426-427 ; avantages qui lui sont maintenant offerts, 427.

Eglise d'Angleterre (voyez aussi Recteur) : son influence dans les affaires de la paroisse, 14-15 ; résultats de l'agitation des dissidents, 33-35 ; avantages à la laisser se développer dans les districts ruraux, 34-35 ; influence des dissidents dans ces districts, 35-36 ; le sort de l'église dépendant du clergé, 36 ; nécessité de la tolérance et du tact, 39 ; exemples des effets de la tolérance, 36-37.

Eastbourne : propriétés du duc de Devonshire à cet endroit, 50.

Ecclésiastiques (commissaires) : leurs estates et administration de ces estates, 62-63.

Economie de force : un des traits dominants de l'époque, 9-10.

Education (voyez aussi School Boards, Universités et Ecoles) : l'école du village et ses avantages, 268 ; effets qu'elle produira dans l'avenir du paysan, 308 ; bienfaits de la coopération, 361 ; l'enfant intelligent, son instruction laissée à son initiative sous l'ancienne loi, 426-428 ; ses protecteurs, 427 ; avantages qui lui sont offerts maintenant, 427-428 ; le « School Board » et ses fonctions, 428-434 ; éducation obligatoire, 429-430 ; aide donnée par l'Etat et l'initiative privée sous l'ancien système, 430-431 ; « Education Acts » lois sur l'instruction de 1870 et 1876, 431 ; dispositions du premier, 431-432 ; lord Brougham, avocat de l'instruction nationale, et opposition caractéristique qu'on lui fit, 431-432 ; contrôle de l'Etat, 432 ; enseignement religieux et séculier, 433 ; examen de cette question, 404 ; but de l' « Education Département » (département de l'éducation), 534 ; résultats généralement peu satisfaisants de l'enseignement par la routine, 437-439 ; ignorance de l'économie domestique qui caractérise l'ouvrier, 408 ; décroissance du nombre des crimes par l'instruction démontrée par les statistiques, 439-441 ;

budget actuel de l'instruction, 442 ; « Grammar School » (écoles primaires), « Endowed Schools » (écoles subventionnées), écoles publiques, 444-446 ; les concours et le « Crammer », 446-447 ; avantages offerts aux agrégés de l'Université, 447 ; progrès faits récemment par l'Université, 448-450 ; examens des classes moyennes, chaires professionnelles, étudiants libres, 449-451 ; conférences de chefs d'institutions, 451 ; types de professeurs insuffisants, 453-454 ; nécessité d'établir des écoles secondaires, 452-453 ; inefficacité de l'instruction reçue à l'école, 456-458 ; inspection directe et indirecte de l'école, *ibid.* ; supériorité de la dernière, 456 ; responsabilité des parents, 459-460 ; organisation des écoles publiques, 459-461 ; développement du sens de la responsabilité chez le jeune garçon moderne, 459 ; enseignement supérieur des filles, 461-462 ; organisation du système actuel, 462-463 ; secours à l'Université, *ibid.* ; lorsque c'est l'Etat qui les donne ils deviennent des subventions dénominationales, 464.

Education Act (l') (loi sur l'instruction), comparé avec les Corporations Act, 94 ; rapports intimes avec les Factory Acts, 236-239 ; résultats satisfaisants, 287 ; réformes nécessaires, 240 ; infraction à l'Education Act, dans les comtés mi-partie agricoles, mi-partie manufacturiers, 239-243 ; ses relations avec les « School Boards » et ses opérations, 431-434.

Education Office (Bureau de l'Instruction) : ses rapports avec le recteur, 20 ; but du département en ce qui touche les School Boards, 434.

Edwards (*Rev. W.-W.*) son opinion sur les lois du Parlement à l'égard des sociétés de secours mutuels, 336 ; réformes qu'il suggère, 337-338.

Elberfield (l'essai d'), 331.

Eleusis Club (l') : sa propagande avancée, 220.

Embankments (*Thames*) (voyez Quais).

Enclosure Commissionner (commissaire de la loi sur le clôtures), 297-298.

Exeter, 161; ses attractions spéciales, 162.

Emprunt étranger (émission d'un), 185-187.

Echange (libre) (voir Libre).

Ecoles primaires (voir Grammar Schools).

Emprunts contractés par les municipalités : de quelle façon ils se font, 99-100; commissaires des emprunts pour les travaux publics (the Public Works Loan Commissionners), 99.

Encombrement des maisons et de la propagation des maladies qui en résulte : Opinion du Dr Fraser, 283-286.

Excès de production (Overtrading), 192.

Epargne : la régularité des gages dans le Lancashire la favorise, le contraire dans les districts houillers, 130-131 ; sociétés de secours mutuels, 332-333; nécessité de la coopération des patrons, exemples et difficultés, 334-335; bénéfices des Friendly societies, 336-337 ; utilité du contrôle de l'Etat, 337; caisses d'épargne des postes, 337; leurs défectuosités, 337; Manchester Unity Odd Fellows, 338; Penny banks, 338; leurs opérations et leur popularité, 338-339 ; avantages de la coopération, 338; M. Georges Howell sur le gain de l'ouvrier (note), 339 ; statistiques des sociétés de secours mutuels, 340-341.

Etat (l') : ses responsabilités sans cesse croissantes, 6-7 ; point de contact du gouvernement impérial et local, 97-98; relations de l'Etat et des sociétés de secours mutuels, 337-338; relations de l'Etat avec les chemins de fer, 407 ; avantages du contrôle des chemins de fer par l'Etat, 410-411.

Epoque actuelle : Caractéristique de la vie dans le xixe siècle, 1-4, 7-10; questions difficiles à résoudre qui l'agitent, son caractère de transition, 9-10 ; d'organisation et d'économie de force, *ibid.*

F

Falsification des produits manufacturés, 198 ; mal énorme, produit par cette pratique, 198 ; son abandon, une nécessité nationale, 199.

Femme (la) : protection des femmes par l'Etat, 228 ; leur emploi dans l'agriculture, 292-293 ; critiques du docteur Fraser à ce sujet, 292 ; leur emploi comme ouvrières agricoles dans le Northumberland, 292 ; enseignement supérieur des filles, 461 ; ses résultats douteux, 462-463.

Filature de coton (voyez Coton).

Fluctuation du commerce (causes des), 175, 194-195, 196-197.

Fagging (le) et le préfet dans les écoles anglaises, 457-458.

Familles louées pour le travail des champs, 292.

Fermier : différents types du fermier, 33 ; la famille du fermier moderne, 35 ; ses relations avec le bureau des gardiens, 69, 71 ; résultats douteux de la distribution de la propriété aux paysans, 289 ; effets des actes agricoles et cultures alternatives, 294, 295 ; avantages d'avoir de gros fermiers, 296 ; M. Caird sur le système agricole de l'Angleterre, 296 ; disparition des Yeomen, 297 ; accroissement des laiteries et des jardins maraîchers, 299-301 ; remèdes spéculatifs, nouvelle distribution de la terre, 299 ; la tenure des propriétés appartenant aux corporations, 299 ; relations du fermier et du laboureur, 307-308.

Féodales : coutumes féodales à Woburn-Abbey, 46 ; rareté de ces coutumes, rareté de ce fait à notre époque, 45-46.

Financière (l'Angleterre) : mystère conventionnel qui entoure le Money Market et le crédit, 173 ; Londres le centre du commerce, 174; impossibilité de décrire le commerce en particulier ou en général, 174; causes des fluctuations du commerce, 175, 197; développement graduel du commerce international, 175; ramifications du commerce, 174-176; la Banque d'Angleterre; ses fonctions ordinaires, 176-177; et exceptionnelles, 176-177; ses relations avec les autres banques, *ibid.;* Londres, chambre de compensation internationale, 176; a remplacé Amsterdam dans cette fonction, 176; raison de cet accroissement, 176-178; la Bourse, 180; ses opérations, 181; son aspect, 181; placements de fonds, 182; spéculations, 182; émission d'un emprunt étranger, 185-187; fraudes auxquelles est exposé le public à ce sujet, 187-188; relations étroites entre la Banque et le commerce, 190-191; l'associé chargé de la partie financière dans une maison de commission, 210; contraste entre une banque et une maison de commission (banking house), fonctions de cette dernière, 212-213.

France : l'artisan français dans ses relations avec l'Etat, 224; comparaison entre l'artisan anglais et le français, 224-225.

Fraser (D') (*Evêque de Manchester*) *:* son opinion sur les défectuosités du Sanitary Act (lois sanitaires), 286; sur l'encombrement des maisons et la propagation des maladies, 287; sur le petit morceau de terre donné aux paysans, 288; sur l'emploi des femmes dans l'agriculture, 292.

Friendly Societies (Sociétés amicales, de bienfaisance ou de secours mutuels) : la Société de secours mutuels du village, 22-23; tables actuarielles dressées par le gouvernement à ce sujet, 333; nécessité de la coopération des patrons, exemples et difficultés, 334-335; relations des Friendly Societies avec l'Etat, 336; actes des Parlements sur cette matière, 336; extension de ces sociétés, 337; bénéfices que recueillent leurs membres, 339 ; nécessité du contrôle de l'Etat, 338 ; M. Edwards à ce sujet, 336, 339 ; Penny Banks, 339-340 ; statistiques (note au bas de la page), 340-342.

Frugalité du manufacturier du Yorkshire, 127-128.

Filles (enseignement supérieur des), 461 ; ses résultats douteux, 461-462.

Fonderie de fer : son aspect, 205 ; organisation des travaux dans l'usine, 205-206 ; à la mine, 205-206 ; le puddler, 206 ; l'administrateur délégué, 207 ; ses fonctions, son contrôle, 207-208 ; estimation du capital employé, 212.

G

Gages agricoles, 300-303 ; M. Little sur ce sujet, 301-302 ; M. C. S. Read, 302 ; estimation d'une journée de gages pour toute l'Angleterre, 302-303 ; bon marché des nécessités de la vie, 304 ; M. Howell sur les gages et les dépenses de l'ouvrier (note), 340-341.

Grammar Schools (Ecoles primaires) : avantages qu'elles offrent dans certaines villes, 444.

Guardians (Board of), 67 ; buts que se proposent les candidats, 68-70 ; privilèges des contribuables de la paroisse (ratepayers), 67 ; les devoirs du Board, 70 ; influence du recteur et du fermier, sa composition, 69-70 ; réformes désirables, 72 ; scène dans la salle du Board, 72-74 ; composition du Board, *ibid.;* descriptions de ses travaux, 76-77 ; importance de ses fonctions sanitaires, 74-75.

H

Harley : son témoignage sur le travail des femmes dans les champs, 293.

Harrisson (Frédéric) : son opinion sur les relations de l'Etat et de l'artisan français, 225.

Highland (Haute-Ecosse) : incidents singuliers d'un voyage en, 405.

Highway Board (bureaux de district), 85.

Holyoak (Jacob) (History of cooperation) : histoire de la coopération, 350 ; études sur les bénéfices résultant de la coopération pour les masses ouvrières, 362.

Hôtels, l'hôtel moderne : ses avantages et ses désavantages, 418-423 ; disparition graduelle des petites auberges, 418 ; Hatchett's hôtel, 419 ; Covent-Garden hôtel, 419-420 ; table d'hôte, 420-422 ; éloignement de l'Anglais en général pour elle, 420-422 ; le salon de l'hôtel, 422.

Husbandy (acts of) [voir Agricole (l'ouvrier)].

I

Instruction obligatoire, 429 ; comment elle est sanctionnée, *ibid.;* objections qu'elle soulève, 429-430 ; son étrangeté aux yeux de l'Anglais, 431 ; résultats bienfaisants produits par elle, 430-431.

Importations (excès des importations), 192-193 ; enseignement qu'on peut en tirer, *ibid.*, etc., (voir Commercial England ou Financial England).

Industrielles (écoles) : résultats bienfaisants des écoles, 375.

Inn (the) (voir Auberge).

Irlandais (l'élément) à Liverpool, et de la façon dont il travaille, 140.

Iron works (voir Fonderie de fer).

Ingénieur des mines, 248.

J

Jardin : avantages du jardin sur le petit morceau de terre (allotment), donné au paysan, 288-289.

Juges de paix (Justices of peace) (voir Magistrates).

K

Kensington : l'ancien et le nouveau Kensington, 120-121 ; nécessité d'y protéger les arbres, 120-121.

L

Libre discussion (résultats avantageux de la), 219.

Libre échange : avantages de la libre importation, 191 ; excès des importations, causes de cet état de choses, 192-193 ; enseignements y contenus, 193 ; nouvelle théorie des importations, 191 ; décroissance de la valeur et non du tonnage du commerce, 193.

Laboureur (voir Artisan et Agricole) (ouvrier).

Lancashire (voir aussi Manchester et Liverpool) : améliorations introduites depuis 60 ans, 125-126 ; régularité des gains dans les manufactures et résultats avantageux de cette pratique, 131 ; le filateur, son intelligence, ses habitudes, 133-135 ; petites villes manufacturières, Blackburn, Staleybridge, 135 ; le village industriel, Compstall dans le Cheshire, 136 ; description d'une filature, un jour de travail, 136-140.

Landlord (the) (le grand propriétaire foncier) : conception erronée que se fait le public des occupations du grand propriétaire foncier, 39-41 ; façon dont il remplit ses devoirs, 42 ; ses responsabilités, 43 ; sa vie de chaque jour, 43-45 ; façon dont il accueille les recours à sa charité, *ibid.;* administration et organisation des grands estates, 45-63; organisation de la comptabilité, 45-46; rares coutumes féodales qui subsistent, 46-47; coutumes féodales à Woburn Abbey, 46-47; organisation de l'Estate du duc de Westminster (Eaton), 47; bien être des ouvriers employés, 48 ; organisation de l'Estate du duc de Northumberland (Alnwick Castle), 48; excavations de Tynemouth, 49; Tynemouth, 49; comment les intérêts du Duc y sont représentés, 49 ; vastes propriétés de l'Estate du duc de Northumberland, 50-51 ; des fermes, 51-52; devoirs de l'intendant général, 52-53; bailiwicks et agents, 53; Estate du duc de Cleveland (voir Cleveland) (duc de), Estate du duc de Devonshire (voir Devonshire) (duc de), 60-61; archives : leur variété et leur étendue, 60-61; conditions générales des baux, 61-62; terres de la couronne et des commissaires ecclésiastiques (sans contredit les plus gros propriétaires terriens), 62-63 ; leur administration, terres appartenant aux corporations de la cité, *ibid.;* (City Guilds) leur administration, *ibid.;* petites propriétés, leur administration générale, *ibid.;* avantages du contrôle d'un agent supérieur, 63; le village ouvert et le village fermé (open and close villages), note au bas de la page, 286; accroissement du sentiment de la responsabilité, effet de l'abolition du Poor Law, 287; bon marché des petits cottages, 287; actes agricoles (Acts of Husbandy), 297; acquisition graduelle des petites propriétés par les grands propriétaires, 287; aire agricole de l'Angleterre, 296; de quelles sortes de culture elle se compose, 296.

Leeds (voyez Yorkshire).

Législation moderne (effets de la) : protection par l'État de la femme et des enfants, 226; limites où doit s'arrêter l'intervention de l'État et discrétion qu'il doit montrer à cet égard, 227; historique de la nouvelle législation manufacturière (Factory legislation), 228, 236 ; réformes dont le besoin se fait encore sentir, 231, 233, 240-241 ; dispositions principales de la législation manufacturière (factory legislation) (note), 230 ; règlement concernant le travail dans les ateliers, 237 ; résultats de l'Éducation Act, 236-237 ; « le truck system » (système d'avances et de payements en nature) pas encore aboli, 240-241 ; tact nécessaire pour l'application de la législation minière, 243-244 ; législation des Friendly Societies, 336 ; améliorations dans la législation criminelle, 371 ; effets bienfaisants du Prison Act, 391, 394 ; lois sur les chemins de fer, 406 ; les Railway Commissionners (commissaires des chemins de fer), 408.

Little (M.) : son opinion sur l'ouvrier agricole, 273, 275, 288 ; sur les gages agricoles, 300 ; sur l'intelligence du paysan du Northumberland, 304 ; sur l'avenir du laboureur, 307-308.

Liverpool : capitale du commerce, aussi bien que centre de culture intellectuelle, 126-127 ; culture des beaux-arts dans cette ville, 126-127 ; comparaison entre Liverpool et Manchester, 132-133, 144-145 ; diversité de sa population, 139-140 ; l'élément nautique et l'élément étranger, 141-142 ; immigration de l'Irlande, 140 ; récréations populaires, 141 ; caractère cosmopolite de la ville, 142 ; avantages résultant des rapports avec les contrées étrangères, 142 ; la société et les amusements, 143-144 ; Wellington Rooms, Ainstree et Altcar, 143-144 ; ses clubs, 144 ; sévérité des règlements de police, 147 ; le Bar (cabaret) américain, son introduction et ses inconvénients, 147-148 ; excellence des collèges, 148 ; la presse, 148 ; les théâtres, 148-149 ; la rivière et les docks, 149-150.

Locaux (actes) du Parlement (voir actes).

Locaux (conseils) (voir conseil).

Londres : impuissance comparative du contribuable de Londres, 115 ; plan d'une municipalité métropolitaine, 116 ; sa constitution présente et frais qu'entraîne le système actuel, 116-117 ; opération des vestries, 117 ; action bienfaisante du Board of Works, 117 ; difficulté d'établir une municipalité et compromis possible, 118-119 ; succès du School Board, 118 ; amélioration, 120 ; les quais, 120 ; vieux et nouveau Kensington, 120 ; les parcs, 120 ; nécessité de protéger les arbres, 120 ; effacement de la population ouvrière, 132 ; Londres le centre du commerce, 174 ; a remplacé Amsterdam comme Chambre de compensation internationale, 178 ; particularités de l'artisan de Londres, 262-263 ; moyens de transport, 413.

Lord Lieutenant, 70-71 ; son influence dans l'administration rurale, 72 ; inconvénients qui résultent de son absence continuelle, 73 ; nomination de magistrats, 79-80.

M

Maîtres d'écoles : rétribution des fonctionnaires des School Boards, 435-436 ; conférences des directeurs, 450 ; collège des percepteurs, 450 ; professeurs insuffisants, 451-452.

Manufacturière (législation) : Factory legislation, 5 ; protection par l'État des femmes et des enfants, 226 ; inconvénients de l'intervention excessive de l'État, 227 ; historique de la législation manufacturière, 227, 236 ; avantages des heures limitées de travail, 228-229 ; principales dispositions des Factory Acts (note), 230 ; rapports étroits avec l'Education Act, 235-239 ; résultats avantageux, 244-245 ; opinion de M. Redgrave à ce sujet, 244.

Manufacture (l'ouvrier de) : prédominance de cette classe dans les villes du Lancashire, 132-133 ; son intelligence, 133 ; ses singularités, *ibid* ; ses amusements, exemples curieux, 134-136 ; mariages hâtifs et leurs effets, 134 ; description de la journée de travail, 136, 139 ; son indépendance extraordinaire, 147 ; historique de la législation manufacturière, 228, 236 ; ses effets bienfaisants, 229, 235, 245 ; appauvrissement physique de cette classe et ses causes, 134, 246.

Magistrature : haute estime dont est entouré le mandat de juge de paix, 78 ; curieuse annonce, 79 ; mode de nomination par le Lord Lieutenant, 79-80 ; village Reeve et Port Reeve (bailli de port et de village), 83 ; élection populaire et désuétude dans laquelle elle est tombée graduellement, 83-84 ; objections que soulève une magistrature non rétribuée, 85, 87 ; difficultés de juger certains procès, 87-88 ; les aldermen provinciaux ne sont pas magistrats, 107 ; magistrats de bourg, 107-108 ; leur élection pour des raisons politiques, 108 ; inconvénients de ce procédé, 108 ; protestations qu'a soulevées cette idée, 108-109.

Manchester : améliorations qui s'y sont introduites dans les soixante dernières années, 125-126 ; capitale du commerce et de la culture intellectuelle, 127 ; culture des beaux-arts, 127 ; prédominance visible de la population ouvrière, 131, 133 ; l'ouvrier de manufacture, 132-133 ; ses habitudes, *ibid.* ; comparaison entre Manchester et Liverpool, 131, 133, 138, 141, 142, 144 ; toilettes et distractions de Manchester, 144 ; récréations, bals et concerts, 143, 145 ; révolution dans les heures de travail, 145 ; les clubs, 145-146 ; excellence des établissements d'instruction, 148 ; de la presse, *ibid.* ; des théâtres, *ibid.* ; comparaison avec Birmingham, 152.

Maraîchers (accroissement du nombre des), 298.

Maire (dignité de) : fonctions, position honorable et

devoirs incessants du maire, 105; le Lord Maire de Londres, 105.

Melbourne (Lord) : son opposition caractéristique au développement de l'instruction nationale, 432.

Membres du Parlement : leur influence dans les Chambres de commerce et les Trade Councils (conseils ouvriers), 112-113; leur politique envers les électeurs industriels, 114; les ouvriers au Parlement, 261, 263.

Mersey : la rivière Mersey et ses docks, 149.

Metropolitan Board of Works (corps des ingénieurs de la ville), 116.

Mineurs (les) : leur absence d'économie expliquée par les excès et l'irrégularité de leurs gages, 130-131 ; les mineurs du Yorkshire, beauté de la race, 131 ; législation minière, 248; l'ingénieur des mines, 248 ; vie sociale du mineur, 250-252; différents types de mineurs, 249, 251 ; améliorations apportées dans sa situation, 251; carrière du mineur, 253-254.

Modération des classes ouvrières en temps de troubles, 254.

Mundella (M.) avocat de l'arbitration, 258.

Municipal (Conseil) : constitution et fonctions du Conseil municipal, 95-97 ; les bureaux municipaux, 97 ; affaires qui y sont agitées, 102-103 ; orateurs qu'on y entend, *ibid.;* devoirs incessants et position du maire, 104-105; du lord maire de Londres, *ibid. ;* aldermen provinciaux, 105.

Municipal (gouvernement) : le local Board : ses fonctions, 89-90 ; changement imperceptible du village en ville, villes rurales et villages, 90 ; the Municipal Corporation Act de 1833, 94; sa première application à Manchester, 94; influence du School Board, 95 ; le conseil municipal (Town Council), sa constitution et ses fonctions, 96-97 ; son administration, *ibid. ;* les bureaux municipaux, 97; les committees (commissions),

97 ; les aldermen, 98 ; pouvoir et action du Local government Board, 99 ; emprunts municipaux, 99-100 ; de quelle façon ils sont contractés, 100-101 ; Public Works Loan Commissionners, 100 ; aspect d'une délibération du conseil municipal, 102 ; ses travaux, 102-103 ; fonctions, position et devoirs d'un maire, 103-105 ; du lord maire de Londres, *ibid.* ; influence de la politique dans les affaires municipales, 109-180 ; impuissance relative du contribuable de Londres, 115 ; plan d'une municipalité métropolitaine, 115-116 ; organisation actuelle, City Corporation, *ibid.* ; Westminster Corporation, *ibid.* ; les vestries, *ibid.* ; le bureau des travaux publics (Board of Works), *ibid.* ; récentes améliorations dans la métropole, 119-121.

N

Newcastle-on-Tyne, 149 ; ses usines et ses antiquités, 149 ; changements accomplis dans le cours de la rivière, 150.

Non-conformistes ou dissidents : leurs relations avec le recteur, 24-28 ; leur opposition à ce dernier et à l'église établie, 28-30 ; résultats de l'agitation des dissidents, 31-32 ; les dissidents dans les districts ruraux, 33 ; dans les villes, 34 ; leur influence dans ces dernières, 34-35 ; ce que leur doit la religion, 36 ; prédominance des dissidents dans le Yorkshire, 35.

Northumberland (duc de) : organisation de ses estates, 48 ; Alnwick-Castle, 48 ; Tynemouth, 49 ; etc. (voir à l'article Landlord et à Alnwick-Castle).

Northumberland (le paysan du) : emploi des femmes aux travaux des champs, 292-295 ; quantité de vaches possédées par les paysans, 300 ; intelligence du paysan du Northumberland, 304.

O

Odd Fellows Manchester (Unity of) (Union des Odd Fellows) de Manchester, 338.

Organisation (caractéristique de notre époque), 9-10 ; la clef du sytème actuel d'éducation, 463.

Ouvrières (classes) (voyez aussi l'Artisan et l'Ouvrier agricole, l'Ouvrier des manufactures et les Mineurs) : leur pouvoir énorme, 217-218 ; diversité des classes ouvrières, garantie de l'ordre, 218-219 ; effets bienfaisants de la libre discussion, 218 ; propagande avancée : l'Eleusis Club, 220 ; protection par l'Etat des femmes et des enfants, 226 ; inconvénients de l'excès dans cet ordre d'idées, 227 ; réformes non encore réalisées, 233 ; réformes encore nécessaires, 234-238, 240-241 ; abus existant encore dans les pays miniers, 247-249 ; le patron et l'employé, 254-255 ; modération de ce dernier, *ibid.* ; exemple : la crise cotonnière, *ibid.* ; contraste avec les temps passés, les briseurs de métiers de Nottingham, 255-256 ; rares exemples de violence à notre époque, 256 ; Trades Unions, 257-258 ; leur influence, 258-259 ; arbitration, 259 ; vues politiques des ouvriers, 261-262 ; les ouvriers dans le Parlement, 262 ; comparaison entre l'ouvrier de la province et de Londres, 263-264 ; avantages de la coopération, 347-351.

Overseers of the Poor (inpecteurs des pauvres) (voir administration rurale).

Oxford : le nouvel Oxford, 156 ; effet des chemins de fer, 157 ; agrégés mariés. 158.

P

Patron (le) et l'employé : patience de ce dernier, 254-255 ; comme exemple : la crise cotonnière, 255-256 ; rareté de la violence à notre époque, 256-257.

Propriétaire foncier (le) (voir Landlord).

Paris (les) : maux produits par la passion de parier à Sheffield, 129-130.

Paroisse (la) (voyez aussi le village) : influence de l'église d'Angleterre dans la paroisse, 14-15 ; difficultés qu'y rencontre le recteur, 19-20 ; dépossession de ses fonctionnaires, 65-66 ; perte graduelle de l'autonomie paroissiale, 68.

Parcs à Londres : nécessité de veiller à la conservation des arbres, 120-121.

Parsloe (Joseph) (Our railway system) : notre système de voies ferrées, 401.

Paupérisme : le Workhouse, 311-312 ; secours donnés à la porte du Workhouse, 312 ; carrière du pauvre, 315 ; défectuosités de la civilisation, 314 ; causes du paupérisme, 316-317 ; l'ivrognerie, *ibid. ;* paupérisme accidentel, 317 ; paupérisme de profession, 317-318 ; nécessité du Poor Law, 319 ; secours à domicile, 320-321 ; ses inconvénients, 322 ; ses effets au point de vue du travail honnête, 323 ; parents négligés, épouses abandonnées, 326-328 ; les défenseurs du Poor Law, 329 ; obstacles à son abolition, 330-331 ; nombre des pauvres et leur budget, 320 ; effet des taxes sur les gages et la propriété foncière, 323 ; effets dégradants produits par les secours que donne la paroisse, 328-329 ; effets désastreux des secours sur les taxes, 325 ; audace du mendiant de profession, 326 ; effets désastreux du Poor Law Ecossais, 328-329 ; le paupérisme à l'étranger, 321 ; bureaux de bienfaisance, 331 ; leurs opérations, 332 ; tendances mauvaises du Poor Law, 330 ; aggravation du paupérisme dans les grandes agglomérations où la richesse domine, 333.

Paysan (le) (voir l'ouvrier agricole).

Paysans propriétaires : résultats douteux de la création de cette classe, 289 ; différence de leurs habitudes en Angleterre et en France, *ibid*.

Penny Banks (caisses d'épargne) : leurs opérations et leur popularité, 338-339.

Peuple (le) : sa modération dans les temps de troubles, 255.

Plan de cet ouvrage, 10-11.

Police : sévérité de la police à Liverpool, 148 ; fonctions de la police, 372-376 ; critiques qu'elles soulèvent, 372 ; leur efficacité non-douteuse, *ibid.* ; le détective, 373 ; fonctions du département des recherches criminelles, 373-376 ; avantages du détective étranger sur le nôtre, 373 ; améliorations introduites dans notre système depuis les révélations de Kurr-Benson, 275.

Politique : influence de la politique sur les nominations à la magistrature, 81 ; spécialement dans les nominations des magistrats de bourg et ses inconvénients, 109-110, fonctions des magistrats dans les affaires municipales, 111 ; influence des membres du Parlement dans les corps locaux, 113-114 ; leur politique envers les électeurs industriels, 116 ; nécessité pour les négociants de surveiller le cours de la politique, 210-221 ; desiderata politiques de l'artisan, une Angleterre puissante, mais avant tout commerciale, 268 ; les ouvriers dans le Parlement, 269-270.

Poor Law : Overseers et Guardians, 84-85 ; son action bienfaisante, 319 ; sa nécessité, 319-320 ; mauvais résultats du Poor Law Ecossais, 328-329 ; ses défenseurs, 329 ; le Spectator, 329 ; sa contrepartie dans les nations étrangères, 321.

Post Office Savings Banks (*défectuosité des*) (caisse d'épargne des postes), 325.

Poste (la) telle qu'elle existe maintenant, 402-405.

Préfet (le) et le fagging dans les écoles publiques en Angleterre, 456-458.

Présent âge (voir époque actuelle).

Presse (la) : excellence de la presse dans les grandes villes provinciales, 148 ; l'ouvrier agricole et son journal, 280-281.

Pretyman (M.) : ses études sur la dispaupérisation, 328.

Prisons et prisonniers : procédure suivie dans la poursuite d'un criminel, 389-390 ; effets bienfaisants du Prison Act de 1877, 390-391 ; traitement des prisonniers, du prisonnier ordinaire, 393-394 ; du convict, travaux forcés, 394-395 ; gain des prisonniers, 395 ; prisonniers libérés, société d'aide aux prisonniers libérés, 396-397.

Procédure dans la poursuite d'un criminel (voir ci-dessus), 389.

Prospérité : le commerce, élément essentiel de la prospérité nationale, 188-189.

Puddler (le) : son indépendance extraordinaire, 206.

Q

Quais de la Tamise (Thames Embankments), 120-121.

Question de la division de la terre (la) (Land Question) : des paysans propriétaires, 189 ; résultats douteux que produirait la division des terres entre tous, 189 ; habitudes différentes du paysan français et du paysan anglais, 189-190 ; aire agricole de l'Angleterre, 216 ; disparition des petits squires et des yeomen (petits propriétaires cultivant leur terre eux-mêmes, 296-297 ; intervention de l'Etat, limites où elle doit s'arrêter, 298 ; les Enclosure Commissionners, 299-300 ; remède spéculatif, 300 ; distribution nouvelle de la terre, 300-301.

Quarter Sessions (Court of) (voir Magistrates).

R

Régime de l'ouvrier agricole, 269.

Read (M. C. S.) : son opinion sur les gages agricoles, 302.

Recéleur d'objets volés (le) : son impunité relative, 377-378.

Recteur (le) : sa position, son influence, ses occupations multiples, 14-25; the Rectory (le presbytère), 17; difficultés paroissiales, 19-20; son importance admise par les dissidents, 26-31; leurs objections à son égard et à l'égard du système, 31-33; ses relations avec le Education Office (département de l'instruction), 21; les sociétés de secours mutuels, 23-25; le recteur toujours absent, 26-28; le recteur instruit, le recteur scolastique, 27-28; le recteur zélé, 29; nécessité du tact et de la tolérance, 35-36; exemple, 36-37; recteurs négligents, 29; responsabilité du recteur pour maintenir l'influence de l'Eglise d'Angleterre et du clergé, 35; ses relations avec le Board of Guardians, 73.

Rectory (presbytère) (voir ci-dessus).

Reformatories (voir Maisons de correction).

Religion (voir Eglise d'Angleterre, Dissidents, Eglise de Rome et les Juifs), ces deux derniers dans le second volume.

Responsabilité du gouvernement à notre époque (accroissement de la), 6-7.

Réévaluation des fermes dans les estates du duc de Devonshire, 58-59.

Rurale (administration) : disparition graduelle du petit squire, 65; dépossession du fonctionnaire de la paroisse, 66; élection du Board of Guardians, 67; profession de foi des candidats, 67-69; privilège des contribuables, 67; déclin du pouvoir de la paroisse considérée individuellement, 68; fonctions du Board, 68-69;

influence du recteur, 69 ; du fermier, 69 ; du lord lieutenant, 70-71 ; inconvénients de l'absence du lord lieutenant, 72 ; réformes désirables, 72-73 ; réunion du Board, 72-74 ; ses fonctions, 74-78 ; sa composition, 73 ; le Court of Quarter Session, 77-78 ; description d'une séance, 80 ; déclin de l'importance de ses membres, 78-80 ; mode de nomination des magistrats, 79-80 ; critiques que soulève la gratuité des fonctions de magistrats, 87-88 ; le village Reeve et le port Reeve, 83 ; bailli de port et de village, 83 ; inconvénients de la division de l'autorité dans l'administration rurale et avantages de la concentration, 84-85 ; opinion de M. Wright à ce sujet, 85 ; Overseers (inspecteurs des taxes communales), Guardians (gardiens des pauvres), Highway Board (conseils supérieurs), Burial Board (bureau des pompes funèbres), Magistrates (juges de paix), 85 ; le local Board (Conseil local), lien entre le gouvernement municipal et l'administration rurale, 89.

S

Secours mutuels (*sociétés de*) dans le village anglais, 22-23.

Secours à domicile : en quoi ils consistent, 312 ; étude de ce système, 318-331 ; ses inconvénients, 319 ; fausseté de ce système, 321 ; ses effets au point de vue du travail honnête, 323 ; exemple : les couturières, 323 ; M. Pretyman sur la dispaupérisation, 323 ; exemples d'épouses abandonnées et de parents négligés, 327-328 ; ses effets dégradants, sa condamnation, 328-329 ; M. Stansfeld sur les difficultés de son abolition, 331.

Société d'aide aux prisonniers libérés, 396-397.

Scarborough, 170.

School Board (conseil des écoles)] : ses relations avec

le gouvernement municipal, 94 ; zèle que ses membres apportent à l'accomplissement de leurs fonctions, 94-95 ; l' « Education Act » : ses résultats, ses défectuosités, ses abus, 236-239 ; comment il opère, 432-435 ; son influence sur l'ouvrier agricole, 267-268 ; le visiteur, 427-429 ; sanction des lois sur l'instruction obligatoire, 429 ; objections qu'elle soulève, sa nouveauté en Angleterre, 430 ; ses résultats pratiques, le comité de surveillance, 430 ; subventions de l'Etat et subventions particulières, 431 ; lord Brougham, avocat de l'éducation nationale, 431 ; le contrôle de l'Etat, 433 ; opérations des School Boards, 433 ; enseignement séculier et religieux, le compromis de Londres (London compromise), 433 ; département de l'Instruction, 434 ; conditions des subventions de l'Etat, 434-435 ; rémunération des maîtres d'école, *ibid;* visite à un Board School, 435-436 ; inspection officielle, 436 ; résultats généralement peu satisfaisants de l'enseignement, 437 ; enseignement par la routine, 437-438 ; nécessité de demander des subsides aux Parlements, 438-439 ; statistiques pour démontrer la décroissance des crimes, 439-440 ; budget de l'instruction et son accroissement rapide, 442 ; manque de professeurs pour les écol s secondaires, 442-443.

Secondaires (manque d'écoles), 443-451.

Sécularisme de l'artisan de Londres, 263 ; éducation séculière, 433 ; le « London compromise », 433 ; la question pendante de l'éducation séculière et religieuse, 463.

Sheffield (voyez Yorkshire).

Signaux sur les chemins de fer : sémaphores et signaux de nuit, 401-402.

Smith (Georges), sur les réformes à apporter dans les briqueteries, 234.

Squire (le): sa position et ses occupations, 13-14 ; absenteeism (état d'absence continuelle), 14-15 ; disparition du petit squire, 297.

Statute fair (foire où se font les engagements d'ouvriers agricoles), 294.

T

Table d'hôte, 420-423.

Textile (l'industrie), 189-190.

Théâtre: son excellence dans les villes de province, 148-149.

Thames Embankments (quais de la Tamise), 120.

Tolérance: sa nécessité dans l'enseignement religieux, 28.

Town Council (voyez Conseil municipal).

Trades Unions: leur influence, 256-258 ; résultats de l'arbitration, 258-261 ; grève des maçons de 1877, 260 ; dangers de l'emploi des étrangers, 260.

Transportation: inconvénients de ce système, 372.

Truck System (système de paiements en nature), 240-242 ; sa disparition graduelle, *ibid.*

Tynemouth, 50 ; propriétés qu'y possède le duc de Northumberland, 50-53.

U

Unity of Odd Fellow (the Manchester), 338.

Universités: avantages offerts aux gradués par l'Etat, 447 ; les examens qu'on y subit, 448-449 ; étudiants libres, *ibid.*; nouvelles chaires créées, 455 ; leurs relations avec les écoles, *ibid.*

V

Voleur de profession (genre d'opérations d'un), 377.

Ville (la): les dissidents dans les villes et les districts ruraux, 34-37 ; changement imperceptible du village en ville, 90 ; comparaison de la petite ville de province et du village, 90-91 ; particularités caractéristiques de ce dernier, 91-92 ; contraste entre l'artisan de la province et celui de Londres, 263-265.

Villes d'affaires : la ville industrielle personnifie la science et l'industrie, 123 ; leur aspect peu réjouissant, 123-124 ; passage soudain du district agricole au district industriel, 124 ; fusion des divers éléments de la société, source du pouvoir national, 124-125 ; le Lancashire il y a trente ans et aujourd'hui, 125 ; Manchester et Liverpool, capitales du commerce et centre de culture intellectuelle ; culture des beaux-arts, 125-126 ; l'intérieur du manufacturier dans le Yorkshire, 127 ; tendance du luxe à s'accroître, 129 ; maisons de Bradford et de Schieffield, 129 ; amour du sport dans le Yorkshire, 130 ; paye du filateur du Yorkshire et du mineur du Lancashire, 131 ; régularité de l'une, irrégularité de l'autre, cause du manque d'économie, *ibid.* ; la population ouvrière, à peine visible à Londres, dominant à Leeds et à Manchester, 131-132 ; contraste entre Liverpool et Manchester, 133-135, 141-143 ; petites villes et villages manufacturiers, 134-135 ; Liverpool, sa population et sa société, 139-141.

Villes de plaisance : aspect d'une ville cathédrale, 155-156 ; changements survenus à Oxford, 156-157 ; effets des chemins de fer, *ibid.* ; agrégés mariés, *ibid.* ; l'enclos de la cathédrale, ses habitants, 158 ; Bristol, 158-159 ; Durham, *ibid.* ; Exeter et ses attractions, 159 ; Canterbury, 160 ; Cheltenham, 160-161 ; Leamington, *ibid.* ; Bath et ses beautés, 161 ; Clifton, 161-162 ; nécessité de la prospérité, 161 ; d'un air sain, 162 ; d'une école ou collège, de l'église, 162-163 ; jalousie des habitants, 163 ; amusements, croquet, lawn-tennis (raquette), liaisons des jeunes gens pendant ces passe-temps, 165 ; stations de bains de mer, 166; traits communs à toutes les stations, 169-170; attractions essentielles, 167-168 ; Scarborough, 170 ; Buxton et ses avantages, 170-171.

Voyage : bon marché des voyages à notre époque, 399 ; administration excellente des chemins de fer, 399-400 ; la 3ᵉ classe, 400; notre réseau de chemins de fer, 401 ; grande rapidité atteinte, 403-404 ; Pullman Cars, 404-405 ; le chemin de fer dans le Highland, 405 ; buffets des chemins de fer, 411-412 ; moyens de transport à Londres, 413-414; la diligence, 414 ; l'ancienne et la nouvelle, 414-417; the White Horse Cellars, 416 ; la poste telle qu'elle existe maintenant, 416 ; le vélocipède et ses avantages, 418 ; l'hôtel moderne, 417-421; la table d'hôte, 420-423.

Voitures à Londres (les), 413-414.

Vestries de Londres (les), 115-116 ; leurs fonctions, *ibid.*

Village : réduction de la constitution anglaise, 13-14 ; position du squire, 14 ; position et devoirs du ministre, 15-25 ; influence de l'église d'Angleterre, 14-15, 34-37 ; un village idéal, 15-16; le « Rectory », 16-17 ; difficultés paroissiales, 18-20 ; nature méfiante du paysan, 21 ; la société de secours mutuels, 22-24 ; unions agricoles, 31 ; objections à ce système, 31-32 ; différents types de fermiers, 33-34 ; la famille d'un fermier moderne, les dissidents dans les districts ruraux, 34-37 ; aspect du village moderne, 267-268 ; l'école du village, 267-268 ; ses avantages, *ibid.* ; le cottage moderne, 268-269 ; le magasin coopératif, 279-280 ; le village ouvert et le village fermé (note), 286.

W

Westminster (les autorités de), 115.

Westminster (duc de) : organisation de ses estates à

Eaton Hall, 46-47 ; durée des termes dans ses domaines, *ibid.*

Woburn Abbey : coutumes féodales qui y subsistent encore, 415.

Workouse (le) : son apparence et ses habitants, 311-312 ; secours à domicile, 312 ; réception de ceux qui viennent y frapper, *ibid.* ; le même traitement pour tous, 312-313 ; enfants nés dans le workhouse, 313.

Y

Yeoman (disparition du), 297.

York (la ville d'), 160.

Yorkshire : frugalité du manufacturier du Yorkshire, 127-128 ; son intérieur, 128 ; tendance au luxe dans les villes, 129 ; Scheffield, Bradford, 128 ; amour du sport dans le Yorkshire, 129-130 ; le Saint-Léger, *ibid.* ; le sport à Scheffield, *ibid.* ; dangers des paris, *ibid.* ; beauté de la population minière, 131 ; excès et irrégularité de leurs gains et de l'absence d'épargne, 131 ; l'avenir de Leeds, 151.

FIN DE L'INDEX DU PREMIER VOLUME

TABLE DES CHAPITRES

DE LA PREMIÈRE PARTIE

CHAPITRE PREMIER
INTRODUCTION

Plan et but du présent ouvrage. — Forces nouvelles introduites dans la vie nationale pendant le siècle actuel. — Problèmes sociaux, moraux et politiques du jour. — Quels sont les devoirs de l'Etat? — Quelle est la mission de l'Angleterre? — L'âge que nous traversons, est non-seulement un âge de transition, mais aussi d'organisation. — Economie de forces de toutes espèces. — Contenu général de cet ouvrage, et plan adopté.   1

CHAPITRE II
LE VILLAGE ANGLAIS

Le village anglais est une réduction de la constitution anglaise. — Relations du squire, du clergyman et de la masse des paroissiens entre eux. — Esquisse du clergyman de campagne : sa journée ; ses divers devoirs religieux et séculiers. — Esquisses de clergymen de campagne différant du type précédent. — Description d'une paroisse désorganisée. — Appréciations hostiles au clergyman de campagne de l'Eglise anglaise. — Ses relations avec les fermiers et les dissidents de sa paroisse.   13

CHAPITRE III
DES GRANDS PROPRIÉTAIRES ET DE L'ADMINISTRATION DES ESTATES

Conceptions erronées que se fait le peuple de la vie de l'aristocratie territoriale. — Devoirs d'un grand propriétaire. — Leur caractère absorbant. — Vie d'un noble anglais. —

Principes généraux de l'administration des grandes propriétés. — Les Estates des ducs de Westminster et Northumberland. — La propriété d'Alnwick. — Aspect de la campagne de Newcastle à Tynemouth. — Fermiers de la propriété d'Alnwick. — Leur gérance. — Contrôle exercé sur eux. — Administration de la propriété du duc de Devonshire. — Administration de celle du duc de Cleveland. — Résumé des caractères généraux de l'administration d'un « Estate » anglais. — Intendants des « Estates » ecclésiastiques. — Administration de propriétés moins considérables. 39

CHAPITRE IV

ADMINISTRATION RURALE

Gouvernement d'un village anglais. — Elections des Guardians of the Poor (gardiens des pauvres). — Intérêt qui s'y attache. — Jusqu'à quel point les Boards of Guardians (bureau des gardiens) se sont emparés de l'autorité dont le vestry (fabrique) était précédemment investi. — Candidats à l'élection et principes en présence. — Notion défectueuse de la responsabilité personnelle et des devoirs des citoyens dans toutes les classes d'Anglais. — Influence des grands nobles sur la Squirearchie et par suite sur les Boards of Guardians. — Réunion du Board : sortes d'affaires qui y sont discutées, et différentes fonctions dont on s'y acquitte. — Les magistrats aux « quarter sessions ». Leurs fonctions et moyens dont ils disposent pour faire exécuter leurs décisions. — Utilité de l'institution. — Et quelles sont les réformes à y apporter. 65

CHAPITRE V

GOUVERNEMENT MUNICIPAL

Conseils locaux. — Nouveaux rapports entre les villes des comtés et les campagnes environnantes. — Résultats généraux de la loi sur les Corporations municipales. — Rapports des gouvernements municipaux avec le gouvernement central. — Le maire à Londres et dans les provinces. — Conseils municipaux, leur juridiction et leurs attributions. — Conseils de Commerce. — Débats dans les conseils municipaux décrits. — Influence de l'instruction sur la vie. — Magistrats de bourgs. — De la politique dans les questions municipales. — Des droits de citoyen dans les provinces et à Londres. — Le gouvernement de la Cité de Londres. — Réformes possibles. 89

CHAPITRE VI

VILLES D'AFFAIRES

Caractères généraux des districts commerciaux et manufacturiers de l'Angleterre. — Des influences civilisatrices et intellectuelles à l'œuvre dans les grandes villes du Nord. — Le patron et l'employé dans le Lancashire et le Yorkshire. — Comparaisons générales entre Liverpool et Manchester. — Aspect de la ville dans les districts cotonniers. — Newcastle-on-Tyne. — Birmingham. 123

CHAPITRE VII

VILLES DE PLAISANCE

Villes universitaires et villes cathédrales. — Le nouvel Oxford. — Habitants de l'enceinte des cathédrales. — Villes de comté et villes de garnison. — Exeter, Plymouth, Cheltenham, Bath. — Particularités de la vie sociale dans les villes d'eaux anglaises. — Éléments essentiels des villes de plaisance anglaises. — Sports et jeux : leur influence sur la société anglaise. — Multiplication rapide des villes de bains de mer en Angleterre. — Genèse d'une ville de bains de mer anglaise. — Traits communs à ces villes. — Scarborough, Buxton. 155

CHAPITRE VIII

L'ANGLETERRE COMMERCIALE ET FINANCIÈRE

Relations entre le commerce et la finance. — Leur caractère cosmopolite. — Londres centre de l'univers mercantile. — Institutions financières de l'Angleterre. — Banque d'Angleterre et aspect de Lombard Street. — La Bourse. — Comment les emprunts sont négociés. — Londres centre des affaires. — Caractères du commerce anglais. — Signes de changement. — Causes possibles de décadence. — Espérance pour l'avenir. 173

CHAPITRE IX

ADMINISTRATION COMMERCIALE

Principes généraux de l'administration des maisons de commerce et des établissements industriels. — Exemples choisis comme types. — Industries du coton et du fer. — Leur organisation. — Divers préposés et agents responsables. — Des différents départements de cette organisation. — L'administrateur délégué. — Etablissements métallurgiques du Yorkshire. — Organisation du travail depuis l'extraction du minerai jusqu'à la vente des produits. — Description des transactions d'une grande maison de commission à Londres. — Des associés dans l'entreprise et de leurs attributions respectives. — Capitaux employés. — Influence de la politique sur la marche et la stabilité des affaires. — Principes généraux sur ce sujet. 201

CHAPITRE X

LES CLASSES OUVRIÈRES

Nombre et influence des ouvriers anglais. — Différences qui séparent les classes ouvrières et heureux résultats produits par ces différences. — Attitude des classes ouvrières envers l'Etat. — Différence entre les ouvriers français et les ouvriers anglais rassemblés en congrès. — Principes d'après lesquels l'Etat intervient en Angleterre entre le patron et l'employé. — Législation qui régit les manufactures. — Fonctionnement général des « Factory Acts » (Lois sur les manufactures) et maux qu'ils ont prévenus. — Comparaison entre les résultats produits par les « Factory Acts » et les « Education Acts » (Lois réglementant l'instruction). — L'instruction a encore besoin de réformes dans les districts manufacturiers. — Réformes sociales et industrielles dont le besoin se fait encore sentir. — Le « Truck System » (système de paiement des salaires en nature) pas encore aboli par la législation. — Etat des classes ouvrières dans la Contrée Noire (Black Country, les mines). — L'Angleterre minière : ses traits généraux et ses différentes variétés. — Types de mineurs et physionomie générale des pays miniers. — Relations entre les patrons et les employés. — Bon côté des « Trades Unions ». — Arbitration et conciliation. — Les ouvriers au Parlement. — Différences entre les ouvriers à Londres et dans la province. 217

CHAPITRE XI

LES CLASSES OUVRIÈRES (suite.)

Aperçu général des changements et des améliorations introduits dans la condition du travailleur agricole. — Type du paysan anglais. — Sa carrière depuis le berceau jusqu'à la tombe. — Sa vie quotidienne. — Variétés différentes d'ouvriers de ferme. — Leur nourriture. — Spécimens d'ouvriers de la population du village anglais. — Changements introduits dans la vie villageoise. — Le magasin coopératif. — Naissance de l'instruction. — Comment le paysan anglais est logé. — Scandales qui ont déjà disparu et maux qui subsistent encore. — Division de la terre par lots. — Avantages et dangers de cette institution. — Des différents modes de salaires et de la façon dont la population rurale est payée. — Travail des femmes. — Organisation générale et progrès de l'agriculture en Angleterre. — Relations mutuelles entre le fermier tenancier et le propriétaire foncier. — Nature des fermiers tenanciers. — Salaire de la classe agricole. — Situation générale et prospérité de la classe ouvrière agricole.   267

CHAPITRE XII

PAUPÉRISME ET ÉPARGNE

Coup d'œil sur les « workhouses » et leurs hôtes. — Pauvres en promenade. — Composition de la classe indigente. — La tendance au paupérisme n'est pas particulière aux basses classes de la population. — Secours à domicile. — De ses difficultés. — Conséquences sociales et morales de ce système d'assistance. — Relations entre le secours à domicile et le paupérisme. — Remèdes contre ce mal social. — Des effets du système de secourir les pauvres à domicile sur les salaires et le caractère de la population indigente. — La loi des pauvres et le socialisme. — Doit-on maintenir et étendre les workhouses ? — Antidotes contre le paupérisme. — Associations mutuelles. — Sociétés de bienfaisance. — Rôle et devoirs de l'Etat vis-à-vis des sociétés mutuelles. — Petites caisses d'épargne. — Institutions ayant pour but de provoquer à l'épargne. — Coopération. — Notice complémentaire.   311

CHAPITRE XIII

LA COOPÉRATION

La coopération à Londres et en province. — Victoria street et Toad Lane, Rochdale. — Comparaison générale entre l'administration des divers établissements coopératifs. — Sentiments auxquels la coopération fit primitivement appel dans les classes ouvrières en Angleterre. — Nature de l'enthousiasme qu'elle excita. — Principes avancés au premier congrès coopératif, 1852. — Société coopérative générale. — La coopération dans les classes moyennes et les classes élevées. — « The civil service supply association, » son origine, son organisation, ses progrès. — Autres sociétés coopératives; leur développement. — « The civil service cooperative society. » — « The Army and Navy cooperative society. » — Effets de la coopération sur le travail. — Avantages généraux, sociaux et moraux de la coopération. — Influences du mouvement sur l'instruction. — Jusqu'à quel degré la coopération est applicable à la production aussi bien qu'à la consommation. — Succès exceptionnel de l'essai d'Assington. — Vue générale de la marche et de la situation de la coopération. 343

CHAPITRE XIV

DE LA JUSTICE CRIMINELLE EN ANGLETERRE

Définition du crime. — Difficultés d'arriver à une évaluation exacte du nombre des criminels et des crimes. — Les chiffres peuvent induire en erreur; cependant les crimes ont beaucoup diminué depuis cent ans. — Direction et réformes. — Prisons, police. — Les réformes qu'elles demandent. — Catégories de criminels. — Crimes au point de vue du vice originel. — Hauts exploits des voleurs modernes. — Criminels de profession. — Grands criminels. — Organisation de la police, ses défauts. — Réformes récentes. — Système d'enquête. — Détails sur le nouveau système de Londres. — Mesures auxquelles sont soumis les malfaiteurs après leur arrestation. — Emprisonnement. — Prisons locales et description de leur nouvelle organisation. Travaux forcés. — Description des prisons de convicts. — Prisonniers libérés. — Difficultés qu'ils rencontrent à se réhabiliter dans la société. — Sociétés de protection des prisonniers libérés. — Résultats probables. 369

CHAPITRE XV

COMMENT ON VOYAGE EN ANGLETERRE

Aperçu général sur le système des chemins de fer anglais. — Le Block system. — Etendue et dépenses des lignes de chemins de fer. — Vitesse et confort. — Waggons Pullman. — Un voyage de Londres au nord de l'Angleterre. — Commissaires des chemins de fer. — Buffets. — Diligences. (Coachs). — Différentes espèces de diligences. — Vélocipèdes. — Les hôtels en Angleterre. — Disparition des petits hôtels. — Types des habitués des hôtels. — Hôtels qui ont survécu. — Avantages problématiques de leur installation. 399

CHAPITRE XVI

DE L'ÉDUCATION EN ANGLETERRE

Passé et présent. — Lois de 1870 et 1876 sur l'éducation. — Quels résultats ont donné les lois, et comment le peuple anglais les a accueillies. — Système d'éducation en vigueur en Angleterre avant les lois. — Fonctionnement du School Board. — Une visite à une école nationale élémentaire. — Caractère général de l'enseignement. — Passage des écoles primaires aux écoles secondaires. — Ecoles dotées. — Influence qu'a exercée sur elles la législation nouvelle. — Résultats sociaux et moraux du nouveau système. — Ecoles publiques, anciennes et nouvelles. — Effet de la concurrence. — Inspection des écoles. — Les écoles publiques et les services publics. — Ecoles et universités. — Réformes académiques accomplies et pendantes. — Travail national opéré par les universités. — La profession du maître d'école. — Mauvais résultats donnés par les écoles secondaires, remèdes proposés. — Est-il nécessaire d'avoir un plus grand nombre d'inspecteurs ? — Devoirs des parents. — Notre système d'écoles publiques. — L'écolier anglais. — Perfectionnement général de l'écolier. — Education féminine. — Revue générale des questions de l'avenir. 419

FIN DE LA TABLE DE LA PREMIÈRE PARTIE

F. Aureau. — Imprimerie de Lagny.

Librairie MAURICE DREYFOUS, 13, Faubourg-Montmartre

EN VENTE :

D. MACKENZIE-WALLACE

LA RUSSIE
LE PAYS — LES INSTITUTIONS — LES MŒURS

Traduit par Henri BELLENGER

2 forts volumes in-8. — Prix : 15 francs

Ouvrage couronné par l'Académie française

LA SOCIÉTÉ RUSSE
PAR UN RUSSE

2 VOLUMES IN-8°

Traduction de MM. Ernest FIGUREY et Désiré CORBIER, avec une Introduction par A. Paton

Première partie. — LES HOMMES POLITIQUES. 1 vol. in-18 : 3 fr.
Seconde partie. — LES HOMMES LITTÉRAIRES. 1 vol. in-18 : 3 fr.

LES RUSSES CHEZ LES RUSSES
PAR
E.-C. GRENVILLE-MURRAY

Ancien attaché d'ambassade en Orient, en Allemagne, etc.
Ancien consul général d'Angleterre en Russie.

TRADUIT PAR J. BUTLER

1 volume grand in-18 jésus. — Prix : 3 francs

LES TURCS CHEZ LES TURCS
PAR
E.-C. GRENVILLE-MURRAY

Ancien attaché d'ambassade en Orient, en Allemagne, etc.
Ancien consul général d'Angleterre en Russie.

Traduit de l'anglais par J. BUTLER

1 volume grand in-18 jésus. — Prix : 3 francs

LES ALLEMANDS CHEZ LES ALLEMANDS
PAR
E.-C. GRENVILLE-MURRAY

Ancien attaché d'ambassade en Orient, en Allemagne, etc.
Ancien consul général d'Angleterre en Russie.

TRADUIT PAR J. BUTLER

1 volume grand in-18 jésus. — Prix : 3 francs

Paris. — Imprimerie E. CAPIOMONT et V. RENAULT, rue des Poitevins, 6.